2011西藏文化传承发展协同创新中心系列

西藏经济社会发展

2015

主　　编　刘　凯
副 主 编　陈敦山
执行编辑　张传庆　王　新

中国藏学出版社

总　序

2012年，国家全面启动推进高等学校创新能力提升计划即“2011计划”。在西藏自治区政府和有关兄弟单位的大力支持下，由西藏民族大学牵头，西藏民族大学与中国藏学研究中心、中国人民大学、中山大学、西藏自治区社会科学院协同组建了“西藏文化传承发展协同创新中心”，2013年4月该中心被认定为西藏自治区级“2011协同创新计划”重点培育和建设项目。

2015年，在新一届党委、行政领导班子的大力支持和积极推动下，2011西藏文化传承发展协同创新中心明确了中心是面向西藏区域发展的协同创新中心，要以“政府主导、区域急需、创新引领、影响突出”为宗旨，以“立足西藏、创新机制、协同合作、服务社会”为基本工作思路，坚持“人才培养、学科建设、科学研究”三位一体，紧紧围绕西藏区域创新发展的重大需求，以西藏重大创新任务为牵引，抓住西藏经济、社会发展急需解决的重大现实问题，力求促进重大成果转移和辐射，服务国家治藏方略，服务西藏经济社会跨越式发展和长治久安，为西藏经济社会发展提供智力支持和政策咨询。

西藏文化传承发展协同创新中心自组建以来，特别是2015年4月份机构人员调整和中心推进会召开后，中心进一步明确了发展定位、工作目标和发展思路。通过共同努力，中心取得了阶段性进展和一些重要成果，一方面，积极探索了高校2011协同创新的运行模式，另一方面，积极推动了中心发挥服务国家治藏方略和西藏经济社会发展的智库作用。

为推进 2011 西藏文化传承发展协同创新中心科研成果转化，服务社会，更好地发挥智库作用，同时也为深入探索和推进 2011“高等学校创新能力提升计划”，我们决定编辑出版“2011 西藏文化传承发展协同创新中心系列丛书”，以集中反映中心咨政服务、研究成果和工作动态等情况。

2011 西藏文化传承发展协同创新中心

2015 年 12 月 20 日

目　录

下篇　西藏社会发展

前　言

2015年是西藏自治区（以下简称自治区、全区或西藏）成立50周年，是“十二五”收官之年、“十三五”布局之年，是全面深化改革关键之年。面对日益严峻的国际政治经济社会变化，以及国内经济持续下行压力加大局面，自治区党委、政府深入贯彻落实党的十八大和十八届三中、四中、五中全会及中央第六次西藏工作座谈会精神，以邓小平理论、“三个代表”重要思想、科学发展观为指导，贯彻落实习近平总书记系列重要讲话精神，特别是“治国必治边、治边先稳藏”重要战略思想和“加强民族团结、建设美丽西藏”重要指示，贯彻落实依法治藏、富民兴藏、长期建藏、凝聚人心、夯实基础重要原则，坚持“四个全面”战略布局，团结带领全区各族干部群众，主动适应经济新常态，突出稳增长、调结构、促改革、惠民生、保稳定，紧紧围绕圆满完成“十二五”经济社会发展目标任务，强化投资拉动、改革开放、产业支撑、扶贫攻坚，扎实做好改革发展稳定各项工作，开创了科学发展、和谐稳定、民族团结、民生改善、生态良好、边疆巩固的大好局面。

面对全区经济持续健康发展、社会持续和谐稳定、生态持续加速改善、群众生活持续稳步提高的大好形势，为了坚决贯彻好国家治藏方略，全面落实好中央及西藏各项优惠政策，切实提高西藏民族大学服务地方经济社会发展的能力，发挥好2011西藏文化传承发展协同创新中心服务西藏经济长足发展和社会长治久安的智库作用，为西藏各级各界提供既能坚持正确理论，又符合政策措施要求，既体现理论研究客观规律，又接地气、见实效、可借鉴的优秀研究成果。在校党委、行政坚强领导下，在校科研、教学及各二级学院大力支持下，2011 西藏文化传承发展协同创新中心发挥优势，整合全校骨干科研力量，于 2015 年围绕西藏经济全面发展和社会长治久安亟须解决的热点问题、关键问题和难点问题，赴西藏开展实地调查，形成了多篇研究报告。为了充分发挥这些研究报告对西藏经济社会发展的智力支持作用，2011 西藏文化传承发展协同创新中心在征询研究报告作者同意的前提下，按照原创性、规范性、实用性的基本要求，从提交的众多研究成果中精选出了 26 篇优秀报告结集出版，内容涉及西藏经济发展、社会进步、文化传承等领域，为了能综合反映这些调研报告全貌，编委会将书名定为《西藏经济社会发展 2015》。

本书是 2011 西藏文化传承发展协同创新中心的首部年度调查研究报告，在收录汇编过程中，考虑到研究报告作者的研究领域、研究视角、研究方法和依托课题项目存在较大差异，编委会将本书分为“西藏经济发展篇”“西藏社会发展篇”两部分。上述研究报告涉及西藏经济社会文化发展的多个领域，其中部分研究报告已通过《成果要报》或其他形式上报国家、西藏自治区党委和政府相关部门，取得了良好的社会反响。

本书既可以作为政府部门、专家学者研究西藏经济社会问题的参考资料，也可以作为国内民族院校研究生、本科生进行西藏经济和社会专题研究学习的参考资料。书中不妥之处，敬请广大读者批评指正。

编 者

2015 年 12 月 30 日

上篇　西藏经济发展

西藏自治区非公有制经济发展调研报告※

促进西藏非公有制经济健康发展研究课题组※

一、前言：调研简况

大力发展非公有制经济，既是走“中国特色、西藏特点”发展道路的本质要求，也是实现西藏长治久安和跨越式发展的题中之义。改革开放以来特别是“十一五”以来，西藏非公有制经济以其启动快、机制活、开拓性强、适应性好等优势，在西藏广大城乡迅速发展壮大，非公有制经济组织数量迅速增加、规模效应更加凸显、经济总量稳步提高、纳税总额大幅提升、经济社会效益显著增强，成为西藏国民经济的重要组成部分、社会就业的重要渠道、地方财政一般预算收入的主要来源、发展县域经济与繁荣城乡市场的主导力量、招商引资的主要领域、对外贸易的排头兵和转变发展方式的活力源泉。据有关部门统计，截至 2012 年底，非公有制经济产值占西藏 GDP 的比重达到 45% 以上，吸纳就业占当年西藏新增就业的 80% 以上，上缴税收占当年西藏税收总额的 85% 以上，消费品零售总额占当年西藏社会消费品零售总额的 75% 以上，组织进出口总额占西藏当年进出口总额的 85% 以上，已经支撑起了西藏国民经济的大半边天。未来，

※ 本报告是“促进西藏非公有制经济健康发展研究”课题组于 2013 年 5 月在对西藏非公有制经济调查的基础上形成的，本次调研得到了西藏自治区工商业联合会的大力支持。

※ 课题负责人：西藏民族大学狄方耀教授，调研成员：倪邦贵、张志恒、汪朋、代艳、闫红瑛、袁媛。本报告由张志恒教授主笔完成，由狄方耀修改定稿。

西藏非公有制经济发展要坚持“立足特色、发展优势、做强品牌、做精产业”的基本原则，抓重点区域、重点领域、重点环节。解决好思想不够解放、观念不够更新，总量不够庞大、分布不够均衡，基础不够扎实、融资不够通畅等问题，在企业强素质、职能大转变、服务提档次、政策抓落实上取得突破，形成合力，切实提高西藏非公有制经济的实力，使之成为长治久安和跨越式发展的强大支撑。正是基于上述考虑，“促进西藏非公有制经济健康发展研究”课题组一行人在 2013 年 5 月、7 月先后深入西藏，对非公有制经济发展进行了实地调查研究，通过发放问卷、召开座谈会、深入非公有制企业等方式，与现在非公有制经济主管部门和非公有制法人代表及从业人员等一起，就发展西藏非公有制经济的重点、难点、方式、方法等进行座谈、讨论。

本调研以党的非公有制经济发展理论为指导，从研究非公有制经济影响西藏经济增长、经济结构调整和深化改革角度出发，以研究促进西藏非公有制经济健康发展为主线，结合西藏“十一五”以来非公有制经济发展现状，采用走访、问卷、座谈等方式调查了自治区非公有制经济管理部门和二十多家非公有制企业，对西藏非公有制经济发展取得的成绩、经验和问题进行了深入分析，在后期通过撰写调查报告研究了西藏非公有制经济发展的特殊性，为促进西藏非公有制经济健康发展出谋划策。

本研究主要运用实地调查、文献分析等研究方法。一是实地调查。根据本课题研究需要，课题组对拉萨市、日喀则、山南等地区的非公有制经济进行了实地调查。调查内容主要包括非公有制企业经营状况、非公有制企业对当地农牧民增收的贡献、非公有制企业发展中存在的主要问题和对政府的诉求等。二是文献分析。调查组通过搜集整理有关西藏非公有制经济发展的有关文献，总结西藏非公有制经济发展的成功经验。通过座谈专访等形式开展调查，获取了第一手资料和实际体验。

二、西藏非公有制经济发展现状、经验总结与存在问题

（一）发展现状

1. 非公有制经济已成为西藏经济发展的新生力量。调查显示，“十一五”以来，西藏非公有制实体经济持续、健康发展，已成为国民经济的重要组成部分。截至 2012 年底，西藏非公有制市场主体达到 12.5 万多户，注册资本金达到 450 多亿元；非公有制经济产值占西藏 GDP 比重的 45% 以上；非公有制经济投资占当年西藏社会固定资产投资的 35% 以上；上缴税收占当年西藏税收总额的 85% 以上；纳税前 100 名企业中，非公有制企业占 70%；消费品零售总额占当年西藏社会消费品零售总额的 75% 以上；组织进出口占西藏当年进出口总额的 85% 以上。

2. 非公有制经济已成为西藏社会就业的主要渠道。调查显示，发展非公有制经济，对于保障和改善民生具有不可替代的战略意义。目前，西藏非公有制经济组织为大量城镇无业人员、农牧区剩余劳动力、高校毕业生、国企分流人员等群体创造了大量就业岗位，已经成为增加城乡就业、促进社会稳定、创造物质财富和精神财富的重要力量，成为解决当地就业的主渠道。2012 年，西藏非公有制经济组织从业人员达到 60 多万人，吸纳就业占当年新增就业的 80% 以上。而吸纳就业最多的五大行业分别是：批发零售业、住宿餐饮业、建筑业、居民服务业、租赁和商务服务业、制造业，以及信息传输和计算机软件业。自治区工商联于 2012 年开展的一项专项调查也显示，很多非公有制经济组织既是当地解决就业的生力军，也是带领当地人民群众致富奔小康的领路人，为提高本地人收入水平、促进社会和谐稳定作出了很大贡献。在此次调查中，接受调查的非公有制企业财务数据显示，有的通过投身光彩工程，改变过去购买生活用品扶贫方法，为当地农牧民配备农机，使整村农牧民在外出务工时实现带机械参与竞争，不仅可以通过机械入伙增加外出务工收入，同时也可以实现整村致富，避免扶贫中返贫现象的出现，发挥扶贫资金规模效应，助推当地农牧民增收奔小康。有的则通过兴办合作社，吸引农牧民入社，组建经济实体，引导

产业发展，带领当地群众致富奔小康。很多非公有制经济组织为扩大在当地的用工规模，有意将建筑、特色养殖、运输等适合农牧民的工作岗位留给本地农牧民，不仅缓解了当地就业压力，也为本地区农牧民致富奔小康创造了条件。

3. 非公有制经济已成为西藏招商引资的生力军。调查显示，“十一五”以来，西藏非公有制经济组织充分发挥经营上的灵活性，积极招商引资，已成为招商引资的主要力量。比较典型的招商引资活动包括：西藏唐蕃实业有限公司与全国 500 强企业——深圳研祥集团结成战略合作伙伴。2009 年全国工商联副主席全哲洙率北京、上海、天津、江苏、浙江、广东、山东、辽宁、吉林、湖北、四川等 11 个省市工商联，以及 30 家著名的非公有制经济组织负责人赴藏考察调研，天津市工商联先后两次组团赴西藏考察，山东在西藏设立 13 家非公有制经济组织，四川宏达在西藏设立天仁矿业公司。2010 年，瑞吉酒店、华泰龙矿业集团等一批非公有制经济组织落户西藏，2011 年 14 个省市（含台湾、澳门）工商界及私营企业家赴西藏进行项目、技术、智力、资金支援对接，达成了一系列合作意向，2012 年开展了全国非公有制企业拉萨行、2013 年深入开展全国非公经济西藏行等活动，达成意向性投资规模 2000 多亿元。

4. 非公有制经济人士已成为推动西藏经济社会快速发展的一支重要力量。调查显示，西藏广大非公有制经济代表人士自觉将自己和企业的命运与西藏的发展稳定紧密联系在一起，坚定不移地走“中国特色、西藏特点”的路子，涌现出一批政治上成熟、经济上有实力的优秀企业家。面对国际金融危机冲击，非公有制经济人士表现出勇于担当的精神，千方百计坚持不裁员、不减薪、不欠薪，为党和国家分忧。围绕党和国家中心工作，为国家积极建言献策，不断提高参政议政水平。2011 年以来西藏非公经济人士 1 人当选十八大代表，2 人当选自治区党代表，4 人当选人大代表，17 人当选政协委员，2 人被评为自治区级劳动模范，100 人被评为优秀中国特色社会主义事业建设者。选举工商联执委 84 人，推荐 6 个全国非公有制经济领域先进典型，关爱员工优秀非公有制企业家 3 人，全国热爱企业优秀员工 3 人。

5. 非公有制经济组织科学管理能力不断提高。调查显示，西藏非公有制经济人士在积极适应新形势新要求的基础上，建立科学的管理制度，用制度管权、管事、管人，建立和完善计划、财务、质量、成本、技术考核、劳动人事、原材料供给等企业内控制度，提高企业运营效率。如：西藏宏绩建筑有限公司等 7 家企业建立了职工工资集体协调制度。举办了第二届企业高管培训班、非公有制企业社会保险培训班、职业化心态和精细化管理培训班、浙江大学非公有制企业家高级研修班。西藏远大建材工程有限公司建立了首家农牧民文工团。

6. 非公有制经济组织的社会责任意识不断加强，组织建设不断健全。调查显示，非公有制经济代表人士把发展企业、创造就业岗位和关爱员工作为企业的首要责任，积极参加光彩事业，广泛投身公益慈善事业。在抗击亚东大地震、慰问子弟兵等重大活动中，非公有制经济代表人士向社会公益事业捐款 1267.01 万元人民币。截至 2012 年底，西藏各地市、县工商联组织基本实现了全覆盖，建立了 15 个行业协会组织。一批在行业领域有影响力、发挥领头羊作用的非公有制企业加入工商联队伍中，党团工青妇组织不断健全。

（二）经验总结

在全面调查、深入剖析、深刻总结的基础上，课题组认为，西藏非公有制经济发展有以下基本经验值得总结和借鉴。

1. 坚持科学发展观，充分发挥区域资源优势，把国家发展非公有制经济的有关方针政策与西藏实际紧密结合，进一步解放思想，实事求是，不断转变观念，创新发展，积极探索符合西藏区情的非公有制经济发展路子，是西藏非公有制经济快速、健康、持续发展的保障。

2. 坚定不移地以促进非公有制经济健康发展为核心，紧紧抓住第五次西藏工作座谈会精神、西部大开发和中央加快经济机构调整与转型升级的历史机遇，加快产业布局，培育经济增长点，充分发挥非公有制经济自主经营、机制灵活、市场竞争力强的优势，不断增强非公有制经济实力，是西藏非公有制经济快速、健康、持续发展的基础。

3. 坚定不移地深化改革、扩大开放，充分发挥行业协会的职能作用，优化投资环境、加大招商力度、加强区域合作、吸纳内地资金、拓展发展空间，是西藏非公有制经济快速、健康、持续发展的前提。

4. 充分利用国家对西藏的优惠政策，借助对口援藏力量，是西藏非公有制经济快速、健康、持续发展的重要推动力量。

5. 重视社会事业全面发展，不断提升非公有制经济的责任意识，把实现好、维护好、发展好西藏各族人民根本利益作为非公有制经济发展的出发点和落脚点，千方百计扩大就业，多种渠道繁荣西藏市场，使发展成果惠及广大群众，是西藏非公有制经济快速、健康、持续发展的重要目标。

6. 树立“以人为本，人才强企”的理念，不断引进和培养优秀管理人才和实用技术人才，建立积极向上的人才竞争机制，不断提升非公有制经济组织员工素质，使其成为社会主义市场经济建设的主力军与中坚力量，是西藏非公有制经济快速、健康、持续发展的基石。

（三）存在问题

基于整个调研，结合西藏特殊的区情，课题组认为，西藏非公有制经济发展存在的主要问题可以概括为：思想不够解放、观念亟待更新，总量规模不大、分布明显不均，基础设施滞后、能源约束凸显，融资渠道狭窄、资金成本较高，企业素质不强、发展后劲不足，职能转变不快、服务功能欠缺，配套措施不够、政策落实不力。既有与全国非公有制经济发展相同的问题，也有西藏公有制经济发展存在的特殊问题。

1. 思想不够解放，观念亟待更新。调查显示，目前包括非公有制经济代表人士在内的很多同志还受计划经济体制的影响，在行动上表现出思想不够解放、观念陈旧，计划经济思维的存在，制约了鼓励、支持和引导非公有制经济快速发展的积极性和主动性的发挥。严重影响了非公有制经济的快速发展。唯成分论、所有制关系的补充论、不同所有制成分的机械数量比例关系论、所有制的优越程度排座次论等论调还在一定程度上影响着非公有制经济的进一步发展壮大，导致非公有制经济发展存在体制内外“两张皮”现象。个别地方、个别部门对非公有制经济组织还不能一视同仁，对发展非公有制经济重要性的认识还有待于进一步提高等，这些思想观念严重束缚了西藏非公有制经济发展壮大。

2. 总量规模较小，分布明显不均。调查显示，西藏非公有制经济虽然取得了巨大成就，但与全国非公有制经济总体发展情况相比，仍存在很大差距：一是组织数量偏少。如 2009 年，西藏非公有制经济组织数量为 93066 家，而全国各省（市、区）非公有制经济组织数量平均为 1031419 家，相差 90.98%。二是资金额度偏低。如 2009 年，西藏非公有制经济组织投入注册资金 353.95 亿元，而全国各省（市、区）非公有制经济组织投入注册资金平均为 5325.81 亿元，相差 93.36%。三是从业人员偏少。如 2009 年底，西藏非公有制经济组织吸纳社会就业人员为 32.08 人，而全国各省（市、区）非公有制经济组织吸纳社会就业人员平均为 491.55 人，相差 93.47%。

与此同时，西藏非公有制经济中大型企业的数量较少。以 2010 年为例，当年西藏 91430 户私营企业中，注册资本金在 100 万—500 万元的有 1821 户，占私营企业总数的 1.99%，注册资本金在 500 万—1000 万的有 389 户，占私营企业总数的 0.43%，1000 万至 1 亿元的有 49 户，1 亿以上的有 13 户，98% 以上的私营企业注册资本金在 100 万元以下。

从行业分布看，西藏非公有制经济组织主要集中在第二产业中的工业和矿产业、建筑建材业以及第三产业中的旅游业、餐饮业、零售业、社会服务业，约占非公有制经济组织总数的 90% 以上，在能源、交通通信、金融、市政公用、基础设施等领域基本上没有涉足或涉入不够。这种行业分布特征既不利于西藏非公有制经济的发展壮大和国有经济的战略性调整，也不利于产业结构的优化组合。从区域布局来看，非公有制经济主要分布在拉萨等人口稠密、经济发达的中心城市，其他地、市、县相对较少，且混合所有制经济比重偏低。

3. 基础设施滞后，能源约束凸显。调查显示，西藏非公有制经济迅速发展与以交通、通信、能源为代表的基础设施改善紧密相关。但与此同时，能源供应在基本实现总量平衡的基础上，仍然存在区域分布不平衡和季节性差异大的问题，成为制约西藏非公有制经济快速健康发展的瓶颈。本次调查中，课题组走访了几家能耗较大的水泥和建材企业，他们普遍反映在每年冬季和春季，都要因为断电而停产，停产期最长可达 5—6 个月，能源短缺和季节性不平衡已经成为企业健康发展的重要障碍。

4. 融资渠道狭窄，资金成本较高。调查显示，西藏非公有制经济组织融资渠道不畅、贷款困难是长期存在的老问题，再加上西藏服务非公有制企业发展的贷款公司、融资担保公司等新型金融机构尚不健全，资金短缺仍然是制约西藏非公有制经济快速发展的瓶颈。主要表现在：

一是金融机构尤其是驻藏金融机构对西藏非公有制经济组织发展融资支持力度有待加大。调查显示，2012 年西藏金融机构各项贷款余额 350 多亿元，对非公有制企业的贷款余额不到贷款总额的 5%。驻藏金融机构对西藏非公有制企业的贷款积极性不高，源于 20 世纪很多企业恶意逃避银行债务问题的影响，驻藏商业银行在判断非公有制企业信用履约意愿和还款能力时往往依据过去经验和国有企业还款记录，导致非公有制企业无法正常获得贷款支持。新近成立的西藏银行虽然有扶持非公有制经济发展的优势，但规模小，尚处在经营初期，制约了它对于非公有制经济发展的扶持。驻藏商业银行金融创新不足，不能满足非公有制企业的贷款要求，商业银行对中小企业缺少有别于国有大中型企业的差异化服务，难以满足非公有制经济组织以短、小、频、急为主要特点的融资需求，非公有制经济组织对银行贷款普遍存在舍不得、用不起的两难境地。

二是政府扶持非公有制经济组织发展的工作力度有待加大。调查显示，财政每年都要投入资金，支持非公有制经济组织改制、技改，为非公有制经济组织进行融资贷款提供担保。这些扶持性措施，一定程度上缓解了非公有制经济组织融资难问题，但在具体融资过程中却存在着明显的行业倾向，重点扶持“龙头型”非公有制经济组织，对大多数非公有制经济组织辐射、带动作用有待提高。

三是小型非公有制经济组织很难参与直接融资。调查显示，小型非公有制经济组织本身的发展现状，决定其很难通过资本市场进行直接融资。同时，由于现阶段证券市场发行限制，造成包括中小板和创业板在内的整个证券市场基本上与小型非公有制经济组织无缘。

四是民间借贷加重了企业负担。调查显示，由于银行贷款门槛高，大多数非公有制经济组织很难从银行获得贷款，一部分非公有制经济组织融资就依赖民间借贷，这类融资存在三方面缺陷：(1)利息高，加重了企业负担。目前区内民间借贷的月息基本在1%—3%，有时高达5%以上。(2)单笔融资额度小，难以达到非公有制经济组织的资金需求。(3)如果非公有制经济组织在发展中遇到挫折和困难，将面临借贷人反复催债的压力，融资风险高。

五是企业素质不高，发展后劲不足。调查显示，西藏非公有制经济组织普遍存在资金不足、生产粗放、人才缺乏、技术低下、生产压力大、管理不规范、自主创新能力低、发展后劲不足、低水平重复、抵御市场风险能力弱，存在基础弱，起点低、科技含量低、产值低的“一弱三低”现象。非公有制经济代表人士和各类人才综合素质普遍偏低，尤其是高素质人才匮乏，制约了非公有制经济组织管理水平的提高、自主创新能力的提升和产品升级换代的推进，不能完全适应新形势下西藏非公有制经济发展的需要。

5. 职能转变不快，服务功能欠缺。调查显示，目前国家和西藏鼓励、扶持、引导非公有制经济发展的政策还停留在宏观层面，少数职能部门在非公有制经济发展上还存在“热、冷、乱、狠”的问题——决策招商者热、市场审批者冷、管理执行者乱、执法监督者狠，重国企轻民营、重大轻小、重外轻内在一些地方和部门依然存在。已有的政策措施未能得到有效实施，一些领域执法力度不够或政策执行不到位，存在严重的中梗阻现象。政府多元化服务少、行政审批多，对非公有制经济的制约比对公有制经济的制约大。政府的服务功能不完善、行政过度干涉、非公有制经济组织合法权益得不到充分保障。为非公有制经济组织服务的专门政府服务和社会服务体系远未最终建立起来。非公有制经济还没有形成一个比较完善的全方位、多层次的监管体系，一些重要领域存在监管滞后和监管真空。现有服务非公有制经济组织的政府职能部门之间协调机制不顺畅、信息不对称、资源共享困难。全社会支持非公有制经济发展的力量尚未有效整合，职能交叉、管理多头、服务缺位问题普遍存在。

6. 配套措施不够，政策落实不力。调查显示，少数职能部门贯彻落实鼓励和支持非公有制经济发展的政策措施相对滞后，政策针对性不强、配套措施不具体、缺乏可操作性、落实力度不够、工作不到位。导致非公有制经济发展获得一系列“通行证”的同时，在市场准入方面仍存在许多看得见、进不去，一进就碰壁的“玻璃门”现象，导致很多小型非公有制经济组织至今还认为扶持政策“看得见，摸不着”，在发展中遇到“三重门”（“铁门”是指在一些领域，严格禁止民营经济进入；“玻璃门”是指在一些领域，民营经济看得见却进不去；“弹簧门”是指在一些领域，由于行政等非市场因素，民营经济进去了又不得不退出）阻碍。主要表现在：一些垄断部门和行业、公用事业和基础设施领域，如通信、广电、邮政、电力、金融等部门依然存在“明放暗不放”。市场开放存在“真开放”和“假开放”问题，很多部门以资本实力、技术水平和从业资历等理由抬高行业准入门槛，使非公有制经济组织实际上进不去。另外，非公有制经济组织在土地征用、人才引进、信息获取、户籍管理等方面仍存在不公平待遇；政府前置审批项目设置过多，缺乏监督协调；在政策执行环节存在准入审批不透明、标准不完备等问题。

三、促进西藏非公有制经济健康发展的对策建议

课题组在综合西藏非公有制经济发展上述成就、基本经验和存在问题的基础上，经过广泛求证，认为立足西藏非公有制经济发展现状，围绕西藏非公有制经济发展存在的问题，各级、各部门要从经济发展和社会进步全局充分认识发展非公有制经济的重要性和紧迫性，客观分析和对待非公

有制经济在社会经济发展中的作用。认真贯彻落实党中央、区党委、政府鼓励和推进西藏非公有制经济发展的一系列文件精神，用新的理念推进非公有制经济实现跨越式发展，切实解决好阻碍非公有制经济发展的突出问题、核心问题和关键问题，大胆突破体制机制障碍，使西藏非公有制经济步入健康、可持续、跨越式发展轨道。而近期应重点做好如下工作：

1. 加强组织领导。课题组认为，西藏非公有制经济健康发展必须依靠政府支持，这是由西藏特殊的区情决定的。因此必须在近期建立起完善的支持和引导非公有制经济健康发展长效机制，把非公有制经济发展问题纳入各级党委、政府议事日程。建立健全非公有制经济发展统计反馈制度，及时把非公有制经济发展的现状、存在问题反馈给各级党委、政府。进一步完善非公有制经济联席会议制度，及时研究和解决非公有制经济发展中出现的新情况、新问题。落实非公有制经济发展目标考核责任制，明确责任部门、机构，制定长远规划，落实责任目标。形成全社会齐抓共管，共同促进非公有制经济健康发展的良好局面，这是促进西藏非公有制经济健康发展的保障。

2. 强化政策引导。课题组认为，2011 年以来，自治区党委、政府和各级机关已经出台了很多激励非公有制经济加快发展的政策，扶持非公有制经济健康发展的政策体系初步建立，未来的重点应该是加紧落实。近期应该重点落实好投资创业的相关政策，鼓励内地一切符合条件的法人、自然人和非公有制经济组织在西藏投资兴业。一是引导区内非公有制企业提高资质信誉，通过外树形象、内练内功增强非公有制企业的融资能力，以争取获得更多的银行信贷资金，解决好非公有制企业融资难问题；二是引导区内有条件的非公有制经济组织参与国有企业改革，推进国有经济组织和非公有制经济组织投资主体多元化；三是尽快建立起“西藏非公有制经济发展专项资金”，重点对科技含量高、经济效益好、发展前景广的项目和企业进行扶持，使其真正成为新的经济增长点和财政收入的重要增长源。

3. 推动科学发展。课题组认为，坚持以人为本，推动科学发展是西藏非公有制经济健康发展的应有之义，近期必须根据国家产业政策和投资重点，把发展非公有制经济作为促进社会主义市场经济建设的重要组成部分，以拓宽城乡居民就业渠道、增加城乡居民收入为中心任务，不断优化和合理配置资源，促进非公有制经济健康、快速、持续发展。充分体现“以人为本，以才兴企”理念，构建引进人才、留住人才、充分发挥人才作用的体制机制。通过大力改善非公有制经济组织人文素质，促进非公有制经济组织决策者、管理者和劳动者水平与技能不断提高。通过加强对员工素质培训和再教育，为非公有制经济组织中员工个人成长和企业发展营造良好人才环境。

4. 优化政府职能。课题组认为，要不断加强西藏非公有制经济组织诚信体系建设，培育法律意识和社会责任感，强化社会道德约束力。通过信贷登记咨询、工商登记年检、税务稽查、质量认证等方式联合征集企业信用信息，构建涵盖经营性质、经营规模、财务状况、信用等级、信用历史等内容的企业名录库。构建包括个人简历、经营业绩、管理水平、典型案例等内容在内的企业经营者资料库。通过非公有制经济诚信体系提供相应信息资料作为金融机构发放贷款、担保机构提供担保服务，为其他主体从事投融资活动提供依据。

5. 培养企业实力。课题组认为，西藏非公有制经济健康发展必须充分发挥好西藏的自然资源优势、政策优势和人文资源优势，大力发展劳动密集型和资源深加工产业，发展好农产品加工业和民族手工业，提升特色产品的科技含量，促进非公有制经济创新力提高。做好非公有制经济组织的技术引进，解决企业技术不足问题。围绕“一乡一业、一村一品”战略，重点发展建材、藏医药、农产品加工、民族手工业、民族文化产业和特色旅游业等战略支撑产业，找准产业定位，变资源优势为经济优势，引导非公有制经济组织集约化、集团化经营，做足优势、做足特色、做大规模，向“精、深、强、大”发展。

6. 坚持分类指导。课题组认为，基于西藏非公有制经济发展存在的区域和行业、产业不平衡问题，在非公有制经济尚处在起步阶段的昌都地区、那曲地区和阿里地区，应以壮大非公有制经济规模为主，在数量扩张基础上寻求质量提升；在非公有制经济发展已有较好基础的拉萨市、林芝地区、山南地区、日喀则地区，应以提高非公有制经济质量为主，在提高质量基础上谋求数量规模扩张。各地、市要根据自身的资源优势和发展现状，坚持经营管理与发展模式创新，确定主导产业和重点产品。

7. 优化产权结构。课题组认为，目前西藏非公有制经济组织大多采用家族式管理结构，这种管理结构在非公有制经济发展早期，对于抢抓机遇、灵活经营、提高效率发挥了不可替代的作用，但随着市场化程度不断提高、市场竞争不断加剧，这种管理结构以经验决策代替科学决策，人治高于法治，管理层集“策划、决策、执行、监督”于一体的弊端越来越难以适应市场经济发展的要求。因此，近期必须通过在西藏非公有制经济组织中构建和推广现代企业制度，解决家族式管理模式弊端，通过推行股份化、合作化改革，加快资产重组，培育先进企业文化，逐步实现产权明晰。

四、结语

促进西藏非公有制经济健康发展，不仅是西藏自治区各级党委、政府关心的重大全局性问题，也是我们这些长期从事西藏经济问题研究的人员应该格外关注的问题，课题组在调研中获得了对于促进西藏非公有制经济健康发展的众多感悟。

第一，经过此次调研，课题组确信，促进西藏非公有制经济健康发展不仅是一个重要的理论问题，更是一个重要的实践问题。理论需要升华，就必须经过实践多次检验。随着西藏改革开放和社会经济形态不断变化，西藏非公有制经济发展必将呈现出多样化态势。因此，调研实践中的诸多感性认识将会通过逐渐沉淀、反复琢磨，逐渐成为“促进西藏非公有制经济健康发展研究”课题的重要结论，实现对西藏非公有制经济健康发展理念的升华。

第二，西藏非公有制经济发展需要坚持科学发展、跨越式发展和可持续发展。加快西藏非公有制经济健康发展不仅要坚持改革开放，更要坚持科学发展，这是西藏非公有制经济健康发展的前提。坚持科学发展、跨越式发展和可持续发展，是西藏非公有制经济健康发展的指导思想，也是西藏非公有制经济健康发展的工作要求。没有科学发展、跨越式发展和可持续发展，西藏非公有制经济发展就可能失去特色，变成对生态环境和资源的破坏。

第三，促进西藏非公有制经济健康发展的理论研究必须与国家赋予西藏的使命结合起来，必须服务于强区富民，实现西藏社会经济长治久安和跨越式发展。作为长期服务于西藏非公有制经济发展的理论工作者，必须以促进非公有制经济发展为己任，在不断的理论实践中为实现西藏非公有制经济发展的富裕梦作出应有贡献。

新常态下“十三五”期间西藏新型城镇化与就业促进问题调研报告※

新常态下“十三五”期间西藏新型城镇化与就业促进问题研究课题组※

“十二五”以来，西藏自治区新型城镇化步伐明显加快，城乡就业显著增加。作为指导今后一段时间西藏新型城镇化建设全局性、战略性、纲领性的文件，《西藏自治区新型城镇化规划（2014—2020 年）》（以下简称规划）为构建新常态下“十三五”期间西藏新型城镇化与城乡就业互动体制机制提供了坚实的理论基础。为全面把握西藏新型城镇化和城乡就业发展现状，揭示西藏新型城镇化与城乡就业存在的主要问题，进而提出新常态下“十三五”期间西藏依托新型城镇化促进城乡就业的对策建议，课题组先后在包括西藏民族大学在内的西藏高等院校面向区内未就业大学生发放调查问卷 500 份，在拉萨市三家企业面向区内已就业人员发放调查问卷 200 份，实地走访拉萨市政府、拉萨市发展和改革委员会及多家企业，并通过西藏发展和改革委员会系统填制报表方式统计了西藏重要城镇人口分布。课题组认为，“十三五”期间西藏新型城镇化必须是在经济新常态宏观背景约束下的新型城镇化，这种新型城镇化除了具有规划中所指出的重

※ 本报告是西藏民族大学 2011 西藏文化传承发展协同创新中心 2015 年委托课题“新常态下‘十三五’期间西藏新型城镇化与就业促进问题研究”（项目编号：XT15041）的阶段性成果。

※ 本课题负责人：西藏民族大学张志恒教授，成员包括：杨玲、莫芳秀、沈宏益、魏小文、刘红旭、王建伟、王小娟、汪朋、赵毅、何妍、乔鹏程等。本报告由张志恒在课题研究报告、实地调研、对接研讨等基础上完成。

要性之外，还必须为西藏城乡劳动者实现充分就业提供不竭的源泉，成为促进西藏城乡充分就业的持续推动力。基于上述意图和基本结论，本调研报告（以下简称本报告）拟分四部分论述，第一部分，作为西藏“十三五”期间新型城镇化实施的背景，本部分立足经济新常态，着力解读西藏经济新常态的特殊性；第二部分，在调查研究的基础上集中阐述了西藏新型城镇化发展现状与存在的问题；第三部分，在调查研究的基础上阐述了西藏城乡就业发展现状与存在的问题；第四部分，在前三部分论述的基础上，对“十三五”期间西藏新型城镇化中的区域中心城镇、区域节点城镇人口承载力给出必要的理论界定，并以此为基础提出了借助新型城镇化促进城乡充分就业的对策建议。

一、理论背景：经济新常态及西藏经济新常态的特殊性

经济新常态是习近平总书记 2014 年 5 月在河南考察时首次提出的在新时期概括我国经济特征的一个全新概念，2014 年 11 月 9 日，习近平总书记又对这一概念进行了系统阐述与科学解读，在新的历史时期全面理解和准确掌握习近平总书记关于经济新常态的理论精髓，对于我们正确把握当前经济形势特征，做好“十二五”收官和“十三五”布局均具有重大的理论意义。从理论上看，经济新常态本质就是要在经济增速回稳前提下实现结构优化、产业升级和提质增效。其要义就是要使人民群众的生活质量稳步提高，实现就业稳、价格稳、民生保障更完善的良性发展状态。从实践上看，经济新常态就是在未来相当长的历史时期，我们将必须使用不同于过去的发展理念指导我国经济发展和社会进步，使经济新常态成为我们一切事业的宏观政策背景和理论遵循。

毋庸置疑，作为在我国具有特殊的区位优势、特殊的人文条件、特殊的发展状态、特殊的政策环境、特殊的战略地位的省级区划，西藏经济新常态无论在理论上还是在实践上都必须与全国经济新常态保持高度一致，但在具体表现形式上则一定有其自身特殊性，主要表现在：经济增速总体放缓，实际经济增量有限，且行业区域差异加大；经济增长受政策影响大

的特征会长期存在，经济增长多元化动力系统加快培育；经济结构优化、产业结构升级前景好，但基础不扎实；政府加大放权力度，市场活力加快释放；优势特色资源型、优惠政策引导型业态与产品前景广阔，电子商务等新兴商业模式加速成长；经济高成本劣势凸显，发展约束因素有增多趋势；小微企业经济贡献显著，小型化、专业化将成为企业发展的主流；人口老龄化问题逐步凸显，但形势没有发达地区严峻；环境承载能力强，但必须立足生态屏障战略高度，强推绿色低碳循环发展模式；市场竞争呈现多元化，输血型增长方式短期不可逆转。

基于以上基本判断，本报告认为，经济新常态下"十三五"期间西藏新型城镇化必须是以绿色、环保、生态和节约为基本特征的差异型新型城镇化，它以新型城镇化为载体，通过加快结构优化、产业升级和人口集聚，实现以人为本、适度集中、强化支撑、城乡联动、生态文明、文化传承的新型城镇化目标，使西藏新型城镇化既具有边疆民族特点，又具有地域文化和多元多样性特点，确保西藏新型城镇化过程中城—业—人良性互动、协调统一和可持续发展。

二、城镇化实践：西藏新型城镇化的现状与问题

（一）西藏新型城镇化现状

调研显示，严格意义上的西藏城镇化始于和平解放，伴随中央政府大量财政转移资金投入以及援藏省市的无私援助，西藏城镇化水平稳步提升，主要城镇规模不断扩张，城镇综合承载力显著增强，城镇化理念深入人心，初步形成了以拉萨为中心、各地市行署所在地城镇为支撑、县城及节点镇为重要组成部分的符合"西藏特点"要求的新型城镇体系。截至 2014 年底西藏已初步建成由拉萨、日喀则、林芝、昌都等 4 个地级市，山南、那曲、阿里地区等 3 个区域中心城镇，4 个市辖区、70 个县政府所在地城镇，140 个建制镇共同组成的特色鲜明、职责明确的西藏现代城镇新格局。

（二）西藏新型城镇化存在的主要问题

调研表明，西藏新型城镇化在取得上述显著成效的同时，也暴露出以下突出问题：一是环境约束大，自身难克服。首先，西藏虽然面积大，海拔高，但海拔低于 3000 米的人类宜居区域仅占总面积的 4.7%，发展空间有限。城镇建设用地分布不平衡，多数城镇建设用地不足，那曲地区、日喀则市、昌都市和拉萨市可利用土地资源紧张，城镇化占地与耕地保护矛盾突出，部分区域已比较紧张。其次，西藏虽然资源丰富，但开发难度大，且很多矿区不宜发展成矿业小城镇，资源开发的产业带动效果有限，对新型城镇化建设支持不显著。二是城镇化率低，发展较缓慢。首先，西藏城镇化率总体水平低。2013 年底仅为 23.7%，比全国平均水平的 53.7% 低了 30 个百分点，比西部地区平均水平的 45.4% 低了 21.7 个百分点。其次，西藏城镇化率增长速度慢。2013 年西藏城镇化率年均增速仅为 0.358%，比全国年均增速低近 1 个百分点，比新疆年均增速低 0.557 个百分点，根据国际上城镇化率小于 30% 即为城镇化起步阶段的标准，西藏城镇化尚处于起步阶段，传统城乡二元结构格局未根本扭转。再次，西藏城镇化地区发展不平衡。拉萨市城镇化程度高，其他地区相对较低。最后，西藏人口密度与城镇相关性显著，地广人稀决定了西藏新型城镇化应注重加大小城镇建设。但调查结果却显示，西藏小城镇建设不仅水平低、速度慢、动力弱，且对周边优质资源吸引力小，产业集聚带动作用不大。三是经济发展滞后，推进动力不足。首先，经济发展水平与产业结构升级构成了城镇化加快推进的动力系统，其中工业是城镇化推进的核心推动力，第三产业是城镇化推进持续的推动力。就西藏而言，多年来经济增长速度虽然快，但总量不足，工业化率低，工业化滞后于城镇化，工业化无法对城镇化形成有效支撑。由此一方面使得城镇化缺乏工业化这一内在驱动力，另一方面则不能形成城镇化与工业化良性互动机制。以 2012 年为例，该年西藏工业化率为 7.9%，而同期城镇化率为 22.7%，由此说明西藏城镇化推动力不是来源于工业，而是来源于第三产业及国家安居工程等政策性扶持，这种局面不利于城镇化进程加速推进；其次，西藏低能耗、低污染、高附加值的第三产业和高新技术产业不足、农牧业就业人数多，高端产业对新型城镇化支撑力弱。以2013年为例，该年西藏三次产业产值比为10.7：36.3：53.0，而三次产业就业人数比为46.3：13.4：40.3，近一半就业人口集中在农牧业。第二产业内部工业增长慢，建筑业增长快且产值高。以传统服务业为主的第三产业发展迅速，新兴服务业产值低、质量差。这种产业结构和就业结构不利于新型城镇化的快速发展，也是造成农牧区剩余劳动力无法顺利实现转移就业的主要原因；最后，民营经济发展慢和民间投资严重不足，城镇吸纳劳动力就业能力有限。调研显示，政府投资和民间投资对新型城镇化发展都有明显的促进作用，但民间投资对城镇化的影响系数为政府投资对城镇化影响系数的2倍。与此同时，民营经济吸纳了西藏75%以上的就业人口，成为解决西藏城乡就业的主渠道。但与此相对应的是，长期以来由于西藏经济实力弱，社会投资以政府投资为主，资金主要源于中央财政转移支付，政府投资对民营经济扶持有限，一方面导致民营经济长期存在融资难问题，制约了民营经济加快发展，另一方面也使得民营经济无法吸纳更多的本地劳动力实现就业，无法对西藏新型城镇化提供持续支撑。四是城镇结构不合理，聚集辐射能力弱。首先，西藏城镇数量少，且规模不大。各区域中心城镇、重要节点镇多为地、市、县政治中心，且以县级以下城镇为主，城镇行政等级低，聚集能力差，吸引资源与人口的能力不足，对周边区域辐射带动作用小。再者，以行政职能为依据的县及以下城镇，多以农牧业为主，产业结构相似，经济环境封闭，再加上城镇间距离远，无法形成合理分工和有效的功能协调，城镇间集群协同效应不足。以拉萨为例，作为西藏首府城市，聚集了西藏30%的城镇人口、37%的GDP、36%的财政收入、大部分高等院校、全部三甲医院，生产要素与公共服务高度集中。拉萨市城关区人口密度是改则县的1500倍。与此同时，拉萨与其周边县城平均距离在70公里以上，且中间缺乏次级区域性中心城镇衔接，城市聚集辐射能力被削弱。目前虽然拉萨—泽当两小时经济圈正在加紧打造，但尚处于起步阶段，聚集辐射作用有待激活。毫无疑问，与其他地市相比，拉萨与其周边县城的平均距离在各地市行政中心与周边县城的距离中还算比较近的，像阿里、那曲等地区城镇间的距离更远，区域中心城镇、区域节点城镇间要实现有效协同难度更大，城镇间区际协同难的问题导致区域中心城镇、区域节点城镇建设功能趋同，导致西藏新型城镇化过程中出现新的投资浪费和投资短缺并存窘境。

调研显示，西藏新型城镇化除了存在上述问题外，城市基础设施落后，城镇化质量不高，特色化人本化特征不显著，高端人才短缺，普通劳动者适应力弱，城镇化发展理念落后等都成为阻碍西藏新型城镇化加快推进的突出问题。以上述问题为基础，本报告认为，伴随西藏经济在新常态下的增速放缓，公共财政支持新型城镇化财力约束或将逐步凸显，新型城镇化部分问题解决难度将可能增加，应引起各级各界广泛关注、高度重视，并及时采取切实可行的措施加以解决。

三、就业实践：西藏城乡就业的发展现状与存在问题

调研表明，“十二五”期间西藏城乡就业总体上取得了显著成就，也存在一些不容忽视的实际问题。近年来自治区政府对西藏籍高校毕业生就业采取了很多特殊优惠政策，为了全面揭示西藏城乡就业发展现状与存在问题，本报告拟将西藏高校大学毕业生就业发展现状、存在问题与其他劳动力就业发展现状、存在问题分别论述，以揭示各自的特殊性。

（一）西藏高校毕业生的就业现状与存在问题

1. 西藏高校毕业生就业的发展现状

调研显示，由于近年来自治区政府对于作为特殊就业群体的西藏籍高校毕业生采取了很多特殊优惠政策，从而导致西藏高校毕业生就业呈现以下特殊性：一是政府主导西藏高等院校毕业生就业工作。为确保西藏籍大学生实现全部就业，各级劳动与社会保障部门采取了很多行之有效的措施增加就业，主要包括：（1）提供充足公务员事业单位岗位。据不完全统计，2011 年至今，西藏通过公开考录方式，每年提供一万余名公务员和事业单位岗位，如果再加上“三支一扶”和西部计划、政府公益性岗位、见习

岗位等，政府提供的就业岗位与当年西藏籍高校毕业生总数基本持平。（2）推出多项措施鼓励西藏高校毕业生到企业就业。为鼓励西藏籍大学毕业生到企业尤其是中小企业就业，政府采取税收优惠和资金奖励、补助等方式，按照企业吸纳高校毕业生就业年限，分别给予不同数量奖励和社会保险补助。（3）鼓励西藏高校毕业生到内地就业。自治区政府规定，对于到内地企业就业的西藏高校毕业生给予路费补贴和生活补助。（4）为西藏高校毕业生自主创业提供政策支持。自治区政府通过提供小额贷款、税收优惠等措施，鼓励西藏高校毕业生自主创业，以创业带动就业。（5）加快推进就业援藏。自治区政府积极联系援藏省市和援藏企业定向招录西藏籍大学毕业生，缓解区内就业压力。援藏省市和援藏企业通过现场招聘会和网上招聘，定向招录西藏籍大学毕业生。调查显示，上述政府就业促进措施中，通过公开考录方式支持西藏籍大学毕业生成功就业，成为政府促进西藏籍大学毕业生实现全部就业的最重要途径。二是西藏籍大学毕业生就业率高，基本实现了全就业。调查显示，多年来西藏籍大学生基本上实现了全就业，总体而言，绝大多数西藏籍大学毕业生一般能在毕业当年就找到比较满意的工作，极少数西藏籍大学毕业生在当年没有找到满意工作的，一般在来年基本上也可以通过公招考试成功就业。

2. 西藏高校大学毕业生就业存在的问题与原因

与此同时，调研显示，西藏高校毕业生就业主要存在以下问题：一是西藏高校毕业生就业形势严峻。据不完全统计，近几年通过公开考录、协议分配等途径就业的西藏籍大学毕业生占高校毕业生总数的 80% 以上，绝大多数西藏籍大学毕业生以进入公务员队伍为首选，没有在企业长期稳定工作的准备，使得企业尤其是民营企业很难留住高校毕业生特别是优秀高校毕业生，影响了企业吸纳高校毕业生实现就业的积极性，即使部分高校毕业生勉强到企业就业，他们也主要选择中央驻藏企业，这对西藏本土企业发展非常不利。与此同时，伴随西藏机关事业单位和中央驻藏企业人员逐渐饱和，区内对高校毕业生需求将迅速减少，西藏籍大学毕业生就业难问题将加速凸显，引导西藏高校毕业生到企业、基层就业难度将不断加大，西藏大学毕业生就业形势严峻。二是西藏籍大学毕业生就业观念有待改变。调查显示，大部分西藏籍大学毕业生把就业首选去向锁定在公务员和事业单位，通过公招考试方式实现就业。他们认为公务员和事业单位工作稳定，由国家发工资，失业风险小。虽然近几年西藏公招考试岗位主要面向基层，地方偏远，条件艰苦，但这些困难依然不能消减他们对公招岗位的热情，很多受访西藏籍大学毕业生认为即使自己通过公招考试被分配到了偏远基层，依然有机会通过工作调动或在职人员区直机关考试，使自己调整到条件相对较好地区和单位。与此同时，他们往往认为西藏企业规模小，发育不成熟，工资待遇低且不稳定，职业安全得不到保证，这一就业观念反过来又导致西藏籍大学毕业生就业结构单一。二是区内就业人数高于区外就业人数，基层就业人数高于城市就业人数。从近年来西藏籍大学毕业生就业区域分布来看，毕业生工作单位地点首选区内，愿意到内地就业的主要是西藏高校中的内地省市毕业生，区内少数民族大学生愿意到内地就业的就更少。三是援藏就业渠道作用甚微。调查显示，作为自治区促进就业的一项重要举措，从 2010 年开始由内地援藏省市和援藏企业面向西藏籍大学毕业生开办专项招聘会，以吸纳西藏籍大学毕业生到内地就业，但这条渠道帮助西藏籍大学毕业生实现就业作用远未充分发挥出来，除少数西藏高校内地毕业生和西藏籍内地生通过就业援藏计划实现了就业外，大量西藏籍大学毕业生尤其是藏族毕业生并不愿意选择这一渠道实现就业。

通过对调查问卷的深入分析，本报告认为，导致西藏籍大学毕业生就业存在上述问题的主要原因包括：一是受传统就业观念影响。西藏籍大学毕业生尤其是藏族毕业生不愿意到内地就业，一方面是因为他们认为内地工作环境和生活方式与西藏不同，自己很难适应；另一方面是他们感觉内地竞争激烈、工作压力大、买房压力大、成家交友压力大，在内地工作生活更艰辛，存在畏惧心理。二是内地援藏省市和援藏企业提供的就业岗位与西藏籍大学毕业生实际所学专业有差异，所招聘专业与所学专业匹配度不高。内地企业主要需要理工类专业毕业生，而西藏籍高校毕业生中文科类比重较大，存在专业不匹配现象。三是工作待遇与西藏籍大学生期望有差距。内地援藏省市和援藏企业提供的工作岗位基本上是基层岗位或操作性较强的岗位，相对于在西藏本地就业而言，工资待遇没有优势，且一般没有正式编制，按照合同工对待，造成很多西藏籍大学毕业生对援藏省市和援藏企业开办招聘会兴趣不大，签约积极性不高，签约率低。

（二）西藏其他群体的就业现状与存在的问题

1. 其他群体就业发展现状

调研显示，“十二五”期间伴随西藏经济的加速发展，城乡就业迅速增加，表现出以下特征：一是整体就业规模不断扩大。从三次产业从业人数看，2002 年西藏三次产业总就业人数为 130.20 万，其中：第一产业就业人数为 92.96 万，第二产业就业人数为 18.85 万，第三产业就业人数为 61.58 万，就业人数占当年总人口数的 49%。而到了 2012 年，西藏三次产业总就业人数为 202.06 万人，其中：第一产业就业人数为 93.60 万，第二产业就业人数为 27.10 万，第三产业就业人数为 81.36 万，就业人数占当年总人口数的 66%，10 年间就业人数增加 72.04 万人。由此说明，西藏整体就业规模在逐年扩大，且各产业就业人数都有增加，尤以第三产业就业人数增加最为显著，10 年间净增加了近 50 万人。二是经济发展对就业拉动作用明显。调查显示，西藏 GDP 由 2010 年的 507 亿元增长到 2013 年的 807 亿元，年均增长 12.2%。与此同时，新增城镇就业 25 万人，城镇登记失业率严格控制在 4.0% 以内，农牧区劳动力转移就业累计达到 190 余万人次，西藏城乡就业多元化趋势初显。三是就业结构缓慢调整，渐趋合理。调研显示，近年来，西藏第一产业就业比重不断下降，第二、第三产业就业比重显著上升，其中：第二产业就业比重增长相对缓慢，第三产业就业增长较为明显。这说明西藏城乡就业结构正在不断优化，尽管调整相对缓慢，但第三产业就业人数迅速增长的事实说明，西藏就业结构渐趋合理的趋势已基本形成且不可逆转。

2. 其他群体就业存在的主要问题

调研显示，与西藏籍大学毕业生就业存在很多特殊优惠政策相比，其他群体就业则呈现以下问题：一是总量矛盾与结构性失业矛盾并存。全区劳动力供大于求的总量矛盾与结构性失业矛盾将长期并存，首先，受历史、地理环境影响，全区经济发展基础弱、总量小，区内企业规模小、层次低，吸纳城乡就业能力低。而与此对应，大中专毕业生、城镇失业人员、农牧区富余劳动力，以及区外务工人员进入全区劳动力市场规模逐年扩大，据调查，每年约有 1.4 万高校毕业生、0.8 万中专毕业生、1.5 万城镇失业人员进入劳动力市场，约有 45 万农牧区富余劳动力向非农牧领域转移，25 万区外劳动力进入区内劳动力市场，劳动力供大于求的矛盾短期内难以彻底解决，劳动力市场供求总量矛盾依旧比较尖锐；其次，全区劳动力市场结构性矛盾将进一步加剧。伴随全区新常态下经济增长速度放缓，经济结构调整和产业升级，劳动力市场上技能型劳动力需求将迅速增加，普通型劳动力需求将不断萎缩，由于西藏劳动力市场上，特别是基层劳动力市场上本地劳动者文化素质、专业技能相对较低，为此经济结构提质增效很可能会导致大量的本地普通型劳动力由于不能满足市场需要而失业，进而有可能导致并加剧劳动力市场上的部分企业“招工难”和部分劳动者“就业难”问题并存。二是劳动者教育水平低，劳动力供给质量不高。总体上看，西藏就业规模不断扩大，就业结构渐趋合理，但劳动者整体受教育程度仍然偏低，成为制约就业的一大瓶颈。2013 年每 10 万人平均受教育率仅为 19.9%。整体受教育程度不高，优质教育资源短缺，直接导致就业供给质量不高。三是就业地区和行业分布不均衡，主要以区内就业为主。研究显示，由于受生活习惯、风俗以及环境影响，西藏大部分民众往往倾向于区内就业，不愿意到区外寻求更大发展空间。以 2012 年为例，该年全区农牧民区内转移就业 42.55 万人，占转移就业的 94.56%，区外转移就业仅为 2.45 万人，占转移就业人数的 5.44%，就业流动性弱。从各地区和行业就业分布看，拉萨地区就业人数比其他地区多，这与拉萨作为西藏经济政治中心有关。四是农牧民转移就业质量不高，稳定性较差。西藏农牧民普遍技能单一，就业竞争力弱。就业信息网络不全，信息渠道不畅，外出就业多依靠亲友熟人介绍，以“工带工”用工模式为主，难以形成组织化、规模化跨区域转移，转移就业难度大。

结合实地调研，本报告认为，导致西藏劳动力就业存在上述问题的主要原因是：城乡差距明显，劳动力素质有待提高，公共资源分配不均，就业设施配套不足，人民群众的就业观念保守，就业缺乏创新意识，地理环境相对独特，就业成本显著增加，职业教育发展落后，就业技能提高慢。本报告进一步认为，伴随全区经济在新常态下提质增效、人口红利逐步丧失，以及社会保障功能稳步增强，西藏各级各界应积极采取措施发展新兴产业，支持中小微型企业发展，创造更多的就业机会，扩大基层就业和社会保障范围，加大区、地、县人力资源市场和公共职业技能实训基地建设，提高公共就业服务信息化水平。

四、对策建议

基于上述调研分析，本报告认为，“十三五”期间，在经济新常态下，要实现西藏新型城镇化推动产业升级，通过新型城镇化和产业升级促进城乡就业，再以城乡就业助推新一轮新型城镇化，最终建立起新型城镇化、产业高端化和城乡充分就业三位一体的良性互动关系，就必须在科学确定西藏新型城镇化过程中城镇承载能力的基础上，立足新型城镇化和产业高端化对城乡就业的促进作用，提出行之有效和切实可行的促进就业的对策建议。

（一）新型城镇化过程中城镇人口承载力目标确定依据

为了科学确定新常态下“十三五”期间西藏新型城镇化过程中各类城镇的人口承载力，本报告将围绕规划提出的构建“一圈两翼三点两线”的新型城镇化空间格局，到 2020 年底实现常住人口城镇化率达到 30% 以上，城镇规模不断扩大，数量不断增加，城镇常住人口增加 28 万人左右，拉萨市常住人口达到 50 万以上，常住人口 10 万—50 万城镇数量达到 3 个，常住人口 5 万—10 万城镇数量达到 2 个，形成一批特色小镇的总体目标。从规划对全区新型城镇化发展的定位来看，2013 年全区人口 312

万人，新型城镇化率为 23.7%，则城镇人口数为 73.94 万人，根据年均 1% 的人口自然增长率预测，到 2020 年底，全区总人口预计将达到 335 万人，城镇人口预计达到 101.5 万人，与 2013 年的 73.94 万人相比，需要年均增长 4.7%，方可实现既定目标，且这一城镇人口增长率明显高于全区人口年均 1% 的自然增长率。本报告认为，伴随全区经济过去数年的高速增长，城乡居民收入持续增加，全区人口转移将伴随置业、创业、就业、养老等需要的满足而呈现区域中心城镇向省会城市转移、重要节点镇向中心城镇转移、其他城镇向重要节点镇转移、广大农牧民和交通不便的农牧区居民向特色小城镇转移的趋势，而且这种大趋势将不可逆，毫无疑问，这一趋势将有助于实现西藏新型城镇化发展的目标，并在新型城镇化与城乡就业之间搭建起一个良性互动平台，使新型城镇化促进城乡充分就业、城乡充分就业又促进城镇人口增加，最终达到提高全区新型城镇化率、实现人口的城镇化目的。

为了解决上述城镇人口承载存在的问题，并提出城乡就业促进对策建议的调研目标，本报告将利用全区发改系统上报的人口分布资料和第六次全国人口普查数据，对规划涉及的各类城镇人口承载力进行简单确定，如果不加特别说明，本报告使用数据将主要是第六次全国人口普查数据，使用的人口自然增长率为 1%，使用的城镇人口年均增长率全区平均为 4.7%，同时本报告也认为，西藏新型城镇化一定是一个非均衡发展的城镇化过程，相对而言，拉萨及其他地市对人口的吸引力明显高，人口集聚能力强，而节点镇对人口的吸引力不足，人口集聚能力弱。为此本报告在对拉萨市、山南泽当镇、日喀则桑珠孜区、昌都卡洛区、林芝巴宜区等区域中心城镇人口承载力进行确定时，均使用了较高的城镇人口年均增长率，但对于其他城镇则使用了较低的城镇人口年均增长率。

（二）“一圈”区域城镇人口承载力与就业促进的对策建议

1. 拉萨市人口承载力与就业促进的对策建议

围绕规划确定的强化拉萨城区核心作用这一新型城镇化目标，

“十三五”期间拉萨市应通过提速达孜县和堆龙德庆县撤县设区，加快拉萨城区新型城镇化推进步伐，创新经济发展新方式，吸引更多有识之士来拉萨置业、创业、兴业，提升拉萨城区的承载能力，到 2020 年底，努力实现使拉萨市城镇常住人口突破 50 万人的既定目标。而就目前情况看，拉萨市城关区常住人口约为 27 万，柳梧新区设计人口 4.8 万，市区常住人口已接近 30 万，到 2020 年要确保拉萨市城镇常住人口达到 50 万以上，必须保证拉萨城区常住人口每年递增 8%。考虑到规划中确定的拉萨市将着力打造全区商贸物流中心、金融中心、总部经济高地和新型工业化产业示范基地，形成竞争优势明显的全区产业最大聚集区、推进改革创新和全面开放先行区、城乡一体化和两型社会建设示范区，最具魅力的国际旅游中心和历史文化名城，西南地区具有较大影响区域性中心城市等设想，本报告认为，拉萨城区常住人口年递增 8% 的既定目标实现起来难度不小。

伴随拉萨市常住人口和流动人口迅速增加，“十三五”期间应鼓励拉萨市制定并执行手续简洁、扶持多样的西藏籍大学生投资创业政策，切实降低西藏籍大学生在拉萨各大园区、商业街区、城镇社区自主创业、分散就业的门槛，适时推出社区 24 小时店等形式多样的商业模式的扶持政策，使传统商业重焕新活力、重显新优势。鼓励支持复员转业军人实现自主择业、就地就业。简化审批手续、规范街区市场，吸纳更多农牧民实现转化就业。加快建设拉萨市职业就业中心，鼓励民间职业培训机构发展，多渠道、多形式开展就业培训，为城镇下岗职工和城镇贫困户提供免费的再就业培训，完全消除零就业家庭。吸引更多西藏籍大学毕业生、复员转业军人以及城镇其他失业人员、城镇无业人员到民营企业就业，切实减轻公务员考试和国家公职人员招考压力。

与此同时，目前西藏人口老龄化问题虽没有内地发达地区突出，但全区人口老龄化趋势已不可逆转，很多老年人退休后移居或定居于拉萨颐养天年已成为区内一种潮流，这为拉萨市老年护理、老年家政等社区服务业发展创造了条件，也为技术水平相对较低的农牧区剩余劳动力实现转移就业提供了机遇。

2. 泽当镇人口承载力与就业促进的对策建议

围绕规划确定的将乃东县泽当镇打造成拉萨—泽当城镇圈重要支撑的总体目标，“十三五”期间，泽当镇应多措并举，加大城市建设，提升城镇扩容能力，将泽当镇建成江北统筹城乡发展的示范区。到 2020 年底，努力使泽当镇城镇常住人口突破 5 万人，考虑到 2012 年泽当镇常住人口仅有 2.58 万人的实际情况，为实现上述目标，2014—2020 年间必须保证泽当镇常住人口每年以 10% 的速度递增。考虑到泽当镇作为“一圈”重要的支撑，虽具有重要的战略地位和良好的区位优势和产业承接机遇，但要实现常住人口每年递增 10% 的目标，难度不小。

与泽当镇新型城镇化实际相对应的是，“十三五”期间，伴随拉萨市部分产业转移到泽当镇，产业园区就业机会将大量涌现，为此泽当镇应加快建成山南职业就业培训中心，开展形式多样的面向农牧区剩余劳动力转移的实用技术培训，提高农牧区转移就业技能；制定切实可行的西藏籍大学生文化产业创业扶持政策，切实降低西藏籍大学生在泽当镇兴办文化实体的成本，使雅砻文化优势转化为西藏籍大学生特色文化创业就业优势。

3. 拉萨—泽当城镇圈内其他重点城镇人口承载力与就业促进的对策建议

“十三五”期间，堆龙德庆县乃琼镇和德庆乡、达孜县德庆镇和曲水县曲水镇应加快工业园区和现代农业产业园区建设，推进与拉萨市城关区同城发展进程，加大城镇失地农民职业培训工作力度，提高服务现代城市的技能，通过“一乡一业”“一村一品”的产业引导，提高当地农牧民特色创业、就地就业的能力，增强城镇人口承载力。到 2020 年底，努力使乃琼镇、德庆乡、德庆镇和曲水镇常住人口分别达到 1 万人、0.7 万人、0.7 万人和 1 万人。

“十三五”期间，墨竹工卡县工卡镇和甲玛乡应依托优势矿产资源、旅游资源，加强矿业园区建设和旅游设施建设，以矿产资源开发和旅游业推动新型城镇化，通过完善城镇功能，提高服务能力，矿业探矿、选矿、环保，以及旅游服务培训等就业引导方式增加城乡就业，提高城镇承载能力，到 2020 年底，努力使工卡镇和甲玛乡常住人口分别达到 0.6 万人、0.4

万人。

“十三五”期间，林周县甘丹曲果镇要依托优质农业资源，发展城郊设施农业和观光农业，打造拉萨市果蔬花卉供给基地、城郊旅游休闲娱乐中心，在就业引导上要侧重于提升本地农民城郊设施农业基础的建设能力。到 2020 年底，努力使甘丹曲果镇常住人口达到 0.8 万人。

“十三五”期间，贡嘎县甲竹林镇和吉雄镇将充分发挥机场门户功能，大力发展现代物流和餐饮服务，大力提升当地居民物流服务能力和餐饮服务技能，提高城镇人口承载力。到 2020 年底，努力使甲竹林镇和吉雄镇常住人口分别达到 1 万人、0.5 万人。

“十三五”期间，乃东县昌珠镇、扎囊县扎塘镇和桑耶镇、贡嘎县杰德秀镇等重点城镇应该重点依托民族手工业和旅游业优势，大力发展民族手工业和旅游业，积极引导本地居民开展多种形式的民族手工技能培训和旅游业服务能力提升，提高人口承载力。到 2020 年底，努力使昌珠镇、扎塘镇、桑耶镇、杰德秀镇常住人口分别达到 0.7 万人、0.4 万人、0.3 万人、1 万人。“十三五”期间，贡嘎县江塘镇应依托现代农牧业优势，通过现代化农牧业技术技能引导，提高城镇承载力。到 2020 年底，努力使江塘镇常住人口达到 0.5 万人。

（三）“两翼”区域城镇人口承载力测度与就业促进的对策建议

1. 雅鲁藏布江中上游城镇人口承载力与就业促进的对策建议

围绕规划提出的强化日喀则市桑珠孜区在全区的重要增长极作用，“十三五”期间，桑珠孜区应在加快基础设施建设、完善城镇功能上下功夫，并依托构建全区第二大产业聚集区、建成国家重要的历史文化名城和高原生态文化旅游集散服务基地、构建面向南亚开放的重要门户等目标，通过全方位推进劳动密集型产业发展和生产性服务业技能培训，提升城镇承载力。到 2020 年底，努力使日喀则桑珠孜区常住人口达到 15 万人，成为全区第二大人口聚集核心区。

“十三五”期间，拉孜县曲下镇和江孜县江孜镇要充分依托江孜县、拉孜县县改市契机，加强基础设施建设，提升服务能力，增强城镇承载力，通过全方位推进现代农业和文化旅游业服务技能，聚集城镇人口。到2020年底，努力使曲下镇和江孜镇常住人口分别达到0.4万人和1万人。

“十三五”期间，南木林县南木林镇、谢通门县卡嘎镇、白朗县洛江镇、萨迦县萨迦镇、定日县协格尔镇、昂仁县卡嘎镇、仁布县德吉林镇等重要城镇，应该立足现有发展基础，通过加大城镇基础设施建设，提高城镇服务能力。通过推进优势资源和特色产业培育引导，提高城镇产业支撑力和人口聚集力。到2020年底，努力使南木林镇、谢通门县卡嘎镇、洛江镇、萨迦镇、协格尔镇、昂仁县卡嘎镇、德吉林镇等重要城镇常住人口分别达到0.9万人、0.6万人、0.6万人、0.5万人、1万人、0.7万人、0.5万人。

2. 尼洋河中下游城镇人口承载力与就业促进的对策建议

作为尼洋河中下游的区域中心城镇，“十三五”期间，巴宜区要充分利用独特的旅游资源，加速旅游业态创新，建设国际高原森林生态旅游城镇、国际知名休闲度假疗养胜地和全区旅游集散次中心，建设宜居巴宜，打造人才创业基地，加快特色林下资源和藏中药材加工，建设水电能源总部经济，提升城镇人口承载力，到2020年底，努力使巴宜区常住人口达到8万人。

“十三五”期间，波密县扎木镇应该立足国道旅游走廊优势，大力发展旅游、商贸、物流、住宿、餐饮服务业，加大旅游产品开发，提高旅游服务能力，提升城镇人口承载力。到2020年底，努力使扎木镇常住人口达到1.1万人。

与此同时，“十三五”期间，工布江达镇、巴河镇要在餐饮、住宿、生态旅游等业态上实现突破。到2020年底，努力使工布江达镇和巴河镇常住人口达到0.5万人和0.25万人；“十三五”期间，米林县米林镇要通过游客集散建设和藏医药文化源区的建设，推进米林镇承接八一镇功能转移和生态农业建设，实现产业转移和生态农业业态创新，增强城镇人口集聚能力和就业增加。到2020年底，努力使米林镇常住人口达到0.2万人。

（四）“三点”区域城镇人口承载力与就业促进对策建议

1. 藏东区域城镇人口承载力与就业促进对策建议

昌都市卡若区作为藏东区域中心城镇，“十三五”期间应充分发挥区位优势，加快进出藏通道改扩建，提升邦达机场通航能力，强化在藏东区域核心增长极作用，使之成为藏东商贸物流中心、融入成渝经济圈的藏东明珠。在产业发展上应围绕能源开发，发展配套服务，增强聚集能力，切实增加就业和城镇人口。到2020年底，努力使卡若区常住人口达到14万人。

“十三五”期间，芒康县嘎托镇应依托交通优势，大力发展商贸物流业、现代农牧业，积极发展住宿、餐饮、商贸等服务业，充分利用特色生物资源、水能资源和旅游资源，发展特色食饮品业、能源业和旅游业，在产业创新过程中提高人口集聚能力。到2020年底，努力使嘎托镇常住人口达到0.9万人；“十三五”期间，丁青县丁青镇要发挥好区位优势，加强基础设施建设，提高公共服务能力，依托特色文化和虫草等优势资源，发展旅游和商贸服务。到2020年底，努力使丁青镇常住人口达到0.8万人。

2. 藏北枢纽区域城镇人口承载力与就业促进对策建议

那曲地区那曲镇作为藏北枢纽区域的区域中心城镇，“十三五”期间，那曲镇应该充分利用战略区位优势和青藏铁路强大辐射作用，统筹物流园区和基础建设，加快特色产业发展，提升综合承载能力，努力建成藏北最重要的人口聚集区、交通枢纽和物流中心。到2020年底，努力使那曲镇常住人口达到10万人。作为藏北重要的节点城镇，“十三五”期间，索县亚拉镇应该依托国道317，重点发展特色牧业，有序推动有条件的农牧民向城镇集中定居，并加快推进公共服务向周边区域延伸。到2020年底，努力使亚拉镇常住人口达到0.8万人以上。

3. 藏西区域城镇人口承载力与就业促进对策建议

作为藏西区域中心城镇，狮泉河镇在“十三五”期间应抢抓阿里地区地改市机遇，依托交通、矿产、畜产品和区位优势，建成连接新疆的交通枢纽、藏西区域商贸中心、物流中心。依托独特的旅游资源优势，打造经典旅游路线，把狮泉河镇建成区域性旅游集散中心。加强基础设施建设，提高公共服务水平，把狮泉河镇打造成为藏西戍边重镇。到 2020 年底，努力使狮泉河镇常住人口在目前 2 万多人的基础上有较大幅度增加。作为藏西城镇化重要节点镇，札达县托林镇“十三五”期间应依托交通优势、旅游资源优势，改善旅游设施，促进旅游业和城镇化协同发展。到 2020 年底，努力使托林镇常住人口有所增加。

（五）“两线”区域城镇人口承载力与就业促进对策建议

1. 巩固边境沿线城镇。边境沿线城镇化的核心是巩固边防、扩大开放，战略是“兴边富民”，重点是口岸建设和边境一线乡镇建设。“十三五”期间应该重点建设吉隆口岸，稳步提升樟木口岸，积极恢复亚东口岸，加快发展普兰和日屋口岸，推进口岸开放。基本措施是：构建口岸快捷交通通道，强化口岸设施建设，完善功能，提升通关水平。产业发展的重点是：物流、边贸和旅游。城镇化载体是：依托口岸建设开发开放试验区、经济合作区，构建密切联系南亚和孟中印缅经济走廊的陆路通道。通过优质的自然资源、不断开放的经贸合作吸引更多的常住人口，加快推进口岸新型城镇化进程。“十三五”期间，边境一线乡镇城镇化建设的重点是：大力推进亚热乡、偏吉乡、纳久乡、昌果乡、贡当乡、萨勒乡、聂拉木镇、绒辖乡、曲当乡、陈塘镇、萨尔乡、岗巴镇、昌龙乡、亚东下司马镇、下亚东乡、帕里镇、康布乡、莎玛达乡、涅如堆乡、拉康镇、色乡、觉拉乡、卡达乡、浪波乡、勒门巴乡、扎日乡、玉麦乡、准巴乡、斗玉乡、加玉乡、背崩乡、下察隅镇、南伊珞巴乡、洞嘎镇、扎西岗乡、日土镇、日松乡、达巴乡、萨让乡、底雅乡、曲松乡、楚鲁松杰乡等边境乡镇的基础设施建设，保障能力建设，加大公共服务，推动公共服务向边境乡村延伸，实现全边全民社会保障全覆盖，促进边贸发展、改善边民生产生活条件，鼓励到边境乡村定居兴业，稳固边境人口。加强国防设施建设，强化边境乡镇守土固边战略任务。

2. 交通沿线重要小城镇建设。依托交通优势，“十三五”期间应该大力推进交通沿线重要小城镇建设。重点建设：当雄县当曲卡镇、萨嘎县加加镇、仲巴县帕羊镇、仁布县切娃乡、八宿县白玛镇、八宿县邦达镇、江达县江达镇、边坝县草卡镇、贡觉县莫洛镇、洛隆县孜托镇、贡嘎县甲竹林镇、察隅县察瓦龙乡、工布江达县工布江达镇、朗县朗镇、安多县帕那镇、比如县比如镇、申扎县申扎镇、嘉黎县阿扎镇、普兰县霍尔乡、措勤县措勤镇、改则县改则镇等沿线城镇建设，提升枢纽功能，完善基础设施，突出特色、传承文化、保护生态，大力发展物流、商贸、住宿、餐饮等服务业，强化交通节点作用，提升服务功能，使这些交通小城镇的转移就业能力和承载力增强，并加快培育一批重点交通节点城镇。

3. 特色小城镇建设。建设原则：提高质量、节约用地、特色突出。建设目标：基础良好、条件成熟、聚集潜力大。建设重点：（1）稳妥发展资源型城镇。重点建设墨竹工卡县工卡镇、墨竹工卡县甲玛乡、谢通门县卡嘎镇、谢通门县达那答乡、昂仁县卡嘎镇、江达县青泥洞乡、芒康县如美镇、类乌齐县桑多镇、贡觉县莫洛镇、曲松县罗布莎镇、隆子县日当镇、加查县安绕镇、嘉黎县忠玉乡、革吉县擦咔乡、改则县物玛乡，以此增强聚集能力，带动相关产业。（2）积极打造魅力旅游小城镇。重点建设当雄县羊八井镇、当雄县纳木错乡、尼木县吞巴乡、萨迦县萨迦镇、定日县协格尔镇、定结县陈塘镇、八宿县然乌镇、芒康县纳西民族乡、左贡县旺达镇、类乌齐县类乌齐镇、扎囊县桑耶镇、浪卡子县打隆镇、洛扎县洛扎镇、那曲县古露镇、工布江达县巴河镇、米林县米林镇、墨脱县墨脱镇、林芝县鲁朗镇、普兰县普兰镇、札达县托林镇、日土县日土镇、普兰县巴嘎乡。突出文化地域特点，保护自然生态，加强文化传承，加大旅游产品开发，完善住宿、餐饮、购物和交通综合服务功能，提高旅游接待能力。（3）形成服务农牧业的特色城镇。重点建设曲水县曲水镇、林周县甘丹曲果镇、白朗县洛江镇、江孜县江孜镇、南木林县南木林镇、扎囊县扎塘镇、贡嘎县吉雄镇。加强农牧业社会化体系建设，加快农牧业现代化进程，推进农畜产品加工，加强农畜产品交易市场建设。

西藏非公经济发展的法律保障问题调研报告※

西藏非公经济体发展的法律保障问题研究调研组※

一、序言

习近平总书记在中央第六次西藏工作座谈会上强调，依法治藏、富民兴藏、长期建藏、凝聚人心、夯实基础，是党的十八大以后党中央提出的西藏工作重要原则。稳定和发展是西藏经济社会生活中最重要的两件事，长治久安的社会环境是基础，长期健康的经济社会协调发展是关键。非公经济体是西藏经济发展的重要力量，也是推动西藏社会主义市场经济在法制化轨道有序运行的重要力量。非公经济体显然是富民兴藏的生力军，非公经济体已经也将必然在西藏实现全面小康的征程上再谱新篇。

非公经济体的设立、运作、发展，自有其不同行业的特点，却都要处理包括工商登记、合同订立、融资信贷、纠纷处理等一系列需要法律程序解决的问题。良好的制度环境，守法的社会氛围，体现在每一位执法者的权力实践之中，也体现在每一位公民的行为行事之中。只有充分了解西藏非公经济体运行中存在的法律问题，才可能为依法治藏背景下担负富民兴

※ 本报告是西藏民族大学法学院与西藏自治区工商联联合调研课题的阶段性成果。

※ 本课题负责人：西藏民族大学法学院院长侯明教授，成员包括：西藏民族大学姚俊开教授、西藏自治区工商联赵兰英副处长、西藏民族大学刘红旭博士、西藏民族大学王亚妮副教授、西藏自治区工商联秦林副处长、西藏自治区工商联主任科员邓琴、西藏民族大学陈烨博士、西藏民族大学社会工作师来帅。本报告由刘红旭执笔撰写。

藏、长期建藏、凝聚人心和夯实基础重要职责的非公经济体提供健康有序的发展路径。基于此，在自治区工商联领导的关心和支持下，西藏民族大学与自治区工商联共同组建调研组，科学合理地设计了调研方案，对西藏非公经济体涉及的法律保障问题进行了系统调研。本次调研持续时间长、涉及面广，调研过程得到拉萨、日喀则和林芝三市和所辖相关县区工商联负责人和工作人员、相关企业的大力支持，为我们的调查研究提供了有力的支持。通过实地调研，我们采用访谈、问卷调研和座谈会相结合的方式，较为全面地了解了西藏非公经济体运作的现状、不同非公经济体存在的特殊性法律困境和大多数非公经济体都面临的一般化法律问题。根据调研获得的材料和数据，调研组研讨了课题研究的重点，从西藏非公经济体发展的现状及特点、困境及问题、法律服务及保障三个方面，分析问题并提出了促进西藏非公经济体依法健康运行的路径。

二、调研组人员构成与分工

西藏非公经济发展的法律保障问题调研组由自治区工商联和西藏民族大学共同组成，调研组顾问为自治区政协副主席、工商联主席阿沛·晋源先生，总协调为自治区工商联党组成员、副主席廖贻东同志。调研组组长为西藏民族大学法学院院长侯明教授、副院长姚俊开教授，调研组成员为自治区工商联经联处赵兰英副处长、西藏民族大学刘红旭博士、西藏民族大学王亚妮副教授、自治区工商联经联处秦林副处长、西藏自治区工商联经联处主任科员邓琴、西藏民族大学陈烨博士、西藏民族大学来帅社会工作师。由侯明教授负责调研报告的总体框架，姚俊开教授负责统稿，刘红旭博士执笔撰写，王亚妮副教授辅助撰写，陈烨博士负责访谈资料整理，来帅社会工作师负责问卷数据整理。

三、调研行程安排

西藏民族大学研究人员 7 月 20 日到达拉萨市，21 日与自治区工商联磋商了调研行程，召开了调研工作会议，并组建了调研组，7 月 22 日正式开始调研。调研组先后到达日喀则市、林芝市和拉萨市进行调研，具体情况为：7月22—24日在日喀则市走访了4家非公经济体，组织了近19家企业相关人员参与的座谈会；7月26—29日在林芝市调研，先后走访了5家非公经济体，组织了林芝市和巴宜区工商联主要负责人、近10家企业负责人参与的座谈会；7月31日至8月2日在拉萨市调研，分别走访了2家企业，并与9家非公经济体代表、1家律师事务所主任座谈。8月2日，调研组向自治区政协副主席、工商联主席阿沛·晋源先生做了专题汇报，肯定了调研过程，并结合西藏非公经济体的现状谈了中央和西藏自治区党委、政府对于西藏经济社会发展的总体部署，鼓励调研组从文化传承、经济发展、社会稳定和社会进步等方面深挖非公经济体的功能，为西藏非公经济体的依法建设、依法运行和依法发展提供智力支持。

四、调研形式与方法

西藏非公经济发展的法律保障问题调研，是我们了解西藏经济社会发展的一个窗口，也是我们服务西藏经济社会发展的重要方面。从地理区位来看，西藏非公经济体广布自治区全境，既坐落于首府拉萨及昌都、林芝、日喀则三市，山南、那曲、阿里三个地区，也散布于全区各县（区）及乡镇。从企业类型来看，西藏非公经济体既有民族特色鲜明的文化旅游类企业、食品加工类企业和民族手工艺品生产类企业等，也有管理现代化的有机农业、村镇银行、房地产类企业等。一般而言，似乎只有完全覆盖式的全面调查才可以总揽全局，事实上科学的抽样调查也可以做到窥斑见豹。纵然调查对象的形态各异，各自有着独特的行业特点和运行规律，但其内在的非公经济同质性和外在的社会环境一致性，可以确保取样的代表性。

从社会研究的全面性和典型性角度出发，我们以非随机抽样方式选择样本，关注代表性个案的集中调查。资料收集方式上，本次调研采用了典型访谈、问卷调查、座谈会三种形式。典型访谈采用焦点访问的形式，由市县（区）工商联遴选非公经济体后，调研组成员先行走访参观，再进行围绕访谈提纲的交流互动和问卷调查。访谈的过程以非公经济体的主营项目为切入点，关注企业的特殊性法律问题，更注重收集非公经济体遇到的一般化法律难题。应该说，收集资料的过程既是法律知识的宣讲过程，也是理论与实践的结合过程。问卷调查具有客观中立的优点，匿名化的资料收集方式有利于获得可信度较高的原始数据，且因统计方法的科学性而简明形象。本次调查共收到有效问卷 43 份，调研报告中涉及的数据即以此为据。当然，问卷调查具有难以深度发掘材料和缺乏弹性的缺点，仅作为辅助性手段使用。座谈会是定性研究的重要方法，预先抽取一定的研究对象，通过围绕主题的发言和讨论，获得观点并收集资料。此次调研选择座谈会的形式，一来便于面对面收集资料，二来为工商联和非公经济体提供集体交流的机会，三来便于非公经济体借此交换信息、共建网络。

总体而言，此次调研过程中，我们的关注点集中于非公企业的法律问题，但不局限于此，而是广泛接触和学习，宣传和交流，达到了解企业需要、提高企业法律认知、进行法律宣讲的目的。正是坚持收集资料与宣讲法律知识相结合、学习交流与构筑企业网络相结合的两个原则，我们高效收集了相关资料，获得了自治区非公经济体发展的情况，并对其特点做了归纳总结。

五、西藏非公经济体的发展特点

西藏非公经济体起步晚，规模化程度远低于内地其他省区。但是，西藏非公经济体发展迅速，纳税总额占全区税收的比重高于 90%，已成为西藏经济社会发展的主要力量。与此同时，西藏非公经济体扎根于西藏文化土壤，除了注重成本产出的经济效益之外，特别重视扶贫助困、建设家乡的社会责任。在以生态城镇化、新型工业化为两极，美丽西藏为蓝图的西藏经济社会发展快车道上，西藏非公经济体必将服务西藏、致富西藏，推进全民幸福的西藏大车健康、协调、大踏步前行。纵观半个月以来的走访调研，我们可以将西藏非公经济体的特点总结为以下三点：

第一，西藏非公经济体呈现出民族性、民生性和多样性的特点。后藏地区的日喀则民风淳厚，民族特色鲜明，当地的非公经济体也正好契合于这样的社会氛围。秉承信誉为本的亚美民族手工业产品有限责任公司，多领域开发又始终紧扣社会责任的冈仁波齐商贸集团有限公司，专司糌粑生产与销售的白朗县康桑农产品发展有限公司，兼营民族手工业和旅游产品的白朗县嘎东镇卓玛传统民族服饰编织厂等无一不弥漫着藏乡文化。林芝市地处雅鲁藏布江中下游，旅游资源丰富、气候宜人，当地的非公经济体围绕旅游资源开发、房地产、生态农业等领域全面发展。无论是享誉四方的奇正藏药集团，还是冉冉勃发的宇高生态农业开发有限公司，探索发展中的林芝民生村镇银行和令人印象深刻的林芝阿吉林特色经济发展农牧民专业合作社，都形象生动地展示了藏文化的独特魅力，又展现了林芝独特优越的资源优势，并以现代企业的经营模式不断推进经济体现代化水平的提高。拉萨市的非公经济体运行多年，传统的优势产业早已是欣欣向荣的景象，新型的产业结构紧紧跟随着西藏经济社会发展的步伐。在我们的调研中，可以明显发现的是，西藏地区各非公经济体产业结构根植于西藏文化沃土之中，呈现出相似的民族特色和文化特色，又因各自的发展阶段不同而景象各异。但是，西藏非公经济体最为鲜明的一个特点是高度的社会责任感。无论是向企业职工子女发放奖学金与助学金、招聘和培训当地贫困户到企业工作，还是为当地的老人提供食物供给、建立妇女或农牧民合作社等，都展现了西藏文化中普度众生、扶贫助困的伦理观念，为西藏非公经济体注入了令人温暖的色调。

第二，西藏非公经济体呈现出行业覆盖面广、种类齐全、特色鲜明的特点，正处于不断发展壮大的过程中。在我们走访的 11 家企业中，虽有行业相近者，但每个企业都有着主要的经营项目，综合起来则构成了西藏非公经济体行业多元化、布局全面化、民族特色鲜明的总特征。从西藏非公经济体的行业分布来看，主业与新开拓行业并举，多领域发展已成定势。例如，西藏冈仁波齐商贸集团有限公司主营农机，现又向矿产开发业逐步迈进；林芝宇高生态农业开发有限公司以藏香猪育种研发生产为主导，现已经拓展至养殖、果蔬种植、休闲观光产业园等领域；拉萨达孜县玉雄建筑安装有限公司肇始于建筑业，业已发展成为集建筑、安装和房地产为一体的综合经济体。从西藏非公经济体的民族特色来看，传承民族传统、展现民族文化，已成为企业文化的有机部分。例如，西藏日喀则亚美民族手工业有限公司是国家部委命名的“全国民族用品定点生产企业”，地毯、服装、家具、金银铜器、矿泉水等产品无一不具有藏文化的色彩，而注重信用、以质量取信于顾客、以社会责任回报社会的做法，显然匡正了充分市场化带来的不太恰当做法，提供了西藏本土企业良性发展、良知发展、良好发展的蓝本。与此类似的还有藏文化特色鲜明的西藏白朗县嘎东镇兴旺传统服饰农民专业合作社、西藏白朗县康桑农产品发展有限公司、林芝阿吉林特色经济发展农牧民专业合作社和西藏林芝奇正藏药有限公司。

第三，西藏非公经济体呈现出产业布局、治理结构和发展阶段差异较大的特点，正处于转型升级的现代化进程中。2013 年，西藏共有工业企业 547 家，按登记注册类型分类，国有经济 120 家，集体经济 84 家，其他 343 家。相较于 2000 年，工业企业总数从 482 家增至 547 家，13 年的时间里净增 63 家，增幅 13%。但是，国有经济从 288 家降至 120 家，集体经济从 105 家降至 84 家，其他类型的工业企业从 89 家激增到 343 家，增长了近 3 倍。这样一种变化趋势，反映了西藏的工业企业迅速走上了市场化路子，民间资本为主的企业形态即非公经济体成为西藏工业化的主力军。从现代化的维度出发，我们可以看出西藏的城镇化是生态城镇化，西藏的产业化是新型产业化。发展西藏的生态经济，西藏自治区提出要按照绿色发展、循环发展、低碳发展的要求，大力发展高原特色生态农牧业，加快无公害产品、绿色食品和有机食品生产基地建设；大力发展太阳能、风能等清洁可再生能源；在生产、流通、消费等环节发展循环经济。积极探索碳汇经济，推进碳交易。把生态文明理念融入旅游开发的全过程，大力发展生态旅游。结合我们的调研走访可以发现，一方面，西藏非公经济体基本按照自治区的整体规划谋篇布局，彰显各自优势；另一方面，西藏地域经济发展不平衡，行业规范化程度差异较大，经济体本身的运行结构相去甚远，也就决定了经济体的运行状况各异。可以说，转型升级是西藏非公经济体面临的普遍命题，面向现代化、法治化的经济结构和运行方式是大势所趋。

六、西藏非公经济体调研数据分析

实地走访等形式有助于增强我们对于西藏非公经济体的感性认识，典型调查、个案深剖的过程即是将代表性问题具体化、深入化。与之相对应，问卷调查采用结构式数据收集方式，能够在一定程度上揭示西藏非公经济体的一般化问题，也就成为我们为西藏非公经济体健康有序发展提供法律保障的出发点。

非公经济体是活跃在市场中的有机主体，经济体的创办者、经济体的属性，都直接影响着经济体的市场行为，因而成为我们首当其冲的关注点。从表 1 的数据可见，西藏非公经济体创办者的性别集中（众数和中值都是 1 即“男性”，且均值与中值的距离最小，方差最小），宗教信仰的分布离散程度最高（众数和中值都是 5 即“不信任何教”，且方差最大）。众数反映的是数据的集中情况，是一组数据中出现次数最多的数值。性别中的“男性”（赋值为 1），民族中的“汉族”（赋值为 2），文化程度中的“大学及以上”（赋值为 4），政治面貌中的“中共党员（含预备党员）”（赋值为 1），家庭所在地中的“城市”（赋值为 1），宗教信仰中的“不信任何教”（赋值为 5），表明西藏非公经济体创办者有以下人口学属性：汉族男性，中共党员，学历层次较高，居于城市且没有宗教信仰。这样的数据情况，显然与我们对被调查对象采用非随机抽样的方式有关，若联系全区的情况，情况可能并不一定如此。也就是说，本数据反映的上述信息适用于本次调研，可以进行小样本的精确计算。若要获得全区非公经济体的状况，应以普查或者大样本的抽样调查数据为准，不能据此简单推广并作情形判断。当然，表 2 数据修正了统计量中的概化现象，如被访者的文化程度回答中，“高中（中专）”者与“大学及以上”者相差甚微，宗教信仰中信奉“藏传佛教”者也略少于“不信任何教”者。如此来看，只有综合数据的一般情况和具体的分布，才能清晰看出西藏非公经济体创办者的总体情况。例如，对于西藏非公经济体创办者的民族身份而言，各地的情况相差很大，也呈现出一定的规律。日喀则市的被访经济体以藏族企业家为主，拉萨市以汉族企业家为主，林芝则兼有汉族和藏族企业家。

表 1　西藏非公经济体创办者情况统计

	性别	民族	文化程度	政治面貌	家庭所在地	宗教信仰
频数	43	38	41	38	39	36
均值	1.05	1.53	2.95	1.47	1.77	3.28
中值	1.00	2.00	3.00	1.00	1.00	5.00
众数	1	2	4	1	1	5
方差	0.045	0.256	1.148	0.743	1.235	3.863

表 2　西藏非公经济体创办者情况频数分布

项目		频数	百分比（%）
性别（N=43）	男	41	95.3
	女	2	4.7
民族（N=38）	藏族	18	47.4
	汉族	20	52.6
文化程度（N=41）	小学及以下	6	14.6
	初中	6	14.6
	高中（中专）	13	31.7
	大学及以上	16	39.0
政治面貌（N=38）	党员（含预备党员）	29	76.3
	群众	9	23.7
家庭所在地（N=39）	城市	24	61.5
	县城	5	12.8
	乡镇	5	12.8
	农村	5	12.8
宗教信仰（N=36）	藏传佛教	15	41.7
	其他宗教	2	5.6
	不信任何教	19	52.8

七、西藏非公经济发展的法律问题

依法治藏、富民兴藏，西藏非公经济体都发挥着不可或缺的作用。只有在制度健全、法治有效的环境中，西藏非公经济体才能够健康运行、规范发展、担当大任、奉献社会。西藏非公经济体自身的依法运行、非公经济体对于国家政策法规的接收消化，都是保障非公经济体有序有力发展的重要组成部分。走访企业、问卷调查和座谈会，分别从个案和一般情况的角度，并结合集体讨论的情况，我们发现了西藏非公经济体创办、运行和政策获知等方面存在着的一些法律问题。

1. 西藏非公经济体的创办依规而有序，但也存在程序烦琐的问题

表 3 的数据显示了西藏非公经济体创办中涉及的法律问题，分 9 个问题进行了调查。企业创办必须预先做好很多工作，程序性和正规化程度即在该阶段奠定基础。以问卷调查的数据为主，结合访谈资料，我们可以对西藏非公经济体创办中的法律问题归纳如下：

第一，半数的非公经济体在创办时程序获知渠道为自学，且“相关单位提供信息”者仅占 11.6%。如此情形，固然与经济体本身的竞争性等相关，但在一定程度上也反映了我们的非公经济体尚停留在单打独斗的状态，商会、企业联盟等网络组织尚待进一步发展。

第二，83.3% 的创办者在创办时学习过相关法律法规，一来说明法律知识本身对于企业的重要性，同时也说明企业从创办之时便自觉依法依规设计运行线路。当然，访谈中具体询问时，西藏非公经济体相关人员对法律知识的重视程度远不及掌握的法律知识，恰当灵活地使用法律维权和保障运行就难以谈及。

第三，七成以上的非公经济体在创办经济体时聘请了法律顾问，该数据已是很高。通过访谈可以详知的是，临时性或阶段性的法律顾问占据重要比例。若从日喀则的调研情况来看，可以从创办时程序性强而必须获助于专业的法律工作者，运行中仰仗信用而较少涉及法律事务以致不需法律顾问来理解。值得肯定的是，西藏非公经济体从创办之时起就聘请法律顾

问，为经济体顺利运行保驾护航的理念，业已成为西藏非公经济体的基本共识。

第四，企业名称预先核准的过程、企业的前置审批过程和领取营业执照的过程，都有相应的法律法规且受制于不同部门、不同地域，甚至不同工作人员的影响，情况不一而同。但相似的情况是，上述三个程序都认为复杂的比例均在 20% 以上。一方面，多头管理和体制机制本身存在着自身的缺点，给经济体的创办带来了一定的障碍；另一方面，事实存在的程序和人们的心理预期有一定的差距，导致了对经济体创办程序认知的偏差。我们相信，随着人们法律意识的逐渐增强，并在规范有序的环境中获得好处，就会增强对于程序的理解，也会自觉与执法者同命共生，促进西藏法治社会的进程。

第五，企业的章程和公章刻制，都是经济体创办时必需的要件。调查数据显示，95.2% 的企业在创办时即有章程，应该是与章程本身文本易于制作的特性有关，但章程是否能够达到规范企业组织和活动的初衷，体现章程作为企业宪章的意义，还需继续探讨。遗憾的是，访谈中我们发现，相较于程式化的章程文本，章程具有的法定性、真实性、自治性和公开性等基本特征，似乎并不为人们所熟知。另外，公章的刻制时间呈先后分布，应该与公章的实际使用时间有关。严苛的意义上，公章刻制是经济体创办的标志之一，理应出现在创办的前期，而调查中将近一半出现在后期，是否说明了西藏非公经济体的创办程序性还需要加强?

第六，法人代表即法定代表人，是依法代表法人行使民事权利，履行民事义务的主要负责人。结合我们的调研可以发现，西藏非公经济体的法人代表由经济体的主要创办者或负责人担任，符合我国非公经济体的惯例。同时，股东大会选举法人代表有一定的比例，说明非公经济体的民主化进程正在逐步加强。职业经理人等现代企业必需的人才遴选机制，也已成为成熟的西藏非公经济体必然的选择。

表 3　西藏非公经济体创办中的法律问题频数分布

项目		频数	百分比（%）
企业创办程序获知渠道（N=43）	自己学习	24	55.8
	亲朋好友传授	14	32.6
	相关单位提供信息	5	11.6
创办时是否学习过相关法律法规（N=42）	否	7	16.7
	是	35	83.3
创办时是否聘请法律顾问（N=42）	否	12	28.6
	是	30	71.4
企业名称预先核准的过程如何（N=39）	简单	20	51.3
	不确定	10	25.6
	复杂	9	23.1
企业的前置审批过程如何（N=36）	简单	11	30.6
	不确定	13	36.1
	复杂	12	33.3
是否有企业章程（N=42）	没有	2	4.8
	有	40	95.2
领取营业执照的过程如何（N=39）	简单	20	51.3
	不确定	11	28.2
	复杂	8	20.5
公章刻制时间（N=40）	创办前	5	12.5
	创办中	17	42.5
	创办后	18	45.0
法人代表确定的方式（N=39）	创办前约定	15	38.5
	股东大会选举	10	25.6
	独资发起人承担	14	35.9

2. 西藏非公经济体的运行各具特点、日趋成熟，但也遇到了各种难题和困境

表 4 的数据覆盖了西藏非公经济体运行中可能遇到的法律问题，表 5 则以利克特量表测量了非公经济体对所在地区经济运行环境的评价。实地调研过程中，西藏非公经济体的组织结构、决策程序、运行现状及发展规划等，构成了我们研究的重点。调查数据中可见的情况，走访访谈中获知的信息，可以得出一个显而易见的结论是：西藏非公经济体有序依法运行，带动了当地经济社会的发展。但是，不同经济体所处的发展阶段，所处地区的社情民意等，都会影响到经济体的规范性和发展前景，技术性人才短缺、维权诉讼的各种困难等普遍性问题和区域性、行业性规定相互抵牾而处理机制不健全等特殊性问题，都或多或少影响到非公经济体的健康发展。

第一，西藏非公经济体内部的相关法律部门不健全，经济体遭遇的法律问题以被动应对为主。表 4 数据显示，半数的被访企业没有法律顾问，三成的被访企业不组织法律知识的学习，遭遇不正当竞争、垄断、劳动纠纷等行为时诉诸法律途径者不足 40%。尤其值得注意的是，虽然 32.4% 的被访企业遇到过不正当竞争，16.2% 的被访企业遇到过市场垄断行为，30% 的被访企业遇到过劳动纠纷，28.2% 的被访企业遇到过诈骗，32.5% 的被访企业遇到过侵权问题，但是回答处理上述问题的方法时应答者甚少。例如，被访的 43 家企业中仅有 13 家回答了如何处理劳动纠纷。由此我们是否可以推测，被访企业不愿意回应此类问题可能既与其不愉快的经历有关，也与确实不知如何回答的客观事实有关。访谈中我们也进一步了解到，即便是设立了法律部门的非公经济体，也有着形式大于实质的情形，更鲜有经济体会主动学习法律法规，企业的管理层和普通员工都很少参加法律知识的培训。

表 4　西藏非公经济体运行中的法律问题频数分布

项目		频数	百分比（%）
是否设立法律顾问？（N=41）	否	18	43.9
	是	23	56.1
是否组织法律知识学习？（N=41）	否	12	29.3
	是	29	70.7
哪部法律最重要？（N=21）	公司法	7	33.3
	反不正当竞争法	1	4.8
	劳动法	1	4.8
	企业所得税法	2	9.5
	劳动合同法	1	4.8
	中小企业促进法	9	42.8
是否遇到过不正当竞争？（N=37）	否	25	67.6
	是	12	32.4
如何处理不正当竞争？（N=23）	协商解决	11	47.8
	举报	4	17.4
	法律维权	7	30.4
	其他	1	4.3
是否遇到过市场垄断行为？（N=37）	否	31	83.8
	是	6	16.2
如何处理垄断行为？（N=21）	协商解决	11	52.4
	举报	2	9.5
	法律维权	6	28.6
	其他	2	9.5
是否遇到了资金短缺问题？（N=40）	否	7	17.5
	是	33	82.5

续表

项目		频数	百分比（%）
解决资金短缺问题的办法（N=32）	民间借贷	6	18.8
	银行贷款	22	68.8
	政策支持	1	3.1
	其他	3	9.4
是否遇到过劳动纠纷?（N=40）	否	28	70.0
	是	12	30.0
如何处理劳动纠纷？（N=13）	协商解决	13	50.0
	举报	1	3.8
	法律维权	9	34.6
	其他	3	11.5
是否遇到过诈骗?（N=40）	否	28	71.8
	是	11	28.2
如何处理诈骗?（N=26）	自认倒霉	3	11.5
	私下解决	5	19.2
	报案	16	61.5
	其他	2	7.7
是否遇到侵权问题？（N=40）	否	27	67.5
	是	13	32.5
如何处理侵权?（N=23）	自认倒霉	1	4.3
	私下解决	5	21.7
	报案	15	65.2
	其他	2	8.7

第二，西藏非公经济体对运行环境的整体评价很高，但也存在着地区和部门差异，特殊性问题凸显了国家与市场的互动关系尚需法律规范。表

5 数据显示了西藏非公经济体对于运行环境的评价，涉及的评价客体有所在地区经济环境、税务部门、工商部门、社会治安、法制环境和工商联。最明显的一个特点是，“很不满意”一项频数为 0，即被访企业无一家表达最强烈的否定性评价。相对而言，“满意”和“很满意”两项的频数乐观，综合起来占比都在 80% 以上，更有工商联得分高达 97.6%。但是，当我们分地区绘制了条形图之后，就能发现各地区不同的情况。为了简化内容，我们只对评价内容全面的客体（即回答中包含肯定和否定选项），以企业所在地作为分类轴进行了图标制作。图 1 是西藏不同地区非公经济体对所在地区经济环境的总体感觉条形图，图 2 是西藏不同地区非公经济体对所在地区税务部门满意程度的条形图。相对而言，日喀则市的被访企业给予其所在地区的经济环境等更高的评价，林芝市的被访企业对评价客体褒贬各异，拉萨市的被访企业则对所在地区提出了更高的要求。为了检验该组指标体系的统一性，我们做因子分析发现球形检验系数 K-M-O 为 0.831，且主成分分析法能够解释 60.707% 的公因子方差，说明“所在地区经济环境”“所在地区税务部门”“所在地区工商部门”“所在地区社会治安”“所在地区法制环境”和“所在地区工商联”六个变量高度一致，可归为一个因子，即该测量可以反映出非公经济体对所在地区的综合评价。

如果说数据统计显示了令人欣然的方面，则访谈中某些经济体遭遇的行业性或特殊性问题，说明了西藏经济社会发展的环境中存在着一些需要破解的体制机制问题。例如，拉萨乾立达重型汽车销售公司因遭频繁恶意举报，以致有关部门不断要求其停业查账，几近逼停企业的正常运行。即便是合理的执法，也不能不顾及企业的正常运行。另外，有的非公经济体未经告知或先期的警告措施等，就直接遭到罚款等不规范执法，甚至不公正执法或执法的随性所为，让很多的非公经济体敢怒而不敢言。如此情况之下，非公经济体颇感弱势者成为共鸣。简言之，代表国家的执法机关和非公经济体广泛相遇在市场，但依然缺乏完善的法治限制公权力，也未能充分赋予市场主体等应有的社会权利，是一个普遍且需要引起重视的现象。诸如此类问题，应该是市场经济中难免出现的问题，也应该与时俱进，尽

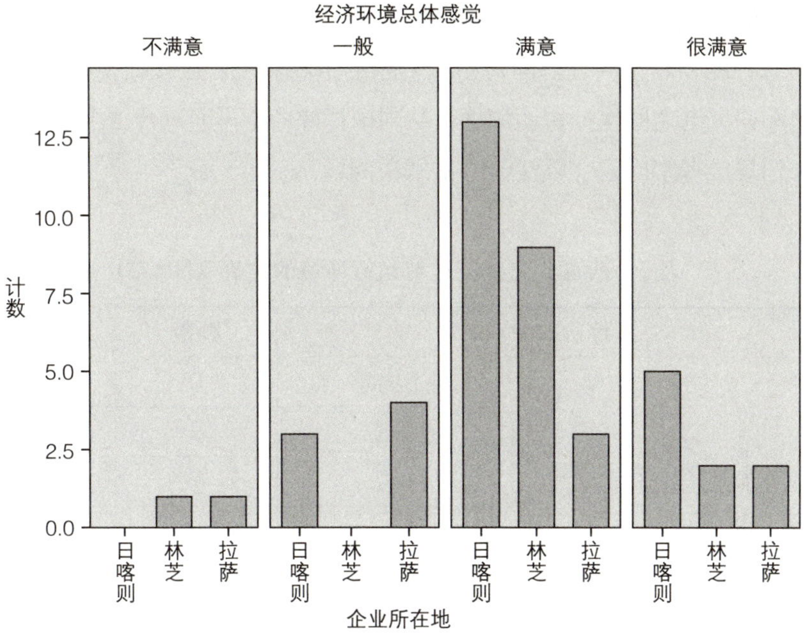

图 1　西藏不同地区非公经济体经济对所在地区环境的总体感觉

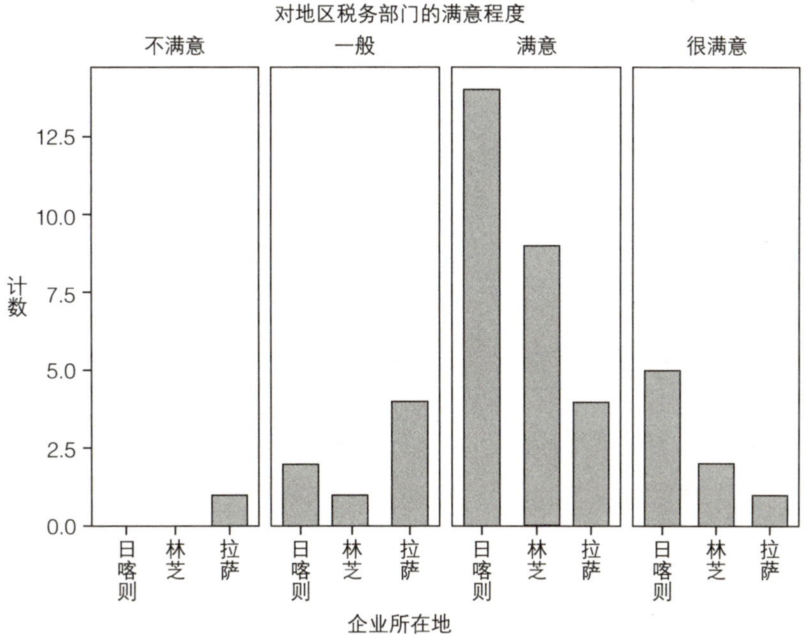

图 2　西藏不同地区非公经济体对所在地区税务部门的满意程度

快建立健全机制，解决上述影响经济环境，事实上也不利于法治社会建设的事态存在和延续问题。面对纷繁复杂的市场环境，应该让执法者、执法对象和研究者之间保持密切沟通，共同探讨磋商，再通过合法合理的途径，以法治思维考察问题、以法治办法解决问题。

表 5　西藏非公经济体对运行环境的评价（N=43）

评价对象		频数	百分比（%）
所在地区经济环境	很不满意	0	0.0
	不满意	2	4.7
	一般	7	16.3
	满意	25	58.1
	很满意	9	20.9
所在地区税务部门	很不满意	0	0.0
	不满意	1	2.3
	一般	7	16.3
	满意	27	62.8
	很满意	8	18.6
所在地区工商部门	很不满意	0	0.0
	不满意	0	0.0
	一般	5	11.6
	满意	27	62.8
	很满意	11	25.6
所在地区社会治安	很不满意	0	0.0
	不满意	0	0.0
	一般	2	4.7
	满意	26	60.5
	很满意	15	34.9

续表

评价对象		频数	百分比（%）
所在地区法制环境	很不满意	0	0.0
	不满意	0	0.0
	一般	8	18.6
	满意	27	62.8
	很满意	8	18.6
所在地区工商联	很不满意	0	0.0
	不满意	0	0.0
	一般	1	2.3
	满意	21	48.8
	很满意	21	48.8

3. 西藏非公经济体能及时了解国家和自治区最新政策法规，但也缺乏通畅的信息获得和反馈渠道

表 6 反映的是西藏非公经济体对政策法规的了解程度，从数据可见非公经济体对相关法律法规都有着一定的了解程度，即便是占比最低的两项，回答为“了解”和“完全了解”的也占到了 43.6%（《中小企业促进法》的相关配套政策），最高的则达 73.2%（西藏自治区对注册登记个体工商户、私营企业，以及变更注册登记的，免收登记类、证照类行政事业性收费，实行“零成本”注册）。相比而言，西藏非公经济体对西藏自治区颁布的法规和政策更加熟悉，对部分国家政策的地方性配套也不陌生，且对与本行业相关的法律法规和优惠政策等娴熟于心。避免因数据繁复而影响我们对于研究问题的清晰判断，我们只择取“不满意”占比较高的指标，由此制作形成了图 3—6 以显示西藏不同法律形式非公经济体对税收减免政策等的评价。从调查数据的累计可知，“减免税收”一项有 11.9% 的被访企业表示“不满意”，“就业补贴”一项有 17.1% 的被访企业表示“不满意”

和“很不满意”，“贷款担保”一项有 15.4% 的被访企业表示“不满意”和“很不满意”，“贴息贷款”一项有 15.8% 的被访企业表示“不满意”和“很不满意”。

相比问卷中的其他问题，上述问题与非公经济体密切相关，虽因不同的法律类型而各异，但整体的比例还是不容小觑。结合我们的实地调研，还有一些与之相关的问题，需要引起我们的注意。首先，西藏非公经济体依托所在地区的工商联等部门，能够较快获知与之相关的国家政策，但是依旧缺乏主动了解信息的机制。伴随着西藏经济社会发展全面提速，惠及各类经济体，来自中央和其他省区、西藏自治区党委政府和各市（地区）党委政府的各种优惠政策、地方性法规等类型多、种类全、更新快，若没有一个常态化运行的信息接收和反馈机制，将使经济体错失良机，也会影响到经济政策的实施效果。其次，西藏非公经济体依托所在地区的工商联等部门，能够在一定范围之内交流互动，但是依旧缺乏充分的资源共享网络。同类型经济体之间互通有无，不同类型的经济体之间优劣相补，由此产生的聚类效益有利于每一个参与资源共享的经济体。然而，非公经济体分属不同个体所有的资本私有性和面对市场的竞争性，都会让经济体宁愿选择保守的单打独斗，也不愿意主动分享资源，获得弥补、合作和发展的机会。最后，西藏非公经济体得益于中央和地方党委政府的各种优惠政策，获得了内地经济体难以想象的条件，但是也面临着普适性、本土化政策不足的问题。要形成中国特色、西藏特点的西藏经济政策系统，需要因地制宜、与时俱进。而普惠性、本土性、灵活性的政策在设计、实施和评估等环节，尚有提升加强的空间。

表 6　西藏非公经济体对政策法规的了解程度（%）

	完全不了解	不了解	一般	了解	完全了解
《中小企业促进法》	2.4	12.2	29.3	43.9	12.2
《中小企业促进法》的相关配套政策	5.1	10.3	41.0	33.3	10.3
《国务院关于鼓励支持和引导个体私营等非公经济发展的若干意见》	2.6	15.4	28.2	41.0	12.8
《国务院关于鼓励支持和引导个体私营等非公经济发展的若干意见》的相关配套政策	5.0	12.5	37.5	30.0	15.0
西藏自治区对注册登记个体工商户、私营企业以及变更注册登记的，免收登记类、证照类行政事业性收费，实行“零成本”注册	0.0	9.8	17.1	51.2	22.0
《西藏自治区人民政府关于调整我区推进非公经济跨越式发展有关税收政策的通知》	4.9	2.4	26.8	46.3	19.5

八、西藏非公经济发展的法律保障

依法保障西藏非公经济体的合法利益、依法促进西藏非公经济体的健康发展，是依法治藏背景下西藏非公经济体发展的基本出发点。通过走访调研，我们在一定程度上了解了西藏非公经济体的现状，发现了存在的问题。结合中央依法治藏的方略，结合西藏自治区党委政府治理西藏的特点，结合西藏自治区工业商业联合会指导和服务西藏非公经济体的原则，以促进西藏非公经济依法依规健康运行、快速发展为目标，我们联系已发现的问题又不拘泥于此，从立法、执法、司法和守法等方面提出了法律保障的可选之策。

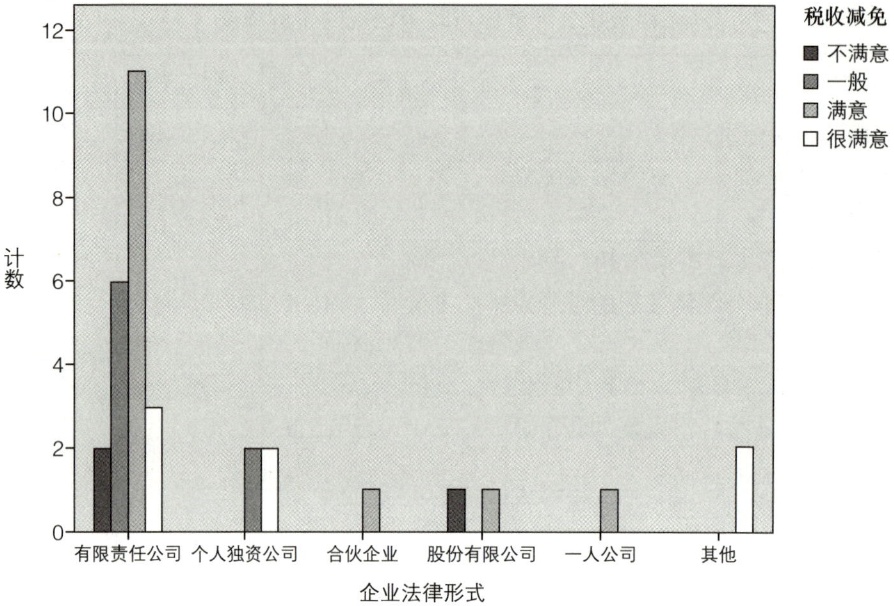

图 3　西藏不同法律形式非公经济体对税收减免政策的评价

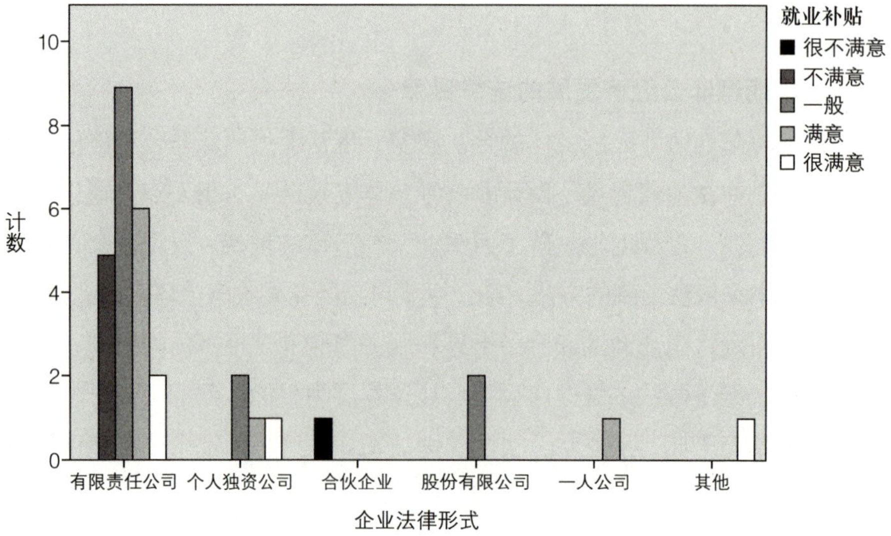

图 4　西藏不同法律形式非公经济体对就业补贴政策的评价

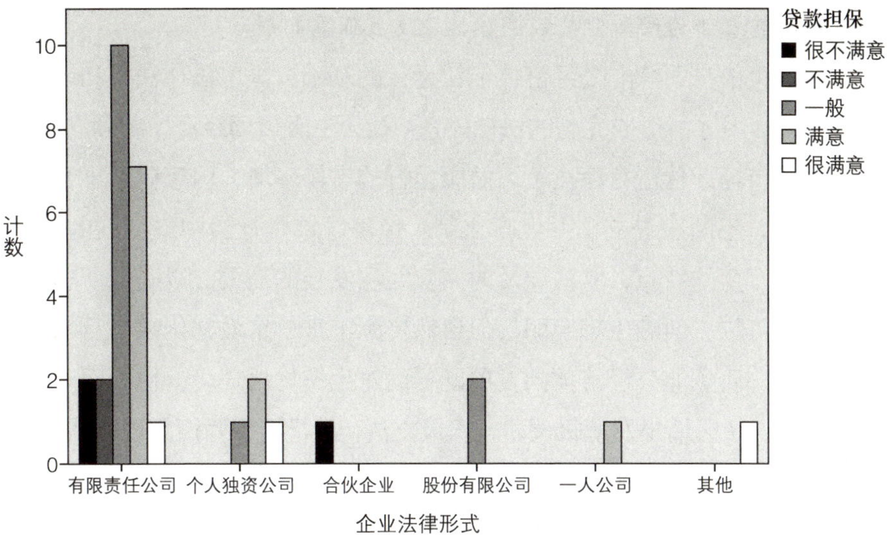

图 5　西藏不同法律形式非公经济体对贷款担保政策的评价

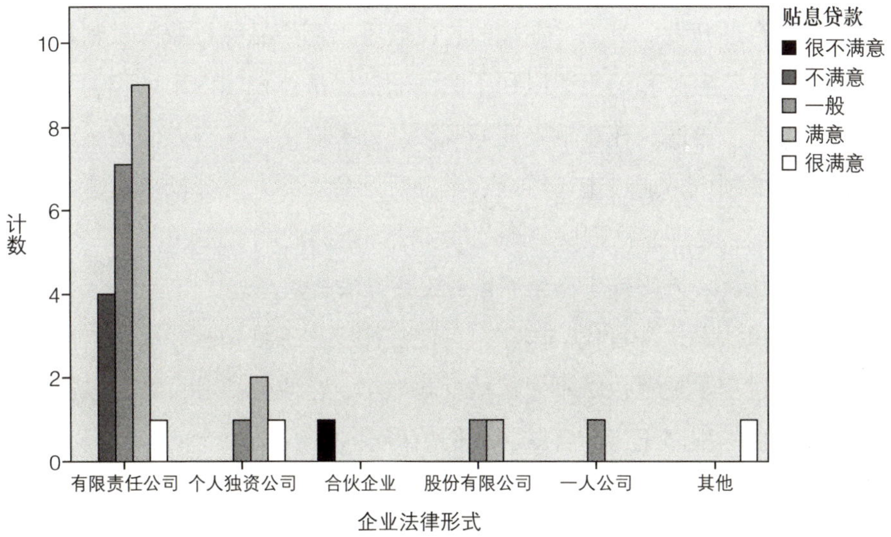

图 6　西藏不同法律形式非公经济体对贴息贷款政策的评价

1. 科学立法为西藏非公经济体健康发展保驾护航

有法可依是西藏非公经济体依法运行的基础，国家法律法规和地方性法规共同作用才能形成完整的法律体系。社会主义市场经济体制确立以来，为了规范市场、营造有序竞争、健康运行的市场环境，国家先后出台新的法律法规，不断跟进立法并建章立制。经济领域是社会中最活跃的部分，具有瞬息万变的特点，立法要及时回应经济发展的需要，以确保所有经济活动有法可依。西藏生态脆弱，但自然资源丰富，宗教文化浓郁且习惯法影响深远，西藏非公经济体的发展既要面对生态物质环境，也要面对人文社会环境，从区情出发积极调研、积极立法，就是要保障西藏既山清水秀，又经济发展，保障西藏的现代法治与习惯法相得益彰。根据调研发现，我们建议：第一，在生态农业等新型产业领域及时立法，以法律法规为基础，以政策支持为导向，允许环境友好型、有发展潜力的产业大胆探索，扶持前景好的产业迅速发展。第二，在矿产资源开发等传统产业领域，因地制宜，充分研究和评估，以保护西藏的自然资源为前提，同时鼓励和支持技术先进的企业合理开发。第三，在藏药、民族手工艺产品等行业探索制定行业性标准，规范生产和销售，以利于西藏非公经济体在国内市场和国际市场中充分竞争。第四，在车辆限速等既涉及公共安全，又与人们的生产生活紧密相关的领域，通过走访群众、举办听证会等形式充分征求民意，制定地方性法规，显现立法程序的规范性和法律条例的严肃性。

2. 规范执法为西藏非公经济体创设良好法治秩序

行政执法是执法者代表国家，行使法律权力，维护社会秩序，体现法治尊严的过程。规范执法不仅包括行政许可、行政处罚等行为，也包括行政执法过程的程序正当与合法。我们的访谈中，为数不少的非公经济体或多或少都有过因执法环节的不公正或不规范而遭受损失的不愉快经历，他们也苦于没有途径投诉，事实上为了经济体运行也不敢对执法者的不合理、不合规、不合法行为提出异议。未经大规模调查，或者进行详细的个案跟踪分析，我们不得而知此类情况的普遍性和严重程度。但是，只要是出现在我们调研中的信息，就应该重视并对如是问题作进一步法律保障的建议。

第一，执法程序合理合规，才能以理服人，有效执法。一般而言，行政执法的环节是一个从轻到重的过程，口头提出整改在先，勒令停业等严厉的处罚手段在后，不宜贸然出现某种严厉制裁措施而未有铺垫。第二，执法过程公开透明，才能体现公正、高效执法。法治的显著优点就是权力在阳光下运行，公正透明，人人平等。执法者要获得群众的支持，体现法律的尊严，就要让执法的过程公开、公正、公平，经得起时间和空间的检验。第三，执法队伍学法懂法，依法执法。囿于各种原因，我国整体执法者的法治意识有待提高，执法程序有很大的回旋空间，专门的法律培训就显得尤为重要。不管是最新法律法规和司法解释的学习，还是执法经验交流、执法文明宣讲等，都是执法队伍建设必不可少的部分。第四，执法结果接受第三方评估，提供执法双方争议解决的机制。根据国外经验和国内发达地区的做法，为了解决因执法过程或结果而导致的争议，维护执法双方的利益，由具有资质的第三方介入评估。地方人大和政府法制办公室牵头、高等院校和律师事务所等专业机构参与的第三方评估，可以独立客观评估执法过程，维护公平正义。第五，依托工商联成立法律维权服务中心，为非公经济体提供体制机制保障。工商联以服务非公经济体为已任，既有联系经济体的丰富经验、稳定途径和健全机构，又有沟通党委政府的特殊属性。基于此，在各级工商联成立法律维权服务中心，综合发挥法律咨询和服务、维权和保障的功能，能够确保有效沟通，有利于规范执法环境形成。

3. 公正司法为西藏非公经济体解难除困

司法历来是解决争议、维护公平的途径，有效的司法能够以法律的方式维护权益，对社会具有重要的意义。结合我们的调研，保障司法可以从两个方面实现：第一，提高诉讼的有效性，解决诉讼难的问题。非公经济体遭遇各种法律问题后，既要诉诸法律维护权益，又要保证经济体正常有序运行。只有高效运转的司法机制，才能为非公经济体解决法律维权问题，又不致影响经济体的正常运营。第二，提供法律服务，实施法律援助。为非公经济体提供法律援助和服务，可以分为两个层面：一是及时普法、专门普法，使非公经济体掌握牢靠的法律武器；二是搭建法律维权平台，构造法律服务网络，让法官（检察官）、律师和经济体围绕西藏非公经济体的依法运行问题实时互动，使非公经济体学法、懂法、用法、护法。

4. 全民守法为西藏非公经济体营造有序的社会环境

法律是具体条文构成的话语体系，也是抽象的社会秩序维持手段。只有社会大众笃信法律，依法办事，守法护法，才是法律的具体体现，也是法治社会得以实现的前提。西藏非公经济体是由个体组成的经济部门，又在由个体和群体组成的市场中从事资源配置和财富创造的工作。经济环境的全民守法，就是执法者依法办事，经营者依法经营，消费者依法消费，形成有法制保障的市场秩序，依法行为的个人和组织。由法治化的经济秩序，过渡到法治化的社会秩序，显然是一条清晰可见的发展之路。第一，培育法律意识，营造全民守法的氛围。让法律意识代表的秩序意识，通过全民学习，互相影响，成为人们社会行为的准则。第二，加大法律宣传，进行专门法律培训。通过形象生动、多元化的宣传手段，让法律知识走进千家万户。通过专门的培训，为经济体的合法运行提供法律支撑。第三，弘法扬善，总体联动，由合法的经济运行到法治的社会秩序。立良法、行善意，立法、执法、司法和守法四位一体，政府、市场、社会总体联动，构建法治经济秩序，铺设善意为本、法治维序的社会发展之路。

九、总结与展望

西藏自治区党委书记陈全国同志指出，西藏非公经济跨越式发展要做到“五放”，即“政治上放心、思想上放开、政策上放宽、发展上放胆、工作上放手”。西藏自治区政府主席洛桑江村在 2015 年《西藏自治区政府工作报告》中指出，我们必须进一步加强政府自身建设，着力提高社会治理能力、经济管理能力、依法行政能力、安全发展能力，努力建设人民满意政府。一个良性运行的市场，既要求市场主体也即各类经济体遵纪守法，也需要市场外部的监管者规范执法。依法治藏是西藏维护社会稳定、促进社会发展的重要战略，要求西藏经济建设、社会建设、文化建设、政治建设和生态环境建设都要依法而行，以实现法治西藏、和谐西藏、美丽西藏的目标。西藏非公经济体代表的市场力量，是社会中最活跃的部分，能够带动这个社会的发展。健全、合法的经济环境，是西藏社会进步的基础，也是依法治藏的有机组成部分。我们发现和分析了西藏非公经济体存在的困境和问题，也从科学立法、规范执法、公正司法和全民守法四个方面提供了法律保障。我们相信，伴随着西藏自治区党委、政府顶层设计的不断更新，伴随着西藏自治区工业商业联合会制度保障的不断跟进，伴随着西藏非公经济体自身体系的不断完善，西藏的非公经济体会在依法治藏的环境中率先破题，走出一条中国特色、西藏特点的法治化经济发展之路。正如阿沛·晋源主席所言，经济先行，带动文化传承、社会稳定和社会进步，是西藏非公经济体责无旁贷的任务。西藏非公经济体以经济发展为本，促进全民守法环境的建立，将是西藏非公经济体新的历史责任。

印控区珞巴人跨界贸易的现状与问题调查报告

马小燕　马宁 ※

珞巴族是我国22个人口较少民族之一，主要分布在西藏东起察隅、西至门隅之间的珞瑜地区，以米林、墨脱、察隅、隆子等地最为集中，2010年第六次全国人口普查，珞巴族人口数3682人。珞巴族有自己的语言，珞巴语属汉藏语系藏缅语族，除居住在墨脱县北部的珞巴族使用藏语外，其余通用珞巴语，但各地区间有方言差异。需要说明的是，除居住在我国实际控制区的珞巴族民众外，还有近30万珞巴人在印度非法占领的印控区生活，这些珞巴人与我国的珞巴族民众普遍存在亲戚关系，在一些区域保持贸易往来。

历史上，珞巴族与藏族民众间一直有物物交换的传统，用染草、辣椒、大米、名贵动物皮、麝香、熊胆等特产交换藏族的食盐、羊毛、铁器、铜锅、牲畜等。在珞巴族各个部落间也存在一定规模的物物交换。米谷巴、巴达木部落间个人交换行为很普遍，格刀、徐木来的珞巴族换取米谷巴部落从康巴人那里换来的食盐、氆氇、项链、长刀等。西藏和平解放后，米林、墨脱、察隅等地的珞巴族民众与印控区珞巴人的往来基本断绝，而隆子县斗玉珞巴民族乡和准巴乡的珞巴族民众还与印控区珞巴人保持着非常紧密的联系。

※ 马小燕，西藏民族大学讲师，博士生；马宁，西藏民族大学副教授。

斗玉珞巴民族乡位于隆子县东南部，距离县城 129 公里，全乡面积 333 平方公里，是隆子县 6 个边境乡之一，也是山南地区唯一的珞巴族民众聚居地，与印控区塔克新、俯里、沙里地区相邻，边境线总长度为 29 公里。斗玉珞巴民族乡下辖 3 个行政村、9 个自然村，188 户，603 人，其中珞巴族 50 户，203 人，占总人口的 34%。当地民众的生计方式以农牧业为主，全乡农作物播种总面积为 579.5 亩，有放牧点 21 个，年经济总收入为 548.2 万元，农村人均收入为 6363.5 元，其中现金收入为 5090.8 元。[①] 准巴乡位于隆子县境东部，距离县城 72 公里，面积 990 平方公里，南与印控区毗邻，下辖 4 个行政村、12 个自然村，142 户，499 人。以农牧业为主，全乡有耕地面积 645.3 亩，草地 5.45 万亩，天然林 1.08 万亩，放牧点 2 处。农村经济总收入 252 万元，人均 3588 元，现金收入占 75%。珞巴族民众主要聚居在该乡的达嘎村。[②]

20 世纪 70 年代，一部分印控区珞巴人从印控区迁徙过来，在斗玉珞巴民族乡繁衍生息，这部分人绝大多数是女性，现在健在的人年龄在 60—75 岁之间。近几年还有一些印控区的珞巴人犯事后，越过边界偷跑到斗玉珞巴民族乡来生活，当地政府对他们进行了妥善安置，这些人都是男性，人数不多。

虽然印度边防部队管控很严，但因为居住在我国的珞巴族民众的生活水平明显高于印方一侧，出于传统力量的驱使和生计、婚姻的需求，印控区珞巴人每年都会有一部分越过边界，来到斗玉珞巴民族乡和准巴乡达嘎村，投亲靠友，从事贸易，一般逗留 3—5 天，完成交易后就返回印控区。为便于区分，西藏民众习惯于将印控区的珞巴人称为“印度珞巴”。与印方所采取的限制措施不同的是，我国对印控区珞巴人持欢迎态度，边防战士还要为他们提供安全保障。[③] 而我国珞巴族民众从来不去印控区。

---

① 根据隆子县斗玉珞巴民族乡政府提供的资料整理而成。

② 根据隆子县准巴乡边防派出所提供的资料整理而成。

③ 根据调查队员在西藏隆子县调研时对当地民众、边防派出所战士的访谈整理而成。

一、印控区珞巴人的社会情况

就目前所掌握的情况来看，印控区珞巴人的社会制度仍然沿用松散的奴隶制,分为世袭主仆关系和经济依附关系两种,把部落划分为“崩来”“崩里”“效隆”三类,其中,“崩来”和“崩里”是上下的意思,属于同一个阶层，而“效隆”是“崩来”“崩里”的奴隶，社会地位低下，“崩来”和“崩里”间可以通婚，两者都严禁与“效隆”通婚。作为世袭主仆关系，主人家要负责仆人家的吃穿用度，开销极大，除了极少数富人外，一般人负担不起，所以世袭主仆关系越来越少，而经济依附关系上升为主要地位，以发放佣金的形式保持着雇佣期内的主仆关系，时间可长可短，可以根据情况解除主仆关系。在我们看来，这种关系应该表述为雇佣关系，但印控区珞巴人却坚持将自己区分为主人和奴隶两个阶层。

印控区珞巴人的经济状况极差，所在区域气候炎热，森林资源非常丰富，人们主要以采集、狩猎为生，少数人能种植芭蕉、鸡爪谷等作物。在手工业方面，特别擅长竹编，打造珞巴钢刀，编织珞巴传统黑白两色方格布匹，而不会打造饰品，其现金收入的来源严重依赖采集、狩猎和手工业，一支猎枪的售价为 12 万卢比（约合 1.2 万元人民币），现在印度政府禁止印控区珞巴人打猎，他们只能使用传统的刀箭狩猎，伤亡概率大大提高。印控区珞巴人的村寨分布凌乱，没有规划，房屋多为低矮的茅草屋，雨天漏雨非常严重，只有 1/10 是彩钢板屋顶，其余全部是茅草屋顶，因为当地雨水太多，一年要整修两次才能住人。值得一提的是，印控区珞巴人所用彩钢板都是通过物物交换从斗玉珞巴民族乡和准巴乡获得的。印控区珞巴人所在地区的经济发展状况差异很大，在社会管理方面，印度在印控区珞巴人中实行村长管理制度，村民推举 3 个村长，由印度政府发放工资，每个村长一个月能够获得 800 卢比。印控区珞巴人仍然沿用习惯法，无论偷窃、抢夺还是通奸、杀人，都采取斩首形式进行惩处。印控区珞巴人的妇女社会地位极低,与我国珞巴族实行民主改革前一致,以刀娶妻,辅以牛。现在，印控区珞巴人结婚一般需要 12 头牛，大约花费 50000 卢比。

印度政府也在印控区开设学校，珞巴人子女可以入学，主要用英语授课，教育学制是 12 年，4 年一个阶段，在这三个阶段，学生要到 3 个不同的地方上学，采取寄宿式教育，不收学费，除了生活费和住宿费以外，其他费用都由政府承担，如果学生的生活费用完，就会被老师赶出学校，等家长筹够足够的钱后才能再次入校学习，因此印控区珞巴人的辍学率很高。就印控区 40 岁以上的珞巴人书写的文字来分析，所写不是英文，也不是藏文和梵文，他们自己也不能给出准确的答案。

可以说，在生活必需品的供给方面，印控区珞巴人主要依赖我国，衣服、鞋子、食物、建材都通过到我方进行物物交换后获得。

二、印控区珞巴人的跨界贸易情况

我国珞巴族民众与印控区珞巴人的跨界贸易主要以物物交换为主，而以现金交易为辅。在印控区珞巴人中，能同时持有人民币和印度卢比这两种货币的人极少，主要由充当主人的珞巴人持有，而作为奴隶的珞巴人会在离开我方控制区时将贸易得来的人民币全部花掉，原因是对于他们这个阶层来说，人民币拿到印控区后无法使用。在我们调查的 30 多名印控区珞巴人中，仅有 1 人同时持有这两种货币，大多数人持有少量印度卢比，也有不带分文的人。

（一）印控区珞巴人从事跨界贸易的往来路线

印控区珞巴人一般在藏历五至七月成群结队地从印控区来到斗玉珞巴民族乡和准巴乡的达嘎村，规模最大的队伍有 40 多人，最小的也有 3—5 人，年龄在 15—60 岁之间，男女都有，男性居多。印控区珞巴人首选在斗玉珞巴民族乡居住，如果斗玉珞巴民族乡住不下了，就会到准巴乡的达嘎村珞巴族民众家居住，边防派出所的战士给印控区珞巴人照相、登记后，由他们住在各自相熟的亲戚家里，在接送印控区珞巴人时，当地的联防队员负责他们的安全，防止他们前往县城和山南地区。当印控区珞巴人人数太多，亲戚家住不下时，这些联防队员便会接受印控区珞巴人在家住宿，同时也享有交易时的优先权。

据我们调查，印控区珞巴人一般会从塔克星、木比丁、珞登、久门、麦格纳等 5 个山口跨越边界来到斗玉珞巴民族乡和准巴乡[①]，路程远近不一，塔克星和木比丁方向的珞巴人到斗玉珞巴民族乡需要走 3—4 天，有两个传统的丛林通道，不容易被巡逻的印度军人发现。珞登方向的珞巴人到斗玉珞巴民族乡需要走 4—5 天，久门方向过来的珞巴人要走 6—7 天，从麦格纳方向过来的珞巴人则需要走 8 天才能到达斗玉珞巴民族乡。印控区珞巴人与斗玉珞巴民族乡、准巴乡的民众语言不通，但斗玉珞巴民族乡和准巴乡有大约 100 人会说印控区珞巴人的珞巴方言，交流时可以充当翻译，这些人大多是男性，年龄在 38—60 岁之间，年轻人中愿意学习印控区珞巴人语言的人较少，边学边忘者居多。一般来说，距离斗玉珞巴民族乡越近的印控区珞巴人开化程度越高，与斗玉珞巴民族乡的珞巴族民众交流起来更加顺畅，距离斗玉珞巴民族乡越远的印控区珞巴人开化程度越低，与我国珞巴族民众交流起来非常困难。

（二）印控区珞巴人物物交换的种类和形式

因为沿途要躲避巡逻的印度边防军，加上道路崎岖，印控区珞巴人从印控区带来的物品都是自己用背篓背过来的，一次能带来的物品并不多，主要有熊胆、熊掌、熊皮、珞巴刀、麝香、水獭皮、虎皮、豹皮、特制的竹绳、布匹等。在与斗玉珞巴民族乡和准巴乡的珞巴族民众进行交易时，印控区珞巴人都会根据自己最急迫的实际需要挑选物品，以成衣、彩钢板、牲畜和日用品为主，因为印控区珞巴人经常在山间行走、狩猎，所以军用胶鞋是最受他们欢迎的物品。

除了交换日常生活用品外，西藏古老的藏刀是印控区珞巴人的最爱，这与珞巴族的人生礼仪关系密切，无论是印控区珞巴人还是西藏珞巴族民众都非常喜欢刀，崇拜刀神，民间还流传着古老的刀舞，珞巴族成年男子

① 根据调查队员对隆子县准巴乡村民索朗杰布（男，珞巴族，52 岁）的访谈整理而成。

都要佩戴一把珞巴长刀，刀鞘用狐狸皮、兔皮等动物皮毛包裹装饰，刀把子用藤条细细缠绕，珞巴长刀重实用，样子并不精美，做工略显粗糙。在西藏珞巴族民众中，珞巴长刀的装饰效果远远大于其实用效果。而在印控区珞巴人社会中，长刀除了在丛林中开辟道路、狩猎、防身外，还扮演着非常重要的社会角色，是青年男子订婚时必需的聘礼。现在，印控区珞巴人社会仍然存在非常严重的男尊女卑现象，女性不能自由选择对象，婚姻之事全由父亲做主。男青年在家长的带领下，第一次到女方家提亲时，就要向女孩的父亲说明即将献上的聘礼的价值，一般是牛、羊等牲畜的数量，特别是要向女孩的父亲说明准备献上一把什么样的长刀作为定亲信物。得到女孩父亲的首肯后，男方就开始四处寻找长刀，年代越久远越好，等找到合适的长刀后献给女孩的父亲，如果女孩的父亲对长刀满意，收下长刀，这门亲事就算定下来了，到了良辰吉日，男方家赶着当初说定的一定数量的牛羊来迎娶女孩时，女孩就直接跟随男方离开娘家，女方家并不举行任何仪式。[①]

随着社会的发展，年代久远的长刀越来越难找，印控区珞巴人社会逐渐形成了到西藏来寻找古老藏刀的传统。一般男性青年到了结婚年龄，就会由自己的长辈带领，背着熊掌、熊胆、熊皮、麝香、虎皮、豹皮、水獭皮等名贵特产来西藏交换古老藏刀，这渐渐成为一种刚性需求。近五年来，在斗玉珞巴民族乡和准巴乡的珞巴族民众中催生出专门从事藏刀贩卖的职业商人，这些人将来自印控区珞巴人的名贵特产贩卖到拉萨、山南泽当镇等地出售后，在拉萨八廓街等地购买古老的藏刀，然后与印控区珞巴人交换。一般来说，一把古老的藏刀售价在 10 万元左右，可以从印控区珞巴人那里换取 6—10 只熊胆，或 8—10 只熊掌，或 6—9 只麝香。如果折算成人民币，一次交易下来，珞巴族商人大约能获利 2—3 万元。

历史上，珞巴族在与藏族进行交换时，往往是用酥油来充当等价货币，

① 根据调查队员对印控区珞巴人“窘莫拉纳”（音译，男，49 岁）的访谈整理而成。

为了交换一只中等大小的犏奶牛，珞巴族人要支付给藏族人 60 藏克（约 420 斤）酥油。现在，充当等价货币的酥油已经完全退出了历史舞台，交易双方采用以物易物、即时交换的形式进行，从不赊欠。近几年来，双方进行物物交易的物品种类也发生了一些变化，除了古老的藏刀以外，年代久远的铃铛、降魔杵、钹等物品也备受印控区珞巴人喜爱，被斗玉珞巴民族乡和准巴乡的珞巴族民众列入物物交易的名单中，纷纷外出购买。而印控区珞巴人背来用于交换的物品也日益丰富，除了以往特有的名贵特产外，还会从印控区的“皂绕”和“果拉任”等市场上购买一些小饰品，比如银戒指的价格为 1700 卢比（约合 170 元人民币），银耳环为 400 卢比（约合 40 元人民币），非银质的饰品价格都在 100 卢比（约合 10 元人民币）以下[①]。这些银饰品备受斗玉珞巴民族乡和准巴乡珞巴族女性的喜爱,可以交换一些鞋袜和副食品。

根据我们的调查，与印控区珞巴人进行跨界贸易已经成为斗玉珞巴民族乡和准巴乡达嘎村民众经济收入的主要来源之一，在当地人看来，印控区珞巴人的到访是每年的头等大事，几乎每个家庭都会参与物物交换，其中获利最多的一家珞巴族父子每年能从藏刀交易中获得约 15 万元人民币的现金收入。

印控区珞巴人对换得的这些物品的使用也非常有趣，换得的牲畜以羊为主，在回家的路上宰杀食用，藏刀作为娶妻时的聘礼，衣物给自己和家人穿戴，彩钢板用来盖房子，铃铛、降魔杵、钹等物品用于宗教活动[②]，基本上都是供自己和家人使用，用于改善生活条件，虽然有将物物交易得到的物品运送到印控区后出售牟利的现象存在，但数量极少，这也从侧面反映出印控区珞巴人生活的艰辛。

① 根据调查队员对印控区珞巴人“萨贝迦旧”（音译，男，25 岁）的访谈整理而成。
② 根据调查队员对印控区珞巴人“达晓”（音译，男，65 岁）的访谈整理而成。

（三）印控区珞巴人的民族文化输入

值得一提的是，虽然印控区珞巴人的社会经济发展水平较低，物质条件远远不如斗玉珞巴民族乡和准巴乡的珞巴族民众丰富，但却完整地保留了珞巴族的传统文化，斗玉珞巴民族乡和准巴乡珞巴族民众在与印控区珞巴人进行跨界贸易的过程中，也学会了很多已经濒临消失的民族手工技艺，弥补了我国珞巴族传统文化中的缺失部分。

1. 印控区珞巴人在珞巴族服饰编织技艺复兴过程中发挥了巨大作用

珞巴族有自己的传统服饰，珞巴语称为“波木”，是用一种叫作“达努”的瑞香树皮纤维纺织成的土布缝制而成，呈长条状，多为黑、白相间。随着时代的发展，斗玉珞巴民族乡和准巴乡珞巴族民众的穿衣习惯也在发生改变，男人们平时的穿着已与内地无异，只有年龄比较大的老年妇女喜欢穿着本民族服饰，绝大多数人仅在节日和重大活动时才会穿戴民族服饰。由于社会需求量的减少，到 20 世纪 90 年代末，纺织布料的技艺已经在斗玉珞巴民族乡和准巴乡的珞巴族民众中失传，而在印控区的珞巴人却仍然流行自己纺织布料，于是斗玉珞巴民族乡和准巴乡的珞巴族民众只能依赖印控区珞巴人提供制作民族服饰的布料。到 2002 年时，珞巴族传统布料在斗玉珞巴民族乡和准巴乡珞巴族民众与印控区珞巴人物物交换中的比重已经占到了约 40%。从 2003 年起，斗玉珞巴民族乡珞巴族妇女小加油利用与印控区珞巴人进行物物交换的机会，向印控区珞巴人妇女学习纺织布料的技艺，经过一年的练习，终于织出了珞巴族传统布料，但与印控区珞巴人所织的布料相比还显得粗糙，线头比较多，颜色不够鲜艳。在她的带动下，一些同龄的珞巴族妇女也开始学习织布技艺，大家在一起琢磨、反复练习，经过大家的共同努力，到 2005 年，小加油织出的布料已经比较平整，可以用来制作民族服饰了，这在一定程度上降低了珞巴族民众对印控区珞巴人布料的依赖程度[①]。由于珞巴族服饰制作技艺“死而复生”的独

① 根据调查队员对隆子县斗玉珞巴民族乡村民小加油（女，珞巴族，48 岁）的访谈整理而成。

特性，2008 年，珞巴族服饰入选国家级非物质文化遗产名录。

2. 印控区珞巴人在珞巴长刀装饰技艺传承中发挥了传帮带作用

在历史上，珞巴族以善于狩猎闻名，捕杀黑熊等大型猛兽是每一个珞巴族男子的成年礼。“奥热古”这种刀头圆宽、刀尾狭窄的珞巴长刀是成年珞巴族男子必备的随身物品，随着生活方式的多元化，加之国家对黑熊等珞巴族传统猎物的保护，狩猎的人越来越少，“奥热古”更多是以装饰品的形式出现的。20 世纪 90 年代以后，这种长刀的锻造技艺也在斗玉珞巴民族乡和准巴乡失传，现在准巴乡的藏族工匠只能锻造银勺、瓢等银质器具①,这里的珞巴族民众随身携带的长刀都是印控区珞巴人从印控区背运过来，经过物物交换得到的，对外售价为 250—400 元人民币不等。

珞巴长刀的刀柄装饰非常独特，将刀把子镶嵌在木头中，再用产自印控区的特有竹藤编织而成，刚砍下来的竹藤要经过剖开、阴干、烟熏等工序处理，去除竹藤中多余的水分，保留其韧性，然后将其盘成一圈进行保存，这种处理后的竹藤具有结实耐用，便于编织的优点，编织时用小刀剖成 2 毫米粗细的竹绳，再像织布一样进行编织。斗玉珞巴民族乡和准巴乡的珞巴族民众已经不会这种编织技艺了，只有印控区珞巴人才会，每当印控区珞巴人来到斗玉珞巴民族乡和准巴乡时，男人们就会聚集在他们下榻处，跟随印控区珞巴人学习珞巴长刀刀把的装饰和编织技巧，印控区珞巴人的编织手法非常娴熟，3 个小时就能完成一把长刀刀柄的装饰工作，他们也非常乐意手把手地把编织技艺传授给斗玉珞巴民族乡和准巴乡的珞巴族民众，在印控区珞巴人的教导下，近几年来一些珞巴族民众已经可以编织一些简单的图案，但与印控区珞巴人相比还有相当差距。

3. 印控区珞巴人在珞巴族帽子编织技艺传承过程中扮演着师父的角色

珞巴族男子的帽子是用藤竹条编织而成的藤帽，分为三种，圆帽叫“博巴”，板瓦形的叫“嘎嘎”，状似礼帽的叫“横巴”。印控区珞巴人所戴帽

① 根据调查队员对隆子县准巴乡织布村银器工匠嘎玛（男，藏族，64 岁）的访谈整理而成。

子是圆帽，珞巴语称为“豹霸”，帽子呈圆形，由帽体、野鸡翎、木制鸡冠等三部分组成，圆形帽体的正前方和正后方均有突出，前方突出部分像鸡嘴，呈尖状；后方突出部分像鸭嘴，呈扁平状，整个帽体都是用产自印控区的竹藤编织而成的，非常细密；在帽体前方突出部分缠有不同颜色的毛线，呈球状作为装饰，并横穿 30 厘米和 15 厘米的一长一短两根钢针。在帽体中部镶嵌着一根牛角状的木头制品，角尖向后；在帽体顶部插有一根野鸡翎，翎毛向后，与牛角木制品方向一致；在帽体的后方突出部分缀有毛发作为装饰。从印控区过来的印控区珞巴人大都戴着这样的帽子。斗玉珞巴民族乡和准巴乡珞巴族民众所戴竹编帽子样式相对简单，是状似礼帽的“横巴”，与印控区珞巴人的帽子不同之处在于帽子呈椭圆形，四周都有边，帽体比较浅，而没有任何装饰。这些帽子都是用印控区珞巴人背来的竹绳编织而成的，印控区珞巴人在编织帽子的过程中扮演着师父的角色。

三、印控区珞巴人跨界贸易的特点

（一）印控区珞巴人与斗玉乡、准巴乡珞巴族民众共同组成跨越边界的熟人社会，并以传帮带的形式延续

印控区珞巴人与斗玉乡、准巴乡珞巴族民众的物物交换由来已久，珞巴族人口虽然因为中印边界争端而分属两地，但双方广泛存在血缘和亲戚关系的事实是无法抹去的。印控区珞巴人女性嫁给我方珞巴族男性，共同组建家庭，成为印控区珞巴人来斗玉乡和准巴乡进行物物交换的主要落脚点，又通过男方家的亲戚关系，将这种往来形式不断固化和扩大，主客双方对对方的情况都非常熟悉，组成了一个跨越边界的熟人社会，并且通过以老带小进行跨界贸易的形式实现了熟人社会的代际传承，强化了作为同一个民族的认同感。

（二）斗玉乡、准巴乡珞巴族民众享有物物交换的优先权，形成了封闭性很强的贸易圈，联防队员依靠政策改造了贸易圈

印控区珞巴人和斗玉乡、准巴乡珞巴族民众普遍存在亲戚关系，印控区珞巴人来到我方时，会首先选择在亲戚家居住，因为血缘关系的作用，斗玉乡、准巴乡珞巴族民众在物物交换时享有绝对的优先权，形成了一个以珞巴族人为核心的封闭性贸易圈，将其他民族的人排除在外。近些年来，因为印控区珞巴人来斗玉乡、准巴乡进行跨界贸易的人数不断增加，仅仅投亲靠友这种居住形式已经不能满足印控区珞巴人的需要，于是，当地政府就将没有住处的印控区珞巴人安置在联防队员家中，这些联防队员主要由珞巴族和藏族民众组成，他们依靠边防派出所的支持，打破了原有的珞巴人以血缘关系为纽带的封闭性贸易圈，使地缘性优势逐步取代了血缘性纽带。

（三）我们在调查中发现，进行跨界贸易的印控区珞巴人头领往往固定，表现出以老带新的特点，分为职业商贩和个人贩卖两种

职业商贩会雇人充当背夫，而个人贩卖则多出于刚性需求，以叔侄联袂的形式偶尔进行跨界贸易。总的来说，印控区珞巴人与我国珞巴族民众的跨界贸易以印控区珞巴人的单边行为为主，其目的是为了改善自身生活条件，表现出自发性、周期性、小规模、刚性需求、以物物交换为主、种类单一的特点，我国珞巴族民众则经历了从被动接受到主动出击，逐步走上以经营获利为目的专门贸易之路。

四、印控区珞巴人跨界贸易中存在的问题

根据我们的调查，由于隆子县斗玉珞巴民族乡和准巴乡地理位置非常偏僻，交通不便，极少有人涉足此地，所以西藏珞巴族民众与印控区珞巴人进行跨界贸易的情况处于“地下”状态，不为外界所知。

（一）对印控区珞巴人跨界贸易的管理水平有待进一步提高

虽然印控区珞巴人的跨界贸易由来已久，但在管理上却非常松散，印

控区珞巴人到达斗玉珞巴民族乡和准巴乡后，会集中到乡政府的院子里，由联防队员负责居住在本村印控区珞巴人的人身安全，边防派出所的战士会给这些人及其所背运的物品照相、登记数量，工作的随意性较大，没有形成一套严格的工作程序，也没有得到上级部门的任何指导。对印控区珞巴人在当地活动期间的行为缺乏监管，饮酒斗殴、偷盗和通奸行为时有发生，对社会秩序有一定影响，乡政府对贸易过程也缺乏必要的监督，只是要求接纳印控区珞巴人入住的当地村民管好自己的亲戚，不要闹事。从贸易过程来看，印控区珞巴人只与斗玉珞巴民族乡和准巴乡的珞巴族民众进行物物交换，形成了不与外人进行物物交换的“潜规则”，即使外人提供的物品价值高于当地珞巴族民众所提供的物品也不为所动。交易的主动权完全掌握在斗玉珞巴民族乡和准巴乡珞巴族民众手中，普遍存在物物交换的物品价值不对等的现象，甚至出现一些排外情绪很强的坐商。

（二）对印控区珞巴人与我国珞巴族民众在跨界贸易中贩卖名贵特产的行为存在争议

我们发现在印控区珞巴人背运到斗玉珞巴民族乡和准巴乡的物品中，熊胆、熊掌、熊皮、麝香、水獭皮、虎皮、豹皮等名贵特产占有相当比重。熊、老虎、豹子、水獭等动物都被我国列为重点保护动物，禁止猎杀、贩卖。这些动物也是印度的重点保护动物。印控区珞巴人猎取这些动物后，将这些名贵特产贩卖到斗玉珞巴民族乡和准巴乡，经由当地珞巴族民众之手流入拉萨、山南泽当镇等城市，甚至流入内地，形成了一条从印控区延伸至祖国内地的商业链条，这种行为本身违反了《中华人民共和国刑法》《中华人民共和国野生动物保护法》《中华人民共和国陆生野生动物保护实施条例》中的相关内容，因此在贸易的合法性上存在很大争议。

就印度政府对控制区内珞巴人的管理来说，主要采取本村管理方式，村长具有很大的权力，但他们对本村人前往我方进行物物交换采取睁一只眼闭一只眼的默许态度，处于“民不告官不知”的状态，而印度边防军队的巡逻对熟悉地形的印控区珞巴人来说不构成任何威胁，所以，印控区珞巴人从事名贵特产贩卖的渠道是完全畅通的。就狩猎而言，虽然印度政府也实行禁猎措施，不允许印控区珞巴人猎杀熊、老虎、豹子、水獭等动物，但因为印控区珞巴人中富裕的主人阶层私藏枪支较为普遍，奴隶阶层又能够熟练使用这些枪械，所以猎杀行为无法得到遏制。就我方民众来说，人们已经不再狩猎受保护的动物，但斗玉乡、准巴乡地理位置偏僻，外人很难进入，所以也给贩卖名贵特产的行为创造了存在的空间。随着西藏旅游业的蓬勃发展，游客数量的急剧增加也催生出了印控区名贵特产的市场需求。这些都给禁止名贵特产贩卖行为造成了很大困难。

（三）我国对印控区珞巴人的实际情况缺乏了解

虽然印控区珞巴人与我国珞巴族民众的跨界往来由来已久，但由于印度的非法侵占，我们只能在我国实际控制的范围内开展调研，而无法对印控区珞巴人进行更为深入的追踪调查。在调查中可以发现，从印控区的不同地方到斗玉珞巴民族乡和准巴乡进行贸易的珞巴人，生计方式不尽相同，在社会地位上有的差别较大，除了这些信息外，我们对印控区珞巴人社会经济发展的整体情况一无所知。

五、对策

（一）地方政府和边防军队应携手建立印控区珞巴人跨界贸易人员数据库，规范印控区珞巴人在贸易期间的行为，维护贸易的公平性

（二）地方政府应严格限制名贵土特产品的买方市场，鼓励传统文化输入，打造珞巴族跨界旅游品牌，吸引内地游客观光旅游，增强其社会影响力

（三）组织人员对珞巴族跨界贸易展开深入研究，了解印控区珞巴人的社会情况

资金配置与西藏文化产业发展的调研报告※

王小娟　王娟丽　张志恒※

一、引言

“建设社会主义文化强国，增强国家文化软实力，把文化产业培育成为国民经济支柱性产业”，是党的十七届六中全会和十八大确立的战略目标。西藏自治区是一个文化资源丰富的地区，具有神奇瑰丽的自然生态文化，古老的宗教文化，以及绚丽的民族民间文化等。中央第五次西藏工作座谈会、西藏自治区第八次党代会等重要会议，以及政府发展规划中均指出要响应全国深化文化体制改革的号召，全力以赴发展文化产业，打造具有西藏特色文化产业经济，使其在促进西藏经济发展中起到重要作用。

在国家以及企事业单位的大力支持下，西藏文化产业取得了较好发展势头。但是，由于西藏文化产业基础薄弱，在发展中还存在一些亟须解决的问题。资金作为产业发展的重要依托，关于资金配置与文化产业发展研究较少，针对西藏文化产业资金配置的研究更是凤毛麟角，大多数研究从定性角度研究西藏文化产业财政政策，以及管理体制等问题，鲜有研究通过调查访谈探讨资金配置与西藏文化产业发展问题。

鉴于此，本调查报告通过实地调研访谈，针对资金配置与西藏文化产

※ 本报告系西藏民族大学 2011 西藏文化传承发展协同创新中心 2015 年招标课题“资金配置与西藏文化产业发展的路径及对策研究”(XT15022) 的阶段性研究成果。

※ 王小娟，西藏民族大学讲师，博士生；王娟丽，西藏民族大学副教授；张志恒，西藏民族大学教授。本次调研得到了西藏有关部门尤其是西藏文化厅文化产业处的大力支持。

业发展现状及存在的问题，提出资金配置与西藏文化产业发展的对策建议。以期为西藏文化产业投资主体进行合理资金配置提供实践指导，对促进西藏文化产业及西藏经济发展具有一定的理论及现实意义。

二、资金配置与西藏文化产业发展的现状和成效

（一）西藏文化产业的资金投入情况

“十二五”期间，西藏财政部门将大力扶持文化产业发展，加快促进文化资源优势转化为经济优势，文化产业发展专项资金规模到 2015 年达到 5000 万元以上。同时，为加快发展特色文化产业，西藏将出台“文化产业发展规划”，绘制文化产业蓝图。实际上，在具体实施过程中，西藏自治区每年文化产业投入 1 亿元左右，其中，自治区文化产业每年投入 5000 万元；地市投入几百万到 1000 万元不等，县区资金投入 80 万—200 万。另外，对从事西藏文化产业发展企业提供专项资金支持，并采取股权投资和无偿使用方法，而且，针对无偿使用包括了贷款贴息、转制补助、项目补助、保险补助、补充国家资本金 5 种方式的政策支持。对于西藏文化产业资金投入途径，通过“政府财政支出—西藏财政厅—宣传部—文化厅—各个地市”申报方式进行。西藏文化产业发展资金主要由西藏文化厅和西藏自治区党委宣传部统筹安排，主要用于文化产业基地建设，园区规划、指导和引导、文化市场监管，以及技术人员培训等。

（二）西藏文化产业发展取得的成效

在党和国家领导下，在西藏自治区政府高度重视下，通过对西藏文化产业大力投入，西藏文化产业得到了快速发展。主要表现为：

1. 西藏城市基础文化设施以及文化产业示范基地建设得到了很大发展，推动了西藏特色演艺事业发展。西藏已建成自治区藏戏艺术研究中心、拉萨市民族文化艺术宫、山南地区大剧院等一批标志性城市基础文化设施；同时，建成多个自治区级文化产业示范基地，拉萨娘热民俗风情园、唐古

拉风演艺中心等；西藏城市基础文化设施和文化产业示范基地建设均不同程度地促进了西藏特色演艺事业发展，比如文成公主演艺、主题酒店等。

2. 西藏举行大型展会得到国内外广泛好评。通过西藏旅游博览会，建立国内品牌，树立国际影响，比如日喀则传统“拉孜堆谐”登上央视春晚并成功走向国际市场。

3. 唐卡产业以及相关民族手工艺得到了大力发展。主要通过唐卡艺术博览会以及研讨会和举办论坛形式进行推动，组织区内文化企业参加国内举行的文化产业相关博览会，比如参加北京、厦门、西安等地的文化产业博览会，促进了唐卡产业以及民族手工艺大力发展。

4. 西藏文化旅游创意园区建设进一步推动了西藏文化产业大力发展。比如文成公主大型演艺中心以及“雪顿古镇”项目，总投资约 3.8 亿元的中国美术创作研究基地西藏基地，高原影视城、藏药文化创意园、非遗文化创意园、藏式休闲度假区等。创意园区建设涵盖了西藏民族文化、建筑特色、藏药文化等特色资源和民俗风情，对发展西藏特色文化产业，促进西藏第三产业转型升级，推动西藏经济社会跨越式发展具有重要作用。

三、资金配置与西藏文化产业发展中存在的问题和不足

虽然通过增加资金投入，西藏文化产业发展已取得了一些成就，但与内地其他省市（区）相比，还存在很大差距。主要存在以下问题：

1. 国家对西藏文化产业资金投入力度较大，然而，西藏文化产业对西藏经济的带动作用还未充分发挥。结合 2013 年统计年鉴，采用熵权法对文化产业增加值，文化产业增加值占 GDP 比重，文化产业增加值占第三产业增加值比重，固定资产产值率等能反映文化产业发展指标进行各省文化产业经济效益评价，具体结果如图 1 所示。

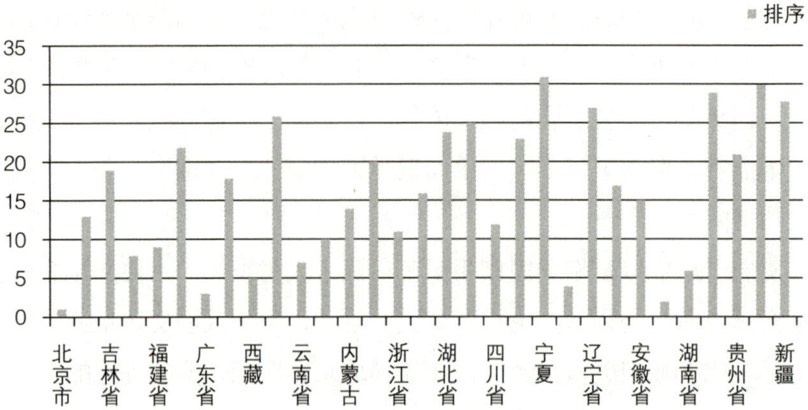

图 1　各省市文化产业经济效益评价结果

从图 1 可知，北京文化产业经济效益最好，西藏文化产业经济效益较好（排名第五），一方面，可能由于近年西藏旅游业发展对于西藏文化产业的带动作用；另一方面，主要在于国家对西藏自然文化资源保护和投入增加的结果。在各项指标中，国家对西藏百元固定资产实现增加值这个指标排在第一，并且高出第二名很多，而西藏各项指标中，文化产业增加值、人均营业收入两个指标都排在最后①。因此，国家对西藏文化产业较多的固定资金投入，并没有对西藏文化产业增加值和西藏人均营业收入带来很大提升，而这两个指标是反映西藏经济发展的重要指标。据此可知，西藏文化产业大力投入取得了较好经济效益，但实质上，文化产业投入主要依赖于政府。所以，西藏文化产业的积极性以及其对西藏经济的带动作用还未能充分发挥。

2. 西藏文化产业发展规模较小，科技含量较低，文化产业从业人员文化素质较低。由于西藏地区复杂的地理环境，使得文化产业相对来说也比较零散，规模较小。同时，由于西藏文化产业大多处于起步阶段，市场发

① 于泽、朱学义：《基于熵权法的文化产业社会效益评价实证研究》，《出版科学》2014 年第 3 期。

育程度还远远不够，再加上其在文化产品生产过程中高科技应用和技术人才引进还不够，文化产业从业人员文化水平和理论基础较为薄弱。目前，虽然西藏有3000多名画师、技师，也有70后和80后文化产业从业人员，但是大部分都是师徒传帮带，并不是通过正规院校培养而产生的，因此，需要通过合理资金投入力度和人才激励机制，提高西藏文化从业人员的文化水平和理论修养，从而促进西藏文化产业向更高层次发展。

3. 西藏文化产业发展过程中文化经营和文化创意人才极为欠缺。目前，西藏文化产业类人才培养方式主要有：(1)企业和高校联合培养方式；(2)政府主导、文化产业部门委托培养；(3)文化产业部门与高校联合，举办短期、中长期培训班；(4)在唐卡绘画方面，建立唐卡学校。高校主要在于培养理论人才，目前，只有西藏大学开设唐卡专业培养理论人才，西藏其他高校在这方面均没有涉及，现在虽着手在西藏职业院校开展西藏民族手工艺技能人才培养，但是缺乏文化经营和文化创意人才。因此，急需投入资金，进行资金合理配置，加强高校对于西藏文化产业经营类和文化创意类人才的培养。

4. 西藏文化产业发展缺乏进一步统筹规划，文化管理体制还不健全，尤其是西藏文化产业发展过程中技术标准体系欠缺。如西藏民族手工艺技术标准以及目录编制都急需出台，这样可以规范民族手工艺产品品质，如唐卡规定使用矿物原料可以保持其原真性和品质。由于政府对西藏文化产业发展还缺乏统一管理，也没用形成完备监督体系，在实际管理过程中容易出现多头领导现象，不利于文化资源以及相关文化专项资金的合理配置和开发利用。

除此之外，西藏文化产业在发展过程中还存在诸如对文化产业宣传力度不够，品牌意识差以及对文化产业发展存在认识上的误区，等等。

四、资金配置与西藏文化产业发展的对策建议

《西藏自治区2011—2020文化产业发展规划纲要》明确提出把扶持西藏文化产业发展作为西藏自治区经济发展的重中之重。由此可见，西藏

文化产业发展在西藏经济发展过程中的重要性，大力发展西藏文化产业就成为实现西藏经济快速发展的中坚力量，而西藏文化产业发展过程中的资源配置对西藏发展特色优势文化产业具有重要指引作用。通过对资金配置与西藏文化产业发展过程中存在问题的分析，提出以下对策建议：

1. 西藏文化产业发展应以市场导向为主，政府主导为辅，优化资金配置。[①] 在西藏文化产业发展过程中，政府功能应主要以制定政策，导向、协调和扶持为主，把文化产业发展最终主导权交给市场，让市场当家做主，政府做好资金配置的牵线搭桥工作，需要从对西藏文化产业直接投资中逐步撤出，形成市场导向的资金配置模式和发展模式，让市场去筛选去淘汰相关文化产业。而且，在针对西藏文化产业发展的政府资金投向上，应尽量投向经济效益与社会效益好的公益性文化项目、政府规定的西藏文化产业重点发展项目，以及处于转型期（初创期）的西藏文化产业发展项目上。同时，为考虑西藏地区文化产业区域均衡发展，政府资金要投放给发展相对较薄弱的文化产业区域；对于西藏文化产业发展经济效益好、发展成熟阶段的文化企业或项目，可以留给那些追求投资回报的非政府资金持有者进行投入，即社会资金、金融资金等持有机构或者个人进行投资；对于西藏地区重点发展的民族演艺、艺术品、文化旅游、工艺美术、会展节庆等特色产业，政府可以做好协调工作，让非政府资金投资于西藏民族特色文化产业，在跨地区融合发展以及广泛吸收社会资金的基础上，实现西藏地区经济效益、社会效益协调发展，提高资金整体使用效率，促进西藏文化产业繁荣发展，从而增加西藏文化产业增加值和扩大西藏文化产业人均营业收入，最终促进西藏经济快速发展。

2. 西藏文化产业发展规模有待扩大，西藏文化产业相关行业以及企业资金配置应倾向文化产业技术创新，增加文化产业科技含量。通过调查研究发现，由于西藏文化产业技术人才缺乏，西藏文化产业发展在技术创新

① 汪丽：《西藏文化产业发展政策研究》，西藏大学硕士学位论文，2014 年。

上还有待加强，尤其体现在广播电视、电影，西藏文化信息传输服务行业，西藏文化专用生产行业以及文化创意和设计行业，这些行业科技含量以及技术效率低下影响了西藏文化产业整体发展。如西藏唐卡产业在保持原真性发展的基础上，需要通过技术创新进行规范化和标准化生产，否则不可能得到持续发展；而且，西藏唐卡产业在面向市场过程中，面对高端和低端两种市场，无论是高端手工制作还是低端市场印制，都需要技术创新来解决高端市场创意设计问题和印制过程的技术问题，以此满足寺庙定制、画师壁画、当地百姓和旅游市场的需要。所以，西藏文化产业要真正取得较高社会效益和经济效益，就必须在技术创新方面配以大额资金，增加文化产业科技含量的同时，鼓励文化产业技术创新，真正使西藏文化与高科技高度融合，以科技手段将西藏文化内容充分展示出来，从而增加西藏文化产业的知名度和影响力。

3. 联合培养和引进西藏文化产业经营人才及创意人才，建立相应人才库，并设立此类专项人才专项支持资金。西藏文化产业发展需要人才支持，无论是从西藏文化产业战略与政策制定到组织管理，还是从文化产品最初研发到生产、销售、服务等等一系列环节，每一个环节都离不开人的参与，从事文化产业人员水平高了，文化产业发展自然就好了，西藏文化产业发展效益效率就会提高。为了解决西藏文化产业经营人才与创意人才欠缺的问题，需要加强西藏文化产业经营人才和艺术设计与市场营销专业跨专业人才联合培养，通过西藏高校文化产业经营人才、艺术设计专业与市场营销专业联合发展，将西藏文化产业专业经营以及学生创意、创新、创作落到实处，使具有创意的西藏文化作品不断增加，文化产品不断丰富，从而促进西藏文化产业进一步向高端发展。同时，需要制定完善的西藏高校文化产业人才支持与培育计划，进一步加大各地与西藏高校联盟，实施西藏文化产业人才培育工程，建立文化产业人才培养、教育培训基地，培养既懂技术又懂文化产业管理的人才。另外，国家要高度重视对西藏文化产业人才的培养和选拔，建立西藏文化产业人才库并给予专项资金支持。对引进的西藏高层次文化产业人才要给予相关优惠政策待遇，对有突出贡献的西藏高层次文化产业人才要以其突出成果等无形资产入股，参与利益分配，或是设立一定额度西藏文化产业专项人才支持资金，用此资金奖励和培养西藏文化产业专项人才，促进西藏文化产业经营人才和创意人才产出，促进西藏文化产业快速发展。

4. 继续重视对西藏文化产业示范基地和园区建设的发展。在调研中发现，西藏文化产业示范基地、示范园区数量增加对西藏文化产业发展效率有着较大影响，所以，国家要继续重视对西藏文化产业示范基地和园区建设的发展。对西藏地区国家级文化产业示范基地或者园区，自批准之日起到建成一定时间内，在给予相关费用减免和相关政策支持的同时，比如贷款贴息、效益效率奖励、保险费补助、项目补助等，也应该加强对西藏高新技术文化企业给予适度税收减免或一定优惠政策；对于经评估确认有发展前景的西藏文化项目以及重点发展文化产业项目，给予用地政策支持，确保文化项目落地开花结果，让更多人民群众也参与到文化产业建设中来，进而提高西藏人民群众的文化素养，提高西藏人民群众的文化消费意识和文化消费水平，同时亦能解决西藏人民群众的就业问题。

五、结语

总体而言，本次调查研究通过对资金配置与西藏文化产业发展现状及存在问题的研究，提出了资金配置与西藏文化产业发展的对策建议，希望所提出的对策建议能给西藏从事文化产业的相关政府机构和企事业单位提供参考。

当然，除了以上成就之外，根据对西藏文化厅文化产业处尼玛次仁处长的访谈，我们还了解到西藏文化厅对西藏文化产业发展作了较好规划，主要涉及：（1）利用 5 年时间，重点发展领域、重大项目带动战略，把西藏特色产业做大做强。其中，借助唐卡产业发展，推进西藏民族手工艺发展;通过演艺事业，树立西藏文化产业发展品牌;发展藏文书法、特色书目;逐步推进西藏影视动漫发展等；到 2020 年，使西藏文化产业成为西藏新的支柱产业。（2）目前正在筹划建立的 5 个项目库：民族演艺、文化风情园建设、特色产业园区建设、拉萨广播电视传媒建设和发展等。(3)启动藏羌彝文化产业走廊，以拉萨、林芝和昌都为核心，覆盖山南和那曲地区，促进西藏经济快速发展，等等。

我们相信，随着中央以及省市地区对西藏文化产业的大力投入，借助科技、人才、政策等支撑来发展西藏文化产业，西藏文化产业未来发展一定会上一个新台阶，从而充分发挥西藏文化产业在西藏经济发展中的重要作用，促进西藏经济快速发展。

拉萨市非公有制经济发展调查研究报告※

张志恒　张彦※

一、前言：调研概况

实践证明，西藏经济发展重点在非公有制经济，非公有制经济发展重心在拉萨市。作为西藏自治区（以下简称全区或西藏）的首府城市，拉萨市首位度地位决定了全市非公有制经济在全区非公有制经济发展中具有举足轻重的地位，为此要发展好全区非公有制经济，就必须发展好拉萨市非公有制经济。为了全面掌握拉萨市七县一区非公有制经济的发展基础、发展环境、存在问题、优势劣势，详细了解拉萨市各级各界对非公有制经济发展的诉求，使未来拉萨市非公有制经济发展基础更加坚实、对策建议更加高效，使拉萨市非公有制经济中长期发展措施既有理论遵循，又有政策遵循，既有操作性，又符合拉萨实际。拉萨市非公有制经济发展课题组（以下简称课题组）分别于 2013 年 7 月和 2014 年 7 月两次赴西藏开展了拉萨市非公有制经济发展专项调研。调研期间，课题组先后与非公有制经济主管部门和非公有制法人代表及从业人员一起，就拉萨市非公有制经济发展重点、难点、方式、方法等进行研究、讨论，并在此基础上形成了本报告。各次专项调研以党中央关于非公有制经济发展的基本理论为指导，以全面

※ 本报告系西藏自治区高教人文社科项目“拉萨市非公有制经济发展问题研究”的阶段性成果。

※ 本课题负责人：西藏民族大学张志恒教授，成员包括：周丽蓉、王娜、谭天明、宋成奇、次多。本报告是课题组在对拉萨市非公有制经济发展情况开展专项调查的基础上形成的，由张志恒、张彦执笔完成。

反映自治区党委、政府和拉萨市委、市政府关于非公有制经济发展政策措施的落实情况为重点，在深入剖析拉萨市七县一区非公有制经济发展基础、发展优势、发展机遇、发展挑战、存在问题、发展诉求、发展设想的基础上，揭示了拉萨市非公有制经济发展的特殊性，并为拉萨市非公有制经济中长期发展提出切实可行的对策建议。

专项调研活动主要运用文献分析、专家座谈、实地走访等方法。调研期间课题组分别走访了拉萨市多家非公有制经济管理部门，考察了十多家非公有制企业，先后召开了多次专题座谈会，就拉萨市非公有制经济发展的成就、存在问题以及未来设想与各级各界进行了深入交流。重点了解了拉萨市非公有制经济发展的基本情况、非公有制企业的经营状况、非公有制经济的社会贡献、发展困境、存在问题等，为制定促进拉萨市非公有制经济健康发展的政策措施提供了有力支撑。

二、拉萨市非公有制经济发展的现状、经验总结与问题归纳

（一）发展现状

调研显示，截至 2014 年上半年，拉萨市非公有制经济市场主体有 42416 户。其中，内资企业 1248 户，注册资金 24 亿元。私营企业 3130 户，注册资金 50 亿元。个体工商户 38038 户，注册资金 18 亿元。受理股权出质登记 3 件，出质股权 1430 万元，被担保债权 6400 万元。受理外迁企业登记 9 户，注册资金 29.4 万元。截至 2013 年 8 月，共有合作社组织 203 户，成员 9292 人，出资总额达到 2.7 亿元。实践表明，“十一五”以来，拉萨市非公有制经济无论在市场主体、注册资本方面，还是在从业人员、纳税贡献等方面均取得了显著成就，已成为拉萨市国民经济的重要组成部分、社会就业的重要渠道、地方财政收入的主要来源、县域经济发展与城乡市场繁荣的主导力量、招商引资的主要领域、对外贸易的排头兵、改革开放和转变发展方式的活力源泉。未来，拉萨市非公有制经济发展一定要立足已有基础，挖掘首位度潜力，做大、做精、做强特色产业，在重点区

域、重点领域、重点环节寻求突破。全面提高拉萨市非公有制经济综合实力，使之成为拉萨市乃至全区长治久安和跨越式发展的强大物质保障。

（二）经验总结

调研组在深入基层、详细了解情况、全面分析拉萨市非公有制经济发展成就的基础上，认为“十一五”以来拉萨市非公有制经济发展有以下经验值得总结：

1. 充分挖掘拉萨市作为全区首府城市、政治经济文化中心、旅游业集散中心潜力，把自治区党委、政府和拉萨市委、市政府关于非公有制经济发展的方针政策与拉萨实际紧密结合起来，解放思想，实事求是，转变观念，创新发展，是拉萨市非公有制经济健康发展的前提。

2. 把实现好、维护好、发展好各族人民根本利益作为拉萨市非公有制经济发展的出发点和落脚点，千方百计扩大就业，多种渠道拓展市场，使发展成果惠及广大群众，是拉萨市非公有制经济健康发展的关键。

3. 发挥好行业协会职能作用，优化投资环境，加大招商力度，加强区域合作，吸纳内地资金，拓展发展空间，是拉萨市非公有制经济持续发展的基础。

4. 坚持“以人为本，人才强企”理念，建立积极向上的人才竞争机制，是拉萨市非公有制经济快速发展的基石。

5. 以促进拉萨市非公有制经济健康发展为根本，紧抓西藏工作座谈会精神，用好优惠政策，用足援助措施，是拉萨市非公有制经济快速发展的补充。

（三）问题归纳

调研组认为，阻碍拉萨非公有制经济发展的问题主要包括：

1. 行业区域分布不均。调查显示，拉萨非公有制经济与全国乃至西部十二个省（市、区）相比仍存在不小差距。主要表现在：组织数量少、注册资本低，行业分布不平衡，区域发展差异大。从行业分布看，目前拉萨市非公有制企业主要集中在工业和矿产业、建筑建材业以及第三产业中的旅游业、餐饮业、零售业、社会服务业，能源、交通、通信、金融、市政公用、基础设施等领域涉入不够。从分布区域看，拉萨市非公有制企业分布最集中的是城关区、经开区、柳梧新区、达孜工业园区，其次是堆龙县及羊达工业园区、曲水县及其工业园区和达孜县县城周边，而墨竹工卡县、林周县、尼木县、当雄县等四县除了部分资源开发型非公有制企业外，其他类型的非公有制企业则比较少，这种行业、区域分布格局不利于拉萨市产业结构优化升级。

2. 电力供应存在缺口。能源供应不足尤其是电力供应短缺是长期制约拉萨市非公有制经济快速发展的瓶颈。调研组走访了几家能耗较大的水泥和建材非公有制企业，大家比较一致的看法是，每年冬季和春季，这些企业都会因为断电而停产，停产期最长的可达 5—6 个月。

3. 企业规模普遍较小。调查显示，拉萨市非公有制企业数量虽然很多，但规模普遍不大，除少数几家规模以上企业外，绝大部分都属于小微企业，资金短缺、产品单一、管理家族化短期化问题普遍存在。

4. 融资难差异显著。调查显示，一般而言，起步阶段的小微企业一般存在较为严重的融资难问题，而规模较大、发展成熟的非公有制企业则一般不存在资金短缺问题，它们的发展障碍和瓶颈往往在于政策不明确、不稳定带来的经营压力，而政策领域的不确定、不明确更多集中于土地、融资和税收政策等方面。

5. 员工素质普遍不高。调查显示，拉萨市非公有制企业普遍存在用工难、用工缺、压力大问题，且企业员工和管理人员素质普遍不高，这对非公有制企业长远发展造成很大障碍。

6. 发展环境有待改善。调查显示，拉萨市部分非公有制企业受政策、环境变化影响大，特别是旅游、餐饮、酒店等行业受国家宏观政策变化影响显著。部分民族特色产品缺乏行业标准，使企业经营者往往无所适从。少数非公有制企业家创新意识不强，开拓精神不够，限制了企业壮大和行业发展。部分优惠政策在制订执行中存在一定缺陷，使本地企业和引进企业在优惠政策享受上存在不平等、不公平问题，挫伤了本地企业家的积极性和上进心。

三、促进拉萨市非公有制经济中长期发展的对策建议

在深入分析拉萨市非公有制经济发展现状、存在问题的基础上，调研组从以下方面对拉萨市非公有制经济中长期发展提出对策建议。

（一）总体建议

1. 发展原则。拉萨非公有制经济发展必须坚持“非公兴市、产业富民；立足特色、园区集中；统筹兼顾、分类指导；整体推进、科学发展”原则。

2. 发展战略。加快推进特色优势发展，加快小微企业创建，加快体制机制创新，大力推进技术升级和产业扩展，做大、做精、做强优势产业，通过实施人才兴企战略、外向型发展战略和和谐发展战略，实现明晰产权推动发展、现代科技导向发展、龙头协会带动发展、资源管理整合发展、文化创新支撑发展，鼓励发展一批科技型企业，支持发展一批外向型企业，加快发展一批资源深加工和循环经济企业，有选择地发展一批专业配套型企业，有重点地发展一批成长型非公有制企业。

3. 发展目标。在“十二五”末，基本建立起适宜拉萨市、服务全区的非公有制经济健康发展的投资环境，初步形成拉萨市非公有制经济与公有制经济共同主导经济的格局，非公有制企业综合素质和核心竞争力不断增强,非公有制经济快速健康发展,非公有制经济总量比“十一五”末翻一番。到 2020 年，建立健全促进拉萨市非公有制经济发展运行机制，完善保障非公有制经济政策环境，改善非公有制经济发展环境。非公有制经济在国民经济中所占比重显著提高，使拉萨市非公有制经济的主要指标处于西部前列，达到全国中等发展水平。

4. 发展布局。在拉萨市中心地带，重点发展现代商务和服务业。建成集中、发达的金融、商贸、商务、高档酒店、文化娱乐等配套设施完善、交通便捷、信息通畅、生产扩散、要素集聚、综合服务功能完备、具有较

强综合竞争力的产业空间。重点布局现代商贸、购物、餐饮、娱乐、文化产业，选择发展珠宝首饰、民族手工艺品、工艺美术、旅游产品、服装服饰、电子玩具、装潢设计以及社区服务业。

依托机场、车站、货运中心、各种新区建设现代物流基地，布局仓储、第三方物流等物流业和生产资料市场等。重点布局汽车、摩托车、农用拖拉机等机械、零部件配套产业。

依托经济技术开发区、工业园区、产业园区、高等院校校区布局高新技术产业。

依托各旅游景点，布局精品旅游业、民族手工艺品、现代服务、旅馆业、餐饮业。

依托国道、区道交通运输枢纽，促进人流、物流、资金流、信息流的聚集，辐射和带动周边发展，适量布局旅游车营地、房车营地等自助旅游设施。

（二）区县建议

1. 城关区。调研显示，城关区发展非公有制经济的优势在于：拉萨市首府城市总体规划将城关区作为“一核”来重点发展，交通便利、市场广阔、人力丰富、信息密集、文化优秀是其发展非公有制经济的基石。城关区发展非公有制经济的劣势在于：受周边工业园区挤压，城关区非公有制经济总体水平不高、产业结构单一、服务质量较低，传统优势不断削弱，新问题、新障碍逐步显现，加快发展的服务体系尚不健全，拉萨市非公有制经济总量扩张和质量提升的潜能尚未充分释放。

为此，城关区必须着力构建以高原特色旅游业为主导、以现代商贸业服务业为支撑、以特色优势加工业为补充的非公有制经济产业体系，实现非公有制经济量性扩张及质性提升，实现产业结构转型与优化。

一是城关区旅游业发展要按照“藏文化旅游核心区、西藏旅游门户和集散中心”的产业定位，引导非公有制经济组织投身旅游业，全面改善旅游服务设施，提升旅游接待能力，重点发展观光旅游、休闲度假旅游，着力开发商务旅游、兴趣旅游、节庆旅游和主题旅游，加强旅游产业与交通、酒店、餐饮、娱乐、购物等多种服务产业的联系，带动经济全面发展。旅游业近期发展重点是围绕次角林文化园区基础建设，着力打造世界级旅游精品线路和旅游景点，按照世界旅游终极地定位加快旅游基础设施建设，着眼全区旅游集散地目标提升旅游服务能力，按照立足精品、定位多元原则开发多层次、特色鲜明的旅游服务项目和旅游产品。

二是城关区商贸业发展要依托现有良好区位、交通、经济和商贸基础，通过合理配置商业资源，完善商业网点布局，将城关区建设成民族文化特点鲜明、空间布局合理、业态设施先进、综合体系完善、信息化程度高、传统与现代融合、立足拉萨辐射全区的最具活力的商业中心。近期工作重点是加快门店商贸业改造，推进商贸业规模化、梯队发展，加快特色街区和特色街区社区商会建设，加快商会尤其是异地商会和基层商会的建设步伐。

三是城关区现代服务业发展要以西藏服务业高地为目标，充分发挥核心区辐射带动作用。重点发展商务服务业，积极培育文化创意产业，积极发展信息服务业。

四是城关区都市型现代农业发展要定位为服务拉萨城市需要，大力发展特色种植业，在保持原有种植业优势的基础上，加快发展休闲观光农业，形成现代农业产业多赢的利益分配格局。

五是大力发展高原特色加工业，积极发展民族手工业，着力培育旅游食品加工业，大力发展新型建筑建材业，规范包括水泥砖在内的新型建材生产销售。

六是大力发展具有西藏特点的健康产业，加快以虫草、藏红花等名贵藏药材为原料的加工工业，用健康、环保、生态理念指导健康养生类藏药材的种植、采集、加工、营销。加强健康类特色产品的知识产权保护，推进健康类特色产业快速发展。

2. 堆龙德庆县。调研显示，堆龙德庆县发展非公有制经济的优势在于：区位优势、交通便利、园区集聚、基础良好、环境优越、信誉卓著。堆龙德庆县发展非公有制经济的劣势在于：企业规模不大，实力不强，品牌不响，发展不均，高新技术企业少，服务体系不健全，优惠政策落实难、见效慢、内耗大，从业人员素质较低，企业经营能力较差。

为此，结合堆龙德庆县非公有制经济“一产、二产优势明显，三产不足”的基本特征，要围绕城乡一体化，加快园区建设，做大新型建筑建材产业，做强藏医藏药产业，做实农副产品加工，做足城郊设施农业，推动工业特色化、新型化、现代化。支持非公有制经济组织加快上市。积极引导非公有制经济组织投身物流产业，在县域内建立起辐射全区的物流集散地和物流园区，优化县城医院、学校、商场布点，提升宜居水平和县城接纳能力。将羊达工业园区建成自治区级民族新型加工业生产基地，使之成为与拉萨经开区、柳梧新区和达孜工业园区相互补充、相互配合的特色加工业集聚区、集散地。

3. 曲水县。调研显示，曲水县发展非公有制经济的优势在于：区位优势明显，土地资源丰富，农业基础良好，园区初具规模，产业集聚效应显现。曲水县发展非公有制经济的劣势在于：企业规模不大，人才素质不高，管理人才缺乏，矿产资源贫瘠，旅游资源规模小、开发成本高、开发价值不大。

为此，曲水县必须围绕拉萨市农业示范县的发展目标，立足资源优势，加快园区建设，做足优势、做实特色、做大产业。首先，立足农业生产优势，做强城郊设施农业，巩固加强江村西瓜种植基地、曲水镇草莓基地，稳步推进才纳乡烟草基地、郁金香基地和玫瑰花种植基地、达嘎乡土豆基地、均皮乡皮具基地，逐步发展俊巴村度假村、民族手工业和攀岩旅游，维护好色麦村桃花基地，引进和发展玫瑰、葡萄等新型种植品种，在农业示范基地引进2—3家上规模、上档次的非公有制加工企业，采用农户＋公司模式，实现现代农业产业链延伸，使之成为县域推广的名片。其次，以科技为先导，以人才为主线，以品牌为重点，加快园区建设，做大做强新型建筑建材业、民族手工业品加工业、藏药业、民族食饮品业；加快钢铁厂整改，逐步构建辐射面广的钢铁基地；充分利用空地多、交通便利优势，加大招商力度，加大生物技术产业、高技术产业、太阳能电池组、电动车、观光车产业招商引资力度，着力打造全市数字技术产业基地。加快推动工业特色化、新型化、现代化进程。积极引导非公有制经济组织投身基础设施和公共事业，力争将曲水工业园区建成自治区级的数字化产业基地和民族新型加工工业基地，在条件相对成熟的区域发展高原特色健康产业。

4. 尼木县。调研显示，尼木县发展非公有制经济的优势在于：独特的区域位置、独特的生态环境、独特的文化背景、独特的藏工艺产品——“尼木三绝”（藏香、尼纸、雕刻）。尼木县发展非公有制经济的劣势在于：总体发展水平低，基础薄弱，融资难度大，从业人员素质偏低，企业管理水平低。

为此，尼木县非公有制经济发展要立足做足优势、做强特色，大力发展以“尼木三绝”为重点的藏工艺产品、矿产业和特色旅游业。首先,围绕“尼木三绝”，加大产业整合力度，通过组建合作社或股份制企业将分散的藏香生产联合起来，加强品牌建设、凝聚品牌优势。探索使用现代防伪标志，构建“尼木三绝”品牌保护体系，使“尼木三绝”成为强县富民的产业基础和强大支柱。其次，围绕铜、钼、泥炭等优势矿产资源，坚持统筹兼顾、科学规划、有序开发、合理利用原则，构建生态、环保和可持续绿色矿业体系。最后，围绕尼木吞弥·桑布扎故里，着力打造吞巴景区，使之成为拉日旅游线上的明星景区、特色旅游典范、藏文字传承基地。

5. 当雄县。调研显示，当雄县发展非公有制经济的优势在于：牧业发展基础雄厚，国道 109 线由东向西横贯全境，北部纳木错是西藏第二大湖泊，吸引着无数中外旅游者光顾。当雄县发展非公有制经济的劣势在于：企业规模小、资金短缺、融资难，服务体系滞后，研发能力低下，高新技术型企业少。

为此，当雄县非公有制经济发展应立足县域交通优势和资源优势，做大做强特色旅游业、特色资源加工业，做优做精农牧特色产品加工业。一是围绕羊八井、纳木错等优势旅游资源，立足世界旅游终极地目标，着力打造羊八井温泉基地和纳木错旅游产业群，使羊八井、纳木错景区成为环拉萨旅游环线上的精品。二是围绕当雄县优势农牧产品，坚持做优做精原则，将农牧特色产品打造成与世界级旅游目的地相适应的国际精品，积极探索农牧特色产品原产地保护体制机制，实现精品优价，理顺市场关系，打击市场侵权。三是围绕国道109交通优势，大力发展交通运输业，适应自驾游、房车游等新型旅游形式发展要求，在羊八井、当雄县城和纳木错等地建立自驾游基地和房车营地，拓展旅游服务门类、提升旅游服务水平、增强旅游服务能力。四是大力发展农牧民合作组织，规范合作社行为，使合作社组织成为农牧民致富奔小康的基石。

6. 墨竹工卡县。调研显示，墨竹工卡县发展非公有制经济的优势在于：县域境内温泉多样、矿产丰富、交通便利。墨竹工卡县发展非公有制经济的劣势在于：人才储备不足，专业技术人才缺乏，沟通协调难度大。

为此，墨竹工卡县发展非公有制经济应立足温泉、矿产、旅游等优势资源，按照全市整体规划，大力发展温泉产业、整顿开发矿产业、规划发展旅游业。其中旅游业应加快以日多温泉为代表的温泉资源开发，规划发展以松赞干布出生地为代表的文化旅游资源，在发展中实现资源互补、优势互促，构建适度规模、独具特色的集洗浴、观光、藏文化于一体的县域特色旅游业。矿产业应坚持矿产开发的绿色发展、环境保护、生态文明原则，按照大规模、高层次、技术新、贡献大的要求，加大对矿产业的整顿整合力度，健全探矿退出机制，实现资源开发权适度集中，加强和谐矿区建设。

7. 林周县。调研显示，林周县发展非公有制经济的优势在于：耕地丰富，农业基础好，前景广阔，旅游资源丰富，形成了以热振寺、甘曲为中心的山水风光、生态休闲、宗教文化、民俗风情等多元化原生态旅游资源。林周县发展非公有制经济的劣势在于：非公有制企业规模小，服务体系不完善，从业人员素质低，品牌意识不强，产品销售不畅。

为此，林周县非公有制经济发展应该立足县域优势，围绕打造全市生态示范县发展目标，充分利用休闲旅游产业基地、矿业生产基地、农产品生产基地优势，将县城打造成农副产品加工集散地，以轻工业为主的现代制造业基地，拉萨休闲旅游产业基地和休闲宜居城市。坚持优选、集聚、分离的工业发展原则，坚持整合、挖掘、提升旅游业，着力打造以非公有制经济为核心的“一心、三翼、一轴”产业空间结构。

8. 达孜县。调研显示，达孜县发展非公有制经济的优势在于：区位优势、交通优势、信息优势和工业园集聚效应，工业发展已经成为达孜县发展的平台、招商引资的载体、环境优美的产业发展基地和非公有制经济发展基石。达孜县发展非公有制经济的劣势在于：企业自主创新能力弱、融资能力低、新签约项目办理开户许可证耗时长、土地征收难度大。

为此，达孜县非公有制经济发展应立足于县域区位优势、交通优势、产业优势，围绕园区建设，着力打造特色农牧产品加工业、新型能源产业，近期工作重点是加快光伏发电的基础设施建设步伐。

（三）园区建议

调研组认为：拉萨市工业园区发展的重点应立足于各自优势，走内涵发展和外援增长相结合的路子，加大用地规范力度，不断更新服务理念，创新服务方式，提升园区自身素质。由于各个园区发展基础、发展定位、发展优势不同，在发展道路上应走差异化与协同化并重之路。达孜工业园区应立足区位优势，重点发展加工工业，构建全区加工工业重镇。经开区应立足其起步阶段定位高、基础实、设施好的优势，引进并发展高新技术产业，打造全区高新技术工业基地。柳梧新区应立足交通优势，重点发展商贸物流和城郊民居，打造拉萨高端宜居区、商贸集散区、三产集中区。对于三大园区迅猛发展的总部经济，要加强统筹协调，限制“两头在外”的总部经济型企业发展，变招税引税为招商引资，切实提升园区非公有制经济的造血功能。

四、结语

加快全市非公有制经济中长期健康发展，是拉萨市委、市政府关心的重大理论问题，也是推动拉萨市非公有制经济提质、增速的实践问题，西藏经济理论工作者应格外关注，为加快推动拉萨市非公有制经济健康发展尽绵薄之力。本次调研获得的感悟将有助于进一步认识拉萨市非公有制经济发展的重要性，理顺拉萨市非公有制经济发展诸多关系，找准拉萨市非公有制经济加快发展的重点、难点。

第一，调研组坚信，拉萨市非公有制经济必将呈现多元化发展态势，多措施并举地促进非公有制经济发展、多角度思考非公有制经济地位、多层面构建非公有制经济发展支持系统，不仅是一个重要的理论问题，更是一个重要的实践问题，需要各级各界深入实际、加强调研、不断思考、反复琢磨、逐步升华。

第二，拉萨市非公有制经济发展必须立足国家对西藏的总体定位，坚持科学发展、跨越式发展和可持续发展。

第三，拉萨市非公有制经济发展必须服务于强市富民大局，实现拉萨市乃至全区社会经济的长治久安和跨越式发展。

西藏非公有制企业绿色发展现状调查分析

沈宏益　张志恒[※]

非公有制企业作为一股不可替代的新生力量正在调动社会各方面的积极性，其在扩大就业、活跃市场、增加税收和繁荣城乡经济等领域发挥着重要作用。截至 2014 年底，西藏非公有制市场经济主体数已达到 13.77 万户，占全区各类市场主体的 95.6% 以上，尤以改革开放以来，西藏非公有制企业有了长足发展，2014 年西藏非公有制企业注册资金为 879.8 亿元，从业人员达到 70 万人，非公经济上缴税金 163.05 亿元，占当年西藏全部税收的比重超过 93.6%[①]，已经成为西藏税收的主要贡献者和推动西藏社会经济发展的重要组成力量，其蓬勃发展的趋势是西藏经济增长与社会进步的不竭动力，但是西藏非公有制企业尚存在财务不健全、资源效益性不强和社会责任意识不高等现实问题，导致其融资不畅、发展不稳、竞争力弱等。

为了全面提升西藏非公有制企业自身发展潜力，不断增强其生态环保意识和提高资源利用效率，课题组一行四人于 2015 年 7 月 10 日至 8 月 20 日分赴西藏拉萨、山南、日喀则等地采取抽样调查、深度访谈、实地查看和统计分析等方法，对抽取的 35 户非公有制企业绿色财务活动情况进行全面调查，旨在进一步分析根源和寻求解决问题的途径，为加强西藏非

※ 沈宏益，西藏民族大学教授；张志恒，西藏民族大学教授。

① 中国新闻网 . 西藏非公经济主体逾 13 万，成税收主要来源 [DB/OL]. http：//www.chinanews.com.

公有制企业绿色财务制度建设和促进其全面、健康、可持续发展等提供研究参考。

一、现状调查

本次共选取拉萨、山南、日喀则等地 35 户非公有制企业组成调查样本，涉及农林、藏医药、手工业、建筑建材、商贸餐饮、文化旅游等多个行业，共发放调查问卷 35 份，收回有效问卷 30 份，其中拉萨市 19 份，占有效调查问卷总数的 63.3%；山南地区 7 份，占有效调查问卷总数的 23.4%；日喀则市 4 份，占有效调查问卷总数的 13.3%，调查内容涉及绿色经济活动意愿、绿色经济活动目标、绿色经济活动实践和绿色经济活动环境支持等 4 个方面。

1. 绿色经济活动意愿调查

在被调查的西藏非公有制企业中有 25 家有开展绿色经济活动意愿，其占被调查企业总数的 83.4%；没有开展绿色经济活动意愿的企业有 1 家，其占比为 3.3%；目前尚犹豫不定的有 4 家企业，占被调查企业总数的 13.3%。可以看出，绿色经济活动虽然已被西藏大多数非公有制企业所认识，但仍存在实施意愿不坚定等现实问题（见图 1)。

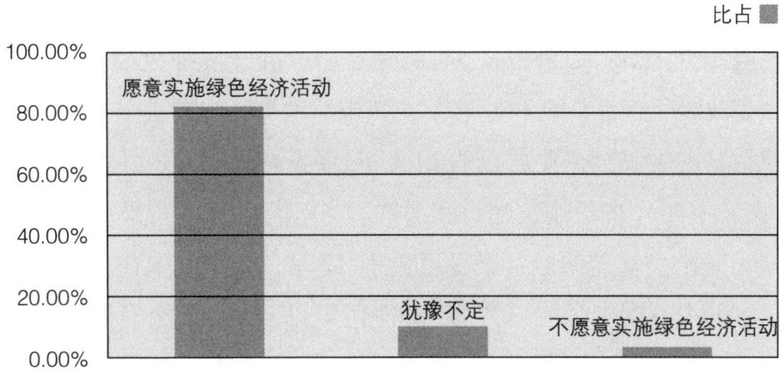

图 1　西藏非公有制企业绿色经济活动意愿调查图

2. 绿色经济活动目标调查

通过对 30 份有效调查问卷的分析来看，西藏非公有制企业以股东或投资人财富最大化为经济活动目标的占比为 37%，以企业利润最大化为经济活动目标的占比为 59%，而以企业价值最大化为经济活动目标的占比仅为 4%，这里所谓企业价值最大化就是指实现企业利润最大化和创造社会效益最大化（包括实现生态效益价值等）。可见，当前西藏非公有制企业经营活动目标并不十分明确，在生产经营过程中很少关注与周围生态环境之间的关系，容易产生一些“短期化”趋利行为，这不利于当地生态环境保护和实现企业可持续发展等。

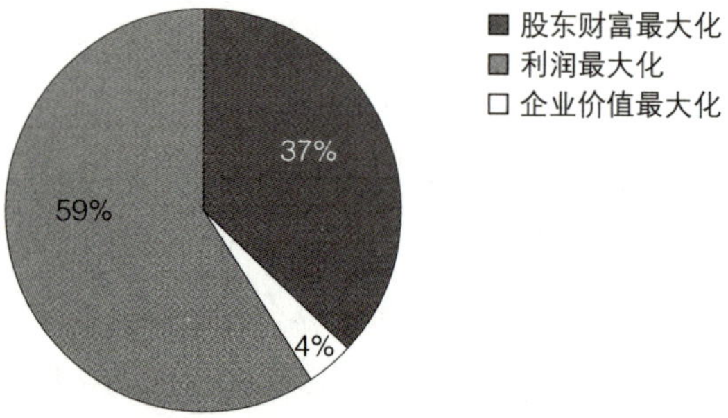

图 2　西藏非公有制企业经济活动目标调查图

3. 绿色经济活动实践调查

在被调查的 35 家西藏非公有制企业中已经开展绿色经济活动的有 4 家，如完成绿色产品认证和开展节能减排活动等，主要是一些农林和藏医药企业，其占被调查企业总数的 11.4%；而没有开展绿色经济活动的企业有 14 家，主要分布于建筑建材和餐饮服务等行业，其占被调查企业总数的 40%；正准备实施绿色经济活动的有 17 家，大多集中在文化、旅游等行业，它们占被调查企业总数的 48.6%。可见，西藏非公有制企业开展绿色经济活动状况层次不一，在一些受环境资源约束较为明显的行业中已开始得到重视。

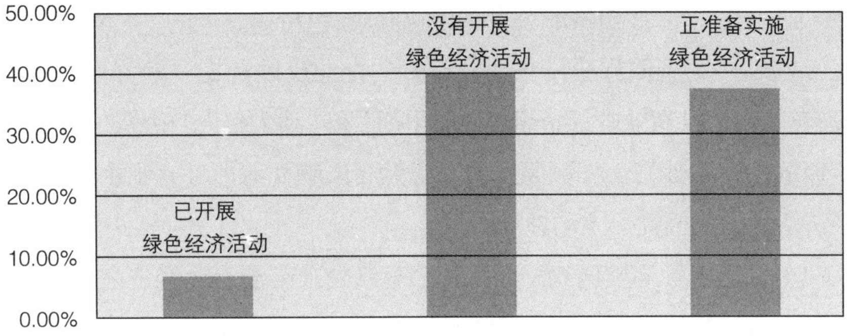

图 3　西藏非公有制企业开展绿色经济活动调查图

4. 绿色经济活动环境支持调查

（1）绿色决策环境调查。通过对拉萨、山南、日喀则等地 35 户被调查企业进行走访座谈，我们了解到，由股东会或企业全体投资人决策重大经济问题的占比为 11.7%，由企业董事会或全体高层管理者决策重大经济问题的占比为 24.4%，而直接由董事长或总经理（厂长）个人决策重大经济问题的占比为 63.9%。可见，绿色经济活动作为一项重要决策并非能够在西藏非公有制企业中做到民主化、规范化与科学化，其高层管理者是否具有绿色发展意识对于企业实施绿色经济活动也将产生一定影响，当前在西藏非公有制企业中还缺乏一种绿色决策氛围及环境支持。

（2）绿色制度环境调查。在被调查的西藏非公有制企业中，建立了相关绿色管理制度的企业占比为 12%，且这些管理制度不规范、不完善，大多是一些涉及污染防治和清洁型生产等管理规定，对于如何弥补和补偿生态降级及环境消耗成本的核算制度和管理规定很少，即缺乏从根本来解决生态环境问题的措施，说明在西藏非公有制企业中缺乏一种科学有效的绿色管理制度及运行环境保障，必然影响了西藏非公有制企业绿色经济活动的有效实施。

（3）绿色支持环境调查。西藏非公有制企业开展绿色经济活动的最大困境是“资金”缺乏。近年来，自治区政府虽然出台了一系列优惠政策和扶持措施等，但是远不能有效满足非公有制企业绿色投资和产业发展需求，

“融资难”一直是困扰西藏非公有制企业健康、可持续发展的“困境”和“瓶颈”。从 30 户调查问卷分析来看，87% 的企业反映存在“融资难”问题，且没有一套科学、有效的绿色融资“催化剂”和“动力剂”。相反，一些定期、不定期的检查和处罚工作频频发生，必然会影响西藏非公有制企业开展绿色经济活动的积极性、主动性与责任。

（4）绿色监管环境调查。西藏非公有制企业开展绿色经济活动大多是在政府强力“监管”和严格约束下被动履行，没有在企业内部形成自发力和约束力，实施起来是“一阵风”，过后又会恢复到原样，发挥不了应有的监管作用。另外从西藏非公有制企业行业协会的发展来看，存在起步晚、发展慢、管理松散等问题，其对于西藏非公有制企业开展绿色经济活动的引导和监管作用显然“力不从心”。

二、问题分析

1. 缺乏绿色发展理念

西藏非公有制企业实施绿色经济活动意愿不高的主要原因是停留在“以己为本”的经营理念上，缺乏绿色发展意识，忽视社会责任履行，不能形成推动绿色经济发展的自发力和内动力。由于受管理、认识误区等影响，许多非公有制企业主求富心切，片面地追求当前经济利润增长而忽视社会责任履行，没有形成科学、统一的绿色价值观，认为开展绿色经济活动完全取决于其能否为企业带来超额绿色经济利润等，这是一种缺乏绿色发展理念的表现。

2. 缺乏绿色发展潜力

当前西藏非公有制企业开展绿色经济活动主要依靠相关优惠政策来“诱导”实施，在企业内部没有培育和形成绿色潜力，目前西藏非公有制企业尚处在“初创期”和“成长期”发展阶段，该阶段具有明显的“趋利性”特点，一旦外界优惠条件得不到满足时便会以自身利益最大化而忽视社会责任履行。同时，现实中一些“外部不经济性”现象使得生态环境维护者得不到应有补偿和弥补，从而使得“外部不经济性”现象愈演愈烈，影响了企业绿色经济活动的全面实施。

3. 缺乏绿色责任能力

西藏非公有制企业不愿意实行绿色经济活动还与其“经济人”性质分不开，实施绿色经济活动需要承担一定生态维护成本，如节能减排支出和绿色生产投入等，它会使企业当前经济利益受损，若仅靠市场调节来完成该过程几乎不可能，即所谓的“市场失灵”现象，这就是导致企业缺失承担绿色责任的原因（见图 4 说明）。

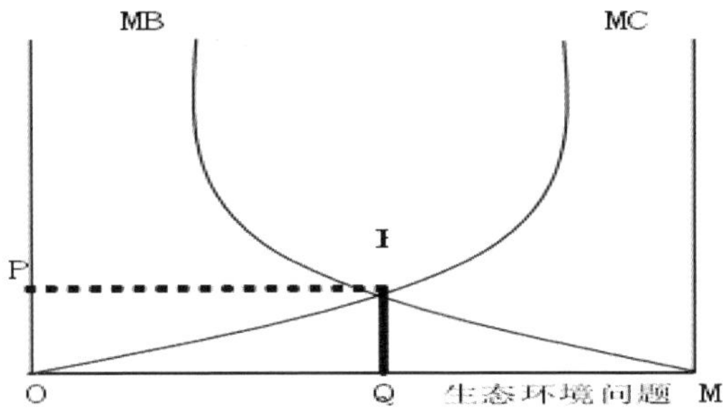

图 4　企业边际环境控制成本与边际利益关系图

图 4 中的 MB 曲线代表边际收益，MC 曲线代表边际成本，O 与 M 点表示没有产生环境问题或环境问题被基本消除时的状态，此时 MC=0，即边际环境控制成本为零。随着企业生产活动不断开展，生态环境问题日益突出，出现了边际环境控制成本越来越大，而边际收益越来越小的现象，MB 曲线左边部分和 MC 曲线右边部分的急剧变化说明该阶段环境问题较为突出。一般最佳环境承载量是在 Q 水平，即环境控制成本与获取收益相均衡，此时 MB=MC。经济学界一般不赞同零排放和零消耗，因为社会经济发展必然要消耗资源而造成环境污染等，若让企业承担全部外部环境控制成本必然要通过产品价格上涨来弥补该损失，此时将导致产品销量下降或是不生产该种产品，则对整个社会经济发展不利。因此，需要政府强行干预，让企业合理承担绿色经济责任。

4. 缺乏绿色市场导向

绿色消费就是提倡消费者与自然环境相协调而发展起来的一种适度、健康的消费行为，它能够引导社会消费方式和企业生产模式发生转变，对于调整和优化当前产业结构等具有积极作用。

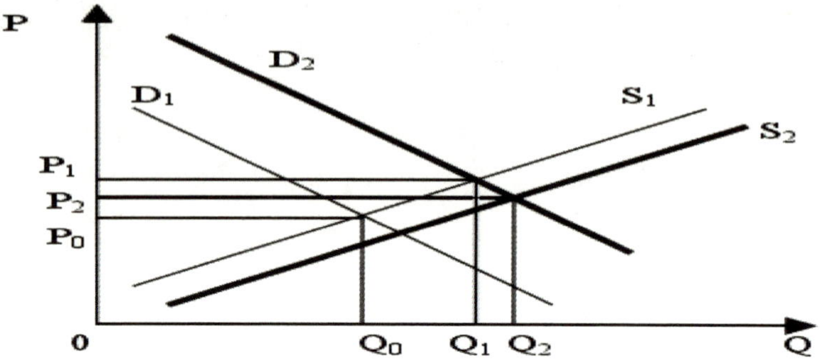

图 5　绿色经济活动引起绿色产品供求变化图

图 5 中 D1 代表社会初期对绿色产品的消费需求，S1 代表绿色产品的社会供给，当绿色消费者通过一段时间消费后就基本能够确定其所消费的产品是否真正属于“绿色”，这样便会在具有一定消费能力的人群之间进行传播，必然引起该绿色产品消费量增加，即需求曲线 D1 右移至 D2 处，而在供给一定条件下（即供给曲线为 S1），产品价格上涨至 P1，这时生产者意识到有利可图便会增加绿色产品供给，而当供给曲线 S1 右移至 S2 时，价格则由 P1 下降至 P2，此时为了不使绿色生产者的生产积极性降低，政府应通过相应补贴措施来弥补其经济利益损失，以维持绿色消费市场正常运行，现实中就是缺少了推动绿色市场发展的政策导向和扶持措施等。

5. 缺乏灵活监管机制

企业开展绿色经济活动与其监管机制的灵活度有关，图 6 横坐标代表政府监管力度，纵坐标代表企业信誉度。在相关政策约束下，企业一般能够开展绿色经济活动，曲线 D 代表政府监管程度，一般当企业信誉降低时政府实施监管力度会加大。曲线 S 代表企业信誉度，随着政府监管压力加大，企业实施绿色经济活动的信誉度会逐步提高。A 点表示企业信誉度与可接受的政府管制程度达到了均衡点。若企业经营行为完全被政府管制过死，即 D 和 S 曲线不能相交，此时企业信誉度变为 S' 曲线，企业便不在乎信誉度而会出现投机行为，这时政府监管便会失效。现实中就出现了“要么管制过死、要么管制不到位”等问题。所以，应采取灵活多样的监管措施，给企业留有自我调整和发展的余地。

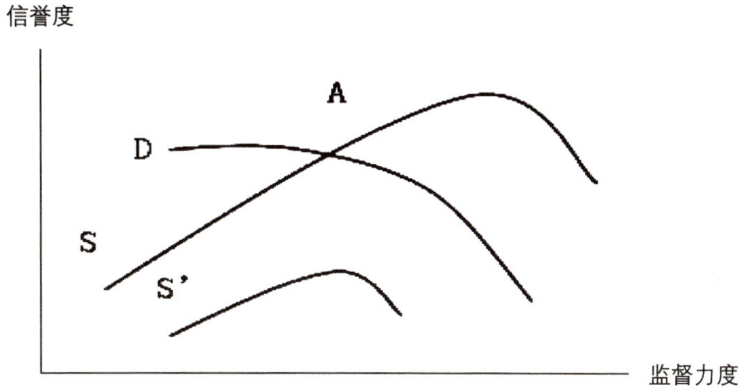

图 6　政府监管与企业信誉度变化示意图

三、对策建议

1. 树立绿色发展理念

针对西藏非公有制企业绿色发展理念缺失这一现状，首先应对其加强绿色理念宣传与政策导向，帮助树立“低碳、绿色、环保”的经营发展思路。企业作为社会经济活动的基本单位，引导其向“集约化、生态化、效益化”目标不断发展；其次结合西藏当前“净土行动”、争创“光彩之星”和“素质提升工程”等活动，在全区非公有制企业中开展“诚信经营”和“绿色生产”创建活动，不断增强其绿色环保意识和建立绿色发展战略，以此形成全社会共同的绿色价值观。

2. 培养绿色发展潜力

结合西藏特色资源优势，一是支持具有比较优势和资源特色的西藏藏医药业、高原特色生物产业、高原绿色食（饮）品加工业、特色农畜产品加工业、民族手工业、文化旅游和现代服务业等“绿色”产业茁壮成长，使之成为培育西藏非公有制企业绿色发展潜力的战略支撑产业；二是加快对西藏非公有制企业现有生产项目的技改工作，着力引进现代高科技和资源节约型、环境友好型项目落户西藏非公有制企业中，不断增强其绿色发展实力；三是集中民力和激发民智，强化绿色引导与管理，培育形成“以大带小、以优促劣、联帮互助、共同发展”的绿色发展合力。

3. 提升绿色责任能力

立足生态环境保护目标，一是培育西藏非公有制企业绿色责任意识，使其生产经营活动能够与生态环境保护等有机地结合起来，全面推动“绿色化”进程；二是提升西藏非公有制企业承担绿色发展责任的能力，使之通过绿色经济活动能够源源不断地获取绿色经济利润；三是科学评价西藏非公有制企业绿色效应作用，不断完善环境效益评价体系，形成西藏良好的绿色经济发展环境及氛围，共同维护西藏环境资源的公平享用权及可持续发展权。

4. 引导绿色消费行为

结合西藏绿色消费市场培育，一是全面开展非公有制企业绿色产品认证，增强消费者对于绿色产品的认可度和信赖度，引导绿色消费行为开展；二是保护绿色生产者的利益，帮助其绿色产品能够卖得出、卖得好，不断激发绿色生产者的积极性、主动性与责任感，使其能够满足绿色消费需求并不断增加绿色产品社会供给；三是提升绿色消费竞争能力，给予绿色产品适当价格补贴，促进绿色消费市场发展；四是培育绿色消费文化和绿色竞争意识，即谁的管理更科学、资源最节约、生产最环保、产品最绿色，谁就能率先来赢得市场竞争地位与主导发展权，以此来引导绿色消费和推动非公有制企业绿色发展。

5. 强化绿色服务与监督

针对西藏非公有制企业所处的发展环境和成长阶段特点，需要不断地科学引导与强化服务监督。一是帮助西藏非公有制企业由单纯会计利润核算向社会经济利润核算转变，建立一套科学、有效的企业财务核算与考核评价体系；二是形成以“财政资金为引导、银行信贷资金为依托、担保和信用资金为保障”的绿色融资体系，切实解决好西藏非公有制企业绿色发展过程中的“困境”与“瓶颈”问题；三是在西藏试点开征“生态税”，让非公有制企业主动承担部分生态维护和环境降级成本，以此形成“外部经济性”绿色发展环境，推动西藏社会经济发展向“绿色化”全面迈进，早日实现“绿色梦”。

拉孜县农牧民专业合作经济组织现状、问题及制约因素分析※

——关于西藏拉孜县农牧民专业合作经济组织的调查

陈爱东※

一、拉孜县农牧民专业合作经济组织的发展概况

1. 基本状况

拉孜县位于西藏自治区西南部、日喀则市中部，念青唐古拉山最西部，是西藏后藏地区的粮仓之一。全县东西长 69 千米，南北宽 98 千米，总面积 4382.6 平方千米。全县辖 9 乡 2 镇（其中半农半牧乡 4 个）98 个行政村，现有农户数为 10370 户，人口 53516 人，耕地面积 7856.85 亩。近年来拉孜县积极顺应国家方针政策，各项事业发展很快，尤其是农牧业发展保持稳定势头，粮油总产值持续上升，现如今拉孜县已成为西藏自治区十个重点商品粮基础县之一。拉孜县农牧业之所以快速发展，一个重要原因是当地农牧民专业合作经济组织发挥了重要作用。

据拉孜县工商局统计，截至 2014 年 8 月，全县各类农牧民专业合作经济组织共有 44 家，其中，专业合作社 25 家，占 56.81%；合作社 10 家，

※ 本报告系国家社科课题《构建特色产业体系、发展西藏生态经济的财税对策研究》（基金编号：11BJY125）的研究成果。

※ 陈爱东，西藏民族大学研究生处副处长，教授。

占 22.73%；协会 7 家，占 15.91%；合作组织 2 家，占 4.55%。工商登记出资总额为 2592.73 万元，成员数 2549 户。如表 1 所示：

表 1　合作组织数量、出资总额、成员数分年度数据表

年份	合作经济组织数量		出资总额		成员数	
	新增（家）	总数（家）	新增（万元）	总数（万元）	新增（户）	总数（户）
2008	2	2	124.93	124.93	338	338
2009	1	3	45	169.93	40	378
2010	5	8	225	394.93	478	856
2011	10	18	241.65	636.58	414	1270
2012	12	30	458.25	1094.83	499	1769
2013	8	38	1118.2	2213.03	445	2241

数据来源：根据拉孜县工商局登记数据整理计算得出。

近年来，拉孜县农牧民专业合作经济组织呈现出快速增长的趋势。据统计，2008 年底拉孜县拥有各类农牧民专业合作经济组织 2 个，共 338 户参与。到 2014 年 8 月，拉孜县全县登记注册农牧民专业合作经济组织达到了 44 家，出资总额高达 2592.73 万元，拥有成员 2549 户。短短几年时间里，农牧民专业合作经济组织就增加了 42 个，其增长速度较拉孜县实际情况来说是非常快的。此外，为满足更多农牧民需求，拉孜县逐步形成以乡镇、村为基础的农牧区专业合作经济服务网络，扩大了对农牧民的覆盖面。图 1 为拉孜县各类农牧民专业合作经济组织的增长情况。

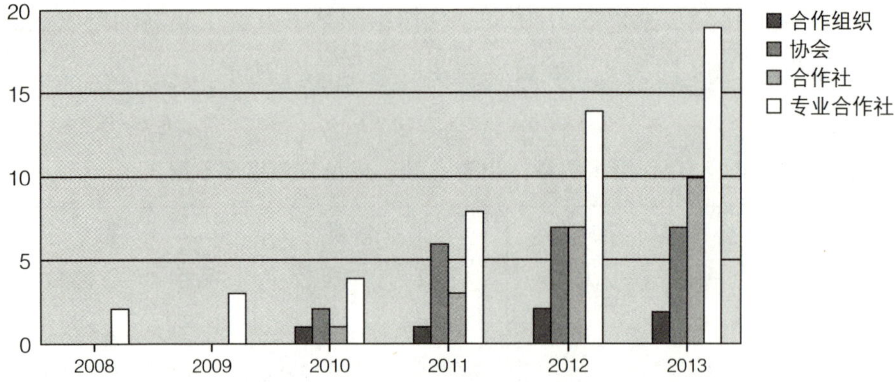

图 1　拉孜县各类农牧民专业合作经济组织增长情况（2008—2013）

2. 区域分布状况

拉孜县下辖 9 乡 2 镇，共有 378 个自然村和 20 多个游牧点。近年来，拉孜县农牧民专业合作经济组织合作区域从曲玛乡卧龙村逐渐扩展到各个乡镇。随着规模化、专业化生产逐步形成，拉孜县农牧民专业合作经济组织正在打破行政区域界限，以产品为依托，跨乡镇、跨行业、跨所有制会员正在不断发展，农牧民专业合作经济组织带动力、辐射力、影响力正在逐步增强。如拉孜镇下扎马铃薯农民合作社覆盖了拉孜县 1 个镇 4 个行政村，带动本地农民 102 户。由表 2 可知，2014 年以来，全县农牧民专业合作经济组织分布逐渐扩展到各个乡镇。

表 2　2014 年 8 月拉孜县各乡镇农牧民专业合作经济组织区域分布表

乡（镇）	各类农牧民专业合作经济组织			专业合作社	合作社	协会	合作组织
	数量（家）	出资（万元）	成员数（户）	数量（家）	数量（家）	数量（家）	数量（家）
总计	44	2592.73	2549	25	10	7	2
拉孜镇	6	281.35	456	5	1		
曲下镇	4	205.5	297	3		1	

续表

乡（镇）	各类农牧民专业合作经济组织			专业合作社	合作社	协会	合作组织
	数量（家）	出资（万元）	成员数（户）	数量（家）	数量（家）	数量（家）	数量（家）
查务乡	9	253	233	1	1	5	2
芒普乡	1	85	350		1		
扎西岗乡	6	301.5	138	3	3		
锡钦乡	4	180	108	3	1		
扎西宗乡	3	878.2	397	1	2		
热萨乡	2	40	103	1	1		
柳乡	4	175	85	4			
曲玛乡	3	82.93	205	2		1	
彭措林乡	2	110.25	177	2			

数据来源：根据拉孜县工商局登记数据整理计算得出。

3. 产业分布状况

拉孜县农牧民专业合作经济组织种类多，其业务活动逐渐由农业扩展到工业、服务业等一些基本领域。涉及产品有粮食、肉类、蛋、水果、蔬菜、手工艺品、服装等。但目前农牧民专业合作经济组织发展主要集中在农产品、民族手工业、沙石开采等利润较高的加工业方面。由于技术水平不高，产品科技含量低，使得市场竞争力不强。表 3 为拉孜县现有专业合作经济组织产业分布状况：

表 3　拉孜县农牧民专业合作经济组织产业分布状况表

（单位：家）

镇（乡）	种植业	养殖业	加工业	服务业	其他	合计
全县	5	11	19	7	2	44
拉孜镇	2	2	2			6
曲下镇	2		1		1	4
查务乡	1	1	2	4	1	9
芒普乡			1			1
扎西岗乡		2	3	1		6
锡钦乡		1	3			4
扎西宗乡		2		1		3
热萨乡		2				2
柳乡		1	3			4
曲玛乡			2	1		3
彭措林乡			2			2

数据来源：根据拉孜县工商局、农牧局登记数据整理计算得出。

从表 3 中我们可以清晰地看出拉孜县农牧民专业合作经济组织产业分布状况：种植业 5 家，占 11.36%，养殖业 11 家，占 25%，加工业 19 家，占 43.18%，其他行业 2 家，占 4.5%。在 19 家加工业农牧民专业合作经济组织中，民族手工业加工 9 家，占 47.37%，农产品加工 6 家，占 31.58%，沙石开采 4 家，占 21.05%。11 家养殖业合作经济组织中，主要是藏鸡养殖和奶牛养殖，其中藏鸡养殖有 7 家，占 63.64%，奶牛养殖 4 家，占 36.36%。

二、拉孜县农牧民专业合作经济组织运行模式

拉孜县农牧民专业合作经济组织是建立在家庭联产承包经营体制基础上，依照“民办、民管、民受益”原则，以服务成员为宗旨，实行自

主经营、民主管理的一种非营利性行业组织。近年来随着拉孜县农牧民专业合作经济组织不断增加，其运行模式也呈现出多样化，按照推动组织创新主体不同，可将拉孜县现有农牧民专业合作经济组织运行模式划分为以下几种：

1. 专业大户 + 农户

这类农牧民专业合作经济组织以从事农牧产品生产、运输的专业大户为核心，联合从事同种专业生产的农牧民自发建立。这些专业大户经营专业化、产品商品化和经营效益高于一般农户，他们拥有丰富的种养经验、先进的管理方式、雄厚的资金保障，在农村中深受农户信赖。这种组织一般较为松散，没有什么严格的规章制度，大多数都没有在工商部门进行登记。如锡钦乡优质油菜种植协会，就由一批油菜种植专业户牵头创建。锡钦乡耕地面积 16190 亩，主要种植油菜、青稞等作物。2012 年在乡专业种植大户的带领下，建立了优质油菜种植协会，现有会员 218 人，发展优质油菜 5000 多亩。该协会的成立不仅在单产上提高了收成，而且很好地提高了农产品加工的增值率，形成了一套适合高原油菜种植的技术资料，最大限度地确保了农民增收。

2. 公司 + 基地 + 农户

这种组织是以一个公司或集团企业为主导，以农牧产品加工、运销为龙头，重点围绕一种或多种农牧产品的生产、销售，与生产基地和农户实行有机联合，进行一体化经营，形成“风险共担，利益共享”的经济共同体。该模式不仅有利于实现小生产与大市场有效对接，而且能够实现农牧业规模化，提高农牧业的组织化和商品化，保障农牧民基本利益。如拉孜县民族手工业农民专业合作社就是一种典型的公司 + 基地 + 农户运行模式。拉孜县民族手工业历史悠久，特别是拉孜藏刀和六弦琴。产品风格独特，工艺精湛，在国内外享有较高声誉。2008 年 8 月，为弘扬民族文化，创造出更富有底蕴的民族特色产品，拉孜县拉孜村采用“公司 + 基地 + 农户”运行模式促进民族手工业发展。合作社以拉孜县乡镇企业为主导，支持企业以订单农牧业方式与基地农户（曲玛乡查玛龙村、达布村、卧龙村）

建立巩固产业化协作关系。经过几年发展，该合作社已经覆盖了 1 乡 5 个行政村，有效解决了剩余劳动力，为有技术农牧民提供了创业平台，同时增加了农牧民收入。

3. 合作社 + 农户

这种类型组织运行模式主要是指农牧民按照自愿、民主、公平原则加入某一合作组织，并通过合作组织将产品销往市场，具有鲜明的“民办、民营、民受益”的特征。如拉孜镇下扎马铃薯农民合作社，覆盖拉孜县 1 个镇 4 个行政村，共有成员 647 人，其中拥有理事会代表 7 名，带动农户共计 102 户。2013 年该组织种植马铃薯 100 万公顷，经过包装后销售到西藏各地，当年销售总额达 200 万元，利润达 50 万元。这种类型的专业合作经济组织创建简单、资金投入少，因此成为拉孜县农牧民专业合作经济组织的主要运行模式。

三、拉孜县农牧民专业合作经济组织的主要作用

农牧民专业合作经济组织是拉孜县发展经济，应对激烈市场竞争而产生的一种新型合作经济组织。它有效解决了农牧区生产技术不足、农牧产品销售困难、农牧民市场交易风险大等问题，为增加农牧民收入、提高农牧业产业化水平发挥了重要作用。

1. 提高了农牧民组织化程度

在传统家庭承包经营体制下，小生产与大市场之间矛盾越来越激烈，要有效解决这一矛盾，关键是要提高农牧民进入市场的组织化程度，增强农牧业在国内外市场的竞争力。实践证明，发展农牧民专业合作经济组织可以将分散的农户与企业、市场组织起来，增强农牧民抵御市场风险能力，实现小农户与大市场有效对接。农牧民专业合作经济组织通过其自身优势搜集大量市场信息，以当地资源为依托进行生产、销售，实现了农牧业与农牧产品“双向流通”，既方便了广大农牧民，同时也促进了农牧业发展。

从调研情况看，拉孜县农牧民专业合作经济组织在搜集市场信息、引进新技术，组织技术辅导和培训、推行标准化生产和品牌化经营，以及搞

好农牧产品收购和流通服务等方面发挥了重要作用。有效降低了市场风险，实现了单个小农户与千变万化大市场有效对接。例如扎西岗乡朵门村土藏鸡养殖经济合作组织，在没有成立合作组织之前，该村养殖业结构不合理，家禽商品率不足，养殖科技含量低，设备落后，加之分散养殖成本较高，使得农牧民收入不高。2012 年合作经济组织成立，有效解决了分散养殖户成本高、效益低的问题。组织内部通过建立严格土藏鸡准入制度，引进先进养殖技术，提高了农牧民组织化程度，促进了当地养殖业发展。

2. 降低了生产成本，增加了农牧民收入

农户以单个经济主体进入市场，就面临着生产成本高、经济效益低、市场风险大等问题。而这些问题将会严重制约农业现代化、规模化、组织化发展。农牧民专业合作经济组织作为农牧民利益保护者，通过自愿联合、相互合作为农牧民提供有效市场信息、先进生产技术、廉价生产资料，帮助农牧民发展特色产业，提高农牧产品市场竞争力；通过自主经营，实地参与各项农产品加工、制造、运销，使各成员能够获得更多经济效益；通过统一采购、加工、销售，降低成本，增加农牧民收入。例如杰地粮油加工协会，通过搜集各种农业科技资料，给各成员提供市场信息技术服务，并积极组织开展秋季农作物收购、储备和加工，引进资金技术，提高产品开发力度，使加工后的粮油品走向西部农牧区市场。合作社曾对每年的收入进行预算，在粮食加工方面，全村粮食种植面积为 730 亩，每亩单产 500 斤，730 亩农田将产青稞 36.5 万斤，加工后可产成品糌粑 22 万斤，以每斤 3 元的价格批量销往西部农牧区，可实现 66 万元收入，除去成本后，可直接实现经济收入 33 万元。在油菜籽加工方面，除去成本后，每年可直接实现经济收入 24.5 万元。综合两项效益合计，该组织成立每年可实现经济收入 57.5 万元。由此可以看出该组织的成立不仅为有技术农牧民提供了创业平台，同时也增加了农牧民收入。

3. 有效解决了农村剩余劳动力问题

近年来伴随着经济不断发展，拉孜县农牧区人口不断增长，加之农牧业技术水平的不断提高，农牧区出现了大量剩余劳动力。据统计，2014

年拉孜县约有 5.1 万农牧民，占人口总数的 95.29%。农村现有劳动力有近三分之一处于就业不充分状态。解决好农村剩余劳动力问题不仅是实现经济发展、社会稳定的必然要求，也是推动城乡经济协调发展，增加农牧民收入的重要措施。而农牧民合作经济组织的建立，可以逐步解决剩余劳动力问题，同时也增加了农牧民收入的渠道。例如拉孜镇下扎村马铃薯农民合作社的成立为拉孜镇产业化和结构调整起到了很好的带头示范作用，同时也为当地富余劳动力转移提供了方向。该组织覆盖拉孜县 1 个镇 4 个行政村，带动本地农民 102 户，有效解决了当地部分农牧民和青年的就业问题。

4. 促进了特色农牧产品市场竞争力

农牧民专业合作经济组织作为农牧民进入市场的桥梁纽带，具有信息传播功能、科研转换功能，以及要素组合功能，对提高特色农牧产品市场竞争力，增加农牧民收入发挥着重要作用。农牧民专业合作经济组织通过市场调查，搜集市场信息，对拉孜县及周围特色农牧产品市场供求状况作出预测，并及时反馈给广大农牧民，帮助其作出正确决策。农牧民专业合作经济组织中的科技转化功能，能够有效提升特色农牧产品品牌效应，增强农牧产品市场竞争力，为农牧民创造更多经济效益。例如拉孜县拉孜村农民谢玛氆氇专业合作社，把分散的谢玛氆氇手工制造者集中起来，其群体优势使谢玛氆氇质量和市场竞争力显著提高。与此同时，引进先进设备和专业技术，将民族手工艺特色与过硬的质量完美地融合在产品中，并借助一些媒介，提高了谢玛氆氇的知名度，促进了拉孜县民族手工业发展。

四、拉孜县农牧民专业合作经济组织典型案例分析

近年来，在政府有关部门的带动下，拉孜县农牧民专业合作经济组织逐渐发展起来，并且取得了一些成效。现对拉孜县典型农牧民专业合作经济组织进行简要分析，表 4 为典型专业合作经济组织的基本情况 ：

表4 拉孜县典型农牧民专业合作经济组织基本情况统计表

合作经济组织名称	注册时间	注册资金（万元）	主要经营业务	法人代表	年营业纯收入（万元）	成员数（户）	成员年均从该组织获得的收入（元）	带动户数（户）	带动户年均增收（元）
曲下镇农民蔬菜瓜果专业合作社	2008	85.56	蔬菜、西瓜、甜瓜等生产销售	强巴	23	102	20000	34	10000
热萨乡堆康奶牛养殖专业合作社	2012	68.36	奶牛养殖、牛奶、酥油加工销售	孙拉	21	16	30000	2	12000

数据来源：根据拉孜县农牧局提供的数据整理所得。

1. 曲下镇农民蔬菜瓜果专业合作社

（1）曲下镇基本情况

曲下镇位于拉孜县西南部，全镇辖9个村委会。总人口1058户、4479人，以藏族为主，拥有耕地面积701.67公顷，其中粮食作物面积369.62公顷、油菜籽面积122.33公顷、蔬菜面积162.92公顷，平均年产量4419.3吨。截至2013年末，全镇牲畜总头数为12097头（只、匹），其中大牲畜3639头，小牲畜8458只，农村居民人均纯收入5268.31元。

（2）专业合作社成立发展

曲下镇蔬菜瓜果专业合作社是从一个试探性小型产业逐渐发展成现在的初具规模的一个利民产业。该专业合作社最早成立于2008年，但由于经营经验缺失和管理体制机制不完善，合作社运营模式处于空壳形式。2012年3月21日，全镇召开了曲下镇蔬菜瓜果种植户入会意愿调查大会。会上，通过筛选具备经营资质、具有一定种植经验和积极性的农户有72户，涉及人数有238人，同时在此次大会上经过“自愿报名、组织推荐、群众选举、党委把关”等程序，选举产生了5名理事会成员和3名监事会成员，职能分工得以细化，责任落实到人。此次大会召开标志着曲下镇农民蔬菜瓜果合作社步入了一个实质性科学化管理、规模化经营的发展路子。截至

2014 年 7 月，该合作社在曲下与吉如两村累计发展三个蔬菜瓜果种植基地，共有 446 座温室大棚，其中入社大棚 359 座，168 户，涉及人数有 840 人。共种植拉孜西瓜、大白菜、小白菜、花菜、青椒、西红柿、莲花白、萝卜、嫩南瓜、黄瓜等 10 种蔬菜瓜果。

（3）合作社作用

合作社成立以来，不仅带动了当地农牧民群众增收，提高了他们的生活水平，而且也促进了地方经济贸易发展，财政增收，因此获得了广大农牧民的拥护和好评。2014 年被列为“拉孜县农民专业合作组织重点扶持对象”。据统计，该合作社在 2013 年全年共生产销售蔬菜瓜果 126 万斤，实现经济效益 284 万元（其中生产销售蔬菜 90 万斤，实现经济收入 104 万元；生产销售西瓜 36 万斤，实现经济收入 180 万元）；其中通过合作社销售蔬菜瓜果 43.85 万斤，实现经济收入 69.93 万元（销售蔬菜 26.35 万斤，实现经济效益 47.43 万元，销售西瓜 5.8 万斤，实现经济效益 22.5 万元），兑现菜农 58.21 万元，合作社提留 11.72 万元。

曲下镇蔬菜瓜果产品中拉孜西瓜是更具市场竞争优势的品牌产品，因此合作社对西瓜产品单独做了商标注册前期工作，定制外观美观亮丽包装箱等工作，在 2014 年推出了黄心西瓜、樱桃西红柿等新品种，其市场销售前景乐观。

2. 拉孜县热萨乡堆康奶牛养殖专业合作社

（1）基本情况

热萨乡位于拉孜县东南部，共有农牧户 631 户，人口 3783 人，其中农业人口 2693 人，牧业人口 1034 人，非农牧业人口 56 人，拥有耕地 383.13 公顷。2012 年在各类项目和扶持政策的带动下，热萨乡按照“优势资源、优势区域、优势产业、优先发展”发展思路，以市场为导向，采取组建农民经济合作组织——堆康奶牛养殖合作社且由能人带动等多种形式，在拉孜县热萨乡堆康村建立了标准化规模养殖场，优势奶业发展区域初步形成，黄牛改良取得了良好成效。于 2012 年 9 月 1 日在拉孜县工商局注册登记成立了拉孜县热萨乡堆康奶牛养殖合作社。注册资金总额为 683645 元，其中养殖示范户投入资金 209700 元，合作社成员集资 473945 元；建设投资 130 万元，其中用于修建牛棚 36 万元，用于引进奶牛 65 万元，周转资金 29 万元。养殖场占地面积 4900 平方米，建成奶牛养殖棚 530 平方米、仓库 2 间 350 平方米、办公室及工勤人员住宿房屋 180 平方米、运动场 3740 平方米，现阶段主要产品有酥油、奶渣、鲜牛奶等。

（2）合作社的组织和运行机制

①入股方式。堆康奶牛养殖专业合作社入股方式有 3 种：

一是奶牛托管方式。合作社与农户签订协议，以 5 年为期，凡是符合托管标准的生产母牛，都可进入奶牛养殖场进行托管。根据每头奶牛产奶量，合作社给托管奶牛入股成员每年每头 1500 元现金或每两年一头牛犊。进入养殖场的奶牛，协议期满后，合作社按照协议价原价返还。

二是以现金入股方式。入股最低标准为 1000 元，合作社承诺每年归还农户利息，自双方签订协议之日起银行定期存款一倍，同时返还本金。

三是凡现金入股 4000 元以上连续超过两年的农户，合作社将归还农户本金及一头牛犊（3—4 个月母牛犊）。

②管理决策。由于成立合作社是政府行为，责任主体是热萨乡人民政府，合作社实行理事会领导的总经理负责制。为加强领导和监督，合作社理事会理事长由堆康村村党支部书记担任，设 4 名副理事长，总经理（养殖大户户主）负责合作社日常经营管理，重大决策还需经理事会集体研究决定。合作社成员大多为养殖户，没有经营管理牛场经验，因此，合作社又将养殖场托管给有经营管理经验的养殖大户管理。合作社和养殖大户之间主要通过合同约定双方的责任、权利、义务，包括职权、交易行为、利益分配、帮助扶持规则等。

③盈余分配。关于合作社盈余分配的方式主要有 3 种：

一是按照合作社成立时注册资金入股比例为基础，加养殖大户日常经营服务费用，具体分配比例为 6：4（即合作社成员 60%，养殖大户 40%）。

二是国家扶持资金按注册资金比例进行分红，即注册资金总额为

683645 元，其中养殖大户注册资金为 209700 元，合作社成员注册资金为 473945 元。养殖大户所占资金比例为 30.7%，合作社成员所占资金比例为 69.3%。

三是国家扶持周转金 365000 元（短期育肥周转金），属合作社成员注册资金，由合作社成员利润中返还乡人民政府，具体还款额为每年纯利润的 80%。

④财务管理。合作社实行独立财务管理和会计核算，严格按照有关法律规定建立健全财务和会计制度。合作社设会计一名、出纳一名。主要负责日常财务管理；严格财务开支，坚持合作社领导一支笔审批与合作社理事成员集体讨论相结合制度，1000 元以下开支由合作社理事长签字，1000 元以上由乡人民政府主要领导与合作社负责人讨论决定，各项财务单据必须加盖合作社公章；财务人员必须每两个月向合作社会员汇报一次财务收支情况，并提交相关报表。建立严格固定资产登记制度，明确专人管理，设置固定资产明细账。严格控制各项非生产性开支，合作社管理人员出差、学习等开支，对各种不符合规定的支出，财务人员一概拒绝。

（3）合作社进一步打算

由于合作社成立时间短，规模不大，所以在今后发展中要不断加大合作社规模，未来三年的主要目标和任务是：到 2014 年底奶牛改良存栏数达到 120 头，产犊 60 头，成活率达到 50% 以上，肉牛改良存栏数增加 80 头，年产奶量超过 50 吨；到 2015 年优质奶牛存栏量达到 200 头，产犊达 100 头，成活率达到 80%。每年鲜奶产量预计达到 108 吨，纯利润预计达 25.92 万元；肉牛育肥每年存栏数达 80 头，出栏率达到 100%，每头肉牛纯利润预计达到 1500 元以上，纯利润预计达 12 万元以上；2016 年各项指标提高 30% 以上。

五、拉孜县农牧民专业合作经济组织发展存在的问题

（一）农牧民专业合作经济组织覆盖率低、规模小、经济实力弱

尽管近年来拉孜县农牧民专业合作经济组织发展速度较快，质量逐渐提高，形式趋向多样化，增收作用明显。但是由于起步晚，技术水平较低，使得农牧民专业合作经济组织发展仍处于初级阶段，对农牧户覆盖率低。根据拉孜县工商局统计，到 2014 年 8 月，全县共有农牧民专业合作经济组织社员 2549 户，占全部农牧户的 4.8%。纵观世界上的一些农业发达国家，绝大多数农户都是专业合作经济组织成员。欧美发达国家 80% 以上农场主参加了一个以上不同类型合作经济组织；日本农协几乎将所有农户都纳入组织体系中；我国台湾加入农会的农民达 99%。与此相比，拉孜县农牧民专业合作经济组织带动农牧户数量仍然很少，与农牧现代化、产业化还有很大距离。此外，从拉孜县农牧民专业合作经济组织的发展规模来看，大多数组织成员个数为十几个、几十个，成员超过一百个的很少，规模较小，且大多数农牧民专业合作经济组织成员分布仅仅局限于本乡（镇），跨地区、跨行业发展较少。相当一批专业合作经济组织仅仅停留在简单种植、加工、销售上，缺乏专业技术指导，专业合作经济组织实力弱，竞争力不强。

（二）内部运行机制不健全，服务层次较低

近年来，为促进农牧民专业合作经济组织规范发展，西藏自治区、日喀则市相继颁布了农牧民专业合作经济组织有关条例。但是由于拉孜县农牧民专业合作经济组织起步晚（2008 年成立第一家合作社），大多数处于初级阶段，内部运行机制不健全，服务层次低，主要表现在以下几个方面：

1. 各种规章制度不健全

从拉孜县目前农牧民专业合作经济组织的发展情况看，绝大多数组织内部管理制度和规章制度不健全，许多组织之所以能够正常运行，完全靠个人能力。据一些组织成员介绍，一些没有经过登记注册的组织，缺乏相

应规章制度；一些组织虽然按照要求制定了规章制度，成立了社员代表大会，选举了理事会、监事会，但也是迫于政策要求，大多数规章制度在运行过程中形同虚设。由于规章制度不健全或无章可循，经常出现损害社员利益、社员内部不和谐现象，严重影响了组织发展。

2. 产权模糊，权责不清

拉孜县 44 家农牧民专业合作经济组织中，有相当一部分组织由于缺少对成员权利与义务的统一保障，使得组织内部出现了产权模糊、权责不清问题。在一些农牧民专业合作经济组织中出现免费搭车现象，成员在免费享受了组织提供的各种服务和优惠政策后，不承担相应义务。这在一定程度上影响了组织内部其他成员的积极性，造成组织效率低下，发展不稳定。

3. 收益分配机制不完善

农牧民专业合作经济组织的成立目的是为其组织内部成员提供抵偿或无偿服务，增加内部成员收入。但是由于组织收益分配机制不完善，多数组织缺乏相应资金积累机制与风险保障机制，使社员与组织之间没有形成良好的利益共享、风险共担平台。加之成员之间联合多以松散型为主，造成组织与成员之间关系不密切，凝聚力不强，辐射带动力差。

（三）产品缺乏竞争力，抵御市场风险能力弱

从调研情况来看，拉孜县目前绝大多数农牧民专业合作经济组织面临规模小、实力弱、竞争力不强等问题。组织功能单一，大多数组织为成员提供的服务仅仅局限在产前提供优良品种、化肥、农药等生产资料；产中提供简单的技术服务、信息服务等。拉孜县地理位置优越，农耕气候条件适宜，当地农业基础及气候极适宜种植高原优质青稞、拉孜小油菜、冬小麦等作物品种，其优质农作物加工后的糌粑、菜籽油在日喀则地区西部九县，尤其是西部牧区有广阔市场。但是由于缺乏先进的科学技术指导，当地农牧民专业合作经济组织生产出来的产品大多以初级产品为主，缺乏对农牧产品进行加工转化，造成产业链条短、产品附加值低，农牧产品市场

竞争力弱，无法与一些技术先进的大品牌相竞争，最终被挤出市场。其销售范围仅仅局限在周围一些乡镇、村落。一些组织没有完善规章制度，内部运行机制不健全，不能很好应对市场风险，容易受市场需求变动影响。尤其是一些没有登记注册的组织，在市场交易的过程中，由于缺乏市场开发目标和手段，给组织带来一些损失。例如堆康奶牛养殖合作社在成立之初由于缺乏统一市场规划，重点不突出，盲目的改良、引种，严重影响合作社发展。

（四）地方政府追求政绩，监管不到位

在新形势下，农牧民专业合作经济组织作为一种将农牧民组织起来进入市场的制度安排，被认为是在竞争激烈市场条件下，促进农牧业发展、提高农牧民收入水平、促进城乡发展的有效手段。为此，国家鼓励各地大力发展农牧民专业合作经济组织。近年来，西藏自治区为推进农牧民专业合作经济组织发展，提高农牧民进行农牧业生产、销售及服务组织化程度，延伸农牧业产业链条，增加农牧民收入，财政部门于 2006 年 11 月 23 日印发了《西藏自治区农牧民专业合作组织发展资金管理暂行办法》。该《办法》对农牧民专业合作经济组织成立享有补助的标准进行了规定，在一定程度促进了各地区组织的快速发展。拉孜县积极响应国家号召，推动农牧民专业合作经济组织建立，并提供了大量财政补贴，支持组织的发展。表 5 为拉孜县一些组织的财政补助情况：

表 5　拉孜县农牧民专业合作经济组织的财政补贴情况统计表

合作社名称	组织成员（人）	财政补贴（万）	自筹及其他渠道（万）	合作社名称	组织成员（人）	财政补贴（万）	自筹及其他渠道（万）
查务乡生尖村用水协会	160	30	70.28	扎西宗乡扎西林村藏鸡养殖合作社	56	25	5

续表

合作社名称	组织成员（人）	财政补贴（万）	自筹及其他渠道（万）	合作社名称	组织成员（人）	财政补贴（万）	自筹及其他渠道（万）
下扎村种植合作社	102	20	5	热萨乡杰村奶牛养殖专业合作社	45	15	7
粮油加工协会	329	30	5	查务乡强盛混凝土制品合作社	75	25	60
查务乡农机合作社	85	20	15	民族手工业农民专业合作社	38	10	
查务乡生尖村思隆唐嘎种植协会	162	30	36	查务乡旅游品销售协会	155	30	3.4

数据来源：根据拉孜县财政局提供的数据整理得。

由上述情况我们可以看出，拉孜县政府在支持农牧民专业合作经济组织中确实发挥了重要作用。但是随着经济的发展，一些地方政府部门出于政绩需要，极力推进农牧民专业合作经济组织建立，在所管辖区域内制定专业合作经济指标，要求必须在规定时间内建成一定数量的组织。这就造成了一些地方在资金、技术、时间不成熟的情况下建立了农牧民专业合作经济组织，使得组织呈现出畸形发展的现象。从制度经济学角度讲，专业合作经济组织出现属于制度变迁中诱致性变迁结果，而由于政府部门盲目追求政绩，使其变成了一种强制性制度变迁。这种不符合实际需求的农牧民专业合作经济组织带动能力不强，作用发挥不明显。

此外，政府部门对农牧民专业合作经济组织投资是一种自上而下、逐级落实的间接投资，由于地方政府监管不到位，造成一些漏洞。一些地方为获取国家财政资金，在上报组织人数、规模、产值等数据时弄虚作假。监督制度不完善，监管不到位使得一些组织的财政补贴资金没有实现其应有效应。

六、拉孜县农牧民专业合作经济组织发展的制约因素分析

经过7年发展，拉孜县农牧民专业合作经济取得了一些发展经验，同时也具备了一定发展优势。但是由于起步晚、发展的时间短，现如今仍处于发展初期，许多方面还不完善，还存在许多制约农牧民专业合作经济组织发展的因素。

（一）农牧民思想观念保守，科学文化素质较低

农牧民专业合作经济组织是在农牧民自愿、自主、自治原则上建立起来的，农牧民广泛认同和积极参与是组织存在发展的前提条件。然而，拉孜县长期以来受传统思想影响，广大农牧民形成了封闭、守旧、安于现状的小农思想，农牧民市场意识、合作意识不强。造成社员之间联合多以松散型为主，组织与成员之间关系不密切，凝聚力不强，辐射带动力差。加之农牧民科学文化素质较低，难以在专业合作经济组织发展中发挥主体作用，使得组织经济实力弱，市场竞争力差。调查发现，在拉孜县现有专业合作经济组织中，大专以上文凭者寥寥无几，具有初中文凭成员每个合作组织中平均不到2人，大多数专业合作经济组织成员没有上过学。根据热萨乡堆康奶牛养殖合作社领办人松拉介绍，畜种改良工作是一项系统工程，加之该乡工作条件艰苦，大部分有学历的年轻人不愿从事此项工作，留不住技术骨干，现有技术人员素质偏低，严重制约良种奶牛的培育推广。

（二）管理不规范，缺乏专业管理人才

一个组织正常运行，离不开健全的法律保障。然而，拉孜县农牧民专业合作经济组织在发展过程中由于缺乏完善的法律保障体系，使得组织内部管理不规范，影响组织发展壮大。由于对成员管理缺乏基本的加入、退出手续，在调研中发现，如果组织内部有新成员加入，相关人员只需在一本花名册上登记该成员姓名、身份证号，其他信息可填可不填。若要退出只需在会计人员那里办理相关手续即可。在组织性质管理上，没有明确划分。有些组织本是合作社性质，却挂专业组织牌子；有些本是协会性质

组织，却挂专业合作社牌子。据有关人员介绍：拉孜县现有农牧民专业合作经济组织虽然名称不一样，但其性质都属于合作社，在当地组织成员观念中所有组织性质都是一样的。农牧民专业合作经济组织是在“民办、民管、民受益”原则上成立的，大部分组织在成立之初都拟定了相关组织章程，有些组织还成立了社员大会，选举了理事长、副理事长、名誉理事等。但是在组织发展到一定阶段后，由于缺乏专业管理人才，加之农牧民合作意识不强、机构设置不合理，组织内部逐渐松散，民主氛围不强，使得组织内部缺乏活力。

（三）以经营原材料或初级产品为主，缺乏品牌与特色

由于缺乏先进的科学技术和完善的生产设备，使得拉孜县大多数农牧民专业合作经济组织没有能力进行产品深加工，只能以经营原材料或初级产品为主，造成农牧产品产业链条短、产品附加值低，市场竞争力弱。据了解，在拉孜县 44 家农牧民专业合作经济组织中，没有一家组织拥有自己的品牌和注册商标。有些专业合作经济组织虽然在经营上取得了一些成效，有一定知名度，受到大家认可，但是缺少自己的品牌和注册商标，在竞争激烈的市场环境下处于不利地位。在经济快速发展的时代，树立独具特色品牌已经成为新一轮竞争的核心。拉孜县地处 318 国道沿线，是通往日喀则地区西部各县的重要之路，虽然工业基础薄弱，但其是一个农业大县，发展当地特色农牧业有基础、有优势。例如独具特色的藏鸡和藏猪。虽然扎西岗乡朵门村藏鸡养殖专业合作社也曾大力发展土特产，逐步建立了瘦肉猪、良种藏鸡基地，但是缺乏先进科学技术，组织成员品牌意识薄弱，使得该组织发展缓慢，市场竞争力不强。

（四）外部环境不完善，政府扶持力度不够

任何制度创新都是建立在良好的外部环境基础上的，农牧民专业合作经济组织发展也受到外部环境影响。良好外部环境有利于组织运行，反之，则会制约组织发展。目前拉孜县农牧民专业合作经济组织由于外部环境不

完善，政府支持力度不够，使得组织发展缓慢，带动力不强。主要表现在：

第一，优惠政策不能落实。为了响应国家扶持政策，支持农牧民专业合作经济组织发展，拉孜县出台了一些扶持和优惠政策，从组织创立时的注册资金、运行中的融资，以及产品运输等方面都给予了一定财政支持。但从调研中我们发现，这些政策可操作性不强，许多政策无法落实。例如融资，据组织内部成员介绍，目前大多数组织处于发展初期，经济实力弱，为了发展壮大组织，需要投入大量资金。但由于组织缺乏可抵押资产，难以得到相关机构信贷支持，使得组织无法壮大。

第二，政府扶持力度不大。从拉孜县现有农民专业合作经济组织发展情况来看，虽然政府部门拨出大量财政资金来支持其发展，但扶持力度不大，扶持方式比较单一，扶持重点也主要集聚在一些少数重点扶持对象上。对于那些发展缓慢的组织重视程度不够，造成组织内部成员积极性不高。

第三，相关法律法规不健全。由于没有完善的法律法规指导，使得拉孜县目前农牧民专业合作经济组织处于多头管理状态，有些组织是在工商局注册登记的，隶属于工商局管理，有些组织是在农牧局注册的，由农牧局管理。从管理学角度讲，多头领导（管理）容易造成组织混乱，不利于组织发展。此外，由于缺乏相应资金管理的法律法规，使得一些财政补贴资金没有真正用到组织中去。

西藏边境牧区村经济社会发展调查报告

——以山南地区浪卡子县 LBX 乡 QGC 村为例

王跃　何成都※

一、引言

西藏是我国重要的国家安全屏障、重要的生态安全屏障、重要的战略资源储备基地、重要的高原特色农产品基地、重要的中华民族特色文化保护地和重要的世界旅游目的地。西藏在党和国家工作战略布局中始终占据着重要位置，正如习近平总书记所言，西藏工作关系到党和国家工作大局。西藏虽然地处边疆，但西藏社会发展、民生改善，始终牵动着中央的心。中央第六次西藏工作座谈会提出："必须坚持治国必治边、治边先稳藏的战略思想，坚持依法治藏、富民兴藏、长期建藏、凝聚人心、夯实基础的重要原则；必须牢牢把握西藏社会的主要矛盾和特殊矛盾，把改善民生、凝聚人心作为经济社会发展的出发点和落脚点，坚持对达赖集团斗争的方针政策不动摇。"这为新时期西藏工作的开展指明了方向。西藏作为我国特殊的边疆民族地区，是我国集中连片贫困地区，面临到 2020 年全面建成小康社会的艰巨任务，西藏能否如期全面建成小康社会，不仅关系到西藏经济社会的发展，也关系到我国到 2020 年能否全面建成小康社会的大

※ 王跃，西藏民族大学管理学院副书记，教授；何成都，西藏民族大学管理学院在读研究生。

局。而西藏边境牧区村则属于特殊中的特殊地区，边境牧区村不仅存在生产生活方式的特殊性，也存在政治和边境安全的特殊性，边境牧区村能否按期实现全面建成小康社会的目标，关系到西藏牧区和全区能否如期实现全面建成小康社会的目标。因此，全面摸清西藏边境牧区村社会经济发展现状，考察国家富民兴藏政策的落实情况，对于西藏到 2020 年同全国人民一道建成小康社会具有重大的现实意义。

2015 年 7 月 10 日至 8 月 10 日，课题组成员赴西藏拉萨、山南和林芝调研，针对农区、牧区和林区等不同经济活动形态条件下的社会经济发展情况进行调研。关于牧区调研，选取山南地区边境县——浪卡子县 LBX 乡 QGC 村为样本，主要采用观察法、访谈法以及座谈会等形式，调研主要目的在于了解西藏边境县牧区村经济社会发展现状，分析存在的问题，并针对存在的问题提出相应的政策建议，助力边境牧区县基层村的经济社会发展，推进西藏边境牧区县基层村在 2020 年同全区、全国人民一道实现全面建成小康社会的宏伟目标。

二、山南地区浪卡子县 LBX 乡 QGC 村经济社会发展现状及存在的问题

山南地区边境县主要有错那县、洛扎县、隆子县和浪卡子县，其中错那县有 9 个边境乡镇（库局乡、曲折木乡、勒布办事处、贡日乡、吉巴乡、浪波乡、觉拉乡、卡达乡、错那镇），洛扎县有 6 个边境乡镇（色乡、边巴乡、拉交乡、拉康镇、生格乡、扎日乡），隆子县有 6 个边境乡镇（玉门乡、扎日乡、准巴乡、加玉乡、三林乡、斗玉乡），浪卡子县有 2 个边境乡镇（普玛江塘乡、打隆镇）（如表 1）。

表 1　山南地区边境县及其下属乡镇

地区	县	乡镇名称
山南地区	错那县	库局乡、曲折木乡、勒布办事处、贡日乡、吉巴乡、浪波乡、觉拉乡、卡达乡、错那镇
	隆子县	玉门乡、扎日乡、准巴乡、加玉乡、三林乡、斗玉乡
	洛扎县	色乡、边巴乡、拉交乡、拉康镇、生格乡、扎日乡
	浪卡子县	普玛江塘乡、打隆镇

调研样本选取浪卡子县 LBX 乡 QGC 村，选择该边境县牧区村而非边境乡镇行政村，主要考虑该村在既有牧区生产生活特色，又作为边境县下属行政村受到边境管理特殊性的影响。下面具体介绍浪卡子县 LBX 乡 QGC 村经济社会发展现状、存在的问题和具备的发展优势。

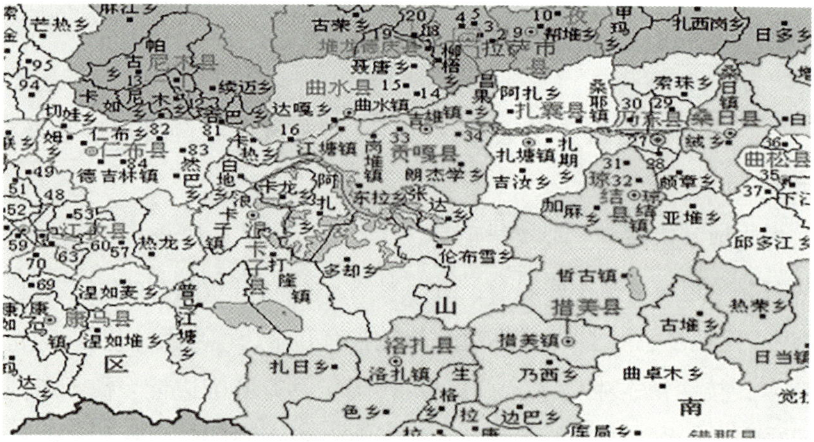

图 1　浪卡子县及相邻县政区图

（一）QGC 村经济社会发展现状

1. 自然地理条件

QGC 村属藏南山原湖盆宽谷区，四周边缘高突，中间为低洼湖泊，该村驻落在羊卓雍湖沿岸。地处浪卡子县东测，东与措美县相邻，南与洛扎县交界，西与 LBX 乡接壤，北与扎达乡相连，该村委会距乡政府所在地约 5 公里。QGC 村平均海拔 4500 米以上，系高寒地区，气候恶劣，条件艰苦，属高原温带半干旱季风气候区，QGC 村每年从 10 月到次年 5 月均处寒冷阶段。白天光照充足，辐射强，冬春寒冷多大风，夏秋温凉多雨水，干湿季分明，年日照时数为 2929.7 小时，年降水量为 376 毫米，年无霜期 60 天。

2. QGC 村人口概况

QGC 村现辖 3 个村民小组，全村共有 145 户、583 人，其中 80 岁以上 2 人、60 岁以上 35 人、低保户 15 户（143 人）、“五保户” 2 人（其中孤儿 1 人）、僧尼 2 人、学生 101 人。全村劳动力总数 289 人，2013 年末累计转移劳动力 97 人，占全村总劳动力数的 33.6%，就业地点主要集中在拉萨，主要从事建筑业和其他服务行业。

3. 经济发展情况

QGC 村产业结构以畜牧业为主，兼有农业和以畜产品加工业为主的民族手工业，为 LBX 乡的重点畜牧业生产区之一。经济收入主要靠卖牛羊和酥油，年人均收入 4300 元，开支主要用于生活与子女上学。2013 年年末牲畜存栏 7277 头（只、匹），其中，牦牛 804 头、黄牛 434 头、绵羊 5485 只、山羊 521 只、马 33 匹。年末牲畜出栏率 22%；可利用草场面积 155834 亩；耕地面积 578 亩，作物为青稞（饲草）。

4. 生活基础设施建设方面

该村实现了每周 2 次通邮，开通了移动、电信业务，覆盖了 90% 的人口。新农村建设逐步推进，安居工程进展顺利，通过政府补助的方式，牧民建成新房，实现了定居定牧。村内主干道基本实现硬化，方便了本村居民出行及经济发展对道路的基本需求。

5. 公共服务方面

该村有 2 名医务人员并配备了一些常用药品，没有专门的就医场所和必要的设施设备。全村农牧民均参与了新型农村医疗合作医疗保险，基本解决了当地群众的求医需求，群众参保率达 100%。该村已建成 1 个教学点，在职教师 1 人，在校生 25 名，适龄儿童入学率、巩固率均达到了 100%。

（二）QGC 村经济社会发展中存在的问题及原因分析

1. 交通不便、信息闭塞，市场意识淡薄

该村属于边境县下的一个行政村，地理位置偏僻，距县城约 155 公里，距地区政府驻地泽当镇约 145 公里，且公路等级低，均为季节性通达公路。交通运输不便、地域闭塞，严重地制约着当地经济社会发展，阻碍了该村与中心城市进行物流、人流和信息流的交换，当地的畜牧资源优势难以转换成经济优势，不利于当地产业升级和牧民脱贫致富。虽然 QGC 村劳动力充足，约一半劳动力有外出务工经验，思想较为开放，具备一定的市场意识，为村集体经济发展和民营企业创办提供了保障，但由于牧区群众长期形成的生产生活方式难以改变，受教育程度较低，思想观念固化，市场经济意识和商品意识淡薄，牧民依然靠传统的生产生活方式维系自身的生存。外出务工人员多从事技术含量低的行业，经商人数仅有 7 人，发挥的带动作用有限。目前，虽然该村也生产一些藏被、卡垫、氆氇、毛毯等手工业品，但是多为家庭作坊式生产，生产效率低，品质缺乏保障，难以形成规模效益。

2. 自然灾害频繁，对畜牧业生产制约严重

自然灾害是制约牧区生产的主要因素，而西藏由于畜牧生产较为粗放，其抵御自然灾害的能力更弱，冰雪等自然灾害对当地生产的破坏性更大。QGC 村地处高寒边境地区，雪灾是影响当地牧业生产的主要自然灾害，严重影响着当地农牧民群众的生产和生活。同时，由于该村草场面积大，牲畜转场放牧跨度大，客观上需要更多确保牲畜越冬御寒的暖棚圈，而现有的暖棚、暖圈数量不足，距离间隔远，且一些棚圈年久失修，不能满足牲畜越冬御寒之需。在发生雪灾等自然灾害时，往往不能保证牲畜顺利越冬，给牧民造成重大损失。牧民的经济实力不足也导致越冬棚圈建设和维护能力不足，政府投入棚圈建设的资金也不能充分满足该村的需求。

3. 畜群结构不合理，草畜矛盾较为突出

根据 QGC 村 2013 年数据统计显示，当年年末牲畜存栏 7277 头（只、匹），其中，牦牛 804 头、黄牛 434 头、绵羊 5485 只、山羊 521 只、马 33 匹（如表 2），年末牲畜出栏率 22%。分析发现，该村虽然具有较多牲畜，但牲畜的出栏率低，畜牧优势未能有效地转换成经济优势，这与当地牧民普遍存在“惜杀、惜售”的现象有关，牧民家的所谓牧业收入通常只是牛羊皮毛的收入、奶及奶制品的收入。这种现象使得牧业的经济效益难以实现，而且大量牲畜长期养殖也不利于对自然灾害的抵御以及对草场的利用和保护。通过分析该村牲畜比例发现，畜群结构不够合理，牦牛和黄牛等大牲畜的比例明显偏低，而绵阳、山羊的比例偏高。研究发现，小牲畜对草场的破坏更为严重，不利于高寒牧区生态环境的保护。

此外，发生雪灾等自然灾害时饲草料储备及存储设施严重不足等问题也严重威胁着 QGC 村畜牧业的健康发展。虽然该村有可利用草场面积 155834 亩，耕地面积 578 亩，但高寒牧区草场载畜量和合理放牧率较低，而牧民在经济利益的刺激下，不断扩大牲畜饲养头数和经济见效快的小型牲畜，导致草场承载超负荷、草场沙化退化、畜种品质退化等问题，使得该村经济、生态可持续发展面临严重的威胁。

表 2　QGC 村 2013 年牲畜存栏情况

牲畜总量	牦牛（头）	黄牛（头）	绵羊（只）	山羊（只）	马（匹）
7277	804	434	5485	521	33

4. 水利基础设施建设滞后

畜牧生产基础设施建设是确保畜牧业健康、稳定和持续发展的重要条件，西藏牧区由于自然条件恶劣和经济发展滞后，导致牧区畜牧生产基础设施建设远远不能满足正常需求，严重地削弱了牧民抵御自然灾害的能力。QGC 村水利基础设施建设相对滞后，草场防洪体系落后成为制约当地经济社会实现跨越式发展的重要因素。数据显示，该村亟待修建草场防洪坝 2500 米、农田防洪坝 700 米、蓄水池防沙坝 100 米、农户房前屋后防洪坝 150 米，共 3450 米长的防洪堤坝。具体为：其一，邦扎河尚未修建河堤，当进入 7 月份雨季汛期，加之高山冰川融水增多，河床泄洪不畅，导致河水漫流，倒灌热吉草场、多巴拉草场、那玛拿草场，共影响三个草场，面积达 8000 多亩。其二，嘎玛岭河道流经 QGC 村、卓热村、麦蓉村，两岸草场估计有近 10 万亩，QGC 村嘎玛岭草场 4、5 月份急需灌溉的草场有 2794 亩，急需灌溉的耕地有 578 亩，4、5 月份灌溉时期，水势较小，无法进行灌溉。虽然当地村民在嘎玛岭草场自行修建了拦水堤坝进行提灌，但是由于拦水坝的修建缺乏专业知识，工程设计不科学，施工质量不高，每年进入 7 月汛期时，水势大，致使堤坝年年修、年年受损，草场年年遭受水灾。防洪坝和蓄水大坝的修建成为当地村民的头等大事，着力加强该村水利基础设施建设已迫在眉睫。

5. 群众生活用水困难

牧区群众生活健康饮水是重大民生问题，QGC 村由于实行定居生活，村里人口多，饮用水需求量大。据牧民反映，由驻村工作队提供资金修建的水井是村里仅有的一口井，远不能满足该村牧民正常的生活用水。目前，汲取井水后还要依靠人力挑背回家，如果说挑运带来的困难还在可以克服的范围内，但饮用水未经消毒，卫生隐患却难以让人忽视。该村严重缺水问题已成为村民生活中最大的问题。虽然 LBX 乡修建的噶玛琳水库离该村不远，但由于地势和资金等原因，也不能引流到居民点。因此，修建水库和挖水井成为解决该村牧民生产生活用水的头等大事，但由于投资成本大，县财政实力较弱，该村制定的新的水库修建计划虽已上报县水利局，但一直未能解决。

6. 部分公务员虽扎根基层，但服务意识不强，工作缺乏积极性

基层公务员是落实各级政府基层治理政策的主要力量，其素质的高低和献身基层的意愿，决定着基层工作开展的好坏。边境乡村自然条件艰苦、维稳形势和反分裂斗争形势严峻，对基层公务员的思想政治要求、业务能

力和扎根基层服务广大农牧民的奉献精神具有更高的要求。调研发现，西藏通过驻村工作队、大学生村官和干部下基层等形式维护西藏基层社会稳定，发展农牧区经济，为广大农牧民生活改善提供政策指导、资金与智力支持，但部分驻村工作人员在工作中未能完全领会中央和自治区党委、政府对西藏基层社会，特别是牧区治理的精髓。这些基层工作人员有的是通过西部计划、大学生村官和每年公招等形式到西藏就业的，但他们对环境预判不足，不能适应恶劣的高原气候和艰苦的基层工作，千方百计想走出去（通过考研、借调、区直机关考试等方式），投机性较强，对工作缺乏积极性，对群众缺乏热情。因此，如何提高牧区基层干部扎根基层意识，遴选那些真正热爱西藏、愿意奉献西藏的有志之士充实基层干部队伍，对于维护基层稳定，促进牧区经济转型、升级和发展，具有十分重要的现实意义。

7. 维稳工作开展和意识形态教育方式较为单一，缺乏创新性

稳定是社会发展的基础，正如习总书记所说，西藏的发展不能用内地 GDP 来衡量，其稳定就是对全国最大的贡献。民族地区由于夹杂着民族关系、经济发展问题、宗教问题和国内外分裂势力等错综复杂的关系，使得稳定这一工作开展的前提和目标更具有基础性意义。对反分裂、反渗透斗争形势严峻的西藏，虽然强调稳定的重要性，但这种强调是辩证的强调，而不是不顾工作方式，不充分调查就盲目地采取一刀切的方式去开展工作。

调研发现，该县属于边境县，防止国外分裂势力渗透的任务艰巨，不可避免地与 QGC 村的管理有了密切关系。在开展维稳工作中，每个工作组驻村伊始都要对村民进行入户访谈，对群众生活介入较多，当重要节点和敏感时段，维稳级别较高，对群众朝佛、进离村、外来人员来访都有严格的管理措施。感党恩、跟党走，是维护牧区基层稳定的主要思想引领，但在感党恩活动开展中存在教育方式单一、教育频次过高等问题，这样不仅教育难以入心、入脑，还容易影响牧民正常的生产生活。虽然给牧民发放各种物资对争取人心、改善民生具有明显的效果，但如果简单地将维稳与给予物质好处挂钩，这样的稳定不具有长远性。在基层公务员上报公文

撰写方面，文件和工作计划的编写存在相互抄袭现象，有千篇一律之嫌，从文件和汇报材料不能清楚地判断工作开展的成效，不利于上级单位掌握基层实际，也就谈不上解决牧民生活生产中的实际困难，如此一来更不利于基层社会的长期稳定。

三、对策建议

1. 争取人心，夯实基础

西藏地处反分裂、反渗透的前沿阵地，牧区恰是反分裂反渗透的薄弱环节，浪卡子县属于边境县，有 23 公里左右的边境线，加强县域管理、构筑反分裂、反渗透防线对于构筑和谐农牧区，确保基层稳定本无可厚非。QGC 村在经济社会发展过程中也不可避免地受到边境管理和整个社会维稳现实的影响，但政策制定者和实施者在开展维稳工作时，要充分地进行调研，客观研判当地形势，科学合理地制定维稳工作规划和方案，避免因害怕承担政治责任而放弃担当精神，特别是一刀切式地进行工作设计。从 QGC 村维稳工作开展情况来看，该村社会稳定，民风淳朴，思富、求富之心迫切，深刻明白团结稳定是福、分裂动乱是祸的道理。因此，针对牧区群众生产生活，应加强引导和教育，采用柔性、生活化的方式加强感党恩教育，避免夸大维稳形势，干扰群众正常生活，影响干群关系。

藏传佛教在西藏具有深厚的历史和群众基础，藏传佛教对人的生老病死有一套独特的认知体系。恶劣的自然条件塑造了牧区群众对自然的敬畏之心，他们的宗教情怀也让他们将幸福寄托给来世。国家加强对宗教事务的引导和管理实属必然，一方面国家因其合法性对社会领域的方方面面（包括宗教）都享有管理权，另一方面由于宗教作为一种社会现象，需要加以规范和引导，才能维护社会秩序的良好运行。边境民族地区由于涉及边境安全、民族因素，情况复杂，往往宗教因素又发挥着重要的作用。即使如此，也要认识到国家应保障合理、合法的宗教信仰自由，支持信众在法定框架下开展佛事活动。对牧区群众信教方面的管理，应给予引导，提供便利，相信群众对党和政府的爱戴与拥护，团结广大信教群众高举团结稳定和反对分裂动乱大旗。对于群众走亲访友，不应过于紧张，应提供必要的方便，彰显政府人性化和民本色彩，争取广大信教群众人心，拉近政府和信教群众关系，构建良性的政民关系。

人心齐，泰山移。习总书记在中央民族工作会议上讲道："民族团结是我国各族人民的生命线。做好民族工作，最关键的是搞好民族团结，最管用的是争取人心。"西藏的稳定在于基层的稳定，而基层稳定在于人心的凝聚。中央第六次西藏工作座谈会提出必须"争取群众、夯实基础"，而人心的争取不宜简单通过物质手段来实现，而应扎根基层，心系群众，发挥党密切联系群众的优良作风，相信群众、依靠群众，构筑良好的政民关系。因此，严格选拔基层公务员，让那些"下得去、留得住"的有志者服务基层建设，发挥他们政治素质高、服务意识强、懂市场、懂经营的优势，带动牧区群众转变就业观念、升级畜牧产业，让其为政府在农牧民中树立亲民、惠民和为民的良好形象。

2. 实施产业、品牌兴牧战略，加强畜牧生产基础设施建设

优势产业是一个地区发展的主要关注点，在竞争中最容易获得优势。习近平总书记在中央民族工作会议上指出，"要大力发展特色优势产业，增强民族地区自我发展能力。把优势资源开发好、利用好"。畜牧业经济占到 QGC 村经济总量的 48%，是其基础产业，也是支柱产业，没有畜牧业的发展，就没有整个 QGC 村的发展。因此，可从以下几方面入手发展 QGC 村的优势：第一，将畜牧业生产和畜产品加工业作为各项工作的重中之重来抓，明确自身优势，大力做好招商引资工作，做好畜产品深加工的技术引进和攻关，延长产业链，提高畜产品附加值；第二，充分发挥山南地区农牧局驻村优势，利用驻村单位在畜牧管理方面的技术优势和支牧惠牧政策优势，科学规划和指导 QGC 村牧业健康、持续发展；第三，应充分发挥市场的力量，刺激牧民加大牲畜出栏力度，调整牲畜结构，使畜群结构趋于合理，使牧区经济效益和生态效益获得平衡；第四，开发、保护羊卓历史文化遗产和民族传统文化，打造并发展好"羊湖品牌"。QGC 村是"羊卓干酥"的原产地，应注重商标注册等工作，充分挖掘羊卓文化内涵，

在开发中保护，在保护中开发，积极开动脑筋，将羊卓传统历史文化作为产业加以合理开发利用。

3. 基础设施建设，助力畜牧业健康发展

中央民族工作会议强调，要加强基础设施、扶贫开发、城镇化和生态建设，不断释放民族地区发展潜力。基础设施建设要重点解决路和水的问题。民族地区交通建设，既要打通对内对外联系的“大通道”，也要畅通与“大通道”联系的“静脉”“毛细血管”。建设一批重大饮水调水工程、大型水库和骨干渠网，同时支持地方搞好水利设施建设，全力解决农村人口饮水安全问题。打好扶贫攻坚战，民族地区是主战场。解决牧区牲畜越冬问题，须制定相应规划，积极争取资金，确保畜牧生产基础设施建设。具体为：第一，建设优质饲草储备种植基地及配套的渠系建设，新建抗灾饲草料储备库，补充饲草料储备，缓解饲草料储备严重不足、冬季饲草紧张问题，提高抵御自然灾害能力；第二，新建棚圈、维修棚圈，新建暖圈、维修暖圈，确保牲畜顺利过冬；第三，完善草场围栏，缓解草场高载畜矛盾；第四，引进种牛，开展畜种改良工程。

对于 QGC 村来说，水利基础设施建设相对滞后，草场防洪体系落后，特别是影响三个草场 8000 多亩的邦扎河堤建设和需灌溉草场面积 2794 亩和耕地面积 578 亩的嘎玛岭河道建设，是当地牧民的迫切愿望。因此，应积极争取 QGC 村邦扎河堤修建、QGC 村嘎玛岭草场灌溉渠系建设、QGC 村那玛拿池塘维修项目的申报立项工作。

4. 加强就业培训，提升劳务输出质量

目前，该村现有劳动力 357 人，劳动力资源丰富。而仅有约 50% 的劳动力通过自发式外出务工，解决就业问题，余下的劳动力资源闲置。牧区劳务输出是转移剩余劳动力的有效方式，是增加农牧民收入最直接、最有效的途径。为此，可以从以下两点入手：第一，将农村剩余劳动力开发、就业和转移作为重大战略任务来抓，完善村、组劳务输出机制，建立劳务输出档案，制定劳务输出计划方案，签订劳务输出合同，实现劳务有序输出；第二，组建农牧民施工队，积极鼓励有一定经济实力和管理经验的当地人员创建农牧民施工队，在市场化运作的同时，政府给予适当的扶持，将一些技术含量不高的工程项目交给他们承建，并为他们创造条件参与其他工程项目建设，带领当地群众共同脱贫致富。

5.改善公共服务，实现牧区公共服务均等化

中央民族工作会议指出，要以推进基本公共服务均等化为重点，着力改善民生。发展经济的根本目的就是要让各族群众过上好日子。而牧区由于经济社会发展滞后，教育、医疗和卫生等基层民生事业需要更多的投入和支持。为此可从以下几点着手：

加强科技事业。大力宣传、推广、普及科技知识，积极引导群众崇尚科学文明的生产生活方式，摆脱封建迷信落后思想意识的羁绊，逐步提高群众的科学文化素质；加强教育事业，培养新型牧民。多方筹集资金加大教育投入，逐步改善基础教育设施条件，改变现有教学点设施落后、教师不足等现状。大力培养有文化、懂技术、会经营的新型农牧民，尽快培养一批致富能人和创业带头人。

加强卫生事业。应不断加强基层牧区医疗人才队伍建设，改善医疗卫生条件。QGC 村可在设立卫生室的同时衔接县卫生部门，配齐相应的设备，以便充分实现村卫生室和县级医疗卫生部门实现有效对接，充分利用县级优质资源，解决农牧民看病难的问题。

加强村容村貌整治工作，提高牧民生活质量。按照"生产发展、生活宽裕、乡风文明、村容整洁、管理民主"的新农村建设要求，积极推进安居工程建设，搞好村容村貌整治工作，积极改善村民的生产生活条件。做好垃圾站（点）的建设工作；做好 QGC 村村内主要道路、给排水、厕所等改造工作；推广清洁能源，积极争取沼气示范项目，充分利用牲畜粪便、污水和其他生活废弃物，实现户用沼气，解决炊事用能，提高群众生活质量。

四、小结

西藏由于历史和现实的原因，经济社会长期落后于内地，为确保西藏到 2020 年同全国其他省区一道共同建成小康社会，《中国农村扶贫开发纲

要（2011—2020 年）》将西藏全区纳入 14 个集中连片特困地区，作为扶贫攻坚主战场。而西藏边境牧区由于特殊的自然条件、严峻的边境管控和维稳形势，使得边境牧区脱贫致富和全面建成小康社会面临着艰巨的挑战。因此，探索牧区经济社会健康、稳定和持续发展的模式，对于实现牧区民生改善和全面建成小康社会的宏伟目标，具有重要的现实意义。此次调研选取山南地区浪卡子县 LBX 乡 QGC 村为样本，意在发现边境牧区基层村在全面建成小康社会伟大目标中存在的问题，并提出相应建议，服务于当地民生改善、社会稳定和国家治藏方略。

西藏边境口岸发展状况的调查

闫红瑛　李继刚　狄方耀※

一、调研背景与方式

1. 调研背景

2013年9月，国家主席习近平在出访哈萨克斯坦期间提出了“一带一路”倡议。西藏自治区（以下简称西藏）作为我国西南边疆重要门户，是我国与南亚各国加深了解、深入交流、经济融合的重要陆路通道，具有重要地位。西藏民族大学作为西藏的高等院校，本着面向西藏、服务西藏经济社会的原则，于2015年4月成立西藏民族大学南亚研究所，旨在对西藏与南亚各国在历史、经贸、文化、宗教等领域进行研究。

虽然西藏与南亚的印度、尼泊尔、不丹等国及克什米尔有着近4000公里长的边境线，在发展边境贸易方面有得天独厚的地缘优势。但是，与其他边境省市相比，西藏边境贸易还存在诸多问题。了解西藏边境贸易发展状况，找准西藏在“一带一路”中的发展定位，充分发挥地缘优势，真正使西藏成为我国发展与南亚各国关系的桥梁。

正是基于这样的思考，2015年8月，在南亚研究所常务副所长狄方耀教授带领下，调研组一行四人于8月9—23日前往自治区发改委、外事办、

※ 闫红瑛，西藏民族大学讲师；李继刚，西藏民族大学副教授；狄方耀，西藏民族大学教授。

商务厅等政府各相关单位及各边贸口岸，进行实际调研，收集一手资料。

2. 调研方式

本次调研活动我们采用了以下三种途径了解、收集资料：一是走访自治区级各部门，比如自治区发改委、外事办、商务厅等机构，听取各部门相关领导和负责人意见，了解对外贸易情况，同时收集相关文件、资料。二是先后到日喀则樟木口岸、吉隆口岸、亚东口岸以及阿里地区普兰口岸进行实地考察，走进边贸市场，了解市场情况，同时与各口岸办同志取得联系，了解基层工作人员对西藏边境贸易的看法与想法。三是组织各类研讨活动。调研组每到一个地方，都与当地相关部门沟通协调，围绕"一带一路"西藏发展问题组织小型的研讨活动。通过研讨活动，提高对实际问题的理解。

二、西藏边境贸易发展现状与存在的问题

1. 西藏各边境口岸发展现状

应该讲，近几年西藏对外开放力度及对各口岸基础设施建设确实得到了迅速提高，贸易规模快速扩大。但是，2015 年受尼泊尔 4·25 地震影响，樟木口岸建筑物表面裂度达到 9 级、吉隆口岸达到 8 级，吉隆镇通往吉隆口岸道路塌方，所有边贸活动被迫暂停。据日喀则商务局口岸办不完全统计，4 · 25 地震使得当年边贸额减少了一半以上。

樟木口岸被地震完全毁坏，口岸已经封闭，受灾群众全部被安置在日喀则市，为了保证受灾群众正常的边贸活动，日喀则市专门为从事边贸活动的边民建立了樟木商城，水、电费全免，方便灾民继续开展边贸活动。

4 · 25 地震前，樟木口岸条件优于吉隆口岸，地震后，樟木口岸几乎全面损毁，加之地质结构影响，樟木口岸已经很难恢复，发挥对外贸易作用，从调研情况看，吉隆口岸应该具有较大发展潜力。吉隆口岸下一步规划搞跨境贸易，2015 年年内完成省级规划批复，向国家发改委申报沿边开放开发试验区，现在规划将开始征求意见。

普兰口岸有 500 多年历史，现有商户中几乎没有当地老百姓，基本上

是印度和尼泊尔商人，共有340多户，口岸市场基础设施较差。现国家分批投资4800万新建唐嘎边贸市场，为了避免将来普兰出现“一城两市”情况，普兰口岸办决定先贷款进行整体建设，等国家投资到位后再还贷。新建唐嘎市场是集吃、住、行、游、购、娱为一体的整体性市场。

亚东县面积约有4200平方公里，人口13000人，主要与印度、不丹进行边贸活动。受中印关系影响，亚东口岸于1962年关闭。根据中印两国政府协议，2006年7月6日，中印重新开放了中断44年的乃堆拉边贸通道，这是中印陆路边境唯一的贸易通道。自2006年恢复通关以来，乃堆拉边贸通道贸易额增长了60多倍，2014年边贸额突破1亿元。乃堆拉通道每年5月1日开关，12月1日闭关，每周周一到周四开放，目前正在建设仁青岗边贸市场。我方对印边民边贸政策比较宽松，但印方对于我方边民带往印度货物要严格盘查，而且限制我方车辆，每天只能进出30—40辆。

总体而言，除普兰口岸外，其他各口岸基础设施条件基本达到了发展边境贸易要求。特别是能够满足边境便民小额贸易要求，总体设施建设优于相邻对方国家。

2. 西藏发展边境贸易存在的问题

（1）口岸基础设施建设滞后，边境贸易秩序混乱。目前西藏各口岸建设与中央“一带一路”倡议对西藏的要求还有较大差距，尚未达到国家一类陆路通商口岸的标准、要求。比如普兰口岸的“国门形象工程”还停留在图纸上，目前的国门还只是一个用钢筋条焊接成的栅栏门；普兰口岸、亚东口岸（仁青岗边贸市场）、吉隆口岸边贸市场等，处于正在建设和规划实施中。

同时，根据中央“一带一路”倡议对西藏的任务、要求，西藏自治区宏观规划、各个口岸所在地政府和口岸管理委员会前瞻性规划、工作有序推进、对外开放层次性设计（比如开放试验区、出口加工区、免税区、物流园区等）等工作，跟不上形势发展需要。

（2）边贸政策不灵活，边民出境限制太多。出于国家政治安全考虑，在西藏稳定压倒一切的政策影响下，尤其是在拉萨 3·14 打砸抢烧严重暴力犯罪事件后，西藏对出入境人员管理严格。各边境口岸尤其是普兰口岸严格限制边民出境，对于边民免税金额、购买商品品种等都有严格限制，影响了西藏边境贸易发展。

（3）存在多头管理、重复管理。据当地相关部门负责人反映，西藏边境地区还存在管理不规范、多头管理、重复管理问题。这些重复管理既影响通关速度，还加重了政府部门的工作量及执政成本。

（4）国家层面外交策略还需突破。由于中印边境争端使得亚东口岸 1962 年关闭后一直未能开放。虽经多方努力乃堆拉山口于 2006 年正式开放，但也仅限于边民之间互市贸易，而且开放时间也非常有限，印度对我方边民严格盘查，设置种种限制，严重影响到边境贸易发展，至于印方对亚东口岸何时开放也还是未知数。亚东的特殊地理位置使其在历史上就是中印、中不边境贸易的主要陆路通道，是古代丝绸之路南线主要通道，有着辉煌历史，在西藏边境贸易中占据着重要地位。因此，西藏边境贸易大发展涉及中印关系改善、中印边境问题解决、中印之间国家层面外交策略调整。

（5）贸易企业少，贸易规模小。目前西藏几个边境口岸主要是边民之间为解决日常生产生活问题进行的互市贸易，我方边民主要进口植物油、饼干、棕垫、铜器、白糖、大米等，主要出口羊毛、羊绒、服装、活畜等。边民互市贸易相对活跃，一般贸易很少，辐射带动能力非常有限。目前，西藏注册外贸企业有一百多家，从事外贸实际工作的大概只有 10%，这其中还有较多内地注册企业。这种状况就使西藏对外贸易，尤其是边境贸易缺乏实际的经济实体，从而导致西藏边境贸易目前大多停留在（特别是尼泊尔大地震后）边民小额贸易水平上，迫切需要打开新的边境贸易局面。

（6）政策优惠力度不明显，落实难。为了促进边贸发展，实现“强边、固边、富边”战略思想，国家对于西藏各边贸口岸实行减免关税优惠政策，比如每人每天购物 8000 元以内免关税。但是，从目前经济发展情况来看，这些优惠政策已远远不能满足边贸经济发展需要，急需提高免税额度。同时，互市贸易进口免税商品目录较为单一，品种范围太窄。有些边境地区还对部分商品数量进行限制，使用的商品免税清单还是20世纪60年代的，已经远远不能适应边境贸易发展。

（7）交通运输不畅，严重制约边境贸易发展。西藏各边境口岸虽然已经全部实现了通油路，但大部分公路等级较低、弯多坡陡、路况较差，受天气、气候等条件限制，部分道路还处于季节性通车状态，大吨位集装箱车辆难以通行，大大增加了运输成本。受尼泊尔4·25地震影响，樟木口岸破坏严重，已经完全不能进入，吉隆距口岸十几公里处道路塌方，也不能进入，道路安全隐患多，落后的交通严重影响到边境贸易发展。

（8）受对方口岸通关能力和政策因素影响大。与西藏接壤的尼泊尔、印度等国家经济相对落后，社会发展较为缓慢。特别是4·25地震后，尼方口岸及边贸等基础设施损毁严重，目前中尼双方口岸贸易处于停滞状态。对于印度边贸往来受两国关系影响较大，印方对我国出口商品种类、数量控制非常严格，双方边民互市磋商机制目前基本以民间商会座谈讨论为主，地方政府层面上的正常会晤机制还未建立，严重影响了双方边民经贸往来。

三、对策建议

1.加快口岸基础设施建设，提高口岸通关能力

国家应加大对口岸的投资力度，加快口岸的基础设施建设，加强边境口岸、通道、边贸市场建设，增强边贸发展后劲，促进边境地区经济发展。一是尽快恢复吉隆口岸正常运行。积极争取国家抗震救灾资金，加快恢复吉隆口岸联检楼、备勤用房等基础设施，保证口岸正常通关；二是要加快铁路建设。如果铁路能通往各口岸，那必将大大节约运输成本，而且还可以将西藏其他地区，甚至内地工业制成品出口到南亚国家，必将辐射带动其他地区经济发展；三是加快口岸一关两检、物流配送中心、停车场等项目投入，提高口岸承接、交换和服务等功能；四是积极推进边境经济合作区建设。

2. 调整产业结构，发挥民族特色产品对外出口优势

充分利用国家“一带一路”倡议发展有利时机，加快进出口商品结构调整，加大培育和扶持特色产业发展。用活用足中央、自治区外贸扶持政策，积极争取西藏外经贸区域协调发展各种资金，用于支持出口产品基地和特色外向型产业发展。重点扶持建设农产品生产出口基地、民族手工业产品生产出口基地、特色畜产品出口加工基地和沿边各口岸县建设，打造边贸旅游经济带；同时，扶持一批像雅江源高原特色农业产业发展有限公司、西藏培强生态肉业有限责任公司等龙头企业，提高自产产品出口份额和产品附加值，确保边贸企业稳步、健康、持续发展。

3. 制定符合实际发展的地方性贸易政策

西藏应根据当前对外贸易发展情况，制定适当对外贸易政策。我们认为应从以下几个方面加以考虑：一是继续用好现行边贸政策，如每人每天可享受 8000 元免税额以及现有互市贸易商品种类等，充分发挥边境贸易在对外开放中的作用，努力扩大商品进出口；二是建立自由贸易区并享有相应优惠政策；三是努力争取新边贸政策，如放宽互市商品品种、数量、金额等，支持民族地区经济发展和建设，确保边境地区繁荣稳定。

4. 继续加强对尼援助工作，促进中尼互利共赢

中尼边境线长达 110 多公里，有传统边境互市贸易市场（点）21 个。尼方边境基础设施及其通关能力直接影响到我方边境贸易发展，为了促进与尼边境地区的经贸合作，我国长期对尼泊尔进行无偿援助。4·25 地震后尼泊尔边境地区基础设施遭到严重破坏，西藏应申请在自治区层面着手探讨援助尼泊尔北部 8 个地区 11 个边境县县域公路建设项目，为双边边民边贸往来和边境地区经贸合作创造便利条件，这样才能实现中尼双方互利共赢。

5. 加快与印度建立官方边贸会晤机制

由于边境争议，我方对印度边贸往来受两国关系影响较大。为了促进中印边贸发展，边境地区应积极配合国家及自治区相关部门，在国家或自治区层面上加强与印度协调沟通，争取与印度当局早日建立正常会晤机制，

共同拟定中印仁青岗边境贸易发展框架方案，努力扩大双边贸易规模，惠及双方边民，从而促进边境地区经济社会快速发展。

6. 进一步扩大对内对外开放

西藏要充分发挥地缘优势做大做强边境贸易，就要进一步解放思想。一方面，要不断加强与内地企业合作发展，要舍得把优势资源拿出来与人合作，真心实意地欢迎内地企业到边境口岸投资兴业、投资办厂，实现西藏与内地企业互利共赢；另一方面，要努力扩大对外开放。按照国家和自治区统一安排部署，积极参与“孟中印缅经济走廊”建设，使边境口岸成为中国与南亚发展经济关系的重要节点。配合南亚贸易陆路大通道建设，加快推进口岸经济开发区、经济合作区和边贸市场建设；大力开拓国际市场特别是南亚市场，促进边贸经济与国际市场接轨，使国家“一带一路”倡议真正成为西藏边贸经济加快发展的新机遇。

四、结语

此次调研活动于 8 月 24 日顺利结束，我们访问了自治区政府、发改委、外事办、商务厅及当地人民政府、商务局等相关部门，同时到亚东、吉隆、普兰（樟木口岸由于地震已经封闭无法进入，我们在日喀则灾民安置点进行了调查）等口岸进行深入调查。先后按计划调查了各口岸边境贸易发展情况、目前存在的不足以及相关领导对口岸未来发展的规划及设想，顺利完成了此次调研活动。

在此，我们要特别感谢在整个调研过程中，学校、相关政府部门以及我校毕业的分布在雪域高原上的众多优秀校友对我们调研组的热情帮助，正是在他们的帮助和协调下，我们的调研工作才能够如期顺利地进行。

4·25震后中尼吉隆口岸发展面临的问题及挑战调研报告※

王子豪　张玉荣※

一、引言

吉隆口岸于1961年开放，1972年成为国家二类口岸，1987年升为国家一类陆路口岸，后因气候及道路等因素影响发展受阻，海关、商检等部门逐渐撤回，2014年12月吉隆口岸恢复开放，口岸经济重现生机。2015年4月25日尼泊尔发生8.1级大地震，尼泊尔损失惨重，对我国西藏边境地区基础设施亦造成较大破坏，中尼口岸被迫全部关闭，直到10月中旬，中尼吉隆口岸对外发布了恢复通关的消息，但由于路况和天气原因，多以运送救灾物资为主，并不建议游客通行。震后至今，吉隆是唯一抢修通关的中尼口岸，尼泊尔因宪法内容触及印度利益遭受印度封锁而造成油气危机后，吉隆口岸发挥"输油生命线"的作用，也成为震后特殊时期中尼间唯一的陆路通道。

中央第五次西藏工作座谈会提出了"支持南亚贸易陆路大通道建设，

※ 本报告系国家社科基金项目"西藏社会与媒介引导力研究"（编号：14BXW040）、西藏民族大学2011西藏文化传承发展协同创新中心2015年招标课题"中尼边境信息交互与文化传播"（编号：XT15031）、西藏民族大学重大项目培育计划资助项目"西藏突发事件舆情引导研究"（编号：14myZP03）的阶段性研究成果。

※ 王子豪，西藏民族大学尼泊尔语教师；张玉荣，西藏民族大学副教授，博士。

开展吉隆口岸跨境经济合作区前期工作”的部署，重新将吉隆的发展提上日程，随后，在“一带一路”国家规划的背景下，吉隆连接中国和南亚国家的作用显见，吉隆的发展引起更多的关注。4・25震后，吉隆面临的困境与它承担的重大历史使命相映衬，愈发让人关注其发展前景。针对吉隆震后发展面临的问题及挑战进行分析研究，便于尽快调整发展方向，定位发展模式，适应在新局势、新形势下的吉隆的角色转变。

为客观、及时、深入地了解震后吉隆口岸发展面临的问题与挑战，西藏民族大学西藏文化传承协同创新平台“4・25尼泊尔大地震背景下的中尼吉隆口岸建设与发展研究”课题项目组于2015年暑期赴拉萨、日喀则、吉隆等地进行为期一个月的实地调研。项目组凭借跨专业背景（新闻、外语、民族学等）和多语种（汉、藏、英、尼）的优势使得在藏调研期间工作进展较为顺利，采集到了来自多领域、多学科、多语言的数据。

本报告结合调研采集到的数据资料与前期文献的研究成果，从边贸发展、城镇建设及南亚局势三方面总结出吉隆震后发展面临的一些问题与挑战，并根据对问题与挑战的分析研究，提出了改善问题现状和应对挑战的一些对策。

二、问题与挑战

1. 边贸发展方面

（1）政策疏导与解读问题

经调研，吉隆镇居民对于2014年底吉隆口岸的恢复开通积极性不足，甚至个别边民中有一定的不良情绪蔓延，这与新闻报道的边民的精神状态有较大的差异。在与当地百姓的交流过程中，调研组了解到，吉隆口岸恢复开放后，海关检验检疫等部门进一步完善行使功能，使得口岸过境通关程序增加，边贸商品流通更加规范化、制度化，边民不能从国家层面理解这样的规范，只是从个人立场出发，认为恢复口岸增加了跨境边贸的复杂性，限制了边贸经营范围，增加了关税，造成边贸成本增加——一系列误解、不满的产生与边民不了解口岸功能有莫大关系。

就拿边民最不能接受的“高关税”来说，我们在调研过程中发现，边民所提到的“高关税”问题是对国家边贸政策有所误读。实际上，政府对吉隆边民从事边贸是有出口补贴的，但前提是要边民先成立进出口贸易公司，随后通过国际贸易管理途径给予其退税补助。口岸开通后，对于民间普通的互市贸易，政府对进出口货品种类加以严格限制并对海关税收明晰化，使得长期以来从事边民互市贸易与边境小额贸易的普通边民把握不到国家对于吉隆口岸发展的政策导向，只是从自我立场看待问题，比对过去，觉得去尼泊尔买卖东西手续复杂且成本提高了，感受到落差，逐渐积累了不满的情绪。传统上，吉隆大部分居民生活上主要依靠农牧业生产，有需要时才参与一下边民互市贸易，仅有少部分人从事小规模的边境小额贸易，且几乎没有经营公司的经验，这样的背景使得政府的惠民政策在短期内得不到施展与边民的回应，加之政策解释工作不到位，使得好政策难以落地。

另外，吉隆口岸开通后，一些来自樟木的进出口贸易公司插足吉隆口岸边民边贸行为，在吉隆边民中提供进出口代理业务，一方面以关税与代理费为名向吉隆边民收“高关税”,一方面享受国家对吉隆边贸的政策补贴，从中赚取高额利润。口岸开通初期，吉隆边民受复杂的通关程序与被代理公司索取的“高关税”的困扰，不满情绪积攒，无处化解，又得不到合理的解释，简单化地认为设置海关就是为了多收取边民的钱。相比之下，边防部队还在边民心中保持了“亲戚邻里”的形象，是因为海关在设立之前，部队对边民互市和边境小额贸易采取了较为宽松和灵活的方式。

政府对于吉隆边民的优惠政策未能顺利落实到普通民众的身上，国家的大方向和意愿未能在吉隆边民中形成良性驱动，与对政策解释、落实不力，使百姓解读政策出现偏差有较大关系，如此一来，吉隆县政府及海关部门进一步开展震后口岸发展工作还得在聚拢人心上下功夫，后续宣传与实施国家政策，维护社会秩序还得化解各种矛盾。

（2）中尼边贸间“习惯线”导向问题

调研中，通过与拉萨、日喀则等地边贸从业者访谈了解到，中尼边贸生意人在来往于中尼边境口岸时，大多习惯走“樟木—Tatopani”口岸，而不愿走“吉隆—Rasuwa”口岸。据考察，吉隆到加德满都的距离比樟木到加德满都的距离要近 20 多公里，但尼泊尔人似乎从这两条通道建设开始时就倾向于大力建设后者，而对“吉隆—Rasuwa”口岸的建设与发展则显得并不上心。随着樟木口岸基础设施建设臻于成熟，尼方对建设从樟木到加德满都公路给予大力支持，加速了“KTM（加德满都）—Tatopani—樟木”一线的繁荣；对于我国边贸从业者而言，从拉萨到中尼边境地区，“樟木—Tatopani—KTM”条件更为成熟，路途也更为安全。到吉隆的公路受天气影响较大，“封路”频率较高。

4·25 尼泊尔地震后，由于樟木口岸受损严重被迫关闭，居民全部转移到日喀则市，且面临迁址重建可能。震后，吉隆的及时开通迅速对樟木口岸的关闭有了代偿，中尼双方边贸从业者于是加以调整，将注意力转移到吉隆口岸。这样的转变是天灾造就的，是一种消极被动的适应，吉隆应该抓住这一次机遇，及时改善“不利条件”，留住转道而来的生意人。若错失良机，一旦樟木口岸恢复开通，大家又会回转到樟木，吉隆只能充当“地震过渡者”的配角。也就是说，吉隆面临着在震后特殊时期内，以积极的方式将中尼边贸参与者引导到“吉隆—Rasuwa 口岸”的挑战，为吉隆边贸的繁荣兴盛拓展出合理路径，消解边贸参与者将吉隆口岸看作是樟木口岸的“临时替代口岸”的心理。

（3）国产南亚仿货问题

在拉萨大型商城、店铺内有公开售卖的国产南亚仿货，其中印度香皂、香水、尼泊尔围巾、进口手表等为主要仿货，这些仿货多是中国内地及沿海城镇作坊生产，包装后售往西藏各地。

由于尼泊尔国内工业不发达，工厂少，规模小，国内居民生活用品主要依赖于从南亚、西亚、东南亚及中国等周边国家进口。因此，从尼泊尔进口到西藏的商品除尼泊尔本国自产商品外，更多是产自印度、阿联酋、缅甸等周边国家的商品，且商品文字介绍多使用英文或生产国文字。产品的多样性与文字的复杂性使得中尼边贸从业者对交易商品本身了解不足，且商品信息在流通过程中出现有效信息量逐一递减的趋势，销售正宗进口物品的生意人没有能力和更多渠道宣传正品，告知消费者假货的特征，进行自我保护。而普通消费者缺乏辨识真假的能力，给仿货的销售提供了机会。

仿货商品的出现降低了正品商品的市场份额，打击了边贸参与者的积极性，消减了消费者对市场及边贸商品的信任度，减少了市场对边贸商品的需求量，进而影响中尼边境贸易的贸易额，扰乱了边贸市场的正常秩序。且由于百姓对进口商品缺乏辨识能力，更倾向于购买价格较低的仿货。这种选择也助推着仿货占据更大的市场份额，当仿货销售额达到一定额度时，正品销售商只能退出或转卖仿货，从而形成“劣币驱逐良币”态势。

国产南亚仿货若达到一定的生产运作规模，将趋向跨国流通。若我国生产的南亚仿货通过吉隆口岸进入尼泊尔，并辗转到南亚其他国家，则必将干扰他国的国内经济秩序，损害“中国制造”在南亚地区的形象。中尼边贸将因“信任危机”遭遇“寒流”，而吉隆口岸处在中尼边贸发展的前沿，届时也将面临南亚仿货跨境流通的挑战。2002 年越南曾因我国仿货问题短暂“封关”，就是仿货消极影响的切实例子，前车之鉴，理应防微杜渐。

2. 城镇建设方面

（1）基础设施滞后

据调研，吉隆镇乃至吉隆县基础设施配套较为落后，金融、通信、工商机构不完善。吉隆县仅在县城内有一座加油站，吉隆镇没有加油站；吉隆镇物流发展滞后，除邮政外，仅有一家快递公司，且不定期运送物品；自来水厂、电厂等基础设施建设长期停留在规划状态；从吉隆县到吉隆镇再到吉隆口岸所在地热索村的公路路面较窄，受天气影响严重，“封路”时有发生，路况的不稳定使相关工作常常受制。

基础设施建设的滞后不仅给吉隆百姓生活带来交通、生活的不便，更使得吉隆当地生活品物价高于拉萨、日喀则等地区。笔者在对日喀则市樟木镇灾后安置点及樟木商城进行走访调研后，了解到边境地区的商品价格普遍较低，商品只有运送到日喀则、拉萨等地才能盈利，而在吉隆情况却有所不同。震后吉隆开张的为数不多的尼泊尔商店中，进口商品价格甚至比拉萨部分商铺的市场价要高；在经营中国商品的商店，物品价格也高于拉萨商铺的价格。

究其原因，道路交通设施滞后是根源。陆路交通的不稳定性使从拉萨运往吉隆的商品成本提高、风险增大。加德满都到尼泊尔热索口岸的路况也相对较差，尼泊尔商人较少走“Rasuwa—吉隆”线，物流量少造成的直接结果就是运输价高、物资不丰富，进而造成物价升高。

（2）文化建设缓慢

吉隆，古称“芒域”“贡塘”，地处我国西藏西南，是“蕃尼古道”通向尼泊尔的起点，也是古道的要冲之地。松赞干布曾派人在此地迎娶尼泊尔赤尊公主并建成千年古寺——帕巴寺；来自印度的莲花生大师曾从此地入藏传法；来自孟加拉国的阿底峡大师也曾路经此地并在此传法；藏传佛教噶举派第二代祖师米拉日巴诞生于此；唐朝外交家王玄策在多次往返大唐与天竺，路途中选择在此留下“大唐天竺使出铭”的石碑；清朝将领福康安率军在此击退了尼泊尔廓尔喀侵略军……对吉隆有所了解的人都会听过这句话——“一部西藏史，半部在吉隆”。

纵观吉隆承载的厚重历史，似乎它的面貌理应是深刻的、厚重的、至美的，然而笔者在吉隆除了看到唐碑与帕巴寺的文字记载，似乎很难感受到历史厚重的气息。其实吉隆周边还散落着大大小小的历史遗迹，有当年赤尊公主嫁入吐蕃时走的古道、有米拉日巴修行时的壁画、有福康安留下的“招提壁垒”……只不过它们更处于被遗忘和冷落的状态。

追溯上千年，吉隆都属于名副其实且是连接中尼两国文化交流的古镇，然而笔者到吉隆后发现吉隆并不古，仅仅能称之为镇子，不看背景介绍，是很难将它与历史联系上的。吉隆的厚重历史大多被推到研究层面，在它为学者提供了可观的研究材料过后似乎又被遗忘在角落里，不为世人所知。

我国古镇文化发展成熟的丽江，已将“茶马古道”作为当地文化的一个重要组成部分，在当地可以看到古时的马帮，且保存了茶马古道的部分小径，供游客骑马通过。从现在的发展来看，“茶马古道”已经成为一种对历史的回顾和研究的对象，马帮已成为文化现象和旅游资源，而不再是交通工具，将其保留下来并在当今的视角进行转型发展，不仅使得当地的历史文化资源以现代形式保留下来，而且给予游客以回溯历史的立足点，使得人们更加直观地感受到茶马古道的厚重文化。

吉隆的历史文化遗产并不比“茶马古道”少，且有其独特的、内地古镇不具备的跨国优势。从尼泊尔赤尊公主入吐蕃的吉甫村小路，到大唐天竺使出铭所在的古道都是“蕃尼古道”的一部分，若加以修缮并还原部分古道原貌，即可将历史形象化，也随之带来历史的厚重感。在吉隆大力发展经济的背景下，其面临的挑战是发展方向与重心的偏向性。在经济建设的大潮流下，文化建设与文物保护工作应作为重要构成部分，甚至作为拉动经济发展的抓手，被置于重要位置。

（3）绿色发展有待加强

吉隆是西藏日喀则地区偏远的边境县，是国家级珠峰自然保护区的核心区，拥有“喜马拉雅后花园”的美称。吉隆县南部的吉隆沟海拔仅有1800—2800 米，林木资源丰富，拥有国家重点保护的喜马拉雅红豆杉、喜马拉雅长叶松、喜马拉雅长叶云杉等珍稀树木，森林覆盖率高达 80%。这里还有雪豹、恒河猴、马鹿、岩羊等珍稀野生动物，吉隆沟也因此成为一座巨大的高原野生动物基因库。 除此之外，吉普大峡谷、巨石阵等自然奇观也足以令游人叹为观止。

在经济建设与发展过程中，牺牲部分环境作为代价已越来越不被提倡，吉隆的发展前提是不破坏环境。调研组在吉隆调研期间发现一些影响绿色发展的问题，如为开阔平地增加建筑面积，大面积推平植被。吉隆有着得天独厚的自然条件，理应走生态可持续发展道路，通过加强对中尼边境区域生态资源与经济结构的分析，将边贸经济效益与生态环境效益相结合，打造“绿色发展”，进而促使边贸从资源消耗型向资源节约型转变。

在震后背景下，吉隆在经济建设过程中将牺牲部分环境，但“绿色发展”碰壁一旦成为常态，则将对吉隆的资源可持续发展带来挑战。

3. 南亚局势方面

（1）尼泊尔政局不稳

地震后，尼泊尔政府重组，尼泊尔共产党取代大会党执政，并于同年9月中旬通过了国家在废除君主立宪制后的第一部国家宪法。新闻报道宣称这是尼泊尔国家发展具有里程碑意义的一步，一些专家学者也对中尼关系发展将迎来历史性契机表达了期望。但纵观近现代尼泊尔国家的外交史，我们发现，尼泊尔外交政策的核心是“大国均衡外交”与“等距离外交”。由于其处在中、印两大国之间，其在处理与两大国关系时，多采用“平衡”战略以保护自身。这样的定位使得其在外交政策实施过程中受意外事件影响较强，常常因某些突发事件而改变已决定或正在实施的政策，使得其外交政策缺乏长远性与稳定性。

尼泊尔在此次重组政府前，执政党派是相对亲印的大会党，其受印度的支持，势力较强，长期处在执政候选地位。此次尼泊尔大地震后期的救援工作使得尼泊尔人对当时在位的大会党的执政能力和表现感到失望，才有了尼泊尔共产党重返执政舞台的局面。由于在特殊事件背景下上台，尼泊尔共产党的执政能力是否经得住考验，大会党是否会制造执政障碍，这些未知但极为关键的因素使我们不得不冷静地思考尼泊尔政局的变动可能对于中尼关系、中尼边贸的影响，并加以防范。尼泊尔政局不稳对中尼双边合作的持久性提出了质疑，为吉隆口岸快速、顺利发展带来了挑战。

（2）印度强势干预

印度作为南亚大国，常以“老大哥”身份自居，干预南亚他国的内政与外交，而尼泊尔地处中、印两国间，自然被印度认为是其“喜马拉雅防线”的屏障。印度常因中尼关系发展干预尼泊尔内政，迫使尼泊尔采纳印度提出的“建议”，而尼印两国在历史上也曾多次因经济问题、安全问题进行过政治交涉，但因尼泊尔对印度的巨大依赖性，大多以尼泊尔采纳印度的“建议”告终。

2015年9月尼泊尔出台的新宪法由于未满足尼泊尔南部地区印裔马德西人“单独成邦”的要求，印度在要求尼泊尔修改宪法遭拒后，单方面切断了对尼泊尔的油气供应，致使尼泊尔经济陷入瘫痪边缘，整个加德满都都处于“有车无油，有饭无火”的尴尬境地。印度看准中尼口岸因地震被迫关闭且短期内无法畅通的情形，向尼泊尔施压。随后尼泊尔主流报纸《Kantipur》刊登了尼泊尔民众呼吁尼泊尔政府加快与中国政府的沟通，以尽快开通吉隆口岸来缓解国内物资短缺和油荒压力的报道。应尼泊尔政府的请求及两国政府达成的协议，中方已向尼方免费提供了千吨石油，这也是我国第一次实现“高原输油”,而这一输油线的出口地就是在吉隆口岸。

吉隆口岸通过输油线的建立拉近了中尼关系，但并不意味着尼泊尔将不再受印度封锁的影响。从地理位置和区位优势看，印、尼边境口岸多处在平原，且印度可以为尼泊尔提供出海口，尼泊尔更需要印度，也更依赖印度，这是短时间内无法改变的事实，且经济封锁带来的尼泊尔国内社会问题很可能会迫使尼泊尔无法抵御压力被迫妥协。吉隆目前面临的挑战是，在印度干预下尼泊尔政府是否会最终妥协，或以何种形式达成妥协，这些都将影响尼泊尔建立与吉隆口岸的联系。

三、对策分析

1. 增强边贸政策疏导，加大边民权益保护

通过新媒体、村委会等渠道增强对边贸政策的宣讲疏导，消除对边贸政策的误读与误会，在政策引导下，鼓励边民参与到口岸开放建设过程中。口岸建设是一个渐进过程，及时搜集边民对边贸政策的反馈意见，及时在工作中加以调整；同时，应规范吉隆边贸市场秩序，严厉打击扰乱市场秩序的行为，加大力度保护边民权益。

2. 转变旧“习惯线”思维，建设新“传统线”路径

吉隆应结合樟木短期内无法重建与地震后自身在我国西藏与南亚互联互通中的作用，准确定位，将“吉隆—Rasuwa—KTM”打造成新态势下的“贯通线”，逐步将中尼双方边贸从业者、参与者以积极方式引导向吉隆口岸，提升与尼泊尔的互联互通能力，让这一“贯通线”也逐渐变成“传统线”，即使在樟木口岸重建开通后仍能成为中尼边贸重要关口。

3. 加强市场监管力度，提高信息交流力度

面对南亚仿货问题，吉隆商检部门应加强对边贸市场的监管力度，增大处罚力度，增加处罚方式，引入打假奖励机制和行贿处罚机制，提升打假积极性、公正性，以此树立地方政府公信力。同时，建立舆论监督机制，引导媒体发挥舆论监督作用，可通过公众号、微博等公共平台开设打假专栏，设立群众举报热线及投诉索赔窗口，实行举报奖励制，引导群众自发地参与到打假行动中，发挥消费者主观能动性，维护市场秩序。另外，应建立商品信息交流平台，定期发布商品信息介绍，建立市场管理者、商家与消费者之间信息沟通流畅的平台。

4. 加快基础设施建设，提升口岸硬实力

加快对金融、通信、石油等领域的基础设施建设，加快水厂、电厂等保障性工程的建设，确保吉隆口岸水电正常供应。请地质局、安全局专家对震后“吉隆—热索”公路进行细致勘察，并尽快确定修缮方案，加快研究道路拓宽可行性方案，以扩大运输承载力，增大物流量，进而增大口岸吞吐量，提升口岸进出口贸易额。

5. 突出历史底蕴，打造文化古镇

突出吉隆历史文化名城的底蕴，加大对古镇文化的宣传力度，在房屋建设风格上采用具有古镇特色的民宅客栈风格；还原蕃尼古道部分线路，尤其是王玄策线路与赤尊公主进藏线路；加大历史遗迹与文物保护，搜集关于吉隆的历史文化资源，整合图文资料，筹备建立吉隆历史博物馆。

6. 发挥生态优势，坚持绿色发展

结合吉隆人文与生态资源优势，大力发展边境旅游业，并尝试构建跨境旅游区；走生态可持续发展道路，加强中尼边境区域生态资源与经济结构的分析，将边贸经济效益与生态环境效益相结合，促使口岸从资源消耗型向资源节约型转变；制定相对应的法律法规，确保经济发展处于绿色持续发展的良性运作范畴中。

7. 加强与尼政党联系，冷静客观判断形势

尼泊尔政党数量较多，大小党派超过一百个，其中大会党和尼泊尔共

产党是当下具有较大势力的大党，应给予较大关注并保持必要联系。对于其他各政党也要密切观察、保持联系，以便及时发现其国内局势变动对我国口岸建设的影响；面对尼泊尔政府重组，应加以冷静、客观的判断，对于双边合作的持续性要保持高度的敏感。

8. 加强中尼合作，消抵印度干预

加强中尼“吉隆—热索”口岸的建设与道路修建合作，在“油气危机”时期增大对尼泊尔口岸的基础设施经济援助，帮助其建立与吉隆口岸功能相对应的边贸口岸，并可在进出口贸易上进行政策性扶持，逐步降低印度对尼泊尔经济封锁的影响，减弱尼泊尔对印度的经济依赖，使其在与印度谈判过程中不至于因过于被动而影响中尼关系。

四、结束语

在 4・25 尼泊尔大地震及南亚政治局势变更的背景下，吉隆口岸的发展面临着一系列的问题与挑战——吉隆的发展取决于自身能动性，也受制于南亚形势的变动，在“一带一路”国家愿景规划下，吉隆理应发挥出自身独特的地缘优势，在南亚贸易陆路大通道建设过程中，加快实现南亚与西藏的互联互通与共促发展，完成口岸的责任与使命，为我国西藏自治区经济发展与长治久安作出贡献。

此份调研报告从边贸发展、城镇建设、南亚局势三方面分析震后吉隆发展中存在的问题与面临的挑战，未及概括、提及问题，调研组会在后期继续整理、分析，加以补充完善。

吉隆口岸建设：优势、问题及发展策略调查报告※

张玉荣　王子豪※

2015年8月，西藏民族大学2011西藏文化传承发展协同创新中心暑期调研团队到西藏日喀则市吉隆镇，就吉隆口岸的发展进程展开了20余天的田野调查。调研前，调研团队设定了一系列的思考问题：

（1）吉隆是不是已经做好充分的口岸开放准备？

（2）吉隆口岸开放建设过程中，当地居民参与的意义是什么？

（3）吉隆口岸开放建设过程中，尤其4·25地震后，当地居民工作该怎么做？

（4）吉隆口岸开放建设过程中，当地居民参与的积极性该如何调动？

（5）吉隆口岸开放建设过程中，当地居民的意见和要求该如何处理和消化？

（6）吉隆口岸建设蓝图变为现实最困难的是什么？

历经近一个月的调研，我们深切体味着吉隆在口岸建设机遇前所面临的种种挑战，体味着当地居民在变化“临界点”的焦躁不安和迷茫。我们认为，吉隆口岸建设的关键点是口岸开放政策需要有力度地落实和执行，

※ 本报告系国家社科基金项目“西藏社会与媒介引导力研究”（编号：14BXW040）、西藏民族大学2011西藏文化传承发展协同创新中心2015年招标课题“中尼边境信息交互与文化传播”（编号：XT15031）、西藏民族大学重大项目培育计划资助项目“西藏突发事件舆情引导研究”（编号：14myZP03）的阶段性研究成果。

※ 张玉荣，西藏民族大学副教授，博士；王子豪，西藏民族大学尼泊尔语教师。

不一定是要一步到位的跨越发展，更需要积累点滴工夫，分区域、分要点各个击破。

一、吉隆的发展优势

新中国建立后，1961 年吉隆口岸批准开放，1972 年被国务院设为国家二类陆路口岸，1987 年，升格为国家一类陆路口岸，曾经设有海关、商检等部门。后因樟木口岸的繁荣发展等原因，吉隆口岸进出口贸易基本停止，海关、商检等部门也随之撤销，只是保留了民间边市交易。

2010 年中央第五次西藏工作座谈会做出“支持南亚贸易陆路大通道建设，开展吉隆口岸跨境经济合作区前期工作”的部署，吉隆开始谋划口岸复苏之路。吉隆口岸一旦复苏，将进一步推动西藏对外贸易，缓解樟木口岸通关压力。

1. 历史渊源

吉隆的经贸和文明发展史源远流长。吉隆距尼泊尔腹心发达地带较近，尼中双方公路对接距离仅 30 余公里。公元 8 世纪始，吉隆就是西藏与尼泊尔交往和通商的要道，也是中尼间的传统边贸市场。尼婆罗赤尊公主远嫁松赞干布、印度佛学家宁玛派祖师白玛穷乃（莲花生）入藏、唐朝外交家王玄策出使印度均经由吉隆。如今在聂拉木县境内还可以看到户外高立柱广告牌上“一部西藏史，半部在吉隆”的广告语。未来，这些都是可供深挖开发的旅游资源。

2. 政策支撑

中央第五次西藏工作座谈会明确了建设南亚贸易陆路大通道战略和建设吉隆跨境经济合作区的战略目标。2008 年，西藏提出重点建设吉隆口岸的发展战略，将吉隆口岸发展方向定位为建立中尼跨境经济合作区，把吉隆口岸建设成为西藏自治区规模最大、辐射半径最广、开放程度最高、功能最齐全的一类口岸，成为南亚贸易陆路大通道的重要出口之一。

自治区“十二五”规划中提出了“将吉隆口岸建设成一条南亚大通道”的目标，同时规划还指出，要开展吉隆口岸跨境经济合作区前期工作，加大对口岸边贸市场、出口基地基础设施的建设和改造力度，积极发展与南亚地区的贸易与合作，逐步将西藏打造成我国陆路通往南亚国家的贸易中心、物流中心。2014 年，吉隆被列入国家口岸重点工作计划中，以路桥建设为主要内容的基建项目基本完工，吉隆县至吉隆镇、吉隆镇至热索桥的路桥已修通，海关、边检大楼已落成。

2015 年 4 月，国务院出台了《关于改进口岸工作支持外贸发展的若干意见》，重点围绕“一带一路”国家战略，加快和扩大沿边地区口岸开放。这一意见将进一步助推西藏融入“一带一路”国家发展战略，服务于西藏外向型经济发展，为实现中央第六次西藏工作座谈会制定的西藏发展目标加力。

3. 人心所向

有人担心，拥有 162 公里边境线的吉隆在建设口岸、形成开放态势之时，稳定将会成为极其艰巨的任务。然而，通过这一次调研，笔者认为，人心所向在吉隆是极其明显的。稳定人心是党和政府在西藏的工作重点，第六次西藏工作座谈会又在稳定人心的基础上提出“凝聚人心”的口号，吉隆口岸建设就是顺应了人心稳定、人心凝聚这一要求。

4・25 地震后吉隆当地居民体会到了社会主义制度的优越性，在政府和社会的帮扶下，安置、安抚工作及时到位，很快恢复了正常生活，与尼泊尔救灾行动缓慢形成鲜明对比。大灾大难聚拢了人心，让一心向往安宁富裕生活的当地居民，对社会稳定的期望值也大幅度提升。

国家认同感、民族共同体意识不因吉隆地处边境而消淡，恰好是因为边境，让他们增加了民族自豪感，认识到国家统一对民众生活安定的意义所在。

4. 独特的资源

吉隆口岸成为集贸易、旅游、文化、生态为一体的边疆重镇，有其独特的资源优势，最引人注目的是自然环境。经吉隆县到吉隆镇，海拔从 4000 多米直降到 2000 多米，随着高度的降低，气候愈加宜人；珍稀树木和药材分布广泛，雪豹、金钱豹、黑熊、恒河猴等动物时有出没，堪称世界植物的博物馆和野生动物的王国；大自然鬼斧神工，雕山琢水，使得吉隆镇周围的自然景观既有高原的壮美，也有谷地的秀丽。这样的自然景观让吉隆口岸地带已然具有了度假休闲、山地徒步等旅游发展基础。

除自然景观外，在“一部西藏史，半部在吉隆”这样深厚的历史背景下，以帕巴寺、招提壁垒、蕃尼古道、三趾马化石等为代表的文化古迹，彰显出吉隆的文化优势，提升着吉隆的旅游品质。

此外，民族的多样性带来了多元文化。藏、汉、尼、达曼人等共居一地，民俗造就的文化景观也是吸引游客的亮点。2014 年到吉隆旅游的人数不足 7 万人，因此，吉隆发展旅游文化有较大的提升空间。

5. 白纸绘蓝图的优势

相对比已成型且相对成熟的樟木口岸，吉隆口岸气候更加温和，风景更加秀美，旅游资源更加丰富；在土地利用上，吉隆地质灾害较少，地势开阔，有更多的土地可供开发，利于规划成为应用功能划分明显的新型边贸区域。

在相对空白的基础上打造全新的边贸口岸，其城镇风貌能体现当地居民的诉求，也更便于规划设计。在访谈期间，有边民表达他们对“家乡城镇景观”设计风格的期待：融合藏、尼、汉元素，既有现代建筑的气息，又不失传统的色彩；既有民族风格，又方便实用；既要成为贸易者工作的“吉隆”（舒适之地），也要成为吸引游客的风情之地，更要成为吉隆人长居久安的美好家园。

吉隆口岸的建设中，“现代化”这个词是最不应该被排斥的。本着环保、高效、便捷、优雅美观等建设要求，在口岸建设中融入统筹和精细化操作的理念，建设一个以人为本、具有可持续发展性的新型现代化口岸是人心所向，也是白纸绘蓝图给吉隆的机会。

二、急需解决的问题

2014 年吉隆口岸启动建设的新闻开始见诸媒体，当时新闻播报，吉隆口岸预计在 2014 年年底正式扩大开放，“一个在边贸、旅游、文化、生态等方面具有领先标准和示范意义的吉隆小镇呼之欲出”。12 月 1 日，人民日报、央视新闻等媒体称：“在沉寂 30 多年后，西藏曾经对尼泊尔的最大陆路通商口岸——吉隆口岸正式扩大开放，有着‘珠穆朗玛峰后花园’的吉隆有望重拾昔日繁荣。”[①]

12 月原本就不是旅游和边贸经商的黄金时节，加上次年开春之后的大雪使得各级政府将工作重点移至抗灾减损上；随后，4·25 地震中断了当地居民的正常生活，这一切都让口岸开放工作出师不利。2015 年 8 月，我们调研期间，还有扎村、江村等 300 多户居民居住在吉隆镇的救灾帐篷中。镇上仅有两三家做边贸的商店开门营业，基本上没有游客和外来的生意人。

8 月多雨，救灾安置区的公共道路泥泞不堪，整个镇子的情况也不尽如人意。工地兀自静止，没有机器轰鸣，没有工人劳动，镇上坍塌了的老房子也还没有清理，残垣断壁，很是荒凉。

吉隆镇唯一的小学吉隆小学在 8 月中旬要开学了，校舍就是几顶光线暗淡的帐篷——而搭帐篷的地也是租借来的，帐篷中横七竖八的桌椅间可以看见零星的牛粪。

吉隆镇的工作人员介绍说，国家计划三年重建灾区，但是吉隆县的计划是一年重建。通过对吉隆镇的调研、综合分析，我们认为一年重建吉隆不符合实际，但无论是几年，吉隆重建和口岸建设实际是可以结合在一起解决的，只是需要优先考虑以下问题：

1. 灾民后续安置工作问题较多，灾民情绪有待安抚

对于灾民，政府的工作可谓尽心尽力，大米、奶粉、食油等急需物品都按时派发，帐篷安置区还安装了无线 WIFI 供大家上网。但长达数月的帐篷生活依然让灾民面临许多困难，在家乡无人看管的牛羊、财产让他们牵肠挂肚；因是雨季，帐篷中的粮食开始沤变；个别老人身体也出现风湿

① http：//news.163.com/14/1201/15/ACD/INDK000146BE.html

症状；到冬季，寒冷加剧，煎熬会倍增。

一部分灾民认为自己家的房屋受损不严重，完全可以加固后使用，只是地震之后断了电，电力问题一经解决，他们就能自行安顿。个别灾民已经开始流露出抱怨情绪，他们认为随着时间的推移，过问安置工作的人越来越少且流于形式，需解决的问题没有切中要害。

边民是边境贸易的主力，唯有使他们恢复元气，吉隆口岸最基本的繁荣才有可能实现且维持。在保证安全和生活品质的前提下，压缩“临时安置时间”，鼓励在政府救助为主的基础上展开自救，是顺应民心、积极作为的表现。吉隆口岸建设涉及部分房屋所在土地的重新规划，风景区的整体设计也牵涉部分边民的重新安置，可以借地震重建的机会，协同推进口岸建设和边民新宅重建工作，实现吉隆规划及建设的利益最大化。

2. 口岸建设“呼之欲出”之态势持续过久

吉隆口岸建设指导思想明确提出“整合空间结构，完善各类设施建设，传承地域历史文脉，保护和有效地利用地区自然资源，建设集边贸、旅游、文化、生态等主要功能为一体的有示范意义的边疆重镇”。8 月，仅有城镇拓展的平地工程在推进，较为可惜的是，推土机驶过之处，可以移植或留存的景观树也都一并消失，“保护性开发”的初衷有待兑现；更多建设停留在规划上：金融、通信、税务、工商机构未入驻，旅游配套设施未建设，加油站、自来水厂等基础设施依然是空白（吉隆镇没有加油站，部分司机到镇里才知晓，带来不少麻烦），物流滞后，对贸易形成阻碍;受地震影响，已经建成的边检等设施也因贸易停滞而暂时停用，吉隆口岸建设基本停留在一年前“呼之欲出”的阶段。

受访边民说，看到 2014 年 12 月 1 日口岸开通的仪式，他们也很激动，随后，不再有动静，这让他们感到困惑。吉隆口岸的“复出之路”若总停留在“呼之欲出”的状态，很难顺应时下的社会发展需求，也对一部分依靠边贸为生的民众生活造成影响。

3. 口岸体制机制不顺，基层沟通问题有待解决

吉隆口岸的发展自然条件可谓优厚，在此基础上进行建设，硬件设施

固然是发展的重要因素，但人的因素造就的软实力不容小觑。

通过调研，我们认为口岸管理和服务部门运作体制机制不顺、基层干部与民众沟通不畅（或缺乏沟通渠道）是导致民众产生不满情绪的根源。比如说：有当地居民生活中遇到困难求助警察，但普通群众分不清派出所警察和边防警察的职权划分，不能准确地向对应的部门求助，致使求助得不到反馈；大部分边民没有办理边民证，这增加了他们出行的难度，该如何办理，他们完全没有概念；有的边民是藏尼通婚家庭，在边境管理不规范时期，在边境来回走动没有障碍，但眼下，不仅仅是来回通行有障碍，孩子上学需要父母双方的户籍证明时，也遇到困难。这些关系到当地居民切身利益的事都很具体，小问题非常多，他们常常不知道该怎么解决，或者说解决的难度对他们而言太大了，政府职能部门能提供的咨询和引导极其有限，这些事情一旦得不到解决就会导致负面情绪扩散。

调查中还了解到，许多当地居民还认识不到口岸开放能带来更好的生活，更多的利益。相反，他们认为现在的口岸管理打乱了他们原有的生活秩序，带来了一定的麻烦。如跨境到尼泊尔边境村子停留的时间被缩短，对藏尼通婚的家庭而言，这直接影响到日常生活往来；海关规定，每人每日可免征价值在人民币 8000 元以下的商品进口关税，但实际执行中品类受限严重，让他们得不到更多的利益；没有成立边境小额贸易公司的生意人，不懂得政策变化，挂靠在别人的公司经营，被挂靠公司以代缴关税名义加倍收取费用，被收取“高额关税”的生意人认为这就是海关制定的关税——他们对“关税”过高感到不满。

口岸工作人员责任不明确，边民对口岸开放持观望和怀疑态度，在具体操作中，边民不了解新规定，工作人员解释不到位，导致边民时有抱怨。

时间越久，问题积累越多，边民就越容易将自己放置于“被约束、被管理的对象”这一角色上，而不是认为自己是“被服务的对象”，易用对立的思维方式看待问题。无论这些边民是否富裕，是否经常“游历国外”，事实上他们都没有受过太多教育，视野有限，遇到问题认知方式也很简单，个别年轻人容易被蛊惑，情绪易走偏。如此情景下，政府服务部门不以开放的态度、良好的服务推进口岸建设，民众缺乏积极参与意识，无疑只会让口岸建设停留在规划阶段。

建设一个向第三国开放的口岸除硬件过关外，以人为本的服务是核心。目前基层干部主要面对的服务对象是边民和少数尼泊尔生意人，在口岸运转尚未完全步入正轨之前，问题多，要处理的细节工作也多，耐心细致的工作作风无疑是基层干部为民服务的法宝。通过调研，我们认为，吉隆镇生活物品的物价高于西藏其他一些地区，是交通运输成本等条件限制导致的。为降低生活成本，在吉隆口岸生活的边民会跨境去购买尼泊尔的部分用品，并销售一部分物品获利，这一传统得以持续，一定程度上是实践国家发展各民族共享改革开放成果这一理念，根本上就是为了让老百姓提升生活品质，过上富裕生活。如果我们的政策和管理让普通百姓感觉不方便了、受损失了，我们就要停下来反思和调整了。

眼下，吉隆人对口岸开放热情不够，似乎在等待一个有力的号召，在等待开放工作的“苏醒”。对普通边民来说，他们可以等待，可以观望，而本地政府工作人员若和边民持同等心态，估计吉隆的冷清和萧条还将持续下去。

三、策略：施加“微功夫”，求得长发展

响应习近平总书记提出的“牢牢把握改善民生、凝聚人心这个出发点和落脚点”，多做打基础、利长远的工作，是吉隆当下发展的一个突破口。吉隆镇居民年平均收入 7000 多元，山区群众的收入要略少一些，但即使遇到地震，绝大部分群众保证生活温饱是没有问题的，政府危机处理及时得当成为社会更稳定发展的“红利”。眼下我们要认识到，在“一带一路”发展格局下，若错失发展的最佳时间、窗口，对及时救灾取得的社会稳定“红利”也是一种浪费。

或许有人会说，吉隆口岸的建设和发展就是资金问题，资金不到位，什么都是空谈。资金到位与否的确是一个制约或激励发展的本质问题，但

眼下即使资金不到位，也有许多工作需要以细致、认真的状态开展，为以后全方位工作开展做积累。

1. 凝聚人心，强化家国意识

在历史传统和实际生活中，比起拉萨、祖国内地，吉隆边民更熟悉尼泊尔的边境城乡。地震后的危机处理让吉隆边民深切感受到来自政府和其他兄弟民族的温暖，尤其是对比尼泊尔人得到的救援，他们愈发强烈感受到来自政府和其他兄弟民族间的爱，并为自己是中国人而感到幸福，也倍加珍惜做“中国人”的资格。爱国的实际表现不仅仅是挂国旗，更在于国家认同感和民族共同体意识的建立。地震救援取得的“人心凝聚”的效果极为显著，不少边民国家情怀的树立、民族共同体意识的强化，已然是最佳的爱国体现。打铁需趁热，在这样的节点，把握人心凝聚的时机，解释平时不被理解的政策，告知、动员、引导大家一定程度上自力更生，重建家园，效果会事倍功半——如果只是集聚安置众人，等待政府按时发口粮，无疑只是输血式的救援，也错失了观念和意识提升的机会。借这一次救灾机会，通过科学的传播和有效内容设定，消解他们错误的历史观念，营造更加稳定的社会环境，有利于今后口岸建设工作的开展。

2. 兴边富民，鼓励发展

口岸开放是多年期盼的愿望，符合“一带一路”发展策略和兴边富民政策，但目前许多受访边民的营生观念还是该种地的种地，该放牧的放牧，普遍认为与自己关联不大。虽然他们也意识到口岸开放后最好的致富办法是做生意，但他们觉得要具备“有关系、有本钱、有经验”这三个必备条件才能做生意。他们一方面是感受到即将到来的变迁给生活带来的巨大转变机会，另一方面感受到自我能力不足、自我认识不够造成的障碍，这让边民在骚动中又充满了对未知前路的迷茫，缺乏尝试的勇气。由于缺乏创新思想和差异化发展思路，他们中间一旦有某户人家通过某种营生，使生活有了一定改观，其他人就会不辨自身条件，跟风发展。造成这一问题的原因是，边民见识有限，思路打不开，缺乏参考和引导。

如同樟木口岸建设让樟木人率先致富，吉隆口岸建设也得让镇辖的

5000 多人口受益，共同走上富裕之路。把观念引导作为要务，就得为边民想策略、找路子、做指引，让他们找寻到切合实际的发展道路，找到适合自己的位置。

3. 接轨新技术，以科技促发展

吉隆边民乐于接受和传播新事物、新观念。在访谈中我们了解到，社交媒体是他们最为喜欢的交流平台，只要会上网的人都有微信，个别做小额贸易的边民已经在用微信辅助生意了，只是电子商务这样的概念还没有完全进入普通边民的生活中。在信息传播也是生产力的时代，随着开放程度的加深，以科技促发展是普遍的社会现象。未雨绸缪，提前为此做铺垫和准备是值得提倡的，引导边民不仅仅满足于微商和微信私聊中的生意经，更应该将边境贸易的电子商务平台作为未来的一条发展道路去考虑。

在口岸发展中，新技术会促使新型生产方式和生产关系的产生，以此为依托，人们的生存观念和生产方式也会相应改变，也要引导边民通过掌握新技术改变生活境况，参与口岸经济建设，提高自身素质。

我们了解到，近四年，地方培训机构就竹具编织、木碗加工、农作物种植等 7 个项目培训了 800 多人，取得一定效果，但范围太小，涉及的人数有限，远未满足需求。建议加大培训力度，拓展培训范围和培训品类，甚至可以应需开展培训。调研中我们接触了几个有学习技术需要的边民，但他们最优选的方案是到尼泊尔拜师。之所以不选择到日喀则、拉萨等地学习，很重要的原因是他们没有熟人，没有路子，他们也不清楚政府部门有培训农牧民学习技术的项目。

此外，要为边民的产品找市场。在日喀则市场上，一个传统的装酥油的小竹器就卖到了一百多元，还特别难买到，但吉隆吉普村的竹器却积压在山区，无人问津。

4. 持续发展，重视教育和文化传播

语言文字是工具，也是文化思想的承载物。吉隆镇现有完小一所，虽然教育条件与我们赋予教育的期待不相匹配，但是我们有理由相信口岸学校的条件会在口岸建设全面启动后，成为改善的重点对象。需要强调的是，涉及教育问题，不可忽视的是语言教育。口岸学校整体教育水平和教育效果都不是很理想，英语教育也无优势，还没有开设尼泊尔语课程；即使边民中有精通两三国语言的人，但也都是在漫长的生活中累积习得的，缺乏系统的语言教育。考虑到吉隆口岸的持续发展，建议应针对不同教育层次、不同群体，综合开展汉语、英语、尼泊尔、藏语等语言教育。

重视教育是涵盖学校但不局限于学校的更广泛意义的教育。边境地区，信息环境复杂，我们的教育滞后，难免会处于被动地位。教育可以附着于文化传播上，以喜闻乐见的方式让人接纳，而历史知识也是可以通过娱乐节目传播。在吉隆口岸，社会信息传播还完全处于初级阶段，有计划的文化传播更是空白。初期，有计划的信息传播应该率先考虑到边民中的生意人和尼泊尔商人。目前，针对尼泊尔商人会统一赠阅英文版的《中国西藏》，为更好地传播中国的政策，《中国西藏》还应译成尼文赠阅。但仅靠一本期刊，影响力有限，根据受众媒介喜好，可加大影视节目的传播力度。对边民来说，可采用社区会议、村委会议、人际交流和影视传播、文化传播相结合等多元的手法满足他们的文化和信息需求。改革开放后，我国社会实际问题中有一点是，国民经济快速发展与人们日益增长的文化需要不相匹配。引前车之鉴，需在提升物质生活品质的同时抓精神文明建设，提高人们的文化素养，培养他们正确的生活和社会观念，这都有助于社会稳定和国家统一。

四、结论

2015 年开放的吉隆口岸如果没有频频遭遇天灾，会不会有不同的景观？显然，结论让人不那么乐观。眼下，口岸开放工作因热索桥断行，边贸中断而放缓，这其实是给边民一个缓冲，让他们更多一些适应环境变化的时间，使他们认识到，无论他们是固守还是锐意进取，他们的生活都已经处在转变的“临界点”上。在这样的“临界点”上有冲突、有矛盾、有困惑都是正常的，重点是如何为他们答疑解惑，引导他们适应这一变化，受益于开放这一历史机遇，过上更加富裕的生活。

对于主导和参与口岸建设的政府部门而言，不期而至的天灾虽然耽误了正常工作的推进，实际上也争取到了更多的准备时间。从规划形成到口岸初具形态，直至逐渐步入正轨，都要尊重事物发展的一般规律，不可能一蹴而就。我国政府在改革开放几十年中积累了许多口岸建设的经验，可借鉴这些经验，推进西藏口岸建设本地化运作，重视民情，尊重民意，不给未来制造遗留问题，以更开阔的眼界建设美好“吉隆”，让吉隆成为西藏经济发展的重要推动力之一。

地方性保持　世界性展示※

——“一带一路”背景下的西藏旅游文化

朱普选　杨昆　章杰宽※

众所周知，随着西藏经济社会的快速发展和交通设施的逐步完善，西藏旅游业发展蒸蒸日上。2010—2014 年，西藏接待国内外游客人次年均增长 22.6%，旅游总收入年均增长 29.58%，占全区当年 GDP 比重持续增长，年均 18.1%。作为具有比较优势的产业，旅游业成为西藏支柱性产业已是不争的事实。

2015 年 3 月 28 日，国家发改委、外交部、商务部联合发布了《推动共建丝绸之路经济带和 21 世纪海上丝绸之路的愿景与行动》，明确了“一带一路”倡议下加强区域间旅游合作的重要意义，并明确指出“推进西藏与尼泊尔等国家边境贸易和旅游文化合作”。西藏本身就具有丰富的旅游资源，同时作为历史上南方丝绸之路、唐蕃古道、茶马古道段等多条通商要道的重要参与者，西藏不仅是中国与南亚国家交往的重要门户，起到连接西北内陆与南亚诸国的贯通性作用，各地还分布着大量丝路遗址。因此，西藏旅游业在“一带一路”倡议下亦大有作为。

※ 本文系西藏民族大学 2011 协同创新中心 2015 年招标课题“建设世界旅游目的地背景下的西藏文化变迁与传承创新”的阶段性成果。该文是作者朱普选在第二届藏博会文化论坛上演讲稿的修订稿。

※ 朱普选，西藏民族大学南亚研究所所长，管理学院院长，教授；杨昆，西藏民族大学讲师；章杰宽，西藏民族大学讲师，博士生。

一、西藏传统文化是西藏旅游发展的重要资源

就西藏这一区域而言，藏族文化在旅游开发中占有更加重要的地位。搜狐网曾经评出的西藏的十个关键词是：珠穆朗玛峰、布达拉宫、拉萨、雪莲、神秘、佛教、圣洁、喜马拉雅山、藏药、雅鲁藏布江，其中与民族文化相关的词有6个；《西藏旅游》杂志推选的西藏十个代表符号是：珠穆朗玛峰、布达拉宫、拉萨、六字真言、辩经、太阳、苏罗玛宝、藏刀、英雄结、神鹰，有关西藏文化旅游资源的符号有7个[①]。2014年9月，西藏民大南亚研究所研究人员与《中国国家地理》合作收集了2013年8月至2014年9月在中国大陆三个主要网站（马蜂窝、驴妈妈和驴评）上发布的共2841篇游记，合并获得510余万字的文本。对文本进行内容分析后，在前两百个特征高频词中，代表“景观类型”的特征词17个，有10个特征词都与文化直接相关[②]；在拉萨、林芝、日喀则三个旅游者最愿意前往的目的地中，“布达拉宫”“大昭寺”“扎什伦布寺”“江孜宗堡”等诸多人文景观都是较为敏感且广受旅游者关注的。研究发现，作为藏文化的保留地，旅游者对西藏的情感态度以积极为主，更愿意将西藏旅游经历定义为心灵之旅，对精神的净化可以作为西藏旅游的独特体验之一[③]。

由此不难看出，独具特色的民族和区域文化是西藏旅游的重要吸引物，不论在游客还是在西藏当地的旅游机构的准备方面，西藏旅游资源中最具吸引力的还是西藏独特的民族文化旅游资源。

文化是一个地区、一个民族区别于其他地区与民族的主要特征。与其他地区相比，西藏旅游文化的地方性特色主要体现在以下四个方面：

第一，神圣性。我们的研究发现，入藏旅游者对西藏缓慢的生活节奏、虔诚的信仰、壮美的自然景观等充满向往和认可，“梦”“心灵”“圣地”“天

---

① 朱普选：《西藏旅游开发中的民族文化及其保护》，《西藏民族学院学报（哲学社会科学版）》2008年第4期。

②《众人眼中的西藏》，《中国国家地理》，2014年第10期。

③ 杨昆、姬梅、陈娅玲：《基于网络游记的西藏旅游目的地形象探析》，《旅游论坛》2013年第3期。

堂”是对西藏旅游总结较为常见的词汇，对西藏旅游的评价往往上升到精神净化的层面，这种神圣感成为西藏旅游的独特体验之一。

第二，多样性。藏文化博大精深，康巴文化、贡布文化、雅砻文化、卫藏文化等，都是人们所熟知的西藏地域文化，充分显示了西藏在文化同源的基础上，多样性并存的特征。即使从第二届藏博会的开幕式上歌舞的表现形式就有阿里的“宣舞”、雅砻的“卓舞”、藏东的“弦子舞”“热巴舞”、班戈的“谐钦”、扎囊的“果谐”等等，又一次说明了西藏文化的多样性。

第三，生态性。人类是包括自然环境在内的整个环境的客体，同时又是社会、文化环境创造的主体；作为客体的人会受整个环境（包括自然环境）的制约，所以由人在实践活动中创造的文化必然受到环境的影响。西藏文化就是当地居民与自然长期融合的结果，具有文化的生态适应性，如赛马节主要存在于以游牧为主的那曲地区，望果节则是山南、日喀则等以农业为主地区的主要节日。

第四，本真性。本真性是旅游业学界长期讨论的话题，从某种意义上说，本真性意味着传统的文化及其起源，意味着一种纯真、真实与独特。西藏文化之所以迷人，是因为旅游者看到及感受到的，都是其本来面目，没有经过过多雕琢。西藏的建筑、饮食、服饰、民俗、文学艺术等文化，几乎都完好地保留了下来，较少受到外界工业文明的影响。游客在西藏可以体验到活态的历史，找寻到心灵的归属感。

二、西藏旅游文化的地方性保持

然而旅游活动的社会互动十分频繁，“东道主”和“游客”之间的交互作用导致文化交融和变迁在旅游情境下更容易发生。文化变迁通常被定义为：由于文化自身的发展或异质文化间的接触和交流造成的文化内容的增加或减少所引起的结构性的变化。2014 年和 2015 年，我们的调研组赴西藏多地实地调研旅游引发的西藏文化变迁问题，如在西藏林芝县鲁朗镇扎西岗村、罗布村、东巴才村调研时发现，社会结构变迁和生活方式变迁较为明显；人口结构、经济等出现不同程度的变化；社会观念和语言变迁不明显。

“一带一路”建设作为国家战略开始得到实施，西藏的开放程度进一步提高。如何在开放接纳的环境下,保持文化的地方特色,这一问题在政府、学术界和旅游业界都广受关注。通过已有的研究，我们认为旅游情境下西藏文化的地方性保持可有以下途径：

首先是采取“前台、帷幕、后台”的民族文化保护与旅游开发的模式。

这一开发模式，对解决西藏旅游业的发展与民族文化的保护具有理论与实践的双重意义[①]。“前台”是旅游目的地通过民族文化展示、表演，让游客了解民族文化，参与到文化互动中去，对民族文化进行体验。但这些展示、表演、体验实际上是民族文化的快餐化，是民族文化的舞台表演而非民族的真实生活。“后台”是文化的保护性空间，保留传统的社会生产和生活习俗，也就是要求它保持民族传统文化产生和发展的原生环境，从而使得藏民族传统文化能够不受外来文化的影响得以延续，保持它原有的神秘性和吸引力。

要实现前台与后台的分离，就要在两者之间设立一个“缓冲区”，它是前台的文化商业空间与后台的文化原生空间的过渡性空间。其功能类似于舞台上的帷幕。在这一过渡区里，民族文化的商业化逐渐减弱，文化的真实性与原生性逐渐增强，阻止过度的商业化影响后台的民族文化的原生地，让后台的原汁原味的文化得以留存和保护。

近年来西藏旅游者逐年增多，大量游客的涌入容易导致真实的民族文化失去存在的空间，反过来破坏入藏旅游者的重要旅游动机即对民族文化的偏好。为了满足保障旅游业积极发展，同时保护藏族文化原生态不受或少受外来文化影响，有必要将藏族文化根据其功能的差异划分成不同的区域：一部分区域负责舞台化的展示民族文化；一部分区域成为藏族文化的原生态保

① 朱普选：《西藏旅游开发中的民族文化及其保护》，载《西藏民族学院学报（哲学社会科学版）》2008 年第 4 期。

留区，保证民族文化的神秘性和民族文化按照其原有文化的发展轨迹延续。

其次，利用社区参与提升文化地方性自觉。

社区参与能够强化社区居民的自我意识，增强社区认同感，促进民族文化的保护、发展和传承。社区参与层次越高，居民的文化保护意识越强，从而对当地文化保护的促进作用越明显。出现了“强参与和强保护”“弱参与和弱保护”“不参与和无保护”“异地参与和异化保护”等四种参与程度与保护效果之间的发展组合[①]。因此，“对民族社区的传统文化进行充分合理保护的途径就是加强社区参与旅游的程度”。

2014 年 7 月，西藏民大南亚研究所课题组在山南田野调查的结果也印证了社区参与对文化地方性保持的重要性。在资源禀赋相当的两个乡镇社区，乃东县门中岗村由于地缘优势，每年接待外来人员数量多且动机复杂，扎囊县桑耶镇接待的外来人员动机较为单一。但由于门中岗村从乡镇政府到社区居民，在当地旅游发展中都有自己承担的角色，社区旅游参与程度强，访谈过程中当地居民对地方性文化认同度较高且文化变迁趋势不明显；桑耶镇旅游发展主要依赖桑耶寺，无论是乡镇政府还是社区居民，参与旅游发展程度有限，当地旅游接待等有大量外来人员介入，使得居民对当地文化价值认知模糊，且对未来区域或民族文化变化持消极态度。

第三，通过旅游增权内化文化地方性保持。

“利益相关者理论”是旅游可持续发展过程中必不可少的理论指导之一。社区居民作为旅游业发展的利益主体之一，有权对旅游规划的制定与实施发表意见甚至直接参与决策，并享受旅游开发带来的利益。左冰、保继刚（2008）认为需要建立起一套正式的支持性制度来保障社区参与的权益，将传统的“自上而下”的社区参与方式改变成“自下而上”的合法增权形式。从而将强势的力量与相对弱势的力量均衡地安排在一个宪制框架内，通过第三方制约来真正实现旅游发展中各种权力关系的平衡和社区参

① 孙九霞：《社区参与旅游与族群文化保护：类型与逻辑关联》，《思想战线》2013 年第 3 期。

与旅游发展制度化[①]。

文化的地方性往往显现于地域性居住区、区域居民生活、生产活动等方面。基于地方性文化的旅游正是依托区域居民生活空间中的聚落景观、民情风俗、生活方式、生产方式、社会文化等为核心旅游资源展开的。因此，文化地方性的保持与维护，离不开区域居民的主动性。社区居民具有资源保护利用主体和资源本体的双重身份特征，通过旅游增权使社区居民充分享受到旅游业带来的经济、社会文化、环境等各方面的利益，才能保证社区关系的和谐，唤醒社区对地方性文化价值的认同。

第四，政府行为保障文化地方性保持。

在文化的地方性保持上，政府也扮演着不容忽视的重要作用。一是，政府通过立法或地方性条例，对地方性文化实施有效的保存或保护，杜绝破坏和损毁行为的发生，为文化地方性保持提供法律制度依据；二是，政府具有较强的协调话语权，在利益相关者理念的指导下，政府有能力建立制度性保障，协调旅游发展中地方性社区与外来力量之间的利益分配，为文化地方性保持提供物质保障；三是，政府通过公共管理和社会宣传，通过设立学习研究机构等加强地方性文化传承力度，宣传引导以增强地方文化自豪感和自信心，为文化地方性保持提供传承基础；四是，政府社会引导优势可以将社会资源引入地方性文化保持领域，实现文化地方性保持的社会性参与。

三、西藏旅游文化的世界性展示

当然，我们也要注意到，文化的变迁与互动是不可避免的，不可能在开放的环境下一味强调“保持”，也要看到文化保护的另一种手段，即世界性展示。在经济全球化的背景下，有学者提出“文化全球化”的概念。简而言之，文化全球化是指世界上的一切文化以各种方式，在“融合”和“互异”的同时作用下，在全球范围内的流动。西藏旅游文化要融入国家的“一

① 左冰、保继刚:《从“社区参与”走向“社区增权”——西方“旅游增权”理论研究述评》，《旅游学刊》2008 年第 4 期。

带一路”倡议，在地方性保持的基础上，建设好世界旅游目的地，必须同时要在“文化全球化”方面做出相当的努力。

“文化全球化”不是“文化趋同化”，也不是“文化同质化”，更不是消融民族文化。我们在这里提出西藏旅游文化全球化理念的目的在于要让西藏旅游文化为全世界所认同。只有被全世界人民认同了，他们才会消费相应的文化产品。如何来实现这种文化全球化，我们提出西藏旅游文化的“世界性展示”，主要包括四个方面：世界性的产品、世界性的营销、一流的人才培养和一流的管理理念。

第一，世界性的产品展示。

毋庸置疑，西藏有着世界级的旅游文化资源，这也构成了我们能够建立并且建好世界旅游目的地的基础。但是到目前为止，西藏的文化旅游产品开发要相对滞后，旅游产品升级、旅游服务配套提升不够，很难提供世界性的展示产品。因此,创新西藏的旅游文化产品,以达到融入“一带一路”倡议、建设好世界旅游目的地的目的。首先，打造具有国际影响力的西藏旅游品牌。例如进一步提升拉萨城关区、林芝八一镇旅游服务水平，使之成为国际知名旅游城市品牌；正在建设的林芝鲁朗国际旅游小镇，就是依托其优美的自然环境，展示独具特色的工布文化，正在筹划的那曲地区格萨尔旅游小镇，就是在借助格萨尔的文化魅力，展示羌塘草原文化的内涵；珠峰登山探险旅游，已经成为全世界登山爱好者的选择。其次，注重西藏旅游文化的物质展现和体验，使得西藏旅游文化是一种可以深入体验的文化，而不仅仅是观光。进一步加强旅游公共服务设施的建设，提供良好舒适的服务，使得游客有留下来深入到当地居民的生活中，从而体验藏族生活的这片沃土，以及与之相适应的民族文化的创造过程，真正了解西藏地域文化的内涵。再次，根据西藏独特的地理环境，做好游客分流机制，利用已经形成的三条黄金旅游环线 [东环线（拉萨—山南—林芝—拉萨）、西环线（拉萨—日喀则市—萨迦—江孜—拉萨）、北环线（拉萨—羊八井—当雄—林周—拉萨）]，对游客进行空间分流；利用西藏特殊的自然与文化优势，持续发展珠穆朗玛峰冬季之旅、藏族的藏历新年体验之旅，在藏东南雅鲁藏布大峡谷举办桃花节、巴松错—布如沟温泉休闲旅游，墨脱—察隅冬季生态探秘等活动，开发西藏冬季旅游产品，有效避免西藏旅游在夏季过热和冬季过冷的现象，促进西藏旅游的有序发展。

第二，世界性的营销模式。

在新技术和理念推动下，西藏旅游营销视角和手段也需要随之改变。众所知周，国内旅游市场是区域旅游发展的最主要构成。国内游客入藏数量近些年的比例也一直维持在 95% 左右，因此，西藏在国内旅游促销方面做了大量的工作。但是现在,我们要发展西藏旅游文化,要融入“一带一路”倡议，要建设好世界旅游目的地，在保有国内旅游市场的同时，也应当大力发展国际市场。由此，当前的营销视角和手段也需要随之改变。一方面，我们需要维持传统的营销模式，如海外的旅游推介会、各种媒体或非媒体广告等；另一方面，我们需要特别重视新兴的营销渠道，如现在普及的各种社交媒体，如微博、微信等。此外，有一点需要强调的是，既然我们要进行国际化营销，那么我们可以效仿 CCTV，在 Facebook、Twitter 等海外社交媒体上，开立英文账号，将西藏旅游文化的发展动态时时呈现在世界面前，这对于扩大西藏旅游文化的影响具有相当重要的作用。

第三，一流的人才培养。

人才培养是西藏旅游业可持续发展的动力,也是西藏旅游文化做到“地方性保持”和“世界性展示”的重要支撑。西藏旅游专业人才培养工作起步较晚，旅游从业人员素质普遍较低，小语种导游专业严重缺乏，旅游从业人员的知识水平、劳动技能等远远不能适应西藏建设世界旅游目的地的要求。对于西藏旅游人才的培养，可以从三个层面进行：一是充分发挥高校培养高级旅游人才的作用，创新旅游人才培育模式，利用对口支援、合作办学、建立校企合作、建立实习基地等多种形式帮助高校提升办学水平和适应西藏旅游发展的能力，培养西藏紧缺的旅游规划、旅游策划、旅游营销、旅游职业经理人、双语导游等专门人才和高级管理人才。二是加强旅游职业教育，重视少数民族旅游人才培养，加快建设旅游职业教育基地，发挥旅游人才培养的主渠道作用，可以制定相应的激励机制和晋升选拔制度，调动少数民族学生进入旅游职业教育基地学习的积极性。三是加强对旅游从业人员进行培训，推广资格认证，提高旅游从业人员整体素质和水平，建立高素质的旅游教育培训师资队伍。调动旅游院校（系）、旅游企业、旅游管理部门等各方面的积极性，有效利用高校智库培养在岗旅游人才的作用，组建专职、兼职师资队伍相结合的高素质的旅游教育培训师资队伍。目前自治区旅游委正在主持建设的“旅游教育培训专家师资库”就是一个很好的方式。

第四，一流的管理理念。

一流的旅游文化建设要有一流的管理理念，我们认为可以从以下几个方面来构建新的管理理念：一是发挥政府旅游管理职能部门的宏观管理职能，鉴于目前西藏旅游企业数量多，但其竞争力较弱的现状，管理部门应该整合资源，高效配置，扶持几家旅游骨干企业发展，要走出一条大企业进入、大项目带动的道路，做大西藏旅游集团。同时应该积极和周边的新疆、青海、甘肃、四川、云南等省区联合，共同推进区域合作；积极开展与南亚国家的旅游合作，使世界旅游目的地的建设呈现全方位开发的局面。二是发挥监管职能，建立西藏旅游企业、旅游从业人员和旅游资源数据库，建立健全旅游经营和服务监管长效机制，规范旅游企业和从业人员的行为，发挥展示西藏文明和社会和谐发展的窗口作用；引导旅游企业建立与国际接轨的现代企业制度，提高企业专业化、规范化建设水平，增强国际国内市场竞争力。

三是转变管理模式，旅游主管部门转换角色成为西藏旅游可持续发展的服务机构，做好“互联网 + 政务”工作，大大缩短沟通层级，提升办公效率；运用“互联网 +”思维，促进旅游业和其他相关产业的融合，打破行业壁垒；整合多方力量，增加西藏旅游文化发展中的大数据管理职能。

2015 年西藏自治区十届人大三次会议提出将加快建设南亚大通道，对接“一带一路”和孟中印缅经济走廊，推动环喜马拉雅经济合作带建设。在“一带一路”倡议背景下，西藏旅游要持续深入的发展离不开西藏文化的开发利用，“地方性保持、世界性展示”并举是西藏旅游文化发展的可行途径。

下篇　西藏社会发展

2015年上半年西藏网络舆情分析报告※

袁建　周德仓　刘小三※

由于西藏处于反分裂斗争主战场和第一线的特殊社会环境，十四世达赖集团和敌对势力利用新兴媒体进行反宣、煽动、渗透、滋扰，企图破坏西藏发展稳定大局，网上涉藏舆论斗争形势尖锐复杂，舆论引导工作艰巨繁重，网络宣传面临着全方位挑战。2015年上半年，西藏自治区党委、政府有关部门积极采取有力措施，有效抵御境内外网上反宣渗透，消减网上涉藏负面信息，营造积极、健康、清朗的涉藏舆论环境。

一、2015年上半年涉藏网络热点舆情分析

（一）基于PC端分析

1. 媒体涉藏报道热点分析

（1）境内媒体。上半年，境内媒体主要聚焦于重大节日活动、重大历史事件和社会热点问题，以正面报道为主。作为常态化网宣的重要组成部分，《中国梦·西藏故事》唱响“西藏好声音”。比如，一季度，国内媒体

※ 本文系国家社科基金项目“西藏地区文化传媒体系的构建与西藏对外传播研究”（项目号：12CXW030）；西藏自治区哲学社会科学专项资金项目“西藏双语传播机制与西藏主流媒体传播能力研究”（项目号：12BXW001）的阶段性成果。

※ 袁建，西藏自治区网信办副主任；周德仓，西藏民族大学新闻传播学院院长、教授；刘小三，西藏民族大学副教授。

对藏汉共度新年的报道量达 1200 篇次，营造了藏汉民族团结一家亲，宗教和睦，社会和谐，基层民众欢乐祥和的喜庆气氛；而作为人民政治生活中的大事，全国“两会”的召开，也是境内媒体报道的重点，涉藏报道自然也不少；纪录片《第三极》网上播出，以其独特的传播方式，全面演绎了西藏经济、社会、宗教、民俗、文化各个方面的内容，受到全国网民的关注和喜爱；西藏卫视制作的藏语版《喜欢你》(宁都啦) 快闪 MV 在国内各大新闻网站获得广泛转载，热评不断;4 月 25 日尼泊尔地震波及西藏，引发全国民众关注，在短期内也形成了一波舆论高潮。这一系列的重要节日和热点事件，引起网民广泛关注，传播效果良好 (见图 1)。

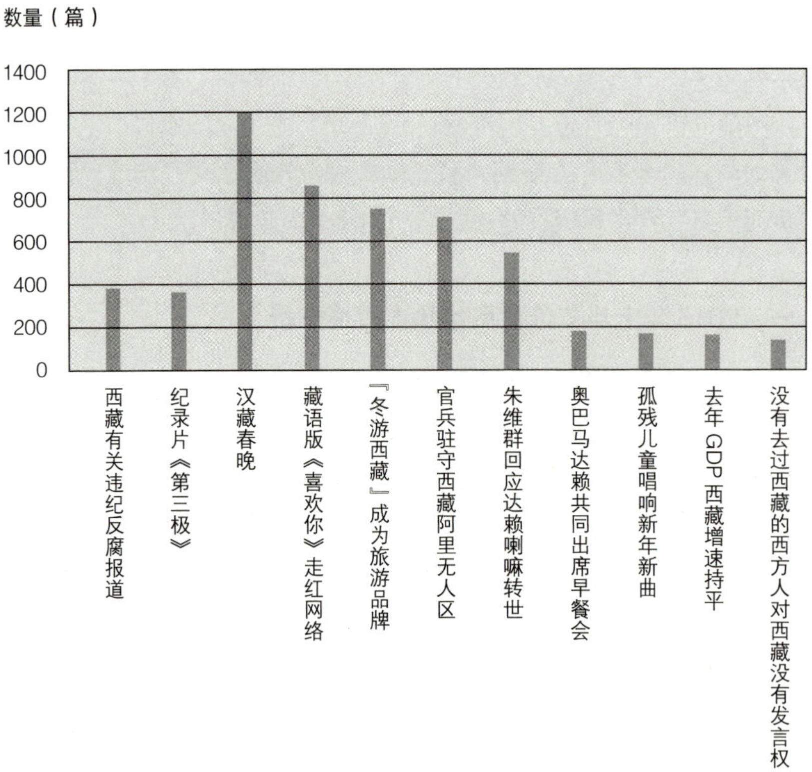

图 1　第一季度国内重点媒体涉藏新闻报道

作为国内主流媒体的常规报道，西藏 GDP、经济民生类新闻话题是宣传西藏发展成果的最常见话题；由于西藏独特的旅游资源在国内外享有很高的知名度，以及旅游产业在经济发展的支柱地位，西藏旅游议题也在境内涉藏报道中位列前茅。而涉及敏感话题的报道，比如十四世达赖喇嘛的有关活动、言论和我外交部发言人的表态等新闻报道，主要由人民网、新华网首发，转载量较大。

整体观察，在上半年国内媒体涉藏报道话题中，主要以民生、地质灾害和文化、旅游类为主，政治类、经济类话题在某个节点，由特定的时间和话语激发，呈现为短暂的热点舆情（见图 2）。

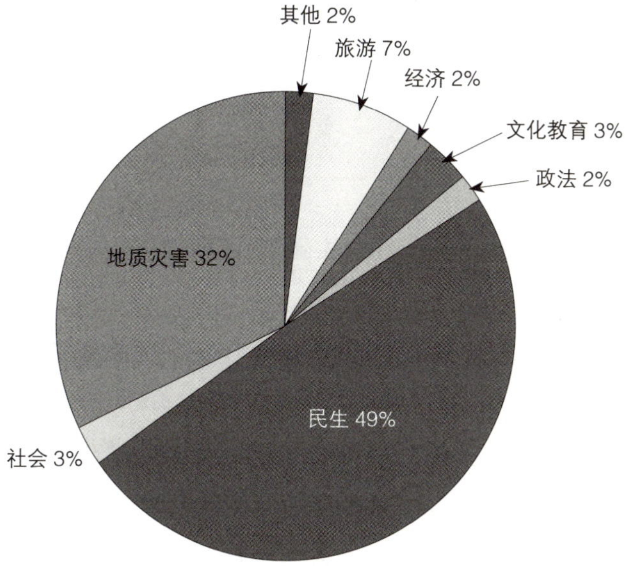

图 2　境内涉藏热点舆情事件类型分布

（2）西方主流媒体。西方主流媒体涉藏报道在数量方面，也多与特殊时间节点和具体事件相关。一季度报道数量较少，主要涉及十四世达赖喇嘛活动或话题相关的过度渲染报道，还有少数媒体关注四川阿坝县藏族妇女自焚事件（见图 3）；二季度由于适逢西藏宗教节日和《西藏发展道路的历史选择》白皮书的发表，引起西方媒体关注，境外涉藏信息更新量急剧攀升（见图 4）。

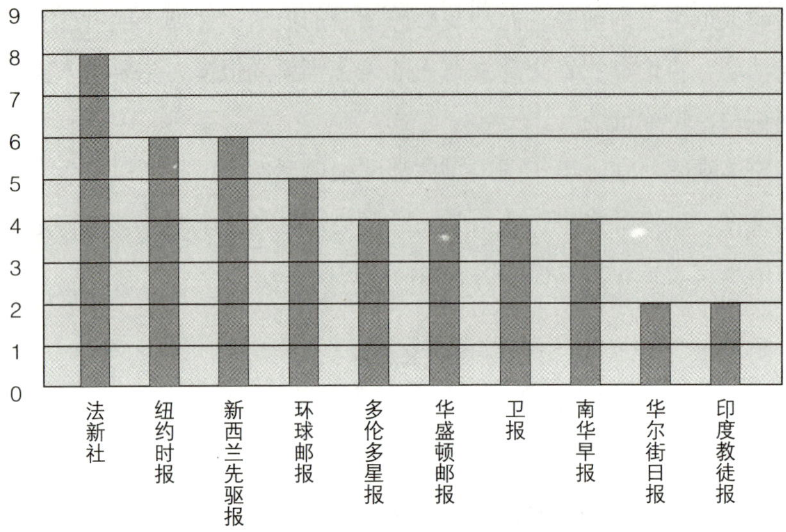

图 3　一季度西方主流媒体涉藏报道量

（3）涉藏反华媒体。境外涉藏汉语反华媒体主要包括新闻网站、广播电台及个人博客。其中以“挪威之声”报道量最大且远超其他媒体，是十四世达赖集团反宣渗透的主要阵地，加上《国际西藏邮报》、“藏人行政中央官网”和《西藏快报》三家媒体的报道量，十四世达赖集团反宣渗透的新闻报道量占总数的 50%，可见其反宣渗透的力度和密集程度。此外，自由亚洲电台、博讯新闻网、多维新闻网等涉藏报道较多，占总数的 33%，个别自媒体博客涉藏内容较为活跃，其文章大多攻击中国治藏政策，歪曲党史国史，为“藏独”势力渲染所谓“真正的自治”制造舆论，而且与其互动的社交网络较为复杂、人数庞大。

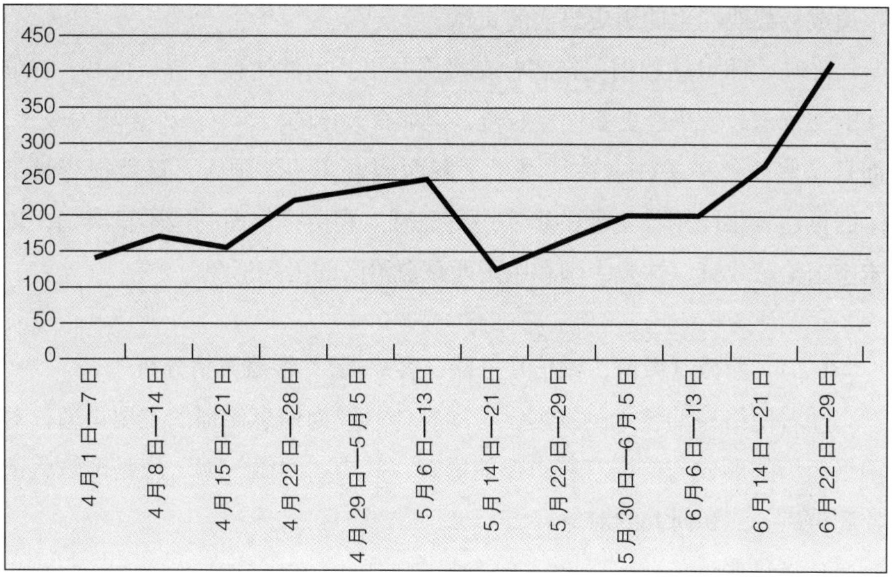

图4　境外涉藏舆情走势示意图

（4）境外反华藏语媒体。境外报道西藏的藏语文反华媒体包括新闻网站和广播电台，其中“自由亚洲电台”藏语义新闻报道量远超其他媒体，是十四世达赖集团反宣的主要阵地，危害性极大。按媒体性质来分，十四世达赖集团网站藏人行政中央官网和《西藏快报》报道量较大；反华网站“美国之音”比较关注西藏，其报道量较大。

在此过程中，存在境外涉藏信息倒灌至境内的现象。导致此种状况的原因，一是境内网民转载了境外敌对势力网站的藏语文负面信息，在境内引来了大量的转载和议论；二是境外敌对势力为反宣需要，变换手法，将境外信息发布至境内互动网站进行渗透传播，企图扰乱视听。

2. 网络涉藏活跃人物分析。上半年，一些境内外异见人士较为活跃，打着关注西藏人权、宗教自由、文化发展和环境保护的旗号，利用境外推特等网络媒体大肆传播涉藏信息，往往是颠倒黑白、胡编乱造，恶意攻击中国治藏政策。“美国之音中文网”“中国透视”“自由亚洲电台新闻”“纽约时报中文网”等境外网站经常利用官方推特账号和这些人物的互动联系，报道或转载他们歪曲历史事实的文章。

3. 与十四世达赖相关知名社交网络分析。虽然达赖推特、脸书、谷歌+的文章篇数较少、更新速度较慢，但都有大量的粉丝，海外影响力较大，而且这些粉丝和关注者往往是不了解西藏事实的外国人，这就很容易被十四世达赖集团用被歪曲的事实进行蛊惑、利用，从而制造不良舆论，攻击中国治藏政策，抹黑中国和中国西藏自治区的国际形象。

（二）“两微（微博、微信）一端（客户端）”涉藏舆情分析

随着网络移动技术的发展，移动媒体已成为信息传播的主要渠道，对网络舆情的形成与传播有着重要的影响，其中“两微一端”应是涉藏舆情监测重点关注和研究的对象。

1. 微博类

（1）参与西藏话题用户认证和地域分布

用户认证情况（见图 5）。综合关注西藏信息的微博用户数据分析，显示机构认证的用户比例最高，占 43%，其中官微占了较大比例；草根用户占 34%，一般为媒体或机构官微发布微博后，草根用户参与转发或评论；微博达人占 14%，主要为“大 V”用户，粉丝量大，关注度高，经常发布或转载相关信息；个人认证的用户所占比例最小。

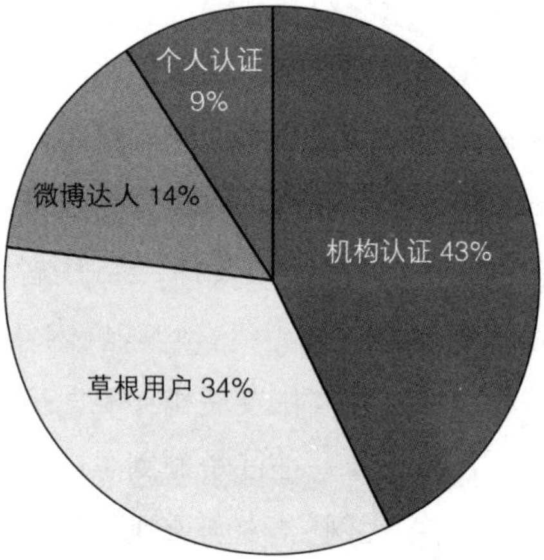

图 5　微博参与用户认证情况

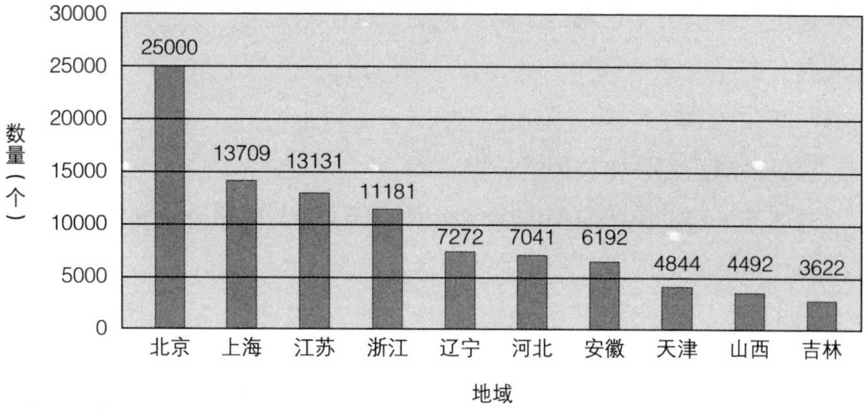

图 6　微博参与用户地域分布

地域分布（见图 6）。在参与用户地域分布排名中，北京、上海、江苏、浙江、辽宁排名前五。在西藏旅游高峰期，关注西藏的用户大部分分布在北京、上海、江苏等内地大城市，并且媒体较集中，在信息挖掘、新闻传播方面有得天独厚的优势，如涉及西藏的交通事故、自然灾害、突发事件等通过当地媒体会迅速发布并传播。从整体分析来看，在涉藏网上舆情中，北京、上海、江苏的微博用户之推动作用比较明显。

西藏、四川作为藏民族的主要集聚地，其微博参与用户与其他省藏区相比较多，但影响力较弱。其他地区如浙江、辽宁、河北均为经济比较发达地区，生活水平较高，网民自媒体运用成熟度高，参与用户也较多。

（2）关注西藏的活跃微博账号

由于西藏在文化、旅游、宗教等方面魅力独具，西藏区内外微博对西藏的关注更易集中于此。如“喇荣五明佛学院大堪布”（索达吉堪布）官方微博在各大主流涉藏微博账号中的影响力遥遥领先，粉丝量达 198 万，由于其具有很高的知名度，在正面传播藏传佛教文化方面起到了很好的作用；“西藏全攻略”在推介西藏旅游资源方面，也具有不可替代的影响力；从涉藏活跃度较高微博意见领袖账号的数据来看，“西藏旅游杂志社”（西藏自治区旅游局主管主办）、“西藏在线”（西藏户外协会）在传播西藏文化和宣传西藏发展上也发挥了积极的引领作用。此外，综合排名靠前的微博还有“西藏牦牛博物馆—亚格博”“西藏检察”“西藏演义”“西藏旅游百科”“中国西藏网”等。

（3）涉藏热点话题及舆情态势分析

微博的兴起使越来越多的媒体和网民有了参与信息分享交流的便捷途径。关注西藏的微博网民参与的热点话题如表 1 所示：4 月 25 日尼泊尔发生 8.1 级地震，受此次地震影响，西藏日喀则市、阿里地区多个县不同程度受灾，相关信息成为上半年微博最热话题；3 月 22 日，央视新闻客户端首发的“天籁，藏语版《喜欢你》”引起了各大视频网站网民的极大关注，4 天时间点击量突破 1 亿次，为宣扬西藏好声音提供了满满的正能量，演化成西藏最佳名片；3 月 25 日，中央电视台播出纪录片《第三极》，受到网民热捧；4 月 10 日，人民日报微博首发“超美！ 80 后藏族青年另类结婚照”，在微博、微信及各大网站上走红，成为继《喜欢你》之后在网上走红，具有浓郁西藏特色的微博热点话题，展现了西藏新一代既继承民族传统，又与国际接轨的时尚、前卫。另外，关于藏历新年、十四世达赖喇嘛转世、西藏旅游、中央反腐等也成为网民热议的话题。

表 1　2015 上半年度涉藏微博参与用户热议话题排行

排序	热点话题	微博参与量
1	尼泊尔地震	808845
2	藏语版《喜欢你》	32000
3	纪录片《第三极》	27000
4	西藏旅游	18000
5	朱维群谈达赖喇嘛转世	6500
6	西藏旅游攻略	12680
7	韩国综艺把中国地图上的海南、西藏、台湾全部去掉	8516
8	80 后藏族青年另类结婚照	8300

续表

排序	热点话题	微博参与量
9	莫迪访华	5533
10	西藏官兵 21 封“遗书”	4091
11	《西藏发展道路的历史选择》白皮书	2418
12	西藏“两会”	2800
13	藏历新年	1300
14	官员作风	730

（4）微博涉藏话题意见领袖

从涉藏活跃度较高微博意见领袖账号的数据来看，“西藏假想敌”“罗浩”“索达吉堪布个人微博”等具有一定的影响力，关注度也比较高。通过对微博用户发布西藏话题原创微博数量、总转发数、总评论数和粉丝数等多个指标综合计算，可以看出西藏话题微博中属于意见领袖的较少，微博意见领袖中的超级大 V 并没有直接介入，有个别超级大 V 也只是在相关事件中参与转发或评论，直接发布西藏信息引发舆情的案例暂付阙如。

总体观察，涉藏话题微博在影响力和引导力上，综合评价排在前几位的均为各机构的官方微博，其中《环球时报》、央视新闻、纪录片、《人民日报》《第三极》的官微影响力巨大。其发布的微博信息往往成为其他媒体转发和广大网民关注的对象。

2. 微信类

（1）2015 年上半年涉藏微信公众账号发展情况

截至 2015 年 6 月，涉藏微信公众账号有 1400 余个，其中西藏各级各部门开通微信政务公众账号 112 个，“西藏日报”“西藏商报”“平安拉萨”“西藏在线”等公众账号的影响不断增强，为建设传播西藏正能量的新型主流媒体积累了经验。

同时，一些个人微信公众账号在一段时间内成了西藏的微信意见领袖，每日均有更新。这些用户在涉藏问题上有自己的观点，在传播有关西藏的正能量的同时,也有一些批判性的意见。藏语版《喜欢你》、纪录片《第三极》等热点内容之所以能够产生广泛的影响，也与微信朋友圈的迅速传播有很大关系。从目前的趋势来看，个人公众账号的数量在日益增加，将对今后的网络舆论环境产生重大影响。

当然，也有部分网民在微信公众账号发出杂音，称“人类会把这最后一片净土的环境也污染、破坏了”，还列举了西藏的“环境问题”：雾霾、河水污染、淘金、开矿、旅游开发、过度放牧等，这些言论极易给敌对势力提供炒作空间，从而利用所谓西藏“环境问题”在国际上制造不良舆论，诋毁中国治藏政策，以达到抹黑西藏形象的目的。

（2）热点话题分析

通过对热点舆情事件的搜集和综合评价（以关注度、影响力和传播范围为指标），2015 年上半年热点舆情主要体现为以下主题和类别：

一是旅游相关信息。随着西藏旅游旺季的到来，各类微信公众账号大量刊发转载旅游类信息，成为本季度涉藏最热话题，主要文章有“西藏旅游攻略”“一定要去的九个地方”“西藏往西，才是真的西藏”“好想去西藏”等。

二是地震类信息。4 月 25 日尼泊尔发生 8.1 级强烈地震，波及西藏，由此微信中涉及地震的相关文章数量相对较多，仅次于涉及旅游类信息。

三是宗教文化类信息。藏历木羊年转山转湖是藏传佛教的宗教传统，且 5 月 19 日至 6 月 20 日是萨嘎达瓦节，二季度宗教活动较多。另外，由西藏卫视主办的原创音乐竞技秀《扎西秀》等在网上也吸引着网民的关注。

四是西藏自治区成立 50 周年的相关信息。随着西藏自治区成立 50 年大庆即将到来，各微信公众平台成了宣传 50 年大庆重大成果的有效手段，网上相关信息呈递增态势。

五是反贪腐类信息。随着中央反腐工作的日益深入，西藏在反腐问题面前也没有特殊性，网民对反腐类信息也较为关注。

六是其他信息。随着境外反华势力不断渗透，微信公众账号也成为其反宣造势的重要平台，一些负面信息和违法信息在微信空间被转发和分享，扰乱了网络舆论环境。

（3）涉藏活跃微信公众账号。从活跃微信账号身份来看，具有较大影响力的微信账号大致与微博账号一致。究其原因，一方面是西藏自治区对新媒体发展的重视，积极主动地发声，掌握话语的主导权，占领舆论的制高点；另一方面是影响力排名靠前的官方微信公众账号内容更新快、信息发布及时可靠，赢得了网民较高的阅读数和点赞数。而个人公众账号，在形成显著影响力方面，还有待时日，但其对网络舆论的产生和走向，却也不容忽视。

3. 移动客户端（APP）

（1）西藏自治区移动客户端基本情况。截至 2015 年，西藏新开通了 5 个移动客户端——“西藏之声网”客户端、“天上西藏”客户端、“拉萨·城关区掌上通”客户端、“雪域书猫”客户端和“西藏旅游”客户端。此外，还有一些小型的应用型移动客户端，主要传播新闻信息、涉藏音乐、藏历信息等。

其中，“中国西藏之声”推出的西藏之声网客户端，以藏汉双语的形式推介全国和西藏新闻旅游信息服务。该客户端信息传播速度快、范围广，所发新闻影响大；新华社西藏分社于 2014 年推出的“拉萨·城关区掌上通”客户端，属于党政客户端，主要以拉萨市民和国内外游客为主要客户群，发布本土化信息，第一时间提供百姓最关心的重大新闻、政务信息、生活资讯和游客指南服务。该客户端自开通以来，赢得了良好的口碑；一季度上线的“天上西藏”客户端，是以传播西藏旅游文化为出发点，结合无线互联网和数字化技术，精心打造的展示景观、文化、习俗等藏地魅力的手机应用，一定程度上传播了西藏正能量；在二季度，新上线的涉藏移动客户端有“雪域书猫”和“西藏旅游”，主要传播地方要闻、涉藏图书、旅游类信息。

（2）移动客户端涉藏热点分析

用户身份及舆情分布 。目前，关注西藏问题且较活跃的涉藏移动客户端(APP)有 371 个，既有人民新闻、央视新闻等中央级媒体客户端，也有新浪新闻、腾讯新闻等商业网站客户端，数量更多的则是个人和商业机构个性化的移动应用社交型客户端。随着 4G 移动网络的发展，移动新闻客户端凭借其丰富的资讯资源、实时的信息推送和方便的社交互动，被越来越多的用户认可，成为网络舆情传播的主渠道。

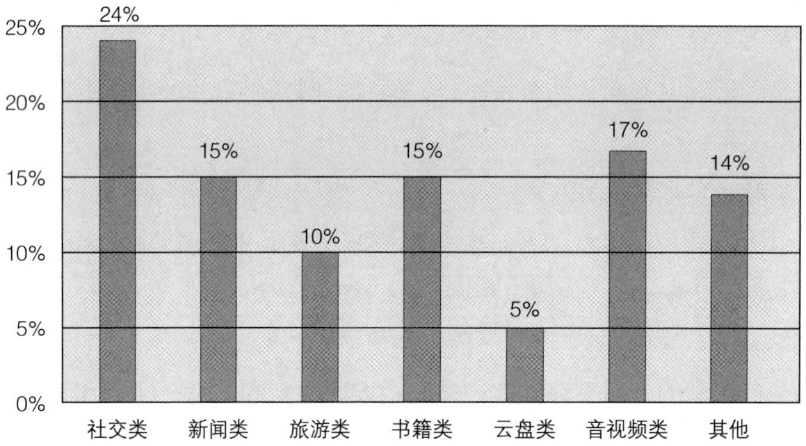

图 7 各类涉藏移动客户端舆情分布图

其中涉藏热点主要集中在社交类、新闻类、旅游类、音视频类、云盘类、书籍类（见图 7）。目前，随着涉藏热点逐渐增多，网上舆情信息呈现递增趋势，主要以正面信息为主，向境内外展示了和谐、民主、幸福的新西藏。但是，聚合类新闻 APP 中存在境外涉藏有害信息，主要以旅游、宗教文化、反宣品为主。

移动客户端热点舆情及其挑战。目前，移动客户端已成为主要的舆论场，近期书籍类、图片搜索类、微视频类等移动客户端及负面舆情逐渐增多，而境内外敌对势力也试图利用此手段进行反宣渗透。

一是移动新闻客户端已成为获取新闻信息的重要渠道，其评论栏目易出现负面言论。一些正面或中性的内容，在留言或评论栏中却出现负面言论。如凤凰网首发“朱维群阿来对话:过分强调民族差异不利国家认同形成”

的新闻报道，该文章在民族自治、民族政策等方面的观点引起网民热议。

二是图文类移动客户端传播大量涉藏图片、文字等负面信息，且为上线不久的客户端。如“图片搜索”、境外的“500px”，传播大量非法、负面图片信息。

三是随着十四世达赖喇嘛书籍阅读APP、书籍类APP的上线，负面信息呈递增趋势。境内外敌对势力正利用书籍类移动客户端反宣渗透，传播大量反宣书籍。境内一些异见人士也利用这些客户端发布自己的书籍和文章。这些阅读器中往往存有大量违法信息和书籍。

四是微视频APP已成为潮流，成为负面信息传播的重要渠道。随着用户需求的不断变化，短视频类移动客户端越来越受欢迎，同时敌对势力借机反宣渗透，传播大量有害音视频。

二、2015年上半年舆情态势评价

2015年上半年网上涉藏舆情总体正面积极、平稳有序。国内舆情主要围绕春节、藏历新年、“两会”“尼泊尔4·25地震”“《西藏发展道路的历史选择》白皮书”、民生以及旅游文化等展开。但是我们也清楚地看到，互联网一直是十四世达赖集团和西方反华势力进行反宣渗透和煽动分裂破坏活动的主阵地和主渠道，其正加紧转变互联网渗透的方式方法，给网上反渗透工作带来了新的挑战，西方反华势力和“藏独”势力反宣渗透新动向表现如下：

一是炒作议题的广泛性。（1）围绕十四世达赖喇嘛言论、活动和庆生、转世等进行舆论炒作。十四世达赖集团和西方反华势力不断向外界散发一些容易引人瞩目的话题和言论，引起境外的大肆炒作；（2）围绕依法治藏、全面深化改革，推动经济社会建设、对接国家“一带一路”发展战略进行攻击性炒作；（3）围绕西藏“两会”、全国“两会”西藏代表团有关政策及观点进行攻击炒作，对4·25地震波及西藏后，国家的援救工作进行歪曲和指责。

二是利用敏感节点分阶段叠加炒作。十四世达赖集团习惯于利用敏感节点设置议题、变换手法、针对特定群体进行目的性很强的反宣渗透。（1）围绕所谓“3·10 抗暴纪念日”等开展的攻击炒作；（2）5 月 19 日萨嘎达瓦节，“藏独”势力迅速加大反宣渗透力度，变换手法，翻新花样；（3）勾连海内外民运分子，利用“六四”、6 月 21 日十四世达赖喇嘛 80 岁藏历“生日”，大肆鼓吹渲染十四世达赖喇嘛形象、言论、理念、“功德”，以及通过讲经说法、煨桑、祈福、歪曲性言论等形式蛊惑人心、混淆视听。该时段网上涉藏舆情骤增，活动多样，态势异常激烈，呈现出很强的组织性、规模性、针对性、渗透性和阶段性等特点。

三是炒作方式的组织性、策划性和持续性。自 1 月份开始，流亡“藏独”势力和“援藏独”组织发起了“欧洲与西藏同在”运动，企图以欧洲为中心将散布在外的“藏独”势力和“援藏独”组织聚集起来，针对 3 月敏感期开展线下反华、“藏独”活动和线上反宣渗透，策划实施了线下与线上联合炒作渗透运动。比如自新年以来，欧洲多国多地出现了悬挂“雪山狮子旗”活动，后在国内百度云盘出现“雪山狮子旗手机动态壁纸”软件，可供手机用户下载安装。从这些情况来看，敌对势力的反宣渗透活动明显呈现出长期性、持续性、有组织、有预谋、线下实施、线上渗透、由 PC 端向移动端转移等态势。

四是多渠道并用开展反宣渗透。在新媒体应用形势下，十四世达赖集团和西方反华势力，利用线下输入和线上传播两条途径，打破传统单一的传单、书籍等形式，利用新媒体、新电子产品等图文声像并茂等易于接受、理解的传播手段，通过电商网站、网盘－云存储、文库、电子书网站、视频网站、视频工具网站、个人音乐网和移动 APP 客户端大肆渗透，日趋频繁、活跃。

五是涉藏舆论逐渐向移动舆论场转移。涉藏网上舆论一个明显特征就是借助微信、移动 APP 形成舆论场扩散。由于传播途径隐蔽、影响力大、难以监管，敌对势力将反宣阵地由 PC 端转向移动端。与此同时，十四世达赖集团“藏独”势力还积极推荐“藏独”软件和国外大量新的应用社交类软件，均有涉藏和涉及十四世达赖喇嘛的信息。

六是加紧利用多种类型反宣品进行渗透。一些异见人士出版涉藏负面书籍，并在微博、SNS 类社交网站、电商网、云盘等推广、传播。大量涉藏纪录片陆续活跃于国际电影圈，除了参与评奖，还在西方一些国家院线上映。此类反宣品的传播途径也有向云存储、移动端传播的新动向。一些反动歌曲也在网络媒体上传播，而十四世达赖集团设置了专项资金，鼓励个人和团体创作反动歌曲，拍摄反动音视频、纪录片，并借助网络传播。

七是渗透手段日趋伪装隐蔽。境外"藏独"势力的反宣反扑日趋伪装、隐蔽和具有欺骗性，由此制造事端和矛盾。比较典型的是：(1) 网上爆发关于民族文化的负面舆情：如游客踩踏经幡，保护藏族母语等，一旦触及民族文化、宗教信仰等话题，就会出现网民之间的激烈的反驳和谩骂，甚至民族攻击；(2) 网上一直出现炒作和攻击环境问题：如水电开发、矿产开发等，一旦触及，就会被炒作为民族对立、国家政策偏向等重大议题，甚至制造事端。

八是以模糊藏区概念攻击西藏和治藏政策。西藏与四川、青海、甘肃、云南四省藏区的舆情相互交织、相互影响，对整个舆论生态产生重大影响。"藏独"势力偏执于传播所谓"高度自治"实则"独立"的思想，混淆传统藏区和西藏自治区的概念。在炒作时，往往以传统三大藏区（卫、康、安多）的概念否定国家五大行政省区划。每当炒作西藏周边省区舆情时，就会将问题导向中央和西藏自治区首脑机关，关联炒作中央和西藏自治区的治藏政策，以"人权""自由""自治"等话题借机攻击中国治藏政策，抹黑西藏，攻击中央。

三、下一阶段涉藏舆情及其应对策略

（一）规范和完善网络舆情监测，提升涉藏舆情应对能力

涉藏新闻宣传和媒体报道要严守政治纪律、宣传纪律，严格规范稿源，切实把好审稿关、发稿关，坚持以客观、正面报道为主。加强对自媒体和网络社区如微博、微信、移动 APP、论坛、博客、QQ 群等的监测，及时

了解舆情热点信息和传播路径，有效管理负面舆情。

了解新媒体传播技术发展特点，加强对移动客户端（APP）和镜像技术的监控，防止出现监测“盲区”。随着智能手机和移动设备的普及，移动客户端（APP）使用人群快速扩大，使用领域涉及通信、娱乐、购物、资讯等多个领域。由于移动客户端（APP）具备隐蔽性，且下载平台审核较为宽松，就会陆续出现一些境外“藏独”势力、反华势力反宣渗透的手机软件。此外，境外敌对势力逐渐加强镜像技术的使用，广泛推广其反宣网站的镜像版本。因此，积极研究移动客户端和镜像技术涉藏舆情的特点及其影响，设计应对策略，成为下一阶段西藏网络舆情工作的重点。

（二）结合涉藏舆情发展特点，建立网络舆情快速联动处置机制

要针对下半年重大节日、事件和敏感节点，有针对性地做好安排部署，强化舆论引导。要积极研判中央第六次西藏工作座谈会、西藏自治区成立50年大庆与西藏民俗宗教活动可能交叉引发的舆情事件，提前做好应急预案，以应对可能出现的线上线下舆情事件。同时，应针对西藏夏季旅游游客增多，相关舆情事件发生频率提高的状况，防范境内外敌对势力把西藏可能出现的旅游相关问题放大和歪曲炒作。

在信息时代，网络舆情传播方式和途径多元化呈现，传播范围扩大，传播速度加快，更需要多方合作联动，建立快速有效的舆情处置机制。网络舆情传播涉及技术发展、信息传播等多个领域，需要加强企业、媒体、科研院校和政府机关的多方合作。要从技术上保障舆情处置的广度，从理论上拓宽舆情处置的深度，借助媒体和政府机关的宣传、引导能力，快速有效地进行舆情处置。

（三）构建“网络统一战线”，做好舆情引导工作

目前在国内涉藏舆情中，网上“意见领袖”的影响力还不明显，但从网络媒体特别是移动网络媒体的发展趋势来看，“意见领袖”成为许多重大舆情事件的推手。构建“网络统一战线”，增强涉藏舆情的正能量，是

舆情引导工作必由之路。

要发挥社会监督力量和网评力量，通力合作，防疏堵漏。随着舆情监测机制的建立，不同团体的宣传方式也在发展更新，宣传手段更为隐蔽。例如，十四世达赖集团通过电商网站将反宣图标、图案绘制在服饰上，销售到境内进行反宣渗透，并且在以后的一段时间内，有可能成为其渗透的基本手段。对于此类宣传方式，需要发动社会力量进行监督，从而完善舆情监测体系。同时，网络评论中情绪化、煽动性的语言容易蔓延，应当鼓励观点客观、正能量的网友积极“发声”，促进网络社会的良性运行。

（四）建立社会化舆情研究机构，提升涉藏舆情工作水平

在自治区职能部门的努力下，比较完整的涉藏舆情监测体系已经基本建立，舆情应急机制在维护西藏社会稳定中发挥了重要作用。但受各种条件的限制，涉藏舆情工作更多注意力在于应对监测，而对舆情分析解读不足，对涉藏舆情的走向、传播方式和影响力把握不够，对涉藏舆情的研究不够，不能更多地提出应对策略，特别是缺乏对涉藏舆情引导战略、策略的设计，不能有效造就积极的涉藏舆情态势。这就需要涉藏舆情工作激活社会智慧，特别是发挥高校的整体专业优势和开阔的学术视野，组建舆情分析研究中心，联合开展舆情监测、分析和引导工作，有侧重有重点地开展涉藏舆情监测和研究，提升涉藏舆情管理和引导水准，为西藏社会稳定和发展创造良好舆论环境。

关于西藏文化产业发展公共信息服务情况的调研报告※

西藏文化产业发展公共信息服务平台研究课题组※

一、前言：调研简况

文化产业的发展已成为一个国家软实力强弱的具体指标，同时文化产业的发展水平也成了衡量一个地区或国家综合实力的重要参考指标。发达国家已将文化产业作为新的经济增长点，甚至成为国民经济的重要支柱产业之一。2002 年以来，国家在重大会议上都明确提出要将文化产业的发展提升到国家战略高度，作为重点扶持行业培养。同时中共中央、国务院也制定下发了一系列的政策文件，如《关于深化文化体制改革的若干意见》《国务院关于加快培育和发展战略性新兴产业的决定》等，都将文化产业的发展归并到战略性新兴产业行列，全面大力推进。西藏拥有丰厚而又独特的文化资源，独特的文化魅力不断吸引国内外消费者，文化产业作为第三产业的重要组成部分，成为西藏经济发展新的增长点。西藏文化产业发展虽起步较晚，但也处在不断发展壮大之中。西藏自治区政府先后通过一

※ 本报告是西藏民族大学 2011 西藏文化传承发展协同创新中心 2015 年招标课题“西藏文化产业发展公共信息服务平台研究”的阶段性成果。

※ 本课题第二负责人为西藏民族大学雒伟群教授，成员包括：西藏民族大学朱新林教授、东南大学王继刚教授、武汉大学邓胜利。本报告是课题组于 2015 年 7 月对西藏文化产业公共信息服务进行调查基础上形成的，由雒伟群主笔完成，由朱新林修改定稿。

系列重大决策，提出基于西藏自治区特有的文化区情发展特色文化经济，致力于将文化产业打造成促进西藏经济发展新的特色支柱产业。大力发展文化产业，把特色文化产品推向国内外文化市场，以做到发展经济与保护环境的双赢。而公共信息服务平台又是发展文化产业的关键，它能为西藏文化产业发展提供技术支持和智力支持。但针对西藏文化产业发展的信息服务平台，目前在理论和实践层面上研究较少，如何发挥好信息服务平台在西藏文化产业发展中的促进和服务作用，挖掘西藏独特的文化资源，从而促进西藏经济发展，成为具有现实意义的学术课题。正是基于上述考虑，“西藏文化产业发展公共信息服务平台研究”课题组一行人在 2015 年 7 月深入西藏，对文化产业发展公共信息服务进行了实地调查研究，通过召开开座谈会、深入文化产业园等方式，与现在文化产业公共信息服务主管部门和文化企业法人代表及从业人员等一起，就发展文化产业公共信息服务的方式、方法等进行研究、讨论。

本调研以信息技术的快速发展和面向用户的文化内容服务形式已发生根本变化为前提，针对处于分散状态的西藏文化信息产业和用户所面临的信息服务问题，进行信息服务体系构建研究和公共信息服务平台实施研究，在面向现实问题的研究中进行西藏文化产业发展公共信息服务理论创新，推进公共信息服务平台建设和实施。采用走访和座谈等方式调查了自治区文化产业管理部门和多家文化企业，对西藏文化产业公共信息服务的现状和存在的问题进行了分析，通过撰写调查报告研究了西藏文化产业发展公共信息服务平台构建策略，为促进西藏文化产业公共信息服务健康发展出谋划策。

本研究主要运用以下研究方法：一是社会调查。根据本课题研究需要，课题组对拉萨市、山南、林芝等地区的公共信息服务进行了实地调查。调查内容主要包括政府部门、公共信息服务系统、信息服务需求和结构分布数据，以及文化产业发展公共信息服务中存在的主要问题等。二是文献分析。调查组通过搜集整理国内外有关文化产业发展、信息需求、部门和系统信息服务及相关领域的研究文献，探索西藏文化产业发展的公共信息服务组织体系和公共信息服务平台架构。通过座谈专访等形式开展调查，获取了第一手资料和实际体验。

二、西藏文化产业发展公共信息服务现状与存在的问题

（一）发展现状

1. 覆盖全区的公共文化服务体系建设已经初见成效

2014 年，国家和西藏自治区落实公共文化建设资金 2.75 亿元，有力推动了公共文化设施建设、队伍发展和运行保障机制建设。公共文化服务网络已经深入到村一级文化馆站，文化信息资源共享工程完成了 1 个自治区分中心、73 个县支中心、2400 多个村级服务点建设。为实现公共文化设施和管理服务标准化，制定出台了《西藏自治区基层公共文化设施和管理服务标准化建设指标》，对县级综合文化活动中心和乡镇综合文化站的设施、职能、设备、活动、经费、队伍、管理、宣传等 10 个方面 50 个内容提出了明确标准和要求，并在山南地区开展了试点建设，取得了显著成果。为丰富公共文化服务内容，完成了《格萨尔多媒体资源库》《西藏红色歌舞多媒体资源库》建设项目，启动了《藏医药文化专题片》建设项目，制作完成近年来译制的 500 小时优秀资源的合辑出版，并免费向各地市和县赠送。这些成果的取得，为文化产业公共信息服务平台的建设积累了丰富的经验。

2. 已经建立了一批提供文化信息服务的网站

（1）中国西藏网，是高原（北京）文化传播有限公司旗下的中央重点新闻网站，也是全球受众最多、影响最大、报道最权威的涉藏新闻综合网站。以服务西藏发展进步、传播藏民族优秀文化、促进国际社会对西藏的了解为宗旨，客观全面地展示西藏历史和现实。以汉、英、藏、德、法五个文种发布涉藏新闻、文化、旅游、资讯、图片、音视频、专题等信息。其中的文化频道，主要提供文化信息服务，设有民俗馆、工艺馆、藏学馆、历史馆、文学馆等栏目。（2）西藏自治区政府门户网站，由西藏自治区人民

政府建立，是西藏自治区各个政府部门统一的信息出口。设立的栏目有认识西藏、新闻中心、信息公开、政府服务、公众参与、公共信息、招商引资、对外交流、援藏工作、西藏旅游等。其中链接导航连接了自治区政府部门网，包括了与文化产业有关的文化厅、科技厅、旅游局等。(3) 西藏在线，由北京五洲传播有限公司建立，以“让世界了解西藏”为宗旨，为公众提供西藏综合信息服务的网站。发布涉藏新闻、宗教、人文、旅游、百科、图书、图片、视频、专题、论坛、微博、微信等资讯。(4) 西藏文化网，是中国西藏文化保护与发展协会的门户网站，有汉文、英文、藏文等多个版本。坚持党的保护、继承和弘扬西藏民族传统文化的一贯方针和政策，以关注西藏、热爱西藏、宣传西藏的政治高度突出西藏文化特色，展示雪域高原魅力。设立的栏目有：行业动态、会员风采、政策法规、重点项目、文化交流、专题报道、招商引资等。(5) 藏人文化网，是藏地资讯服务第一媒体，拥有新闻、专题、人物、信仰、文学、影视、音乐、交友、商城、旅游、社区等 15 个频道，是目前西藏文化最大的中文门户网站。其中，“博客西藏”是其建立的西藏文化的精神牧场。

通过网站比较分析，我们发现，这些网站对于整合文化产业的政府、文化企业和金融机构三方资源，满足文化产业参与主体的服务需求，为政府部门、各类中介服务机构、各类社会群体等提供定制化服务等方面还存在明显不足。

3. 西藏文化产业公共信息服务平台还未建立

2013 年，西藏自治区共有各类文化企业 3846 家，从业人员 28849 人。2014 年，西藏自治区文化产业发展专项资金规模扩大到每年 5000 万元，专项扶持助推着文化产业发展，西藏文化产业产值达到 27 亿元，增长 12%，占到地区生产总值的 3%。预计到 2020 年，文化产业年产值占全区生产总值的 5%。在文化资源优势转化为经济优势过程中，许多国家级和自治区级的文化产业示范（试验）园区、文化产业示范基地相继建立，已成为演艺娱乐、文化创意、文博展示、酒店休闲等文化企业的聚集地。根据目前文化产业发展规模，为推动文化产业大发展，为有效提高公共信息服务水平，促进政府转变为“以服务为导向”的新型职能模式，建立政府、企业和文化产业从业人员都需要的公共信息服务平台显得十分必要。

4. 财政资金逐步投入基本公共服务领域

我们从西藏自治区发改委了解到，2015 年，西藏力争固定资产投资突破 1300 亿元，增长 20%。争取支持落实中央投资 466 亿元。加强与中央企业的沟通衔接，加快落实能源、矿产、通信等规划项目。同时，引导民间资本逐步参与西藏社会基本公共服务领域、市政公用设施领域、重大基础设施领域、重点产业发展领域的建设和运营，实现民间投资较快增长。在科技厅我们了解到，西藏科技厅下属单位信息研究所，在文化产业平台建设方面做了很多工作，但是目前综合服务平台普遍存在维护费用较高的问题。比如，公益性的平台不收费，政府每年投入 200 万元左右，其中企业公共服务平台，每年 20 万元左右，信息产业服务平台 10 万元左右。

由此，我们可以看到，西藏经济发展中，重点投资方向仍然是基础设施建设，基本公共服务领域的建设资金和运行经费相对不足，导致文化产业公共信息服务发展滞后。自治区财政应加强支持基本公共服务，增加基本公共服务投入。在财政资金预算时，逐步提高基本公共服务财政投入比重，增量财力要减少投入一般性竞争领域，重点向文化产业公共信息服务方面倾斜。

（二）存在的主要问题

1. 政府缺乏对文化产业创新的管理措施

总体上看，我国的文化产业管理模式经历了由传统的线性模式向网状模式的发展过程。与传统的线性结构不同，网状结构能够有效组合各种文化产业管理活动，管理部门、高等学校和企业之间可以形成多方联动的互动形式。网状管理是管理各种文化产业活动的最佳方式。目前，西藏在文化产业发展的社会管理中，网状管理方式还有待完善。在“以人为本、民生关怀”的执政理念方面还存在明显的不足，政府还没有从“重视管理、轻服务”的传统职能模式完全转变为“以服务为导向”的开放模式；政府、企业和市民之间多方联动还存在明显不足，没有全面融合政务、公共和便民服务资源，不能提供全方位和个性化的服务应用；政府职能和政务管理制度中社会管理创新措施不足，民众对目前文化产业行政管理的科学性，能提供的公共服务程度的均等性等方面还不太满意。为了使政府改善民生，推动基本公共服务均等化，实现社会管理创新，建设人民满意的服务型政府，就必须建设文化产业公共信息服务平台。

2. 文化产业发展数据资源分散，缺乏数据共享

面向文化产业的信息服务，由科技信息服务机构、文化企业研究机构、经济信息服务机构和政府机构等承担。面向创新的信息服务，必须进行内部资源和外部资源的分别整合。内部资源整合应在数字化管理基础上进行信息资源的整合，重组业务流程，在核心服务流程中融入优先资源。外部整合进行系统之间和组织之间共享信息资源，采用集成分布式信息资源，达到用户多方面信息需求满足。由此可见，文化产业各个部门及机构之间的资源整合，必须发挥政府的引导协调作用。协调各个部门，打破文化资源分割和部门条块分割，整合和优化文化资源，提高资源共享的效率。依靠政府的力量使政府、企业、研究机构等多方面、多层次建立紧密联系，进行长期的互动和交流。

《西藏自治区2011—2020文化产业发展规划纲要》实施后，我区文化产业发展管理网络得到了进一步的完善，但这些管理机构分布于不同部门，例如文化、科技、旅游、财政、广电、工业等，此外还有部分科研院所和高校也进行文化产业发展研究，由于行政体制分割问题，文化产业发展信息资源也面临条块分割、各自为政的局面，各部门的相关资源只为本部门服务，只关注文化产业链的一个侧面，各部门对文化资源数据各自占有，没有互通共享，在造成文化产业信息服务资源巨大浪费的同时，不能对全区整体文化产业链进行综合分析，不能反映全区文化产业链的整体面貌。所以整合多部门文化资源，建立可共享的数据库，有效提高公共服务水平，是当务之急。

3. 文化企业处于信息弱势地位

建立文化产业信息服务与保障体系，可为西藏自治区进行文化产业投资决策过程提供必要支撑。信息服务部门可依据现有的文化产业基础和比较优势，科学制定文化产业发展规划，以避免盲目投资、资源浪费等问题。政府可组织有关信息机构，开展文化产业信息和政策研究，分析国内外现有研究资源，为企业提供服务，解决企业面临的信息弱势地位。另外，建立文化产业信息服务机制，跟踪分析文化产业的相关重要政策、发展趋势、竞争情况等，定期发布分析报告、专题调研报告，为文化企业战略决策提供指导。

西藏虽然有中国西藏网等五家门户网站，能够提供文化产业资讯服务，但是这些网站在分析国内外文化资源、跟踪文化产业竞争态势、发布专题调研报告等方面还存在明显缺陷，没有解决文化企业信息的弱势地位，不能为文化企业提供定制化服务。例如，位于西藏拉萨的文化现代服务示范园次角林，是一个科技与文化融合的产业园，目前有几十家文化企业入驻，但是能为这些文化企业提供一站式融合信息服务的平台还没有建立。所以，树立服务型政府理念，推动文化产业的大发展，构建西藏文化产业网，提供包括推广、信息、咨询、内容、渠道在内的多种产业服务，满足文化企业在信息方面的个性化需求，非常必要。

三、西藏文化产业发展公共信息服务的对策及建议

1. 建立西藏文化产业的公共信息服务平台

信息服务平台在西藏文化产业发展中将发挥促进和服务作用，可以整合挖掘西藏独特的文化资源，促进西藏经济发展。其必要性主要表现在以下四个方面：

（1）建立西藏文化产业公共信息服务平台，是现代服务业的需要。任何一个行业发展的服务都离不开信息服务，信息服务已成为信息社会中现代服务业之首。在西藏文化产业领域，建立以文化信息资源的共享和为文化产业服务为核心，积聚和整合政府、文化企业、科研院所和高校的文化

条件资源，运用信息技术形成的文化产业公共信息服务平台，具有非常重要的意义和必要性。

（2）可推动文化产业链的整合与共同发展。围绕文化产业链条中的关键环节，依据先进的技术和服务多元化理念，建立共性信息服务体系，即西藏文化产业公共信息服务平台，可使产业链条上下游的各个环节联动起来，满足某类用户群体一定时期的公共产品需求。

（3）大力发展文化产业，把西藏特色文化产品推向国内外文化市场，以做到发展经济与保护环境的双赢。而公共信息服务平台又是发展文化产业的关键，它能为西藏文化产业发展提供技术支持和智力支持。

（4）中国文化产业网的有效运行，为建设西藏自治区文化产业发展的公共信息服务平台提供了许多可借鉴的成功经验。文化部创办的中国文化产业网，就是一个可以提供文化产业政策发布、文化企业信息交流等公共服务功能的公共信息服务平台。目前，注册文化企业和机构近 5000 家，每年征集文化产业投融资项目信息几千项，每年发布中文版资讯信息总量达几万条。另外网站提供的中国文化产业项目服务平台，整合了政府、文化企业和金融机构三方资源，能够满足文化产业参与主体的服务需求，可以为政府部门、各类中介服务机构、各类社会群体等提供定制化服务。2013 年,西藏自治区共有各类文化企业 3846 家,从业人员 28849 人。可见，西藏文化产业发展具备了一定规模，西藏自治区政府部门应该借鉴中国文化产业网的成功经验，考虑在西藏文化产业链条上的若干关键环节，建立共性信息服务系统，打造西藏文化产业公共信息服务平台，实现西藏文化产业链整合和完善，增强西藏地区在全国范围的软实力，促进西藏由文化资源大区向文化发展强区的战略转变。

2. 建立文化产业发展可共享的专题数据库

根据西藏文化产业发展需要，满足广大用户对文化产业信息的需求，整合涉及文化产业发展的信息资源，为文化产业管理、统计分析、总结规律奠定基础。可以进一步丰富和完善公共信息服务平台上的资源，提高公共信息服务资源的人口全覆盖。建立西藏文化产业发展专题数据库，可包含产业纵览、重点产业（包括影视娱乐、出版印刷、工艺美术、创意设计、网络文化、文化旅游等 6 个方面）、设施建设、园区与基地、公共文化服务等 10 个专题数据库。

（1）产业纵览专题数据库：包括产业动态、权威视点、分析研究、政策法规等专题信息资源。主要存储区内文化产业综合信息，专家学者关于文化产业的分析预测，文化产业政策法规以及相关厅局领导对政策的解读等。

（2）重点产业：包括文化旅游、影视娱乐、创意设计、工艺美术、出版印刷、网络文化等 6 个专题数据库。每个专题数据库又包括新闻动态、分析研究、政策法规等专题数据资源，分别存储区内相关重点产业的新闻动态、分析研究与政策法规信息。

（3）设施建设专题数据库：包括新闻动态、分析研究等专题数据资源。主要存储区内文化场馆设施建设相关信息。

（4）园区与基地专题数据库：包括新闻动态、分析研究等专题数据资源。主要存储区内各地文化产业及其相关各行业（出版、创意等）示范基地、产业集聚区建设信息。

（5）公共文化服务专题数据库：包括公共文化示范区、公共文化体系建设等专题数据资源。主要存储区内公共文化服务与示范区建设相关新闻、分析信息。

2. 统一公共信息服务技术架构

公共信息服务平台建设是信息技术发展的必然要求，是西藏文化产业集约化建设的需要。通过充分应用云计算、大数据、移动互联网等新一代信息技术，西藏文化产业公共信息服务平台可依托已有的政府部门和公共服务结构的信息化建设成果，采用面向服务的开放性技术架构，通过融合政务服务、公共服务、便民服务等各方面的资源，为市民、文化企业提供全方位、主动式、精准化、个性化、一站式的灵活、高效、便捷的融合服务。建成后的公共信息服务平台，包含 PC、手机、平板电脑、智能电视、自助终端等多渠道服务体系，能够开放承载各种智慧应用，相关政府部门和公共服务机构可以共享上述服务体系，各单位可直接利用该服务体系，从而节约建设资金。

文化产业链是由文化产业部门之间基于一定的条件关联，由多个不同产业价值的环节形成的链条。在文化产业链中，上游是创意设计，中游是文化产品的生产，而信息技术产品和服务位于下游。由此可见，公共信息服务平台属于文化产业链的下游，根据西藏文化产业发展具体情况，该平台要以网络、媒体、产业数据库和微信平台为支撑、关联载体，依靠上游与中游丰富的信息资源，以及多元的发布渠道，为文化产业上下游沟通和联动提供系统服务，全方位带动整个文化产业的协同发展。具体来说，服务功能结构应包括以下六大模块：

（1）文化产业信息发布与交流。发布国家和自治区制定的各项文化产业发展方针、政策和原则，建立自治区内各类机构、组织、活动与国内其他省（区）政府、中介组织、社会团体、专业机构之间的交流渠道。

（2）文化政策咨询与服务。提供产业政策查询、产业政策咨询、产业政策意见征集等支撑服务，帮助中小文化企业及时了解国家或自治区的文化发展扶持政策和措施、文化项目的支持重点，使更多的人参与政策的修订，收集更多建设性的意见，完善和补充政策制定设想的不足。

（3）文化产品发布与交易。将西藏文化产品信息上网发布，使消费者更多地了解西藏特色文化产品的产地、特性、价格，以及生产加工过程。然后通过电子商务开放互动方式实现交易，并对产品进行评价，为购买者获得产品带来方便。

（4）文化企业宣传与推广。建立西藏文化企业网站，给“主动”访问者提供详细的企业信息、产品信息、市场信息、服务信息等内容，通过树立文化企业形象，增强文化产品品牌意识，达到推广企业文化产品、促进文化产品营销的目的。

（5）文化资源共享与展示。整合位于不同部门的文化信息资源，形成资源共享优势，把西藏特色文化作品通过互联网方便快捷地传送展示给广大人民群众。通过文化资源数字化推荐，实现普通用户对文化资源个性化、多样性的需求。

（6）对外文化交流和合作。在"一带一路"背景下，加大西藏文化精品与南亚国家政府、社会团体的国际文化交流和合作，通过信息查询系统，提供检索便捷、内容广泛、及时更新的对外文化交流和合作信息。

3. 探索公共信息服务平台有效的服务模式

为了使文化产业发展公共信息服务网络有效运行，文化产业管理的参加部门与单位，应充分利用现有的信息服务资源，在充分发挥现有信息服务能力的基础上，在现有渠道上，争取后续公共信息服务运行经费，在政府投资建设经费有限的情况下，也可鼓励企业投资，或政府购买服务等多种投资建设模式并存，来保证整个文化产业链公共信息服务网络的正常运行，开展必要的信息服务工作。具体来说，根据经费提供方式，可采用以下五种服务模式：

（1）公办公营。政府机关信息中心有专门的信息开发与管理专业人员，完全有能力开发文化产业公共信息服务平台，并对平台的正常运行进行有效的维护与管理。优点：需求明确，项目可控，用户适应性好。可以培养组织内部的人才，获得宝贵的开发经验。缺点：系统质量难保证，开发周期长，开发投入大。

（2）合同外包。由政府机关以外的技术人员来进行。需支付一定费用。优点：系统质量有保证，能较好地推动政府职能转变。缺点：不利于培养自己的平台维护人员。外包单位的确定很重要。政府机关的管理人员如何与外部技术人员配合是一个难题。

（3）公私合营。政府机构信息中心与平台外包私营单位共同开发公共信息服务平台。优点：可扬长补短。缺点：开发投入大。一般情况下，以外部力量为主，内部力量为辅；前者重点放在技术问题上，后者重点放在与用户的联系与协调上。

（4）特许经营。政府对公共信息服务平台研制单位进行资格审核，审核通过的研究单位可特许研发与经营平台。优点：开发周期短；项目可控，系统质量好。缺点：对政府机构和特殊企业的个性化要求体现不足。

（5）完全私营。公共信息服务平台的研发和运营完全由软件公司自己决定。优点：可激发软件公司的创新动力，开发出质量非常好的系统。缺点：政府不能进行有效的监管。

可以看到，每种模式都有其适用性，一定要考虑文化产业发展的实际情况，从公共信息的物品属性、公共信息服务的职能定位、公众的支付意愿、私人参与的能力与意愿等方面综合平衡来选择最佳运营模式。根据西藏文化产业发展的实际，选择第三种方式较为合适。

4. 加强机构建设，增加人员编制

根据各行业部门承担的文化产业管理或服务任务、现有编制和人员情况，适当增加管理或服务机构及人员编制，以满足文化产业发展中公共信息服务的管理工作需要。管理工作主要包括四个方面：信息服务的用户管理、动态服务联盟的构建、质量控制与评价、知识产权管理等。用户信息管理包括用户描述类信息、用户需求类信息、用户行为类信息、用户反馈类信息。动态服务联盟的构建，主要进行基于关系、互动和协同的联盟治理机制。质量控制与评价，主要进行制定优质信息服务的质量指标和基于用户的信息服务评价。知识产权管理，主要对协同服务服务过程中可能涉及的知识产权进行有效管理。

建议设立自治区文化产业公共信息服务中心，安排足够的服务人员编制，加强培训并引进一批高层次人才，全面开展综合的文化产业发展公共信息服务管理工作，来支撑西藏文化产业发展对文化经济的支持力度。

四、结语

西藏是重要的中华民族特色文化保护地，文化资源得天独厚，发展文化产业具有极强的资源优势，建立西藏文化产业发展公共信息服务平台，不仅是西藏各级党委、政府关心的重大全局性问题，也是我们这些长期从事西藏信息服务问题研究人员应该格外关注的问题，课题组在调研中获得了关于建立西藏文化产业发展公共信息服务平台的众多感悟。

第一，经过此次调研，课题组确信，研究西藏文化产业发展的公共信息服务不仅是一个重要理论问题，更是一个重要实践问题。随着西藏文化产业规模的逐步扩大，西藏文化产业发展公共信息服务必将呈现出全方位、个性化等多样化态势。因此，只有从用户文化需求出发，进行西藏公共信息服务体系构建，在我国文化产业战略原则基础上，面向西藏文化资源信息组织、开发、利用和服务中的需求，进行全方位、全程化信息服务保障实施研究，才能实现对西藏文化产业发展公共信息服务模式的升华。

第二，西藏文化产业发展公共信息服务需要坚持科学发展。加快西藏文化产业发展公共信息服务平台建设不仅要坚持改革开放，促进文化产业管理部门的职能转变，更要坚持科学发展，为西藏自治区构建覆盖全区的文化产业公共信息服务体系，为文化企业、市民提供全方位、个性化的公共信息服务，从而推动文化产业基本公共服务的均等化，这是西藏文化产业发展公共信息服务的前提。

关于西藏自治区政府向社会力量购买公共文化服务实施情况的调研报告※

田旭　刘艳菊※

2015 年初，本课题组开展的关于《西藏自治区政府向社会力量购买公共文化服务的目录编制与政策选择研究》的研究，获得了西藏民族大学 2011 西藏文化传承发展协同创新中心 2015 年度招标项目的支持，并得到了学校科研机构的重视。为了更好地完成课题任务，保证课题的研究质量，课题组成员利用暑期入藏调研，现就调研情况总结如下：

一、研究背景与调研目的

（一）研究背景

政府购买公共文化服务是近年来政府提供公共文化服务的一种新的理念和方法。自党的十八届三中全会提出“要加快构建现代公共文化服务体系，明确要求引入竞争机制，鼓励社会力量参与公共文化服务体系建设，积极培育文化非营利组织，推动公共文化服务市场化与社会化发展”以

※ 本报告系西藏民族大学 2011 西藏文化传承发展协同创新中心 2015 年招标课题“西藏自治区政府向社会力量购买公共文化服务的目录编制与政策选择研究”（项目号：XT15065）的阶段性成果。

※ 田旭，西藏民族大学管理学院副教授，博士；刘艳菊，西藏民族大学管理学院在读研究生。

来，我国各级地方政府和学术界纷纷展开了关于政府购买公共文化服务的积极探索和实践。2015 年 5 月，国务院办公厅正式转发文化部、财政部、新闻出版广电总局、体育总局起草的《关于做好政府向社会力量购买公共文化服务工作的意见》以及《政府向社会力量购买公共文化服务指导性目录》,《意见》明确指出，我国各地要按照转变政府职能的要求，结合本地经济社会发展水平、公共文化服务需求状况和财政预算安排情况，制定本地区政府向社会力量购买公共文化服务的指导性目录或具体购买目录。此前，2015 年 2 月，西藏自治区人民政府办公厅出台了关于政府向社会力量购买服务的实施意见，并计划“十三五”期间出台《西藏自治区政府向社会力量购买服务管理办法》以及政府购买服务指导目录等方面的配套措施，并在全区逐步推开政府向社会力量购买服务工作。因此，在公共文化领域，结合西藏区情，编制和出台具体的公共文化服务购买目录是迫切需要解决的问题，同时，本研究关于西藏自治区向社会力量购买公共文化服务整体的政策选择分析，对于激发西藏自治区政府能力、社会动力、市场活力在公共文化领域效用的发挥具有重要的意义，对于提高西藏公共文化服务供给效率，提升文化产业发展，满足公众多层次文化需求方面亦具有重要的推动价值，同时对于西藏优秀文化的传承与保护、西藏社会力量的壮大，以及加强民族团结、维护社会稳定等具有特殊的现实意义。

（二）调研目的

2015 年 2 月，西藏自治区人民政府办公厅出台了关于政府向社会力量购买服务的实施意见，并计划“十三五”期间出台《西藏自治区政府向社会力量购买服务管理办法》以及政府购买服务指导目录等方面的配套措施，并在全区逐步推行政府向社会力量购买服务工作。公共文化作为政府公共服务的重要内容，目前,《政府向社会力量购买公共文化服务指导性目录》已经公布，同时，国务院办公厅转发的文化部、财政部、新闻出版广电总局、体育总局起草的《关于做好政府向社会力量购买公共文化服务工作的意见》中明确指出，我国各地要按照转变政府职能的要求，结合本地经济社会发展水平、公共文化服务需求状况和财政预算安排情况，制定本地区政府向社会力量购买公共文化服务的指导性目录或具体购买目录。那么，《西藏自治区政府向社会力量购买公共文化服务指导目录》的编制和出台，将是自治区文化厅等相关主管部门迫切需要解决的问题，因此，在进入“十三五”的开局之年，认真审视西藏自治区政府购买公共文化服务的内涵与价值，分析自治区政府进行实践探索的现状与面临的现实困境，并编制具体的指导目录，进行恰当的制度设计和路径选择分析具有重要的理论意义与现实关怀。因此，为了全面了解西藏自治区政府购买公共文化服务的现状，课题组利用暑期赶赴西藏调研，本次调研的主要目的包括：

1. 感受西藏公共文化服务的整体氛围

本课题组此次调研正值西藏拉萨的雪顿节期间，因此，课题组希望通过了解和观看雪顿节期间开展的各项文化活动，来感受具有藏族特色的文化氛围，也希望通过参观、走访过程中的所观、所听、所想，来体验西藏公共文化服务的整体水准，以期为更深入了解西藏自治区目前关于公共文化服务购买实施情况展开的调研打好基础。

2. 重点向西藏公共文化服务购买承接方展开调研

关于政府向社会力量购买公共文化服务主要涉及购买主体和承接主体双方，本次调研将重心集中在西藏公共文化服务购买的承接方，通过对符合条件的承接主体进行深入访谈，目的在于了解自治区政府购买公共文化服务的一系列实践做法和承接政府购买公共文化服务主体接受政府购买情况、自身运作困境、对政府购买公共文化服务实施的建议等方面的问题。

3. 收集整理调研信息，为下一步课题研究打下基础

通过对调研信息的收集和整理，为下一步编制购买目录提供依据，同时通过与受访对象进行深度交流，一方面侧面了解自治区政府购买公共文化服务的相关政策，由此分析西藏自治区政府购买公共文化服务的购买力度，另一方面，为课题下一步进行恰当的制度设计和路径选择分析打下基础。

二、调研概况

为了使本次调研更具参考与实质意义，本课题组从可行性、可持续性的角度进行全面考虑，在整个调研过程中围绕课题研究的核心部分进行相应的问题设计与选定调研单位，同时结合西藏地区实情，对拉萨市雪顿节期间举行的相关公共文化活动也重点调研以获取更多资料，确保在课题报告的撰写过程中充分体现本次实地调研的指导意义。

（一）调研简介

依托我校2011西藏文化传承发展协同创新中心2015年度招标课题《西藏自治区政府向社会力量购买公共文化服务的目录编制与政策选择研究》开展了此次暑期调研，重点对政府向社会力量购买公共文化服务的承接主体代表单位相关负责人进行访谈，调研围绕承接政府购买公共文化服务主体接受政府购买情况、自身运作困境、对政府购买公共文化服务实施的建议等方面的问题展开调研。调研时间为 2015 年 8 月 17 日至 22 日，为期 6 天，先后走访了西藏自治区群众艺术馆、西藏岗地文化产业集团、西藏拉萨市城关区娘热民间艺术团三家不同类型的承接主体代表单位。此次调研时间集中在拉萨市雪顿节期间，调研团队对于雪顿节期间的公共文化活动安排以及实施情况也进行了重点调研。

（二）调研对象选择

鉴于课题调研时间的限制和当时西藏自治区政府各级文化组织正积极筹备大庆，任务繁重，因此，此次调研重点向符合条件的承接主体展开。《关于做好政府向社会力量购买公共文化服务工作的意见》中明确提出了科学选定承接主体应具备的条件：（1）具备提供公共文化服务能力，且依法在登记管理部门登记或经国务院批准免予登记的社会组织和符合条件的事业单位；（2）依法在工商管理或行业主管部门登记成立的企业、机构等社会力量。所以，在调研对象的选择上，课题组经过反复斟酌和考量后，重点选择了拉萨市城关区娘热乡民间艺术团、西藏自治区群众艺术馆、西藏岗地文化产业集团三家承接主体代表（见图 1）。

图 1　三家不同类型的承接主体代表单位

拉萨市城关区娘热民间艺术团目前是一个半商业化的艺术团体，可视为文化社会组织的代表，也可以说是西藏文化企业的代表，选择将该艺术团作为调研对象，一是因为拉萨市城关区娘热民间艺术团主管旦增罗布是本课题组的成员之一，由于他长期从事西藏文化工作，能更加详细地向我们介绍西藏文化概况、艺术团的发展规模和速度、艺术团的整个运作过程及政府向其购买公共文化服务时的资金补贴情况、艺术团面向基层群众的演出情况、基层群众对其演出的反应，以及发展过程中遇到的困境等，对课题的深入研究具有很大的帮助；二是因为城关区娘热民间艺术团在西藏远近闻名，是西藏文化组织的先进代表，而且其创始人格龙老先生是一位对藏戏有着极其深厚感情的人，是他的付出与坚持才有了这样一支享誉国内的深受自治区政府和农牧民群众信赖和喜爱的“以传承和弘扬辉煌藏文化为己任”的艺术团体。

选取西藏自治区群众艺术馆进行调研，主要是因为，西藏自治区群众艺术馆作为西藏重要的公益性文化事业机构，同时也是西藏自治区非物质文化遗产保护中心，具备提供公共文化服务能力，是政府为群众提供公共文化服务的“桥梁”。在走访西藏自治区群众艺术馆的过程中，我们发现，西藏自治区群众艺术馆2015年度重点业务工作安排表醒目地挂在群众艺术馆墙上，工作安排极为紧凑——“天天有培训，周周有演出，月月有展览，季季有汇演”的标语映入眼帘，可见自治区群众艺术馆对西藏文化事业发展所肩负的责任与使命。

选取西藏岗地文化产业示范基地进行调研，是因为，第一，岗地文化产业集团是依法在工商管理或行业主管部门登记成立的企业、机构，属于调研对象中有关文化企业的代表。第二，岗地文化产业基地是西藏首家国家级文化产业示范基地，且岗地集团旗下拥有一批坚定的以传承、弘扬、壮大辉煌藏文化产业为己任的员工，成立了以西藏吞柏古藏香有限公司、西藏拉姆拉绰唐卡画苑有限公司、西藏唐古拉文化发展有限公司、拉萨布达拉古城古院保护利用有限公司等为核心的推动文化和经济发展的子公司。它们均以保护、传承和发展西藏传统文化为基础，推动西藏由文化资源大区转向文化发展强区，因此具有很强的战略地位和发展空间。第三，西藏岗地文化产业基地作为西藏的龙头文化企业，可谓是企业界的榜样，他们的意见和建议对于本课题的研究将具有更大的启发意义。

（三）调研提纲设计

本次暑期调研全程围绕“政府向社会力量购买公共文化服务”展开，拟选取三种不同类型的代表单位，重点通过对政府向社会力量购买公共文化服务的承接主体代表单位相关负责人进行访谈。在入藏调研前，课题组经过仔细斟酌和筛选，最后将调研内容大致设计如下：

1. 贵单位承接政府公共文化服务的主要途径
2. 贵单位承接过的政府公共文化服务有哪些
3. 贵单位对可购买项目是否了解
4. 贵单位对承接政府公共文化服务项目需求如何
5. 目前政府向社会力量购买公共文化服务实施存在的问题
6. 实现政府购买主体与承接主体有效对接的建议

（四）调研安排

课题组此次调研从 2015 年 8 月 17 日开始，至 22 日结束，共计 6 天，考虑到此程正值拉萨市雪顿节之际，有许多文化活动和演出需要观看了解。因此结合调研目的，安排了此次调研日程。期间，8 月 18 日、19 日与 21 日，课题组先后到西藏自治区群众艺术馆、西藏岗地文化产业集团与西藏拉萨市城关区娘热民间艺术团进行访谈调研，其余时间则用于参观和了解雪顿节期间的公共文化活动安排；22 日，课题组成员完成对搜集到的调研资料、意见和建议等信息的整理工作。

三、调研过程中发现的主要问题

尽管当前公共文化服务社会化已成为加快构建现代公共文化服务体系的重要途径，运用政府购买的方式是实现公共文化服务社会化的重要机制。但是，也要清醒地认识到我国正处于全面深化改革的关键时期，政府购买公共文化服务的方式无论在理论上还是实践上都不完善、不成熟，西藏地区尤其如此。

针对西藏地区政府向社会力量购买公共文化服务这一新的方式，有很多问题需要解决，因此，我们更要结合实地调研情况，综合考虑西藏地理、文化的特殊性，以及西藏地区政府对作为承接主体的单位部门的购买资金不足等问题，明确政府购买公共文化服务面临着体制、机制与技术等各方面的现实困境。课题组成员通过对调研过程的仔细回顾与细心整理，发现目前在西藏，政府向社会力量购买公共文化服务方面存在以下主要问题：

（一）政府购买公共文化服务制度体系不健全，缺乏整体统摄下的微观指导

在政策法规层面，国家和地方各个层级政府在购买公共服务程序方面都出台了相关指导意见。2015 年 5 月 5 日，中央出台了《关于做好政府向社会力量购买公共文化服务工作的意见》，这既体现出党和政府对加快构建现代公共文化服务体系的日益重视，也奠定了多元化供给公共文化服务的政策基础，随之，政府向社会力量购买公共文化服务这种新型的“政

府主导、市场运作、社会参与、群众受益”的公共文化服务提供方式在我国大力推行。目前，我国只有少数的地方政府出台了相关的与本地区实际紧密结合的指导意见和实施细则。2015 年 2 月 10 日，西藏自治区为了推动政府职能转变，改进政府提供公共服务的方式，结合西藏实际，提出了《西藏自治区人民政府办公厅关于政府向社会力量购买服务的实施意见》。但是针对西藏基层政府向社会力量购买公共文化服务的方式，西藏自治区政府还未出台相关制度和指导意见，缺乏整体统摄下结合西藏地区实际的微观指导。

（二）政府购买资金不足，承接主体发挥功能欠佳

政府作为购买主体，通过购买服务的方式为公众提供公共文化服务，社会组织、事业单位和企业、机构作为承接主体需要发挥其功能以满足社会公众多样化的文化需求。政府对承接主体的购买动力和扶持力度将直接影响到公共文化服务的供给质量和人民群众文化需求满足的程度。

通过对三家不同类型的承接主体的重点调研得知，面对西藏地区基层群众对公共文化的多样化需求，西藏地区政府作为购买主体向社会力量购买公共文化服务安排的资金明显短缺，使得作为承接主体的社会力量功能发挥欠佳，这是影响政府购买公共文化服务效果的一个重要原因。作为西藏文化组织的先进代表，拉萨市城关区娘热民间艺术团业已成为拉萨地区远近闻名的经营性演出实体。如今，娘热乡民间艺术团不仅能演出传统的八大经典藏戏，而且还上演一些民间的以及现代的歌舞剧目。他们还以农牧民生活为题材，编排相应的剧目，让农牧民在无形中接受教育，增长知识。作为这样一支深受基层群众喜爱和认可的艺术团，拉萨市政府很重视，每年由城关区和娘热乡政府各拨付 25 万元专项资金给该艺术团，但是这些补贴对于团内演员的工资开销都不够，由于政府购买补贴资金不足，因此，为了维持艺术团运转，艺术团也会承接很多商业剧目，这就使得艺术团面向基层群众的义演机会减少，功能发挥欠佳，群众的精神文化需求难以满足。

通过对西藏文化产业示范基地的走访得知，西藏文化产业示范基地以保护、传承和发展西藏传统文化为基础，力图为推动西藏由文化资源大区转向文化发展强区而努力。但由于文化产业基地主要是依靠产业基地发起人的投资以及企业自身经营效益运作，政府方面很少有资金向其倾斜，政府在调动文化企业为基层群众提供公共文化服务方面的作用尚显不足。

（三）政府购买过程中缺乏竞争购买机制

当前，由于我国各级政府的职能转变不到位，政府作为“购买主”在购买过程中难免仍带有强烈的传统行政色彩，导致竞争性购买模式严重缺乏。如此造成作为承接主体的社会力量长期得不到应有的发展，难以建立政府购买公共文化服务所赖以存在的具有充分市场竞争性与选择自主性的市场竞争格局，无法形成有效的体制外竞争性购买结构。

据调研了解，当前在西藏，政府向社会力量购买公共文化服务时，对于承接主体的选择，竞争性购买较为缺乏，导致如项目补贴、定向资助、招标采购与服务外包等政府购买公共文化服务的多样化形态很难充分实践，这样不仅使得公共文化服务供给产品匮乏，公共文化资源单一，很难建立起符合国家规划的目标，即“建立比较完善的政府向社会力量购买公共文化服务体系，形成与人民群众精神文化相符合的文化资源配置机制和供给机制”，更不利于社会力量成长及其在公共文化领域作用的发挥。

（四）公共文化服务的内容无法满足群众多元文化需求

近年来，随着经济社会的快速发展，西藏地区人民群众的经济生活水准显著提升，社会生活方式日渐多样，能歌善舞的藏族同胞对于多层次、多样化的精神文化追求明显提高。就公共文化服务而言，由于民众个体的经济能力、文化背景、受教育程度各不相同，使得西藏民众对公共文化服务的需求也有很大的不同。但是，由于政府文化职能正处于完善当中，一定程度上还没有能力大面积满足基层群众日益增长的文化需求，基层政府公共文化服务的内容、服务方式和西藏地区广大群众的文化需求在某种程度上存在着脱节的现象。据调研了解，当前政府向基层群众提供公共文化服务多采用自上而下的供给方式，不仅加大了政府供给的成本，而且也会影响供给效率，进而造成公共资源的浪费，也将与西藏民众对精神文化的现实所需造成一定的缺位。改变这一状况，需要自治区政府运用市场和社会机制，建立政府向社会力量购买公共文化服务的内容和方式的多元化，充分满足西藏地区人民群众的多元文化需求。

四、推进政府向社会力量购买公共文化服务的实施建议

我国政府向社会力量购买公共文化服务作为一种新型的服务方式，在为群众提供公共文化服务的过程中存在很多亟待解决的问题。西藏地区由于其地理条件和人文条件的特殊性以及经济文化发展的滞后性，在政府购买公共文化服务推行的过程中更是存在很多的问题。课题组基于以上实践、访谈，经过查阅相关文献资料、政策文件，对西藏地区推行政府向社会力量购买公共文化服务存在的困境进行了仔细分析，结合西藏地区实际区情，提出以下政策建议：

（一）建立健全西藏地区政府购买公共文化服务的制度体系

《关于做好政府向社会力量购买公共文化服务工作的意见》中明确指出，“各地要建立健全方式灵活、程序规范、标准明确、结果评价、动态调整的购买机制，根据地方实际，按照政府采购相关规定规范购买流程”。尽管 2015 年 2 月，西藏自治区人民政府办公厅出台了关于政府向社会力量购买服务的实施意见，但是在西藏针对政府向社会力量购买公共文化服务的实施意见还未出台。政府出台的相关政策制度需要完善，以保证有效推进政府购买公共文化服务。首先，要规范西藏地区的政府采购流程，建立政府与市场、社会的伙伴合作关系，形成公共文化服务供给的整体合力；其次，要制定规范的政府购买公共文化服务程序，明确其标准，调整动态的政府购买机制；再次，要加强政府购买公共文化服务的财政支出力度，建立以中央财政为主、地方财政为辅的财政资金逐年稳定增长机制，同时

制定严格的财务管理制度，规范购买资金的支出、管理与运行等程序，保障政府购买公共文化服务经费的合法、合理与有效利用；最后，要加强政府购买公共文化服务的公共管理人才队伍建设，加大交流培训力度，提升人才队伍整体素质，提高政府购买公共文化服务的科学性与有效性，保障政府成为“精明买主”[①]。

（二）加大扶持力度，积极培育和发展社会力量

政府购买公共文化服务的承接主体是社会力量，即具备提供公共文化服务能力，且依法在管理部门登记或经国务院批准免予登记的社会组织、事业单位、企业和机构等。社会力量在政府购买公共文化服务中地位很重要，因此要积极培育和发展社会力量，建立有利于承接主体成长的政策环境。可以从以下两个方面培育和发展社会力量：一是保持社会力量的独立自主性。政府向社会力量购买公共文化服务中，作为购买主体的政府与作为承接主体的社会力量之间是基于自愿互利基础上的平等主体，政府可以作为引导者引领社会力量为公众提供公共文化服务，但不能行政化色彩过浓，影响社会力量的积极参与；二是出台相关扶持政策发展社会力量。

打造特色文化品牌也势在必行。日喀则传统的歌舞“拉孜堆谐”早在2007年就登上了央视春晚，大型原生态歌舞剧《幸福在路上》的诞生成了西藏文化产业的标志性事件，民族歌舞《五彩西藏》《雅鲁藏布情》等特色商演剧目成功在西藏演出，另外，被列为世界非物质文化遗产项目的藏戏《格萨尔传》等具有藏族特色的文化品牌项目也相继在西藏大型节庆和文艺活动中演出，但这样富有影响力的文化项目开发得还太少。一方面由于缺乏政府充足的专项文化资金补贴，另一方面由于社会力量自身能力的不足，使得西藏地区基层群众难以充分享受到本民族特色的传统优秀文化成果。基于此，建议西藏自治区政府可参考其他省、自治区政府的做法，

① 袁秀伟：《民族地区推行政府向社会力量购买公共服务的困境及对策》，《新乡学院学报》2015年第10期。

如“四川省财政每年投入高达 9615.68 万元的专项资金用于政府购买公共文化服务项目。此外，四川省级文化发展专项资金也用于支持政府购买公益演出”[①]。自治区政府也可设置不同种类的文化发展与购买专项资金，加大对具有藏族特色的文化服务项目的投资力度，积极培育和发展社会力量，推进政府向社会力量购买公共文化服务工作。

（三）以群众的实际需求为导向，推进政府购买公共文化服务工作

随着我国文化体制改革的不断深化以及政府文化职能的转变，政府作为购买主体向社会力量购买公共文化服务的能力、范围和方式也在不断地调整。由于西藏地区的经济、文化、社会发展速度与内地相比存在一定的差距，西藏地区基层群众对公共文化服务的需求具有自身的特殊性，社会力量作为承接主体为基层群众提供服务的能力与内地相比不足。在这种背景下，西藏地区需要以本地区基层群众对公共文化的实际需求为导向，使得公共文化服务的供给与当地人民群众的文化需求得以有效衔接，积极稳妥地推进政府向社会力量购买公共文化服务工作。一直以来，西藏被誉为“歌舞的海洋”，藏族同胞能歌善舞且独具藏族特色的文化资源丰富。近年来，在中央和自治区的支持下，西藏地区参与非物质文化遗产传承活动的人数近 3 万，同时一些以非物质文化遗产演出为主的西藏艺术团体也在积极为群众演出，以满足群众的实际文化需求。因此，对于具体的政府购买公共文化服务，西藏自治区政府应该多以群众的实际需求为导向，突出民族特色，弘扬优秀的传统文化。通过推进政府购买与群众实际生活相符合的公共文化服务，以促进西藏地区公共文化服务的全面发展。

（四）建立科学合理的政府公共文化服务的购买与考评机制

科学合理的政府购买公共文化服务绩效评估机制不仅是对政府所购买的公共文化服务项目的数量、质量及具体的项目资金使用情况的综合性评

①《四川政府购买公共文化服务成效显著》，《中国财经报》，2015 年 7 月 30 日。

价，也是为下一步更大规模地推动政府购买公共文化服务这一方式做重要参考，更是为其后选择合适的公共文化服务承接主体作重要参考依据。

政府向社会力量购买公共文化服务的方式主要是政府、社会力量与公民三者间的互动关系产生的。其中，政府处于主导性地位，发挥着主要作用。从西藏地区实际出发，以满足人民群众文化需求，实现人民群众文化权益为重点，突出基层群众对公共文化服务的满意度，建立健全由购买主体、公共文化服务对象以及第三方共同参与的综合评审机制，评价结果要向社会公布，防止腐败滋生。例如，2014 年，安徽省政府曾采用招标方式购买公共文化服务，在全省实现送戏进万村的文化惠民活动，同时要求政府采购招标须按照安徽省制定的基本标准，坚持公开择优原则，全程接受社会监督，[①] 这一点值得推广学习。

五、结束语

六天短暂而又充实的调研活动在我们课题组成员的辛苦努力下取得圆满成功，调研目的基本实现。可以说，这六天是我们团队人生的一段重要经历，不仅丰富了我们的实践经验，提高了我们团队合作能力，也让我们从中感受到了西藏独特的人文环境，更加了解西藏自治区政府向社会力量购买公共文化服务的相关内容，对课题项目的后续研究具有很大的帮助，也为今后有关西藏自治区政府向社会力量购买公共文化服务的研究打下了坚实的基础。需要强调的是，本次调研的顺利完成离不开西藏自治区群众艺术馆、岗地文化产业集团以及拉萨市城关区娘热民间艺术团相关工作人员的积极配合和大力支持，对此，我们深表感谢！另外，通过开展调研，我们也发现了课题研究中没有预想到的一些新问题，对于收集到的这些宝贵的资料、意见和建议，课题组后期会将它们整合到课题研究中，以便更高质量地完成课题研究任务。

① 乔国良:《安徽——政府购买公共文化服务送戏进万村》,《中国文化报》,2015 年 5 月 25 日。

西藏公共政策的社会效益报告

杨玲※

公共政策主要有三大功能：公共管理与服务、政治控制和阶级统治、社会利益的平衡与调节。这样，公共政策评估时，公共政策评估主体就要根据一定的政策评估标准和程序，对政策系统、政策过程和政策结果的质量、效益、效果等方面进行评价或判断，其目的是改善公共政策系统，提高公共政策决策质量，保证政策目标实现。

评估的技术路线主要有两条：其一是价值评估，主要从政治公平、正义，社会回应性和适应性等价值观层面上来评判公共政策；其二是事实评估，主要评估政策结果与政策目标的对应关系，验证政策的实际效果，表现为一系列实证与技术的结合，应用成本一收益、准实验研究设计、多元回归分析、民意调查研究、投入产出分析、运筹学、数学模型和系统分析等方法。事实评估的前提是价值中立，尽量回避与政策问题有关的党派目标和价值冲突，强调计算各种争取目标的手段的效率和有效性。

政策评估理论大体上经历了两个阶段，即实证主义政策评估与后实证主义政策评估。实证主义以政策效果实证测量或科学预测作为评估对象，不对主观性的价值和标准进行探讨，所以提出的政策评估标准都是能定性测量的标准，主要有效率标准、效益标准、效能标准（即3E）和充分性标

※ 杨玲，厦门大学副教授，西藏民族大学管理学院副院长，2011 西藏文化传承发展协同创新中心管委会副主任。

准 (Adequacy)。萨茨曼将政策效果评估标准与政策执行过程评估标准结合起来考察，并概括出政策评估的五项标准：效果、效果的充分性、效率、工作量、执行过程。

此外，政策的内部评估尽管对政策的推行、效果和过程均能准确地指正迅速加以调整，但也容易产生不客观、不公正的弊端；外部评估理论上是讲究客观、公正和全面，然而也会受到立场信息和局部观察的影响，所以单一的评估方式无法做到客观、公正，中国政府的十二个涉藏白皮书与达赖集团对白皮书的批判突显了政策评估两极化的现象。从政策评估的种类来看，则可以区分为方案评估、过程评估、误差评估及效果评估四种，由于诸多因素，本报告只能利用目前搜集到的一些数据，对西藏公共政策的“社会效果”进行粗浅评估与考察，进行质性研究。

此外，关于什么是社会效益的问题，学界众说纷纭，不同的学科从不同的角度对其进行的诠释也不尽相同。在本报告的讨论中，将其定义为政治效益、经济效益之外的所有的效益，比较突出的是指人口的发展、教育、医疗卫生、藏汉人民的关系，藏族文化、语言、宗教保存和发展等。

《西藏民族区域自治》白皮书中说“西藏人民享有继承发展传统文化和信仰宗教的自由”。在中央政府做的大量投资与治理之下，西藏政策的社会效益如何，或许一些国外媒体的报道具有更好的说明。

2004 年 6 月中新社从华盛顿发回一则新闻：“许多美国人由于对西藏不了解，或受到片面报导的误导，对西藏有很多偏见”。美国旧金山彩虹电视在五十个申请者中，选择了两个原先支持“藏独”的美国人摩基和凯蒂，作为拍摄对象，让他们亲身感受西藏，了解西藏的真实情况。摄制组跟随他们去西藏，以“影像日记”的方式，真实记录他们在西藏的活动。这个一小时的节目完全以第一人称由这一男一女自己讲述个人的经历和感受，没有附加的解说。出发之前，他们在彩虹电视的演播室里谈起对西藏的感觉时，或担心中国官方淡化、同化、消灭西藏文化，或对“西藏独立”活动表示同情和支持。两个星期的旅程结束后，且听两人现身说法。摩基说：“来西藏之前，我觉得西藏独立是天经地义的事。到了西藏与许多人交谈之后，我不觉得西藏人想要独立。”“我给去西藏参观者的忠告是：带一个开放的思想来，放下你固有的西藏观念。我意识到美国媒体确实很片面。我是用了近两周的时间才开始让自己放下抵抗心理，听取不同意见”。凯蒂说：“我们与很多西藏人交谈过，他们很喜欢西藏今天的变化。在美国时我听说西藏要求独立……但是与越多的人交谈，我越了解到，西藏人实际上很感激中央政府带给西藏的变化和进步。在教育方面，西藏人在学藏文、汉文和英文。我很欣喜他们仍在学藏文，以保持藏文化”。由之可见中国政府治藏的社会效益之一斑。

此外，也有一些海外学者，亲自到西藏实地考察后说“从拉萨八廓街的变 化、布达拉宫的修缮和寺外广场的整修、周围商场的规模、城外藏族人住房的建设等等，应该说前后变化是十分明显的，在拉萨街道伫立也可以发现过往的藏族人和汉族人绝大多数的人都拿着手机、衣着时髦，事实上与内地中、大型城市的人民并没有太大的差别，在寺庙看到川流不息的信徒和观光客以及端坐在角落的僧侣认真地背诵经文，在路上尤其是山路上，偏僻车少的道路，偶然也遇到磕长头的信徒，虔诚的信仰，一切都和达赖喇嘛流亡组织的攻击明显不符，流亡组织说中共片面承认的十一世班禅喇嘛藏胞不信，然而我个人在青海、在西藏时，十一世班禅喇嘛正好去青海和日喀则，藏族拥护的热情和虔诚的尊敬也和流亡组织所宣传的完全不同……”

一、西藏的人口发展

改革开放以后，在市场作用下，中国西藏与内地人力资源的流动趋于开放，越来越多的内地务工人员前往西藏经商、工作是不争的事实，但藏族人口占全区人口比例一直处于绝对优势，其比例一直保持在 90% 以上。不仅如此，西藏人口快速增长的主要原因也源于本地藏族人口的快速增长，而汉族与其他民族人口总和占全区人口总数的比例始终小于 10%。

表 1　1990—2014 年西藏部分年份出生率、死亡率与自然增长率

年份	出生率（‰）	死亡率（‰）	自然增长率（‰）	年份	出生率（‰）	死亡率（‰）	自然增长率（‰）
1990	26.00	8.90	17.10	2005	17.90	7.20	10.80
1995	24.90	8.80	16.10	2006	17.40	5.70	11.70
1996	24.70	8.50	16.20	2007	16.40	5.10	11.30
1997	23.90	7.90	16.00	2008	15.50	5.20	10.30
1998	23.70	7.80	15.90	2009	15.30	5.10	10.20
1999	23.20	7.40	15.80	2010	15.28	5.32	9.96
2000	19.50	6.60	12.90	2011	15.39	5.13	10.26
2001	18.60	6.50	12.10	2012	15.48	5.21	10.27
2002	18.80	6.10	12.70	2013	15.77	5.39	10.38
2003	17.40	6.30	11.10	2014	15.76	5.21	10.55
2004	17.40	6.20	11.20				

资料来源：本报告根据《西藏统计年鉴》和《中国统计年鉴》相关年份数据整理制作。

除此之外，民主改革以后，随着经济和医疗卫生条件的改善，西藏人口的发展趋势出现了革命性的变化。

第一，从西藏和平解放到 2014 年，在这 60 多年里，西藏总人口由 1959 年的 122.8 万人增加到 2014 年的 317.55 万人。自治区的藏族人口也从 100 万左右快速增长到 2011 年的 271 万人。中国内地广泛开展的计划生育政策并没有在西藏广大农牧区实施，相关统计机构对西藏自治区 1% 的常住人口抽查结果显示，近十年西藏常住人口的年增长率一直保持在 10‰以上，远远高于全国平均水平。然而，在民主改革前近两百年的时间里，西藏人口数量仅增加了 5.8 万，藏族人口的增长基本处于停滞状态。

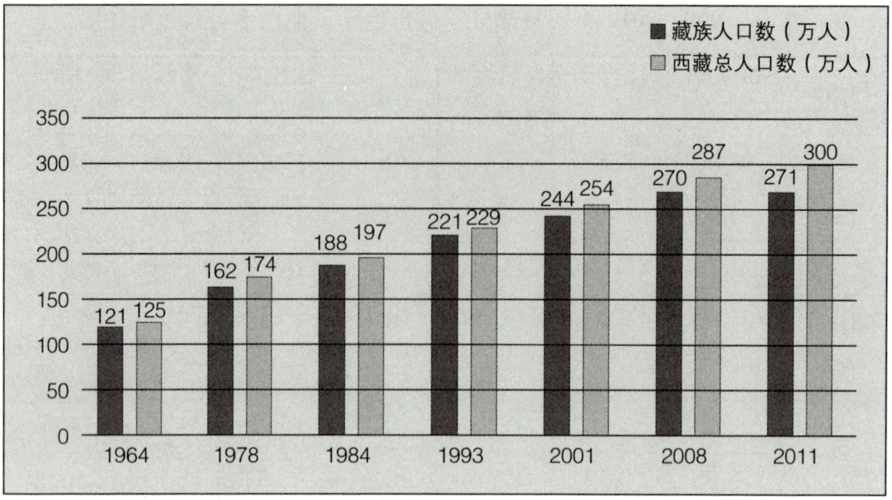

图 1 西藏 1964–2011 年总人口及藏族人口数变化示意图

资料来源：根据《西藏统计年鉴》和《中国统计年鉴》相关年份数据整理制作。

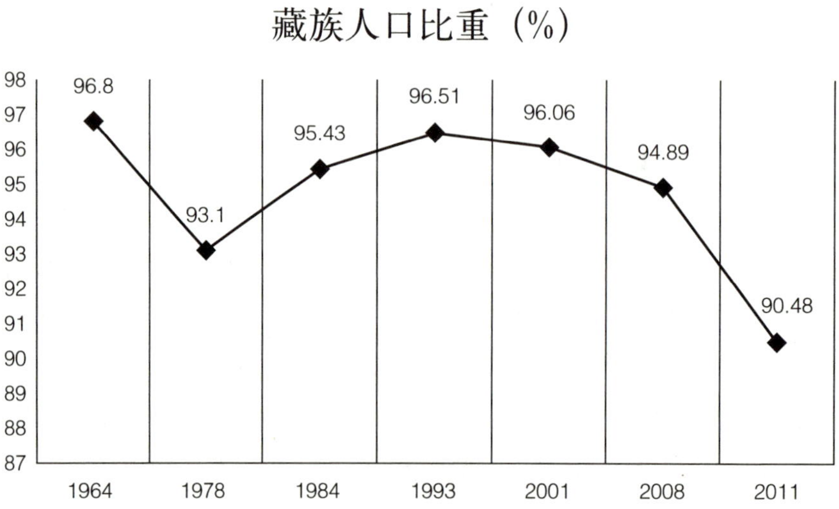

图 2 西藏 1964–2011 年藏族人口比重变化示意图

资料来源：根据《西藏统计年鉴》和《中国统计年鉴》相关年份数据整理制作。

第二，人均期望寿命是衡量人类发展的一项重要指标，现阶段西藏全区人均预期寿命为 68.2 岁，而在旧西藏，西藏的人均预期寿命仅为 35.5 岁。

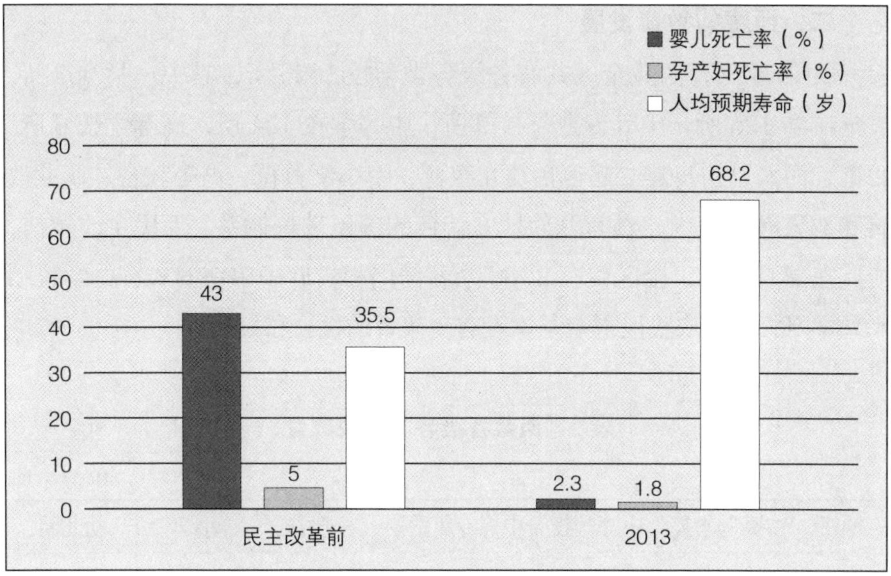

图 3　西藏居民健康水平变化示意示意图

资料来源：根据《西藏统计年鉴》和《中国统计年鉴》相关年份数据整理制作。

第三，西藏的人口死亡率显著下降。民主改革前，西藏人口的平均死亡率高达 28‰，特别是妇女、儿童等高风险人群死亡率更高，分别为 50‰和 430‰。目前，西藏孕产妇死亡率由和平解放初期的 50‰下降到 2007 年的 3.1‰，婴儿死亡率由和平解放初期的 430‰下降到 2014 年的 19.97‰。

由此可见，西藏人口发展模式已从旧西藏的“高出生率、高死亡率、低寿命、低自然增长率”转化为当前的“较高的出生率、低死亡率、相对较高的寿命和稳定的自然增长”。上述结论也说明，少数国际非政府组织与个人指出的“随着大量汉族人进入西藏，西藏本地藏族人口正在成为少数民族”的结论没有实际根据。从人口变化可见西藏公共政策的社会效益之一斑。

二、西藏的教育发展

2014 年底，西藏全区共有各级各类学校 1696 所，其中小学 963 所，普通中学 125 所，中等专业学校 9 所，中等学校 134 所，高等学校 6 所。目前，西藏已初步建立起包括幼儿教育、中小学教育、高等教育、职业教育和成人教育在内、具有藏族地方特色的国民教育体系。而民主改革前，寺院垄断着教育，全区仅有 2000 余名僧侣和贵族子弟在旧式官办学校和私塾学习，广大农牧民群众基本没有受教育的机会和权利。

表 2　西藏各级各类学校数量

单位：所

年份	高等学校	中等学校	中等专业学校	普通中学	小学	幼儿园
1956					10	
1959		3	1	2	462	
1965	1	5	1	4	1822	
1978	4	88	28	60	6819	
1979	4	83	28	55	6266	
1980	4	98	24	74	6266	256
1985	3	70	14	56	2315	21
1986	3	78	14	64	2388	
1987	3	81	14	67	2437	26
1988	3	82	15	67	2453	36
1989	3	83	15	68	2398	40
1990	3	78	15	63	2474	37

续表

年份	高等学校	中等学校	中等专业学校	普通中学	小学	幼儿园
1991	3	76	15	61	2652	31
1992	3	76	14	62	2831	36
1993	4	84	15	69	3090	32
1994	4	93	16	77	3477	26
1995	4	102	16	86	3943	29
1996	4	104	16	88	790	46
1997	4	106	16	90	806	36
1998	4	106	16	90	814	31
1999	4	113	16	97	820	36
2000	4	110	12	98	842	21
2001	4	111	11	100	895	20
2002	3	114	11	103	899	32
2003	4	115	10	105	892	41
2004	4	120	10	110	886	41
2005	4	128	10	118	890	42
2006	6	128	10	118	880	46
2007	6	124	7	117	884	61
2008	6	126	7	119	885	83
2009	6	124	6	118	884	88
2010	6	128	6	122	872	119
2011	6	129	6	123	860	198
2012	6	128	6	122	857	480
2013	6	130	9	124	841	613
2014	6	134	9	125	829	722

资料来源：根据《西藏统计年鉴》和《中国统计年鉴》相关年份数据整理制作。

其中每万人中，大学生数从 1965 年的 16 人发展到 2014 年的 110 人，翻了近 7 倍，人口受高等教育的比例显著提高。

表 3　平均每万人口中在校学生数和大中小学学生构成表

年份	平均每万人口中				大中小学学生占学生总数			
	大学生（人）	中专生（人）	中学生（人）	小学生（人）	大学生（%）	中专生（%）	中学生（%）	小学生（%）
1965	16	3	8	487				
1978	12	26	99	1469	0.7	1.6	6.2	91.5
1979	8	31	108	1358	0.5	1.9	7.2	90.4
1980	8	19	102	1300	0.6	1.3	7.1	91.0
1985	8	11	102	601	1.1	1.6	14.2	83.2
1986	9	15	108	598	1.3	2.1	14.8	81.9
1987	9	16	115	659	1.1	1.9	14.4	82.6
1988	8	16	110	682	1.0	2.0	13.5	83.5
1989	9	19	109	654	1.2	2.4	13.8	82.7
1990	9	19	98	725	1.1	2.3	11.5	85.1
1991	9	20	98	758	1.0	2.2	11.1	85.7
1992	10	21	104	858	1.0	2.1	10.5	86.4
1993	12	22	112	926	1.2	2.0	10.5	86.4
1994	14	23	125	1011	1.2	1.9	10.6	86.2
1995	17	24	139	1098	1.3	1.9	10.9	86.0
1996	14	23	146	1188	1.0	1.6	10.7	86.7
1997	13	24	162	1238	0.9	1.7	11.0	86.4
1998	14	23	163	1271	1.0	1.6	11.1	86.4
1999	16	23	179	1253	1.1	1.6	12.1	85.2
2000	21	25	213	1199	1.4	1.7	14.6	82.3

续表

年份	平均每万人口中				大中小学学生占学生总数			
	大学生（人）	中专生（人）	中学生（人）	小学生（人）	大学生（%）	中专生（%）	中学生（%）	小学生（%）
2001	26	26	273	1187	1.7	1.7	18.1	78.5
2002	32	24	339	1197	2.0	1.5	21.3	75.2
2003	39	25	422	1192	2.3	1.5	25.2	71.0
2004	54	31	497	1195	3.0	1.8	28.0	67.3
2005	69	25	556	1182	3.7	1.4	30.4	64.5
2006	83	53	589	1173	4.4	2.8	31.1	61.8
2007	94	67	634	1128	4.9	3.5	33.0	58.7
2008	102	73	643	1086	5.4	3.8	33.7	57.0
2009	104	74	626	1052	5.6	4.0	33.7	56.7
2010	104	75	599	997	5.8	4.3	33.7	56.2
2011	107	65	597	972	6.1	3.8	34.3	55.8
2012	109	60	579	949	6.4	3.5	34.1	56.0
2013	108	56	574	945	6.4	3.3	34.1	56.2
2014	110	53	567	929	6.6	3.2	34.2	56

资料来源：根据《西藏统计年鉴》和《中国统计年鉴》相关年份数据整理制作。

表 4　各级各类学校教职工数量

单位：人

年份	高等学校	中等学校	中等专业学校	普通中学	小学	幼儿园
1959			396			
1965	703	232	110	122	2475	
1978	1399	2578	978	1600	12169	
1979	1601	2817	1025	1792	11620	
1980	1689	2970	1174	1796	13964	254

续表 1

年份	高等学校	中等学校	中等专业学校	普通中学	小学	幼儿园
1985	1750	3260	945	2315	9060	99
1986	1675	3611	1078	2533	9115	107
1987	2883	4023	1215	2808	8685	212
1988	1757	4312	1269	3043	9186	317
1989	1791	4323	1258	3065	9072	291
1990	1737	4382	1202	3180	9573	224
1991	1763	4416	1237	3179	9399	288
1992	1773	4525	1315	3210	9659	300
1993	1744	4502	1340	3162	10528	289
1994	1771	5041	1441	3600	12390	300
1995	1818	5129	1463	3666	14090	347
1996	1720	5444	1462	3982	14712	416
1997	1737	5624	1398	4226	14750	360
1998	1762	5789	1320	4469	14659	343
1999	1736	6125	1264	4861	14418	397
2000	1673	6431	1255	5176	13936	322
2001	1836	7129	1254	5875	12926	283
2002	1829	7722	1222	6500	13631	537
2003	1794	8442	1108	7334	13767	628
2004	1913	9402	1155	8247	14378	616
2005	2033	10220	1214	9006	14967	672
2006	2669	10230	753	9477	16446	644
2007	2888	11586	725	10861	18450	822
2008	2990	12270	745	11525	18715	1131

续表 2

年份	高等学校	中等学校	中等专业学校	普通中学	小学	幼儿园
2009	3082	13046	797	12249	19293	1281
2010	3312	13504	731	12773	19289	1576
2011	3460	14114	740	13374	19200	1769
2012	3485	14133	746	13387	18966	2221
2013	2472	13738	652	13086	18679	2822
2014	2601	15097	993	14104	20071	3383

资料来源：根据《西藏统计年鉴》和《中国统计年鉴》相关年份数据整理制作。

小学学龄儿童入学率 1981 年只有 76%，2012 年达到 99.4%；小学生毕业升学率也由 1981 年的 29.6% 涨到 2012 年的 91.4%；1982 年初中毕业生升学率 38.1%，到 2014 年增长到 60%。西藏各级学校教师负担学生数显著减少，可见西藏的义务教育政策得到了落实与贯彻，公众的文化权利得到了实现，西藏公共政策的社会效益凸显。

表 5　初中毕业生和小学毕业生升学率及小学学龄儿童入学率

单位：%

年份	初中毕业生升学率	小学毕业生升学率	小学学龄儿童入学率
1981		29.6	76.0
1982	38.1	41.1	78.0
1983	39.2	49.7	42.1
1984	36.0	44.0	46.4
1985	49.4	44.9	46.0
1986	44.4	47.9	50.0
1987	48.8	53.2	48.4
1988	41.3	39.6	55.7

续表 1

年份	初中毕业生升学率	小学毕业生升学率	小学学龄儿童入学率
1989	40.7	73.6	53.1
1990	36.2	62.1	67.4
1991	32.9	67.7	45.6
1992	32.4	62.7	52.4
1993	30.2	74.0	58.9
1994	29.9	87.3	66.6
1995	43.2	67.7	70.4
1996	35.6	66.7	73.5
1997	52.8	61.7	78.2
1998	47.1	62.9	81.3
1999	66.6	45.2	81.7
2000	82.5	55.0	85.8
2001	73.3	67.0	87.2
2002	77.3	71.1	88.3
2003	72.1	82.9	91.8
2004	61.7	92.3	94.7
2005	50.5	91.7	95.9
2006	42.5	92.0	96.5
2007	58.0	97.1	98.2
2008	48.8	93.8	98.5
2009	55.2	98.4	98.8
2010	46.3	93.5	99.2
2011	48.6	92.2	99.4
2012	51.6	91.4	99.4

续表 2

年份	初中毕业生升学率	小学毕业生升学率	小学学龄儿童入学率
2013	54.1	92.0	99.6
2014	60	92.2	99.6

资料来源：根据《西藏统计年鉴》和《中国统计年鉴》相关年份数据整理制作。

表 6　西藏各级学校教师负担学生数

年份	高等学校		中等专业学校		普通中学		小学	
	教师数	平均每个教师负担学生数	教师数	平均每个教师负担学生数	教师数	平均每个教师负担学生数	教师数	平均每个教师负担学生数
1978	438	4.75	391	11.87	1061	16.66		
1980	625	2.39	418	8.35	1200	15.66	12301	19.58
1981	571	2.67	456	5.10	1163	14.55	10164	18.39
1982	534	2.27	440	3.58	1194	14.04	8322	17.01
1983	518	2.56	280	5.01	1184	15.34	8381	14.87
1984	567	2.42	354	5.16	1406	13.43	8118	15.46
1985	571	2.76	382	5.89	1493	13.68	7931	15.12
1986	659	2.81	458	6.69	1724	12.73	7742	15.65
1987	1071	1.68	574	5.63	1996	11.96	7368	18.60
1988	723	2.40	626	5.54	2268	10.33	8045	18.00
1989	756	2.61	619	6.40	2317	10.02	7939	17.49
1990	719	2.82	618	6.76	2323	9.17	8506	16.44
1991	741	2.65	631	6.95	2344	9.30	8408	19.99
1992	727	3.08	654	7.21	2377	9.78	8647	22.18
1993	761	3.70	685	7.22	2342	10.97	9587	22.10
1994	777	4.22	744	6.98	2691	10.67	11514	20.23
1995	782	4.96	746	7.47	2834	11.54	13349	19.38

续表

年份	高等学校		中等专业学校		普通中学		小学	
	教师数	平均每个教师负担学生数	教师数	平均每个教师负担学生数	教师数	平均每个教师负担学生数	教师数	平均每个教师负担学生数
1996	833	4.10	794	6.78	3142	11.13	13916	20.43
1997	849	3.76	784	7.31	3348	11.47	13938	21.56
1998	834	4.13	765	7.29	3616	11.02	13908	22.31
1999	765	5.26	740	7.66	4045	10.93	13726	22.62
2000	813	6.73	742	8.87	4306	12.83	13181	23.81
2001	867	7.84	802	8.50	4979	14.40	11995	26.01
2002	885	9.53	782	8.23	5577	16.22	12792	24.98
2003	972	10.71	701	9.58	6461	17.67	13026	24.72
2004	1081	13.63	774	11.05	7371	18.44	13610	24.02
2005	1187	15.99	835	8.42	8161	18.88	14267	22.95
2006	1673	13.94	484	30.53	8677	19.08	15961	20.65
2007	1755	15.25	507	37.39	10033	17.96	17813	18.00
2008	1877	15.67	541	38.82	10752	17.16	18087	17.24
2009	1969	15.37	601	35.54	11498	15.79	18686	16.34
2010	2195	14.17	591	38.26	12044	14.92	18901	15.84
2011	2288	14.15	595	33.23	12684	14.28	18912	15.59
2012	2369	14.12	632	28.94	12640	14.09	18853	15.49
2013	2472	13.58	652	26.82	13086	13.68	18679	15.78
2014	2601	13.42	993	16.84	14104	12.76	20071	14.70

资料来源：根据《西藏统计年鉴》和《中国统计年鉴》相关年份数据整理制作。

民主改革前，西藏自治区文盲率在 95% 以上。为尽快提高广大人民群众的教育水平与科学文化素质，西藏自治区政府加大了基础教育的发展力度，并大力开展了扫除青壮年文盲的工作。2008 年底，全区 73 个县已经全面完成“普六”任务，其覆盖率达到 100%，小学在校生达到 31.18 万人，入学率达到 98.5%；有 70 个县实现“普九”目标，覆盖率达到 90.2%。到 2014 年底，中学生在校生达到 179964 人，小学生在校生 295142 人。此外，对全区未接受学校教育的成年人，特别是 50 周岁以下的人口，通过办扫盲班、夜校等形式的扫盲教育，截至 2015 年 12 月，自治区教育厅统计数据，青壮年文盲率下降到 0.5% 以下。

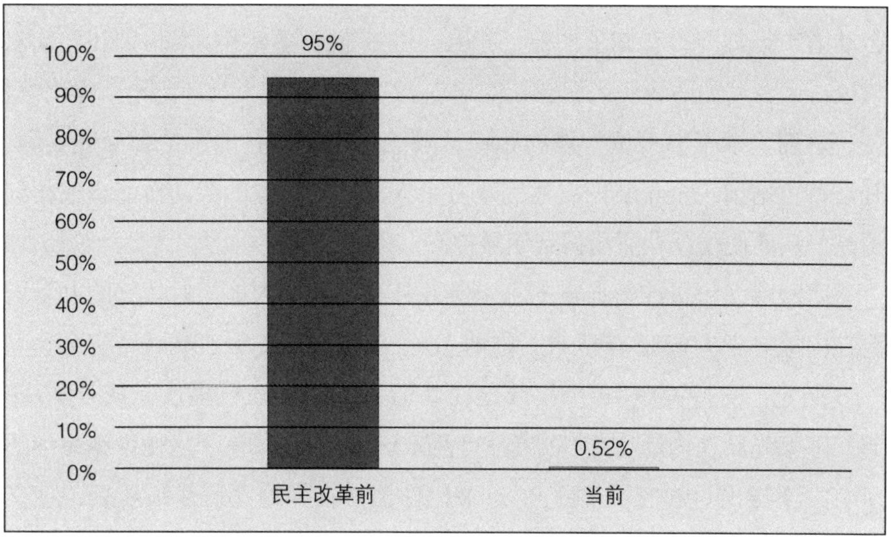

图 4　西藏青壮年文盲率变化示意示意图

资料来源：根据《西藏统计年鉴》和《中国统计年鉴》相关年份数据整理制作。

2014 年，全区普通高校本专科在校生达到 34902 人，高等教育稳步发展，办学规模进一步扩大，办学水平显著提高。2015 年 9 月最新的《民族区域自治制度在西藏的成功实践》白皮书中写道：“国家建立了西藏大学、西藏民族大学、藏医学院、中国藏学研究中心、西藏社会科学院、天文历算研究所等一批教育培训基地和门类齐全的研究机构”，目前西藏已经建立起一批初具规模、学术能力较强的研究队伍，这也是西藏发展高等教育的重要基础。

1959 年建立了全区第一所中等职业技术学校。2008 年通过学校结构的调整，基本保持在 10 所左右，截至 2014 年底，全区中等职业教育在校生达到 16719 人。“十五”（2001—2005 年）期间，西藏高等职业技术教育开始起步。目前，西藏高等职业教育在校生已超过 5000 人，职业教育从无到有，发展迅速。

在中央政府的大力支持下，全区 74 个县全面启动了劳动实践基地建设工程。同时，还在全区积极开展农牧民实用技术、技能培训，结合西藏劳动力市场需要，实施了种植、养殖、机械维修等实用技术培训和面向农牧区富余劳动力的农民工职业技能培训。2014 年西藏人社部门不断深化“服务、培训、维权”三位一体的转移就业工作机制，各地市结合当地实际，开展特色培训，全年培训农牧民 6 万余人次，农牧民的劳动技能普遍得到提高，从而使得就业质量得到明显提高。

西藏除了积极改善自身的办学条件外，还利用内地相对较好的办学资源在内地办学。1985 年以来，内地 18 个省市对口支援西藏教育资金达到 5.76 亿元，支持西藏 74 个县改建幼儿园、中小学 300 多所。从 1985 年起，国家先后在内地 20 个省市办有西藏班（校），覆盖了从初中到大学的所有办学层次。2015 年习近平总书记作出“在内地办班成绩显著，意义深远，应坚持完善，要好好总结并提出长远规划”的重要批示。目前，全国 12 个省市的 17 所学校举办了内地西藏初中班，内地西藏班 30 年累计招生 10.77 万人。内地西藏班累计为西藏培养经济社会建设人才 32116 人，其中培养大学毕业生 15159 人，中等师范专科学校毕业生 4840 人，中等专科学校毕业生 6870 人，中等职业技术学校毕业生 5247。

西藏在大力发展现代教育的同时，始终给予藏语教育特别重视。《中华人民共和国宪法》和《民族区域自治法》均明确保障少数民族使用和发展自己语言文字的自由，2002 年修订的《西藏自治区学习、使用和发展藏语文的规定》再度强化了藏语文在西藏教育中的法律地位。截至 2014 年底，西藏实施双语教育的小学、教学点共计 1217 个，在校学生近 30 万人；

初中 93 所，在校学生近 12.5 万人。实施双语教育的小学初中学生分别占学生总数的 97.06% 和 97.46%。有 29 所高中实施双语教育，在校学生近 5.6 万人，占学生总数的 92.88%；9 所中等职业学校和 6 所高校实施双语教育，学生总数超过 5 万人，几乎实现了双语教育全覆盖。由之可见西藏的公共政策在教育方面明显倾斜于对藏语的保护，这也是其社会效益的具体表现。

三、西藏的医疗卫生

为了推动自治区公共卫生事业的发展，西藏出台了多项有力的政策措施，确保全区把卫生工作重点放到农牧区，推进医药卫生体制改革，大力培养医疗卫生服务与科研人才，加大对防疫和妇幼保健工作的支持力度，加大对医疗卫生机构的监督力度。

民主改革以来，鉴于旧西藏只有 3 所官办的藏医机构和少量私人诊所，医疗设备极其简陋，医务从业人员不足 400 人，每千人拥有医务人员还不到 0.4 人的状况，国家对西藏全区人民实行特殊的卫生保健政策。在城镇实行个人医疗资金账户和公办民助相结合的医疗费用承担办法，在西藏农牧区实行免费医疗。近 50 年来，国家累计拨付专项经费 18 亿多元用于发展西藏的医疗卫生事业，每年用于农牧民的医疗补贴超过 2000 万元。2014 年底，西藏全区卫生机构达到 1432 个，比 1958 年增长了 33 倍；全区卫生机构拥有床位从 1959 年的 480 张增加到 2014 年的 12098 张，每千人拥有床位为 43.81，每千人拥有卫生技术人员 4.11 人。西藏自治区每千人拥有床位数和卫生技术人员均高于全国平均水平，也高于中等收入国家平均水平。

表 7　西藏卫生机构数量

年份	合计	医院、卫生院	医院	门诊部、所	疾病预防控制中心
1958	43	8	8	35	
1959	62	11	11	51	
1965	193	86	83	106	1
1978	855	519	92	297	14
1979	817	528	93	251	17
1980	832	528	92	247	31
1981	924	530	92	337	30
1982	958	529	93	351	50
1983	940	519	94	432	52
1984	927	520	95	315	64
1985	958	525	96	330	75
1986	770	450	389	213	72
1987	868	544	85	188	81
1988	883	564	83	211	80
1989	1008	638	83	263	80
1990	1110	742	83	255	80
1991	1197	787	83	287	80
1992	1223	831	85	269	82
1993	1068	614	80	345	78
1994	1152	838	88	196	81
1995	1198	882	104	195	83
1996	1300	882	106	231	83
1997	1324	895	108	303	84
1998	1307	876	108	303	84

续表

年份	合计	医院、卫生院	医院	门诊部、所	疾病预防控制中心
1999	1254	824	107	303	83
2000	1237	810	105	303	81
2001	1284	808	105	355	81
2002	1346	771	98	361	82
2003	1305	769	97	397	81
2004	1326	764	97	422	79
2005	1378	763	97	474	81
2006	1349	763	97	446	81
2007	1339	765	97	419	79
2008	1326	764	99	412	81
2009	1329	763	100	417	81
2010	1352	773	101	430	81
2011	1380	783	103	444	82
2012	1403	777	104	473	82
2013	1412	783	106	480	82
2014	1432	790	114	489	82

资料来源：根据《西藏统计年鉴》和《中国统计年鉴》相关年份数据整理制作。

我们由图 5 西藏卫生机构床位数和卫生技术人员数量、表 7 西藏卫生机构数量可见，政府在公共卫生方面的服务和供给不断提高。

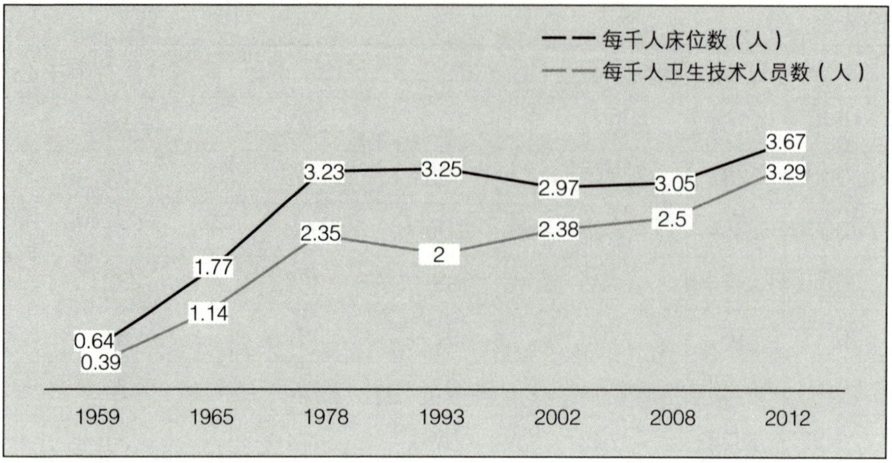

图 5　西藏 1959—2012 年每千人床位数和卫生技术人员数变化示意图

资料来源：根据《西藏统计年鉴》和《中国统计年鉴》相关年份数据整理制作。

2014 年，全区建立疾病预防控制中心、卫生防疫机构 82 个，妇幼保健院站所 54 个。危害全区人民身体健康的结核病、碘缺乏病、大骨节病等重大疾病得到有效干预与控制。地处世界四大严重缺碘地带之一的喜马拉雅山区，西藏碘盐覆盖率由 1997 年的 19% 升至 2014 年底的 97.07%，乡镇盐业配送已实现全覆盖，儿童碘营养达到适宜水平。

四、藏族文化、语言、宗教保护和发展

在 12 部涉藏白皮书中有 10 部涉及对西藏文化、语言、宗教的总结与阐述。

1992 年的《西藏的主权归属与人权状况》中有一整章讲西藏的教育与文化的发展，并总结了 40 多年来取得的成就。

1998 年的《西藏自治区人权事业新进展》，也讲到“人民享有的受教育权利、文化权利和健康保障权利”，提及“为发展教育，国家在西藏实行了许多特殊优惠政策，在农村和牧区学校推行寄宿制，对部分藏族中小学学生实行包吃、包穿、包住的政策；在乡镇以上中学和小学逐步实行助

学金制度和奖学金制度；各级各类学校在西藏招生实行‘以当地民族为主’的原则，对藏族等少数民族的考生实行更加宽松的‘适当降低录取分数、择优录取’的招生办法等”。

2000 年的《西藏文化发展》中讲到“40 多年来，中央人民政府和西藏自治区人民政府根据《宪法》和《民族区域自治法》的规定，为满足西藏人民日益增长的物质文化生活需要，在促进西藏社会经济发展的同时，投入巨大的人力、财力和物力，运用法律、经济和行政等多种手段，保护和弘扬藏族优秀传统文化，大力开创和发展现代科学文化教育事业，取得了举世瞩目的成就。西藏全体人民作为新时代的主人共同继承、发展和分享藏民族传统文化，共同创造现代文明生活和文化事业，使西藏文化出现了前所未有的繁荣与发展”。全文对西藏的文化发展做了总结。

2001 年的《西藏的现代化发展》，把西藏传统优秀文化得到发掘、保护和发展，藏民族特性和传统得到尊重和科学继承，藏族人民学习、使用和发展本民族语言文字的自由受到切实保护作为衡量西藏现代化发展状况的一个标准。

2004 年的《西藏民族区域自治》也以翔实的资料呈现了西藏文化、语言、宗教保护和发展的状况。

2008 年的《西藏文化的保护与发展》是一部专门针对西藏文化发展的白皮书。在 2000 年西藏文化的发展基础上，进一步阐述了西藏文化的保护与发展。因为在将近 8 年的过程当中，国家又投入了大量的人力、物力、财力，来保护西藏的传统文化。同时，也做了很多文化遗产的申遗工作，在这个白皮书里面，对藏语文的学习使用和文化遗产的继承、保护、弘扬，以及宗教信仰和民族习俗的尊重做了很详尽的介绍。

2009 年的《西藏民主改革 50 年》指出：“传统民族文化得到保护和弘扬，宗教信仰自由受到充分尊重。政府采取有力措施，促进藏语文的学习、使用和发展。西藏实行藏、汉语文并重，以藏语文为主”。“传统民族文化遗产得到有效保护、传承和发展。国家组织编辑出版了中国戏曲志、中国民间歌谣集成、民族民间舞蹈集成、谚语集成、曲艺集成、民族民间歌曲集成、戏曲音乐集成、民间故事集成等十大文艺集成志书西藏卷，及时抢救和有效保护了西藏大量重要文化遗产。”“西藏人民的宗教信仰自由和正常的宗教活动受到保护”。

2011 年的《西藏和平解放 60 年》白皮书讲道：“中央政府和西藏自治区政府高度重视民族优秀文化的继承、保护和发展。藏语文的学习、使用和发展受到法律保障，藏文已成为国家第一个具有信息技术信息交换用文字编码国际标准的少数民族文字。国家累计投入 14.5 亿元对布达拉宫、罗布林卡、萨迦寺等文物古迹进行维修保护。西藏的传统手工技艺、民间美术、藏戏等 76 个文化项目已被列入国家级非物质文化保护名录，53 位传承人入选国家级非物质文化遗产项目代表性传承人名录。布达拉宫、大昭寺、罗布林卡被列入联合国世界文化遗产名录，藏戏和‘格萨尔’成功入选世界非物质文化遗产名录，独具特色的藏医藏药走向世界，藏学研究事业空前繁荣。”“宗教信仰自由得到尊重和保护。在西藏，各宗教、各教派一律平等。藏传佛教特有的活佛转世的传承方式得到充分尊重，寺庙学经、辩经、受戒、灌顶、修行等传统宗教活动和寺庙学经考核晋升学位活动正常进行。西藏各族人民群众的宗教信仰自由得到充分保障。中央人民政府先后将西藏的布达拉宫、大昭寺、扎什伦布寺、哲蚌寺、色拉寺、萨迦寺等著名宗教活动场所列为重点文物保护单位。目前西藏共有 1700 多处宗教活动场所，僧尼约 4.6 万人，僧俗信教群众每年都组织和参加萨噶达瓦节等各种各样的宗教和传统活动，每年到拉萨朝佛敬香的信教群众达百万人次以上”。

2013 年的《西藏的发展与进步》白皮书指出，“西藏文化是中华民族文化的重要组成部分，以其独特魅力吸引着世人。多年来，中央政府和西藏自治区政府倾力保护和弘扬西藏优秀传统文化，大力发展社会主义先进文化，努力建设中华民族特色文化保护地，使西藏文化得到了保护与发展”。“中央政府和西藏自治区政府充分尊重公民的宗教信仰自由权利，各种宗教、各个教派都平等地得到尊重和保护，正常的宗教活动和宗教信仰依法受到保护。目前，西藏有各类宗教活动场所 1787 座，住寺僧尼 4.6 万余人，活佛358名。藏传佛教是西藏大多数群众信奉的宗教。寺庙学经、辩经、晋升学位、受戒、灌顶、修行等传统宗教活动正常进行，每逢重大宗教节日都循例举行各种活动。活佛转世作为藏传佛教特有的传承方式得到国家的尊重，目前已有40多位新转世活佛按历史定制和宗教仪轨得到认定”。

2015年9月的《民族区域自治制度在西藏的成功实践》白皮书指出，“在今天的西藏，多种宗教并存，既有藏传佛教、苯教，也有伊斯兰教、天主教等。在藏传佛教内部，还存在不同教派。经过民主改革，西藏废除了政教合一制度，实行政教分离，恢复宗教的本来面目。多年来，中央政府和西藏自治区政府，充分尊重公民的宗教信仰自由权利，各种宗教、各个教派都平等地得到尊重和保护，正常的宗教活动和宗教信仰依法受到保护”。

以上是中国政府治藏社会效益的宏观层面的总结。在实际生活中，随着大时代的推移，都市中的藏族青年开始产生自立意识，他们的信仰与他们的父兄一代不尽相同，西藏人民生活的改善、生活习惯、风俗的变化也是十分正常的，这些本来就是现代化的一部分。然而经济繁荣之后，邻近省份汉族的迁入，他们的生活方式、文化也深刻地影响着当地的藏族同胞，有人排斥，有人模仿，原来的文化自然随之改变，这也是事实，文化本身的存在和发扬所依赖的就是文化自身的适应能力。纵观历史，政权的力量固然可以对文化的发展方向起促进或阻碍作用，但文化内在质性的发展却是任何政权或是个人意志不能左右的。因此，无论是“文革”中的破坏，还是西藏流亡组织片面的诅咒，西藏文化仍然以其茁壮的生命力不断地发展，西藏文化是藏族的自然财富与西藏人民同其他民族融合过程中的智慧结晶，达赖喇嘛无权独占。

中国政府一再强调的“中国特色”，强调西方的制度可以参考但不可完全照搬，这是对多年学习西方的反思。以同样的逻辑，对于西藏的文化与宗教尊重而不是改造，如此就是和而不同，和谐相处。十四世达赖和“西藏流亡政府”长期攻击中国政府“破坏藏族特殊的文化”，而完全无视中国政府和西藏人民在保护、整理、发展西藏文化方面的努力，这种文化独占心态，是其想恢复传统的贵族、喇嘛和统治阶层的西藏文化，这是违背文化自身发展规律的，是不可能成功的。

此外，藏传佛教在目前藏族青年、青少年人口信仰中的变化，我们不能就此认定这是中国政府西藏政策对宗教的影响。在现代化过程中，“信仰”在藏族人民的价值观中已经出现明显的变化，这一客观现象与谁来推进西藏的现代化无关。因此从社会效益角度来审视，十四世达赖和“西藏流亡政府”企图以宗教力量、民族情感来蛊惑藏族人反对中央政府、反对汉族，这在个别的寺院、个别的僧人和信徒身上可能会有一定的效果，但是在广大的藏族同胞身上效果会递减而不是增加。但这也同时警示我们，评估西藏政策的时候，不能只把注意力集中在经济与政治效果上，而应该更多地考量社会效益。

西藏出租汽车经营权的现状及其对策调查报告

张林 ※

近年来，西藏各级人民政府针对出租汽车挂靠经营的弊端，积极推动出租汽车经营体系改革，收回出租汽车经营权，将过去的挂靠经营模式、承包经营模式转变为公车公营的公司化经营模式，在此过程中，产生了一系列涉及出租汽车经营权的法律问题和社会问题，需要在调查的基础上对出租汽车经营权的法律属性进行研究，并为西藏自治区修订《西藏自治区运输管理条例》、人民法院处理相关案件提供参考意见。

一、西藏出租汽车经营权现状

为了适应西藏经济社会跨越式发展，西藏出租汽车行业经历了从无到有、从少到多，服务质量不断提高，管理方法日益科学的过程，尤其是在中央第五次、第六次西藏工作座谈会提出“加快构建综合交通运输体系”之后，西藏出租汽车行业更是得到了快速发展，不仅在拉萨这样的大城市拥有出租汽车服务，就连加查县、米林县这样边远的县城也有了出租汽车服务，西藏出租汽车行业正向着“安全、便捷、环保”的方向发展。

西藏自治区共下辖 7 个地市，各地市因城市经济发展规模、基础道路建设和人口数量不同，在出租汽车数量、从业人员数量及经营模式等指标

※ 张林，西藏民族大学副教授，博士。

上具有较大差异性（见表 1）。

表 1　西藏各地市出租汽车行业发展现状

（截至 2015 年 3 月）

地区名称	通车公里数（公里）	出租车数量（辆）	从业人员	经营模式	经营主体
L 市	2991	2266	4577	公车公营	国有企业
R 市	14973	201	412	挂靠经营＼公司化经营	私营企业
LZ 市	5728	120	251	挂靠经营＼公司化经营	私营企业
S 地区	7630	86	175	挂靠经营＼公司化经营	私营企业
C 市	10795	105	215	挂靠经营＼公司化经营	私营企业
A 地区	12162	185	385	挂靠经营	私营企业
N 地区	13404	215	442	挂靠经营＼承包制经营	私营企业
总计	67683	3178	6457		

从出租汽车经营权的角度来看，西藏出租汽车行业存在以下 5 个方面的问题：

（一）个人大量拥有出租汽车顶灯经营权

经调研我们发现，以上个世纪 90 年代为界线，西藏在此之前个人一般通过行政审批无偿取得出租汽车顶灯经营权，而在 90 年代之后，个人一般是通过拍卖的方式有偿取得出租汽车顶灯经营权。在出租汽车行业发展壮大的同时，个人通过行政审批或拍卖的方式获得了大量的出租汽车顶灯（见图 1）。随着出租汽车公司化经营模式的逐步推广，个人不能再以个体工商户的形式从事出租汽车的营运活动，必须挂靠在一个出租汽车公司的名下办理手续和车辆年审，一些没有车辆的个人就采用出租顶灯的方式获取经济回报。于是就产生了出租汽车公司、出租汽车所有者和出租车顶灯经营权人相互分离又相互依存的现象——出租车所有者租用顶灯，然后挂靠在出租汽车公司从事出租车营运。

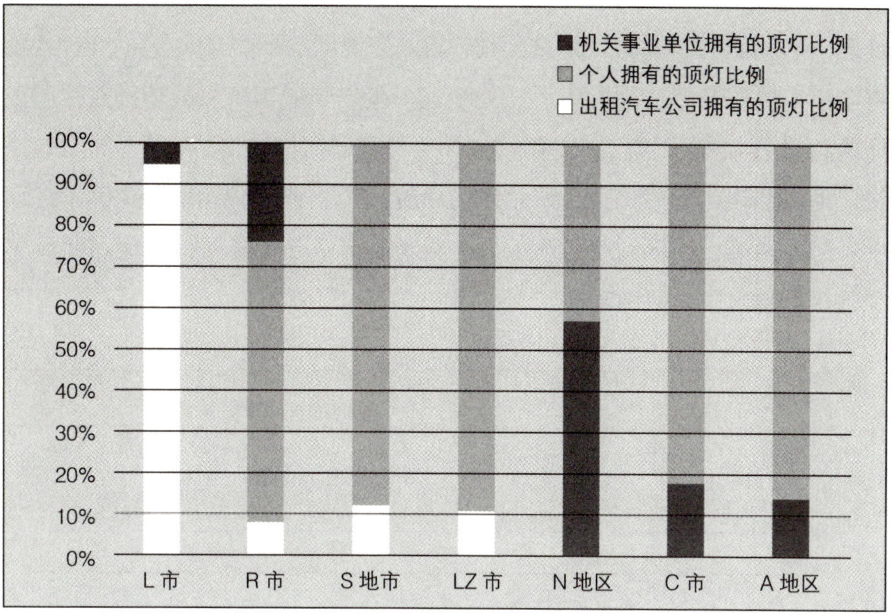

图 1　西藏各地市各主体拥有出租汽车顶灯情况统计表

（二）出租汽车顶灯经营权期限届满却无法收回

对于客运车辆经营权的期限，国务院《道路运输管理条例》第十四条规定，客运班线的经营期限为 4—8 年，期限届满需要延续的，应当重新提出申请。在被调查的西藏区内 6 家出租汽车公司中，顶灯主通过竞拍获得经营权的期限分为 1 年、5 年、6 年和长期 4 种。其中一年期限的经营权，只是一年一签合同，只要出租汽车 1 年内没有发生重大交通事故、按时交纳顶灯有偿使用费就能够在期满后续签合同。在约定为 5 年或 6 年的《出租汽车顶灯经营权使用合同》中，实际上合同到期后经营权也并没有被收回。

（三）出租汽车顶灯私自转让行为屡禁不止，转让价格不断上涨

无论是按照国家部委的指导意见，还是按照西藏自治区的地方性法规，出租汽车顶灯经营权都不能私自转让。1999 年国务院办公厅转发了建设部、交通部等部门《关于清理整顿城市出租汽车等公共客运交通的意见》，该意见规定对私下转让经营权及其他扰乱经营权管理的单位和个人，要严肃处理，并收回其经营权。2002 年建设部、交通部等部委又向各省、自治区、直辖市人民政府办公厅发出了《关于进一步加强城市出租汽车行业管理工作的意见》，该意见第二条明确规定，经营权转让应在政府主管部门的监管之下按照规定程序进行，严禁任何单位和个人私下转让和倒买倒卖经营权。而《西藏自治区道路运输条例》第十九、第二十条同样规定出租汽车经营权不得出租、擅自转让。

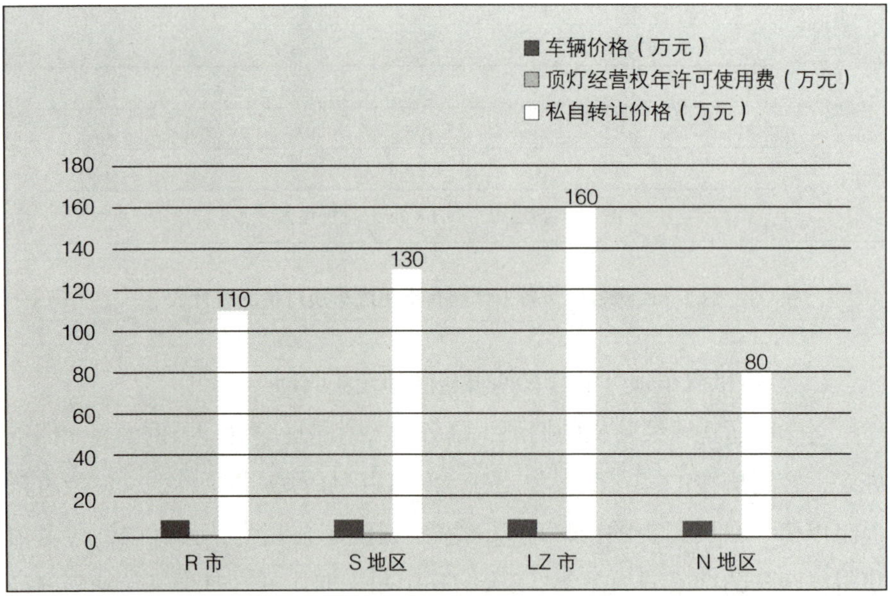

图 2　部分地市私自转让出租车和顶灯经营权价格

但由于出租汽车长期采用挂靠经营模式，出租汽车为个人所购买而并非为公司购买，因此个人在转让出租汽车的同时就将固定在出租汽车上的顶灯一同转让，出租汽车公司和行政主管部门对私自转让出租汽车顶灯的行为无法加以禁止。为了规范出租车营运市场，近些年，西藏一些地方政府出台了许多政策试图改变出租车顶灯经营权私自转让的行为，如《L地区出租车经营权改制运行方案》，禁止在出租汽车经营期间私下转卖、交易出租汽车顶灯经营权，并规定私下转卖、交易行为不受法律保护。但由于该规范性文件级别较低，既不能对出租汽车顶灯转让合同是否有效加以规定，也不能对行政机关是否有权收回顶灯经营权加以规定，因而没能有效遏制私自转让行为，加之政府没有增加新的出租汽车顶灯，顶灯需求量远远超过实际顶灯数量，结果导致部分地市出租汽车顶灯私自转让价格畸高（见图2），给未来政府收回出租汽车顶灯经营权制造了困难。

（四）顶灯经营权人、出租汽车所有者不理智行为严重影响当地政府对出租汽车行业的行政管理

对于出租汽车挂靠经营的弊端，各地政府和运输行政管理部门试图通过收回出租汽车顶灯经营权的方式推广公司化经营模式，却面临现有出租汽车所有者、顶灯经营权人的反对，工作面临着较大的困难。L市、R市、S地区、LZ市都发生过出租汽车司机、顶灯经营权人围堵政府大门或集体上访事件。各地（市）运管部门均制定过自己的改革方案和具体措施，打算将顶灯经营权收归政府所有，统一监管出租车的营运行为，但均因出现出租车营运人集体罢运和上访等现象而流产。目前，在西藏只有L市的出租汽车改革得到彻底执行，出租车经营权均收归国有，出租车营运市场基本得到规范，但其过程也是困难重重，顶住了巨大的社会压力，付出了许多人力和财力。

（五）出租汽车交通事故发生率各地差异较大

安全是出租汽车服务的首要目标，出租汽车在行驶过程中不仅要保护乘客的人身财产安全，也要保护路上行人、车辆的人身财产安全，避免交通事故发生。但由于一些出租汽车公司缺乏对司机的安全教育和管理、出租车司机在利益的驱动下“多拉快跑”，交通事故时有发生（见表 4）。

表 4　近三年来各地区出租汽车交通事故占机动车交通事故比例

各地区 比例	L 市	R 市	C 市	S 地区	LZ 地区	A 地区	N 地区
出租汽车事故比例	5.3%	低于 10%	10% 左右	8.9%	13%	不详	10% 左右

二、涉及出租汽车顶灯经营权的典型案例

案例一：在挂靠经营模式下个人通过出租汽车公司购买顶灯经营权引发的纠纷

2009 年，苏某与 L 市文体出租汽车公司经理何某签订了出租汽车顶灯买卖合同，由苏某向文体出租汽车公司出借 25 万元购买出租车顶灯，顶灯使用期限为 5 年，文体出租汽车公司在 5 年内按照每月 7000 元的价格向苏某支付顶灯租金，期限届满出租车顶灯所有权归公司所有。后苏某履行了该合同，向文体出租汽车公司支付了 25 万元，但文体出租汽车公司并未向苏某交付出租汽车顶灯，只向苏某支付了 3 个月的顶灯租金，于是苏某起诉文体出租汽车公司要求返还购买顶灯的 25 万元钱款。

案例二：出租汽车顶灯经营权私自转让引发的纠纷

2007 年 9 月，被告 R 市天骄运输公司分别与达某、确某签订了《出租车顶灯长期使用合同》，约定天骄运输公司将 009 号出租车顶灯和 004 号顶灯以 4 万元的价格租给达某、确某长期使用，除运管处统一收回该县出租车顶灯及其他不可抗力外，两个顶灯使用权分别归达某、确某所有，但达某、确某每年必须按时向天骄运输公司缴纳 1200 元的管理费、向该县运管处缴纳 7000 元顶灯有偿使用费。后达某、确某分别将出租车和顶灯转让给原告珠某、朗某，被告西藏天骄运输公司分别于 2012 年 4 月、2013 年 6 月为原告珠某、朗某建立了《西藏自治区道路运输客运车辆管理档案》。

因政府已经免去7000元的顶灯有偿使用费，现两原告请求法院依照《出租车顶灯长期使用合同》约定，判决原告无需向被告支付每年7000元的顶灯使用费。

案例三：顶灯经营权人交通事故风险责任负担问题

2014年1月，在西藏自治区N县，顿某驾驶一辆藏ET0155的出租汽车将央某撞伤，经公安交通警察支队认定，司机顿某对此次交通事故负全部责任。经事后查明，该藏ET0155的出租汽车的车辆所有人为顿某，挂靠永四通运务有限公司，永四通运务有限公司只收取管理费；车辆的083号顶灯是“顶灯主”旺某租给顿某的，顿某需要向旺某每月支付5500元租金，双方在《顶灯租赁合同》中还约定，车辆出现交通事故与出租人旺某无关，现车主顿某和永四通运务有限公司请求追加“顶灯主”对该起交通事故承担连带赔偿责任。

三、对出租汽车顶灯经营权的法律分析

（一）出租汽车顶灯经营权的财产属性

出租汽车顶灯经营权是指经政府许可，出租汽车经营者取得从事出租汽车经营活动的权利。对于该种经营权，本报告认为：首先，通过拍卖方式能够合法获得出租车的经营权。1993年建设部发布了《城市公共客运交通经营权有偿出让和转让的若干规定》，明确规定了包括出租汽车在内的城市公共客运交通经营权可以有偿出让，该规定认为经营权的有偿出让是指政府以所有者身份将城市公共客运交通经营权在一定期限内有偿出让给经营者的行为。1998年施行的《城市出租汽车管理办法》再次肯定了城市的出租汽车经营权可以施行有偿出让和转让，并且规定由市人民政府按照国家有关规定制定有偿出让和转让的办法。虽然西藏各地区还未出台出租车经营权有偿出让和转让的办法，但应当说从现行部门规章和行业政策来看，通过拍卖方式获得的出租车顶灯经营权是合法的。其次，从申请主体

的类型来看，规范性文件并不排斥个人申请取得出租汽车经营权的资格。不论是 1998 年施行的《城市出租汽车管理办法》还是 2014 年交通运输部出台的《出租汽车经营服务管理规定》，并不排斥个人从事出租汽车经营活动的申请资格。再次，从拍卖价格来看，一个出租车顶灯的市场价格不过 200 多元，之所以会有人愿意花费 30 万元甚至更高价格去购买一个出租车顶灯——因为他们所要购买的是出租车的经营权。最后，从交通运输行政管理部门、出租汽车公司和顶灯获得者签订的三方协议来看，顶灯经营者分享出租车营运利益，参与出租车营运管理。由此可见，作为一种无形财产权利，出租汽车顶灯经营权具有合法的财产属性。

（二）出租顶灯的行为并不是一种典型的挂靠行为

挂靠是我国社会经济中的一种独特的现象，而我国出租汽车行业所产生的挂靠是指为了满足对出租汽车运输经营管理的需要，车辆所有者将自己出资购买的机动车登记于某个具有营运资质的出租汽车公司名下，向该公司缴纳一定管理费用，由该公司为车主代办各种法律手续，并以该公司的名义对外进行出租车营运的行为。虽然通过租用他人顶灯，出租车所有者客观上取得了出租车的经营资格，但是应当看到：一方面，车辆所有者在获得顶灯经营权之后，并不是以顶灯经营权人的名义从事出租车营运活动，而是以出租汽车公司的名义对外从事出租车营运活动；另一方面，出租车顶灯经营权人是纯受益主体，只按月收取租金，并不为出租车所有者办理各种手续。因此，出租车顶灯经营权人不应当被视为被挂靠人。

本报告认为，出租顶灯的行为应当被视为私自转让出租车经营权的行为。首先，通过挂靠合同无法获得出租汽车经营权，只有通过签订顶灯出租合同才能获得顶灯经营权。其次，从顶灯出租合同的租金数额来看，高额的租金说明出租车顶灯并不是该合同的真实标的，双方试图交易的对象乃是出租车顶灯的经营权，租赁合同只不过是当事人为了规避法律的表面虚假行为。再次，从出租汽车经营权与行政许可的关系来看，1997 年出台的《城市出租汽车管理办法》明确规定，出租汽车是指经主管部门批准的按照乘客和用户意愿提供客运服务，并且按照行驶里程和时间收费的客车。从该立法定义我们可以看出，出租汽车的营运必须经过行政机关的行政许可，未经行政许可的车辆是不能从事出租汽车营运的，而未经行政主管部门批准擅自转让出租车顶灯的行为也应被视为违法行为。对于当事人双方所签订的私自转让出租车经营权合同，按照最高人民法院关于适用《中华人民共和国合同法》若干问题的解释（一）第十条的规定，应当被视为无效合同。

（三）按照“运行支配”“运行利益”二元判断标准，出租车顶灯经营权人应当成为赔偿责任主体

我国《道路交通安全法》第七十六条是调整机动车损害赔偿责任最重要的规范之一，但该条文对于赔偿责任主体使用了“机动车一方”“有过错的一方”等较为模糊的词语，并未区分机动车驾驶人、机动车所有者或受益人，因而无法通过适用该条文解决出租车顶灯经营权人在机动车交通事故损害赔偿案件中承担赔偿责任的问题。但在最高人民法院的相关文件中能够看出最高人民法院对于责任主体判断的一些标准，如在最高人民法院民事审判第一庭做出的《关于连环购车未办理过户手续原车主是否对机动车发生交通事故致人损害承担责任的复函》中就指出，“连环购车未办理过户手续，因车辆已交付，原车主既不能支配该车的运营，也不能从该车的运营中获得利益，故原车主不应对机动车发生交通事故致人损害承担责任”。从该复函中能够明确看出，最高人民法院采用的是“运行支配”和“运行利益”的标准来判断责任主体范围的。而负责起草该批复的杨永清法官在对该批复进行解释时指出，“根据危险责任思想和报偿责任理论来确定机动车损害赔偿的责任主体,具体操作就是通过‘运行支配’和‘运行利益’两项标准加以把握。所谓运行支配通常是指，可以在事实上支配管领机动车之运行的地位。而所谓运行利益，一般认为是指因机动车运行而生的利益。换言之，某人是否属于机动车损害赔偿责任的主体，要从其是否对该机动车的运行于事实上位于支配管领的地位和是否从机动车的运行中获得了利益两个方面加以判明。进一步说，某人是否是机动车损害赔偿的责任主体，以该人与机动车之间是否有运行支配和运行利益的关联性加以确定”。基于此，本报告认为，按照“运行支配”“运行利益”二元判断标准，出租车顶灯经营权人应当成为损害赔偿的责任主体：一方面，顶灯经营权人对于出租顶灯的对象有选择的权利，车辆是否通过年检，驾驶人员是否具备相应驾驶资质，出租车顶灯经营权人对出租车的营运具备相应的运行支配力；另一方面，顶灯经营权人通过出租顶灯获得了丰厚的经济回报，是出租汽车运行利益的实际受益人。

（四）从有利于维护受害人的合法权益来看，出租车顶灯经营权人应当承担连带赔偿责任

《西藏自治区道路运输条例》第二十八条规定，“出租车经营者应当按照收益份额承担相应道路运输风险责任”。按照该条文的规定，出租汽车公司、出租汽车所有者、顶灯经营权人应当按照各自从出租车营运中获得的实际收益比例确定各自所承担的交通事故损害赔偿责任。但本报告认为，该规定仅应作为三主体对内成立按份之债的依据，三主体对外应当成立连带之债，以充分维护受害人的合法权益：

首先，规定顶灯经营权人按照收益份额承担按份赔偿责任加重了受害人的举证责任。近年来随着出租汽车行业成本的上升，很多驾驶员在“多拉快跑”的营运过程中引发了多起交通事故，受害人遭受的人身财产多重损害往往是出租车所有者无力承担的，在这种情况下，如果要求受害人依据出租汽车公司、出租汽车所有者、顶灯经营权人从出租车营运中获取的收益份额提出赔偿请求，无疑会加重受害人的举证成本，使其合法权益得不到及时的维护。其次，从合同相对性原则来看，虽然顶灯经营权人与出租车所有人签订的租赁合同、出租车所有人与出租汽车公司签订的挂靠合同中对风险承担比例进行了约定，但该约定只能约束合同的当事人，并不能对抗作为第三人的受害人。再次，无论是出租车的挂靠行为，还是出租车顶灯的出租行为都是违法行为，对于这些行为人民法院应当持否定态度，不应当依据相关合同去确定主体的按份责任。

四、对于出租汽车经营权的相关建议

2013 年 L 市采取了一系列改革措施，由 L 市公交集团收购了原有的 7 家私营出租汽车公司的车辆和顶灯经营权，出租汽车司机由原来的承包制改为聘用制，由出租汽车公司与司机签订劳动合同，从而彻底解决了出租汽车挂靠经营、顶灯出租经营的弊端。同时 L 市人民政府还制定了《L 市出租汽车管理办法》，通过地方性规章的方式规范 L 市的出租汽车经营管理。

实际上，除了 L 市，2015 年全国有多个城市（如浙江省义乌市）都进行了出租汽车经营体制改革，同时交通运输部于今年 10 月出台了《关于深化改革进一步推进出租汽车行业健康发展的指导意见（征求意见稿）》《网络预约出租汽车经营服务管理暂行办法（征求意见稿）》两个征求意见稿，表明了国家行业主管部门对出租汽车经营体制改革的态度。基于此，本报告结合西藏实际提出以下几点建议：

（一）建议将服务质量招投标作为出租车经营权出让的主要方式

拍卖是指在符合条件的竞拍中通过公开竞价，由出价高者获得资源的占有、使用权的一种交易方式。出租汽车经营权拍卖是指政府将出租车经营权附期限附条件地转让给最高应价者的活动。通过拍卖方式出让出租车经营权可以更好地实现出租车经营权的经济价值，但其“出价高者得之”的规则并不与出让出租车经营权的目的相一致。出租汽车经营权的配置应当从提高出租汽车行业服务水平、保证行车安全、减少交通违法、提高运行效率的角度考虑，首先应当向服务水平高、事故率低、管理效率高的出租汽车经营者倾斜，而不应当仅仅考虑出租车经营权出让价格。出租车拍卖价格过高势必会增加经营成本，在出租车营运价格固定的情况下，司机将承担更大的营运压力，这将诱发出租车的营运安全。

交通运输部出台的《出租汽车经营服务管理规定》明确提出，“国家鼓励通过服务质量招投标方式配置出租汽车的车辆经营权”。该规定对道路运输管理机构招标需要考虑的因素，如运营方案、服务质量状况或者服务质量承诺、车辆设备和安全保障等因素进行了规定。从全国其他省区的地方性法规来看，很多省区都对通过招投标方式出让出租车经营权进行了规定，如《天津市客运出租汽车管理条例》《陕西省出租汽车客运条例》《广东省出租汽车管理办法》。而《西藏自治区运输管理条例》仅规定“同一线路有 3 个以上申请人的，交通运输管理机构可以通过招标的形式作出许可决定”。由于出租汽车通常在城市街道巡游，并不往返于固定线路，因此该条文并未对以招投标方式出让出租汽车经营权问题加以规定，面对出租车经营权出让中存在的诸多不规范行为，建议自治区人大在修订《西藏自治区运输管理条例》时，依据交通运输部出台的部门规章，增加对出租汽车经营权出让方式的明确规定。

（二）逐步取消出租汽车经营权的有偿使用费

施行出租汽车经营权有偿使用制度，对于带动出租汽车行业发展起到了一定的积极作用，为城市建设取得了大量发展资金。但是，随着社会的发展，出租汽车经营权有偿使用制度的弊端越来越显露出来：一是有偿使用不利于出租汽车经营权到期后的回收和重新配置，使得政府在出租汽车的管理中处于被动地位；二是有偿使用导致出租汽车经营权私下转让现象较为普遍，市场过度炒作导致经营权价格畸高，不利于出租汽车行业健康发展；三是有偿使用客观上增加了出租汽车经营者的负担，容易引发市场波动并影响社会稳定；四是部分城市的出租车有偿使用费并未完全投入到出租汽车行业，不利于出租汽车行业的健康发展。基于上述原因，《国务院办公厅关于进一步规范出租汽车行业管理有关问题的通知》(国办发〔2004〕81 号) 明确提出：“所有城市一律不得新出台出租汽车经营权有偿出让政策。已经实行出租汽车经营权有偿出让的，可召开听证会，在充分听取有关专家、从业人员和乘客等社会各方面意见的基础上，对经营权出让数量、金额、期限、审批程序、出让金用途以及经营权转让、质押、权属关系等进行全面清理和规范。”

与有偿使用相比，出租汽车经营权无偿使用具有以下几个优势：第一，无偿使用出租汽车经营权能够避免政府与经营者之间的买卖关系，有助于政府对出租汽车行业的规范管理。第二，无偿使用能够减轻实际承运人、驾驶人的负担。政府管理的目的不是“与民争利”，将利润空间让给出租汽车实际承运人和广大的消费者，有利于提供更优质的服务和充分的行车安全。第三，无偿使用出租车经营权符合出租汽车公共服务的行业特征。出租汽车经营权作为一种有限公共资源，与社会公众的日常生活和城市交通有着密切的联系，在普通公众已经缴纳了税收之后，再次承担经营者转嫁的出租车经营权有偿使用费似有不妥。第四，无偿使用出租车经营权有利于化解社会矛盾，有利于平衡出租汽车经营者、驾驶人员与政府、社会公众之间的利益冲突。交通运输部 2015 年向社会公布的《关于深化改革进一步推进出租汽车行业健康发展的指导意见（征求意见稿）》规定，“新增出租汽车经营权全部实行无偿使用，并不得变更经营主体。各地不得新出台经营权有偿使用政策。已实行经营权有偿使用的，城市人民政府要考虑市场公平竞争等因素，制定科学合理的过渡方案，逐步取消有偿使用费”。为了与交通运输部的部门规章保持一致，建议由西藏各地市出台本地的无偿使用过渡方案，并将该方案上报自治区政府交通行政主管部门备案。

（三）确立出租汽车经营权的合法转让规则

现行《西藏自治区道路运输条例》第二十条第四款规定，“客运经营权不得出租、擅自转让”。该条例在禁止私自转让的同时却没有考虑确立出租车经营权合法转让规则。

对于出租汽车经营权而言，如果使用期限届满，政府会收回经营权并依据一定标准重新配置。但在很多情况下经营者如果由于一些客观原因无法继续从事出租汽车运营活动，而政府又不可能为少量出租车另外办理出租汽车经营权的招投标，这将会导致出租车经营权闲置，浪费社会资源，因此有必要建立合法的出租汽车经营权转让规则。《行政许可法》第九条规定："依法取得的行政许可，除法律、法规规定依照法定条件和程序可以转让的外，不得转让。"这一规定给行政许可事项的转让留下了空间，即只要法律、法规明确规定可以转让，行政许可就可以转让。对于出租汽车经营权而言，完全可以通过事前审批、登记，事后监督管理的方式对转让行为进行有效管理，现在的关键问题是缺乏明确的法律法规依据。

（四）提供多样化的出租汽车服务方式

《出租汽车经营服务管理规定》第二十条规定，发展多样化、差异性的预约出租汽车经营服务，并对预约服务出租汽车的许可和标识进行了规定。2015 年公布的《关于深化改革进一步推进出租汽车行业健康发展的指导意见（征求意见稿）》又明确规定，"出租汽车包括巡游出租汽车和预约出租汽车。巡游出租汽车喷涂、安装明显的巡游出租汽车专用标识，可在道路上巡游揽客、站点候客；可通过电信、互联网等方式提供运营服务。预约出租汽车包括网络预约出租汽车和电话预约出租汽车等形式，具有预约出租汽车专用标识，不得巡游揽客，只能通过预约方式提供运营服务"。在西藏自治区各地的飞机场、火车站、汽车站政府设立了出租汽车停靠点，但除拉萨以外的各地市缺乏对站点服务的统一规范，因此建议将站点服务写入《西藏道路运输条例》。

2015 年 3 月以来，一些企业通过补贴等手段抢占市场，接入非营运小客车从事运输活动，冲击了正常市场秩序，影响了出租汽车行业及社会稳定，网络预约出租汽车服务亟待规范。针对这些新情况和新问题，交通运输部起草了《网络预约出租汽车经营服务管理暂行办法（征求意见稿）》，并于 2015 年 10 月向社会公开征询各方面意见。面对蓬勃兴起的网络约车服务，西藏自治区也需要对原有的地方性法规或行政规章进行修改，增加对网络预约、电话预约的规定，这样才能够使得西藏自治区的上述法规、规章和交通运输部即将通过的部门规章相互对接。

西藏非物质文化遗产传播现状调研报告※

李娜※

一、调研背景

通过近年来开展的普查，在西藏全区范围内共发现非物质文化遗产项目1000余个，覆盖民间文学、传统音乐、传统舞蹈、传统戏剧、曲艺、传统美术、传统医药、传统技艺、传统体育游艺与杂技、民俗等多个门类。这些非物质文化遗产是西藏民族文化的命脉所系、精髓所在，也是人类社会珍贵的文化遗产。对这些文化遗产，进行广泛传播，才能使它们获得更长久的生命力。

经过前期资料搜集和各种准备，西藏民族大学西藏文化传承发展协同创新中心项目“传承·突破·发展——新媒体平台上西藏非物质文化遗产传播路径创新研究”课题组成员于2015年7月24日至8月4日在西藏林芝和拉萨两个城市开展了课题调研。

调研目标：通过本次实地调研，了解西藏非物质文化遗产传承与传播的现状、方式、存在问题与前景；了解新媒体传播平台的搭建、非遗数字资源库建设；了解西藏非遗的数字化资源建设和产业化现状；量化了解受

※ 本报告系西藏民族大学2011西藏文化传承发展协同创新中心2015年招标课题“传承·突破·发展——新媒体平台上西藏非物质文化遗产传播路径创新研究”的阶段性成果。

※ 李娜，西藏民族大学新闻传播学院讲师。

众态度。此外，还希望通过调研获得更多关于西藏非遗项目传播与保护的启发。

调研内容：现状调查（西藏非物质文化遗产传承与传播的现状、方式、存在问题与前景）;新媒体传播调查（西藏非遗文化传播中有没有使用网站、微博、微信等新媒体平台？若有，谁主导搭建？运转情况怎样？传播效果如何？若无，原因何在？有无规划？）新媒体时代非遗成果转化调查（影像数字化传播、数字出版）；代表性非遗项目调查（选取两个有代表性的非遗项目，对其产业化情况和传承情况进行调查）；民众意见调查（调查居民和游客对西藏非遗的了解程度以检验既有传播的效果、接触新媒体的频率、对通过新媒体接受非遗宣传的意愿、对非遗旅游路线和产业化的态度）。

调研方法：问卷调查（设计、前测、修正）；走访相关部门获取第一手资料；深度访谈（针对相关部门负责人、工作人员及本地居民、外来游客进行）；个案分析（选择林芝市米林县南伊乡才召村的珞巴族服饰传习所和拉萨市《文成公主》实景剧进行实地调研和访谈）。

问卷设计好后，在小范围内进行了前测，对存在的细节问题进行修正，在林芝和拉萨两地的城市和乡村，向当地普通居民和外来游客发放，采取的是随机抽样方式，在性别比例和人口来源上有意识地控制。共发放问卷 310 份，回收有效问卷 282 份。从接受调研者的年龄构成上来看，年龄在 18 岁及以下的 12 人，占所调查人数的 4.3%；19-35 岁 217 人，占 77.2%；36-55 岁 51 人，占 18.1%；56 岁以上 1 人。总体以青年人为主，而他们既是西藏非遗对外传播的传播主体，又是主要受众。从接受调查者的民族构成来看，汉族 144 人，占 51.4%;藏族 120 名，占 42.9%;回族 4 名，门巴族、珞巴族和白族各 2 名，还包括壮族、蒙古族、侗族、羌族、彝族各 1 名。西藏本地人 133 人，占 47.2%；通过对不同来源类别调研对象的调查，希望可以检验本地人和外地人对西藏非遗不同的了解程度和传播意愿。从接受调查者的受教育程度上来看，接受过大专及本科教育的是被调研主体，共 203 人，占 57.9%；高中及中专学历 50 人，占 17.9%；初中及以下 23 人，占 8.2%；硕士及以上 4 人。随机抽取样本的年龄、受教育程度、民族构成合理，具有一定的代表性。

二、既有传播效果和受众研究结论

1. 既有传播活动已取得一定成效，但还有提升的空间

自 2005 年西藏全面启动非物质文化遗产保护工程以来，各级政府和有关部门面向区内外开展了大量形式丰富的宣传工作。在把握既有传播工作效果的基础上，才能更好地总结经验教训，开展新时期的传播工作。在问卷调查中，认为自己对西藏非遗文化非常了解的有 7 人，占 2.5%；认为自己比较了解的 123 人，占 43.6%；认为自己基本不了解的 134 人，占 47.5%；认为自己完全不了解的 18 人，占 6.4%。在随后的检测题中，列举了 8 个概念，要求调研对象回答“听说过”或者“没听说过”。其中听说过“非物质文化遗产”的 241 人，占 85.8%；听说过雪顿节的 250 人，占 89%；听说过“藏族唐卡”的 246 人，占 87.9%；听说过“昌都锅庄舞”的 229 人，占 81.5%；听说过“日喀则扎什伦布寺羌姆”的 141 人，占 50.2%；听说过“山南果卓舞”的 116 人，占 41.4%；听说过“那曲比如丁嘎热巴”的 109 人，占 38.8%；听说过“拉萨甲米水磨坊制作技艺”的 82 人，占 29.3%。在被问及接触西藏非物质文化遗产的途径时，75.1% 的调研对象将电视与广播作为自己接触西藏非遗的主要途径，其次是网络（68%）、道听途说（44.5%）、图书及音像制品（38.4%），还有 2.5% 的调研对象表示自己没有接触过西藏非遗。

问卷调查和访谈显示，民众对西藏非遗项目有一定程度的了解得益于电视、广播、宣传册等传统媒体发挥了良好作用，而新媒体技术和手段需进一步加强；各项非遗的传播效果明显不平衡：《格萨尔》说唱艺术、藏戏、唐卡、锅庄舞、藏医药等少数“明星”项目十分抢眼，是大众媒体和政府传播活动中的“宠儿”，因此普遍被区内外民众熟知和接受；而羌姆、牛皮船舞、孔丝（口弦）等非遗项目由于受自身性质和传播特点制约，不适合表演或展示，在各种宣传中出现的比较少，因此在民众中基本没有知名

度。此外，在调研中还发现，西藏非遗的传播效果还有明显的地域性，民众大多只对本地区的非遗项目有所了解，而对西藏其他地区的项目所知甚少，或者知道也只是浅表的了解。

2. 西藏非遗文化传播有良好的受众基础

当今技术时代，遥控器、鼠标、手机等赋予每一个普通人莫大的权力，他们不再被媒体控制，可以完全自主决定自己看什么内容、不看什么内容。因此，在西藏非遗的传播过程中，受众的意愿至关重要。通过问卷调查发现，表示对西藏非物质文化遗产非常感兴趣，会主动寻找资料了解的有 45 人，占 16%；表示对西藏非遗文化比较感兴趣，看到相关内容会看一下的 199 人，占 70.6%；表示不感兴趣，看到相关内容也不会留意的 38 人，占 13.5%。超过八成调研对象对西藏非遗文化抱有好奇心和兴趣。若在微博等新媒体平台对西藏非遗文化开展宣传，81.7% 的被调查者表示会去关注。若开发以西藏非物质文化遗产为主题的旅游路线，47.7% 的调研对象（133 人）表示愿意选择这些路线旅游;43.4%（121 人）表示“比较愿意”；只有 9% 的人（25 人）表示“没兴趣”。在对非遗项目商业化运作的态度上，53.9% 的调研对象认同“通过商业开发来进行西藏非遗的保护工作”，46.1% 的调研对象不支持商业化。

由此可见，西藏非遗文化的传播有良好的受众基础，若能从传播内容、传播渠道及旅游开发方面下功夫，可提升传播效果。

此外，问卷数据和深度访谈都显示出西藏本地居民对本民族文化感情深厚，对非遗传播心态复杂：一方面，他们为自己的传统文化感到自豪，十分愿意在海内外广为传播；但是另一方面，又很担忧商业化和蜂拥而至的游客会给传统文化带来负面影响，十分矛盾。这也对有关部门和媒体以传承传统文化内涵为基础前提来制定宣传策略，开展各类传播活动提出了更高要求。

3. 民众的媒体接触方式多元化，手机成为主要信息获取方式

技术的飞快发展，带来信息获取手段的不断更新，西藏民众也不例外。在针对获取信息手段的多选题（由于民众信息获取方式的多元，很多

人难以选择唯一主要的方式，因此此题设定为多项选择，要求调研对象从提供的信息获取方式中选择自己最常使用的两项）中，问卷调查的结果显示，64.5% 的调研对象将手机作为他们每天使用最多的信息获取方式，其次是电脑（47.5%），电视（29.4%）和报纸（11.7%）则排在后面。其中，24.1% 的调研对象每天花四小时以上的时间在电脑和手机上；31.9% 的调研对象每天花 2—4 小时在电脑和手机上。50.7% 的调研对象有微博账号，且每天至少登录一次。调研对象无论民族、年龄、识字与否，无一不使用微信——他们通过微信语音聊天跟朋友保持联系，微信朋友圈是他们获取信息的主要渠道，并且他们乐于转发热点信息。民众的信息获取平台和媒体接触方式决定了西藏非遗传播的渠道和途径，只有跟受众处在一个“频道”中，我们想传递的信息才有可能被他们接收到。在持续用好原来电视、报纸、讲座、展演等主要传播平台的同时，应该积极挖掘新的传播手段，利用好网站、微博和微信平台，使西藏非遗文化的信息以更便捷的方式出现在受众眼前。

关于西藏非遗文化的传播载体，民众也有不同的偏好。71.5% 的调研对象建议“将西藏非遗拍摄成纪录片与动漫作品，在电视台播放”；66.5% 的调研对象倾向于“借用网站、微博等新媒体平台宣传”，传统的“举办各种宣传活动”“发放宣传册等资料”等宣传方式则排名在后。从年龄指标来看，年轻人倾向于新媒体传播方式，而中老年人更倾向于发放宣传册、举办讲座和展演活动等传播方式。这对有关部门根据受众的年龄、受教育程度来开展更为贴切的传播活动提出了要求。

4. 集思广益，营造非遗传播的社会氛围

通过两周与西藏的亲密接触，我们深深感受到西藏人尤其是年轻人对西藏的感情之深厚，令人动容。他们对传统文化的现状和未来，都存在着深深的忧虑。关于当前西藏非物质文化遗产保护面临危机的原因（多选题）：219 人认为“人们的意识不够”，占 78.2%；213 人认为“缺乏有效的保护机制”，占 76.1%；130 人认为“缺乏资金”，占 46.4%；114 人认为“缺乏有效的传承机制”，占 40.7%；82 人认为“传承人老化”，占 29.3%；66

人认为“外来文化和现代文化的冲击”，占 23.6%；37 人认为“市场前景不好”，占 13.2%。在西藏非遗文化的传承和发扬上，70% 的调研对象表示应该“加大宣传力度”“政府加强重视、加大投资力度”和重视“对非遗传承人的扶持和培养”。

在问卷的开放式问题和深度访谈中，调查对象提出了大量的意见和建议，可以总结归纳为以下几种声音：第一，在西藏非遗文化的传播中，要充分发挥大众传媒和新媒体平台的联动作用，建立文化网站，在微博、微信、手机短信上宣传，多使用纪录片、动漫等年轻人喜欢的媒介载体，以现代化的方式推广；第二，政府要重视保护机制的健全，加大资金投入和对传承人的补贴；第三，要与时下流行要素相结合，吸引年轻人注意，提高转载和转发量，制造传播热点，带动全社会去关注西藏非遗文化；第四，内容和形式都要有创意，合理表达，用容易接受理解的讲故事的方式，加深大家对非遗文化的理解；第五，传播的前提应该是尊重民族的文化内涵，提高传播内容的质量，尽量去商业化；第六，向民间征集视频、音频，公开展示，开展活动，加强网站和微博上与民众的互动；第七，青少年是西藏传统文化未来传承发展的中坚力量，应该加强面向青少年的教育传承；第八，重视旅游路线的开发规划。

对于非遗传承，西藏青年饱含情感，有深刻思考，有关部门应该积极调动社会力量，众人拾柴火焰高，共同推动西藏非物质文化遗产的可持续发展。

三、西藏非遗文化的传播方式调研结论

1. 展演展示

自 2005 年西藏全面启动非物质文化遗产保护工程以来，以政府为主导开展了多项非遗展演活动，立足西藏本土，面向全国，甚至走出国门，累计派团（组）200 余个，先后在罗马尼亚、匈牙利、尼泊尔、泰国、日本等 50 多个国家和香港等地区的 110 多个城市，进行了 120 多场有关非遗的演出和展览，展示了西藏各非遗项目的独特魅力。

从展示平台来看，节庆活动和固定场所成为主要舞台，旅游景点和街头等流动场所表演也时常出现。拉萨雪顿节、日喀则珠峰艺术节、那曲恰青赛马节、山南雅砻艺术节、昌都康巴艺术节、林芝大峡谷旅游文化节、阿里象雄艺术节等地域性传统节庆文化活动，江孜达玛节、当雄当吉荣赛马节、仁布县江格尔藏戏艺术节、拉孜县堆谐艺术节、南木林县土布加谐钦艺术节和拉萨风筝旅游艺术节等以本地非物质文化遗产项目命名的文化节日，大力开展民间歌舞、民间手工技艺、民间美术、民间文学等民间文化艺术的展示和交流活动，已经成为各地市保护和传承非物质文化遗产的重要平台和有效措施，非物质文化遗产保护工作的影响力、吸引力和感召力不断增强。

近年来，非遗的展演展示也纷纷走出西藏，踏上更大的舞台。政府先后多次组织优秀非物质文化遗产项目和传承人参加上海世博会、中国成都国际非遗节、中国非遗博览会、上海国际艺术节等大型活动，赴台湾和香港参加了“非物质文化遗产展演”等活动，借助国内甚至海外的优秀平台，展示 50 多年来西藏非遗文化保护、传承和发展工作取得的成果，让更多国内外观众欣赏并感受到了西藏淳厚多彩的文化魅力。

从展演形式上来看，主要形成以舞台动态表演和实物静态展览相结合的模式，动静结合，互为补充。动态舞台表演适合西藏传统舞蹈、戏剧、曲艺、音乐、体育游艺与杂技等非遗项目，能够全方位立体展示，形式活泼，抓人眼球，演出现场虽转瞬即逝，但余味无穷；而静态展览适合民族服饰、传统美术等非遗项目，能够提供给受众更多的时间和余地去欣赏回味，给人以更多的思考时间。

从资金来源上看，非遗的展演活动以各级政府扶持为主，市场运作为辅。在区内外举办的每次展演都成为当地文化交流的盛会，唐卡、陶艺、藏香制作等传承人也在现场制作，将西藏非物质文化遗产活灵活现地展现给观众的同时，也在销售非遗的衍生产品，从而形成非遗实体的二次传播，可谓传播和经济双得益。

2. 剧目演出

应中央的号召和市场的需求，各地陆续涌现出一批优秀的民族文化剧目，这些剧目用音乐和舞蹈讲述各民族动人故事的同时也对非遗进行实体传播。

首演于 2013 年 8 月的实景剧《文成公主》中集合有大量的西藏非物质文化遗产项目，如“序”中的山南卓舞，剧中的牛皮船舞、打阿嘎、民间说唱艺术喇嘛玛尼、昌都地区热巴舞、民间的抱石头比赛、玩骰子、生火场景，以及数个高 2.5 米、宽 2 米的巨大蓝面具来展现传统藏戏，使原本散落流传乡野的各类舞蹈、戏剧、民俗等文化节目得以登上舞台，面向世界。实景剧对西藏民族建筑、音乐、歌舞、绘画、服饰、生活风俗的全景扫描，展示了一个地理奇骏、文化多彩的西藏，受到游客喜爱和媒体关注，创立了以西藏非遗文化立体效应打动观众的成功运作模式。仅 2014 年观看《文成公主》的观众就达 30 余万，向世界介绍了西藏，扩大了西藏的影响力和知名度。

3. 实物传播

2009 年少数民族文化工作会议中明确提出“要深入发掘和展示少数民族优秀文化遗产，积极推进内容形式、体制机制和科技创新，并努力与文化产业发展相融合，使少数民族文化得到更好的弘扬和传承。”在此时代背景下，西藏自治区各级政府规划建设多个文化产业园区，既加强了非遗的转化能力，整体提升了文化产业，又为广大群众尤其是区外游客提供了更多的接触观摩体验西藏非物质文化遗产项目的平台。

位于拉萨市城关区蔡公堂乡次角林的中国西藏文化旅游创意园区，规划可利用土地面积约合 12000 亩，用博物馆群、民族演艺和文化创意休闲街区等方式将西藏民族建筑、民族音乐、民族歌舞、生活风俗、民间故事、藏医藏药等非物质文化遗产进行全面展示，并借助生产、流通、销售等手段，将非物质文化遗产及其资源转化为文化产品的保护和传播方式，致力于打造一个鲜活的藏民族非物质文化遗产博物馆和主题公园。西藏各地区也不乏依托于西藏民族传统文化的大大小小的民俗风情园、文化产业基地的运转。

4. 印刷媒介传播

优秀少数民族文化典籍的出版发行有助于西藏非物质文化遗产进入大众视野,有助于西藏民族文化与主流文化的融合。《布达拉宫典籍目录》《雪域文库》和《弟吴宗教源流》等文献典籍得到及时抢救整理，藏文《中华大藏经·丹珠尔》(对勘本)、《藏汉对照西藏大藏经总目录》等陆续整理出版，英雄史诗《格萨尔王传》的保护与抢救也是成绩斐然。

成果转化工作不仅有助于保存和继承西藏非物质文化遗产，同时也极大地满足了广大人民群众对文化产品的多样化需求。自 2010 年起全面启动“西藏非物质文化遗产系列丛书”的出版工作,《藏戏艺术巡礼》《西藏民间歌舞概说》《传统八大藏戏经典唱腔》《格萨尔说唱故事》《中国藏戏史》《西藏宫殿殿堂取名习俗——布达拉宫壁文、匾牌文字实录》《藏族唐卡——嘎玛嘎赤派》《波密波卓舞》《拉孜堆谐舞》等陆续出版。其中《西藏自治区级非物质文化遗产名录图典》一书的编纂工作始于 2009 年，囊括了西藏全区 4 批共 323 个自治区级非遗项目，是首部较完整地介绍西藏各非遗项目的书籍。

近些年各种关于西藏的小说、游记与日俱增，藏族作家的作品影响力也有所提高。藏族作家阿来的《尘埃落定》,在海内外影响深远。《转山》《酥油》等近年来备受读者喜爱的书籍中，也都有大段对藏戏、藏医藏药、唐卡等西藏非物质文化遗产的描述。

学术出版承载着思想传播和传承的功能。20 世纪 80 年代以来先后发表有关藏民族传统文化的学术论文 1000 多篇，出版了《歌舞的海洋——雪康·索朗达杰论文集》等学术书籍，印发民族文艺研究专著 30 多部。

随着西藏经济社会的快速发展，西藏成为“新闻富矿”，吸引着越来越多中央媒体记者前来采访报道。借助非遗宣传日、藏族传统节庆、文化艺术节和文化创意园区的新闻价值和活动影响力，相关部门与新闻媒体通过新闻报道和发放各类纸质宣传品的方式从不同的报道视角切入选题，以丰富的报道形式和真切的新闻话语全面立体地对西藏非物质文化遗产保护的现状和取得的成果加以宣传。林芝传统工艺文化传承与发展综合项目自2012年启动以来，多次接受人民网、新华网、光明日报、中国西藏网、中国经济网、国际在线等媒体记者采访，相关报道被其他媒体广泛转载，林芝非遗文化和对非遗传承发展模式的探索在国内外引起巨大关注。

5. 影像传播

电影电视剧。电影是文化的重要载体，对于西藏非遗具有影像化保护的作用。随着影像媒介的发达，与西藏风景、民俗、文化相关的影视作品层出不穷。与早期电影中单纯反映宗教建筑、自然生态等客观实物文化不同，新时期的西藏电影一方面继续高度关注民族实物文化，通过对民族风俗、传统礼仪等仪式化观念文化的摄录，全面展示西藏民族文化；而另一方面，开始逐渐用影像手段表现藏民族无形的观念文化，如他们的思维方式、民族心态等。在这些影视作品中，西藏非遗或者充当故事发生的背景，或者用来推动情节发展，或者成为人物表达情感的道具。在电影《静静的嘛呢石》中，藏戏《智美更登》不仅是人物交谈活动时电视机中播放的背景音乐，也是故事情节的一部分，小僧人和弟弟去看哥哥妹妹排练演出这出藏戏，更是民族传统文化的代表，这出藏戏和《西游记》在年青一代中的受欢迎程度象征着在西藏传统文化和现代文化之间的相互渗透，而传统文化与现代文化之间的关系是具有普适性的主题，容易引起海内外观众的情感共鸣。

声音传播。通过语言的拿捏和音乐音响的配合，广播能铺垫出特定情境，在节目中将传承人的故事和非遗文化的美感与价值娓娓道来，唤起听众的丰富想象，使内容更具可听性，听众能够关注非遗文化的现状与成果，而且在心理上有亲近感，产生情感共鸣。2015年5月，西藏人民广播电台策划了“非常西藏”系列节目，在汉语广播《魅力西藏》和都市生活广播《听游四方》两个栏目中播出，内容涉及格萨尔说唱、唐卡、民族服饰、藏文书法等内容，并用讲故事的方式将非遗传承人学习技艺、传承文化的过程细细掰开，引人入胜，在广大听众中引起很好的反响。

电视节目。由央视各频道、西藏电视台及民营影视制作单位策划制作的栏目，看重西藏各项非遗文化背后深厚的传播价值和文化底蕴，纷纷制作相关系列节目或专题节目。比如 CCTV-7《农广天地》西藏系列专题片中有关藏香、雕刻、面具、首饰专题的策划制作，CCTV-4《中华医药》节目介绍了藏医药的形成发展，央视《乡土》栏目组有关唐卡、藏医药、藏纸等国家级非物质文化遗产项目专题片的拍摄制作，西藏电视台《西藏诱惑》子栏目中对铜器锻造、藏毯、普堆巴宣舞等西藏非遗文化的阐述。而春晚作为国内覆盖范围广、受关注程度高的一档电视节目，更是多次展示了西藏非遗文化的绚丽多彩，日喀则地区拉孜县的堆谐《飞弦踏春》、山南地区扎囊县的果谐《欢歌起舞》等从民间地头走上了央视春晚的大舞台，其中《欢歌起舞》还获得全国观众最喜爱节目特等奖。

动漫。将西藏非遗文化中的元素加以提炼，通过动漫化的人物形象演绎和动画作品的包装，以更为年轻人喜闻乐见的形式，多视角、全方位、更直观地展现给大众。2012 年出版的《格萨尔王》漫画版，依托于 2009 年被联合国教科文组织列为人类非物质文化遗产的《格萨尔王》说唱艺术，陆续向世界多个国家发行。正式出版前，就已获得 2011 第五届亚洲青年动漫大赛最佳连环漫画奖，当中水墨作品更获得大师杯国际插画双年展最高奖——至尊大师奖，备受各界关注。2014 年，《格萨尔王》漫画被制作成适应手机阅读的手机漫画版《格萨尔王》，在中国移动手机动漫基地上线，《格萨尔王》高清电子书 APP 也在各大电子市场同步上线。

6. 网络传播

网络的普及性和全球互通性为非物质文化遗产的传播与重塑，提供了绝好的机遇和平台。西藏非遗文化的网络传播目前主要通过政府主导下的官方网站和民间的自媒体途径进行，一类是综合性网站上的非遗数据库建设，比如新华网、中国西藏网、西藏新闻网、快搜西藏等网站上的西藏非遗专题页面；另一类是专业性网站上的非遗内容，比如马蜂窝、途牛、穷游网等网站上网友帖子中对西藏非遗的提及介绍，还包括自媒体领域的非遗内容，比如微博上官方账号和游客账号对西藏非遗文化的介绍、快搜西藏 APP 上的非遗专题界面和新闻，等等。

7. 广告传播

广告也是符码传播的一种，而且近年来使用西藏非遗文化元素的广告不在少数。目前运用西藏非遗文化元素的广告所涉及的产品种类主要有服务业、旅游业、酒类、化妆品、医药类、饮食类等。这是由藏族文化的特点决定的，西藏风光秀美，民风淳朴，比较能够体现自然之韵和真挚无杂质的感情，而以上几种类别的产品在广告中的诉求点正与此相符，因而运用相应的文化元素更能够得心应手。比如一些广告中出现了唐卡、锅庄舞、民族服饰等，伴随着这些广告作品在区内外广泛且频繁地播出，西藏特有的文化得以走出高原，这对于保护和传承西藏非遗文化、树立西藏美好形象均助益良多。

四、西藏非遗文化传播存在的特点与问题

1. 由于西藏的特殊性，行政色彩浓厚

由于西藏特殊的历史、地理、政治、经济等方面的因素，西藏非遗文化的传播与传承具有浓厚的地方特色，传播主体以官方为主、民间为辅，政府各级部门在政策制定、资金扶持、传播平台搭建与市场开拓等方面为西藏非遗文化走出去保驾护航。自 2005 年西藏非遗保护工程启动以来，在西藏自治区政府的领导下，自治区文化厅、自治区非遗处、自治区群艺馆等有关部门协同做了大量工作，政府高投入的传播主导行为既体现了政府对非遗的重视，彰显了西藏文化工作的重要性，也符合当前市场化运作背景下，改变少数民族文化作为“弱势文化”难以推广的实际情况，是西藏非遗文化传播突破自然、地理、经济等条件制约的现实需要。

2. 不同传播形态之间的发展不平衡

西藏非遗文化传播已基本形成多主体参与、多形态并存的传播格局，但由于政府各部门对不同传播形态的投入和重视程度有所区别，造成不同传播形态之间的发展不平衡。由于传播介质载体本身固有的差异，不同传播形态在传播内容、传播方式、传播范围与传播效果上都有所不同。展演展示、剧目演出和实物传播因其直观形象易感最能反映一项非遗文化的原

貌，政府部门对此十分重视并直接参与运作，始终效果好且硕果累累；而印刷媒介、影像、网络和广告传播都要经历编码和解码的过程，不同文化背景与理解能力的人对同样的符码会解读出不同的意义，在发展中整体略显逊色。传统的印刷媒介传播和影像传播由于传播主体的经验和受众的基础发展较好，网络传播和广告传播则存在一定问题。在网站的实际运转中，从页面设计到内容呈现都缺乏吸引力，且官网的非遗专题和自媒体官方账号处于半停滞状态，基本无更新或更新频率太低。广告传播中主要是商业广告，缺乏公益广告宣传，而受众对非遗用于商业宣传目的的态度还未为可知。

3. 各种传播内容四面开花，仍然缺乏有代表性、有影响的民族文化品牌

从国内其他少数民族的相关经验来看，云南的《云南印象》、广西的《印象刘三姐》、贵州的《多彩贵州风》品牌化的传播和规范的运作，取得了有目共睹的成绩，在国内外都产生了巨大的影响。西藏已经涌现出了《文成公主》实景剧、拉萨娘热乡民族风情园、娘热乡民间艺术团、雪巴拉姆藏戏队、拉萨城关区古艺建筑美术公司、西藏唐卡画院等一批以非物质文化遗产演出、展示为主的龙头文化企业，既传承和发展了西藏非物质文化遗产资源，又有力助推了文化产业的发展，但市场化运作和品牌化转型还需进一步努力。

4. 非遗传播的新媒体平台已搭建，但有待物尽其用

尽管在政府有关部门的主导下，西藏非遗传播的网站、APP 已不在少数，民众中尤其是年轻受众非常乐意通过这些新媒体平台来接收关于非遗的信息，受众需求显而易见；相关部门工作人员和媒体从业人员也投入了巨大的精力，但囿于经验不足、专业人才缺乏等客观条件，这些新媒体平台较多地流于形式，没有得到充分使用。比如西藏新闻网上的非遗专题，是与自治区群艺馆合作，将群艺馆的资料数据化，在网络中建立了数据库，网民可以在任何地方便捷地读取调用；但由于人力缺乏，原来建设数据库的记者编辑都被抽调到其他部门，无人再对数据库进行维护，以致数据库的运转停止，甚至经常无法访问，令人惋惜。快搜西藏 APP 面临同样的

处境，难以抽调记者专门负责西藏非遗专题的采写，更新频率比较低，使非遗文化的传播效果大打折扣。

五、关于西藏非遗文化传播的几点建议

1. 加大资金和人才培养的投入

人才是非物质文化遗产传播与传承的关键，不管是非遗传承人，还是政府相关部门工作人员，抑或是媒体从业人员，都是推动西藏非遗文化传播发展的中坚力量。要加大政府资金投入，重视专业人才培养和队伍建设，要有长期培养人才、建设队伍的意识和打算。

2. 继续推广“非遗进校园”活动，重视面向青少年的教育传承

青少年是西藏的未来，承载着将传统文化发扬光大的希望。自治区文化部门可以统一编撰教材，以便更好地教授学生非遗知识；拍摄一些适合学生观看的非遗影片，在各个学校进行展映，利用一切可利用的资源向学校倾斜，扎实开展好“非遗进校园”活动。地区和县级文化部门，可以积极与各学校协调联系，做好规划协调工作，组织非物质文化遗产项目代表性传承人进校园，教授课程，举办的各项文艺活动中，积极组织学生参加，培养他们的兴趣和爱好。具体到学校层面，可以建立校园非遗文化专区，如宣传栏和文化长廊，以图片和文字的形式向学生宣传西藏非遗成果，随时随地地供学生阅读。将非遗舞蹈作为课间操的主要形式，以兴趣班的形式开展非遗项目学习和传承，培养学生的兴趣爱好，从小养成对非物质文化遗产的喜爱。

3. 西藏故事，国际性表达

现在仍然是一个内容为王的时代，如何讲好故事，是西藏非遗文化传播的重中之重。因此,应该不断突破传统的传播方式,在选材上要新颖独到，不要局限于已经声名赫赫的非遗项目，拒绝猎奇式的报道传播；在尊重本民族的文化内涵的前提下，在保持自己主体性的基础上，采取国际性的表达手法和优势技术，把西藏的非遗故事讲真实、讲深切，达到润物细无声的传播效果。多一些像《第三极》这样的作品，用更具有普适性的主题和

材料来传播西藏传统文化。

4. 形成传统媒体、新媒体联合、并进的传播方式

西藏非遗文化传播中现有的传播方式、手段、覆盖面、效果，难以满足现实需要，难以跟上受众步伐。因此，要顺应时代潮流，顺应受众信息获取方式的变化，在原来实体传播和符码传播的基础上，在继续保持大众媒体传播力度的同时，推进新媒体平台上的传播活动，推动综合性网站上的数据库建设，主动借力视频网站、旅游网站等商业网站的点击率和流量，引导民间个人的自发传播，重视微博和微信公众号等自媒体的几何级传播效应，加强新媒体平台上的互动和反馈，制造和带动传播热点，加强线上线下的联动，发挥多方位立体化渠道的联动效应，应变而变，使西藏非遗文化获得更好的传播效果，使西藏传统文化在传播中得到保护和传承。

4·25地震后樟木夏尔巴受灾群众安置情况调查报告

马宁　刘玉皑　乔永春　潘红※

夏尔巴人是跨境居住，主体部分居住在尼泊尔境内，总人口大约4万人。我国境内的夏尔巴人主要生活在西藏自治区日喀则地区的定结县陈塘镇，定日县绒辖乡，聂拉木县樟木镇等地，总人口约4600人。夏尔巴人属于我国的未识别民族之一，有自己的语言夏尔巴语，但无文字，使用藏文。2015年4月25日，尼泊尔8.1级强烈地震发生后，日喀则市聂拉木县樟木镇受灾严重，西藏自治区党委、政府迅速做出了樟木镇全员撤离、异地安置的决定，使樟木镇受灾群众得到妥善安置。

一、樟木镇夏尔巴人概况

西藏自治区聂拉木县樟木镇，是我国夏尔巴人世代生息繁衍的主要地区之一，下辖有樟木、帮村、立新和雪布岗4个行政村，此外，还有一个由4村村民共同组建的新近形成的迪斯岗自然村。当地人的口碑流传：立新村是夏尔巴人的第一批先民焚烧森林后建立的村寨，已有260多年的历史，现在的村名是西藏和平解放后最早来此工作的汉族干部“张主任”命名的，取“新生”之意。雪布岗村原是立新村夏尔巴人的一个后山牧场，

※ 马宁，西藏民族大学副教授，博士；刘玉皑，西藏民族大学博士；乔永春、潘红，西藏民族大学在读研究生。

19 世纪 30 年代，夏尔巴人引进土豆种植后，食物增多，人口增加，雪布岗就由牧户的临时聚居点逐渐演变成一个新的夏尔巴人村落。近百年来，从事西藏和尼泊尔间货物贩运的夏尔巴商贩搭建的临时休息点构成了帮村和樟木村的雏形，1965 年中尼公路修通，1966 年樟木口岸开放，使当地与外界的交流更加便捷，各国登山队也不断造访此地，使帮村和樟木村作为物资中转点和人员休息地的地位愈发突出，不断涌入的藏族和汉族人就与当地的夏尔巴人一起组成了新的村落，形成了现在的帮村和樟木村。目前整个樟木镇常住夏尔巴人口 1442 人，占整个樟木镇常住人口的 85% 以上，其中，立新村 664 人，雪布岗 370 人，帮村 182 人，樟木村 226 人，新近形成的夏尔巴人聚居点迪斯岗村，村民户口还在原来的 4 村之内。

（一）夏尔巴人的传统生计方式

樟木镇夏尔巴民众的传统生计方式主要有：农牧业、背夫、向导和竹编业。历史上，立新村与雪布岗村是夏尔巴人牧户的主要集中地，这两个村寨坐落在喜马拉雅山脉中段南坡峡谷的山坡上，平均海拔在 2000 米左右，村寨周围地形陡峭、山高谷深，平地极少，耕地不足给人们发展农业经济造成了很大困难。所以，在这里生活的夏尔巴人在生计方式上只能依赖靠山吃山的牧业经济，而在房前屋后的平地上种植极其有限的农作物。因为靠近樟木镇市场和中尼公路，以前这里的夏尔巴人多靠替雇主背运货物、替各国攀登珠峰的登山队做背夫和向导赚钱。在樟木镇夏尔巴人的传统手工技艺上，竹编首当其冲，在樟木镇各村都有人用竹编产品换取现金、补贴家用，其中又以帮村最为著名，人们编织的竹器种类主要有竹篓、竹席、竹篮、竹筐等十多种。竹器的价格根据大小和种类的不同，售价 20—120 元。

（二）夏尔巴人生计方式的变迁

1983 年，樟木被划为西藏自治区唯一的一个国家级陆路通商口岸，每年西藏自治区有超过一半以上的进出口货物都会在此进行交接，夏尔巴人的语言、地缘优势得到最大限度的发挥，生计方式由传统的农牧相济、背夫竹编相辅的模式向以经商为主、服务业为辅的模式转变。

随着外来人口的增加，樟木镇日益增加的蔬菜需求，让内地来此谋业的汉族人最先嗅到了商机，开始以每年 600—1700 元 / 亩的价格租赁土地，进行大棚蔬菜的试种并取得成功。后来，聂拉木县为了鼓励夏尔巴人自己经营大棚蔬菜种植，开始分批对樟木镇夏尔巴人农户进行大棚蔬菜种植的技术培训，并免费为他们提供大棚蔬菜种植所需的一切材料和技术指导，每年还会为种植大户发放 5000 元的菜种补贴，使得大棚蔬菜种植业得到快速发展，既满足了人们的生活所需，又增加了菜农的经济收入。夏尔巴人的牧业生产也从自给自足的散养向集约化发展，2010 年，一个名叫桑珠的夏尔巴人建成了牛奶加工厂，夏尔巴牧户的牛奶全部被其收购，效益非常好，该厂每年大约有 40 万元的经济收入。

因为我国相关金融规定的要求，自尼泊尔来樟木口岸或要从樟木口岸过境到中国去旅游、经商的外国游客和商人，必须在经过樟木口岸时就把所携带的卢比或其他外币兑换成人民币。而在尼泊尔，虽然人民币在首都加德满可以流通，但其他地方的人对人民币的认可度却很低。随着中尼边境贸易规模的不断扩大，人们对现金的需求量也在不断加大，催生出了一批专门从事货币兑换的职业商人，他们以兑换人民币和尼泊尔卢比为主。目前，在樟木口岸，一共有 8 家货币兑换公司，其中，有 6 家是由夏尔巴人创建的，时间最长的已经营了近 20 年之久。一家货币兑换公司旺季时一个月能兑换 2 百万—3 百万元人民币，收入 5 万—6 万元。即使在淡季，每兑 1 万元人民币，兑换公司也要收取 120 元的手续费，月收入在 1 万元以上。

在樟木口岸，还有 8 家报关公司，规模并不大，2006 年创建的“家业进出口贸易有限公司”有 8 名员工，是当地最大的报关公司，规模最小的公司仅有 2 人。虽然樟木口岸的报关公司数量不多，规模不大，但只要是从樟木口岸进出口的货物，近半数都会经报关公司挂牌代理收发，一般情况下，公司贴标报关的货物是按车计量的，一大车货物收费 1500 元，小车货物收费 800 元。在业务量大的时期，公司老板为鼓励员工加班，一般都会为员工在每月 15000 元底薪的基础上,再多发 5000—6000 元奖金。

现在到樟木旅游和通过樟木口岸去尼泊尔旅游的游客数量很多，这使樟木镇的旅游业得到迅速发展，每年 7—8 月份，来樟木游玩、从樟木口岸过境的内地和国外游客数量都会达到全年的最高值，每天大约有 2000 人进入樟木镇。由于人员流动的需要，樟木出现了出租车行业，共有出租车 50 多辆，绝大多数司机都是夏尔巴人，每逢旅游旺季，樟木出租车司机的收入就会从平时每月 3000—4000 元暴增至 1 万—2 万元。在旅游业的带动下，樟木镇的餐饮业和住宿业快速发展起来。如今，樟木口岸各类风味的餐馆比较齐全，其中又以川菜馆数量最多。各种档次的宾馆有 70 多家，其中夏尔巴人开的家庭旅馆就有近 50 家，最大限度地调动了当地老百姓的积极性，促进了农牧民就业。

客观地说，受地缘关系的影响，作为跨境民族，樟木夏尔巴人与尼泊尔夏尔巴人多有亲戚关系，密切的人员往来使樟木夏尔巴人掌握了多种语言,一般都能使用夏尔巴语、藏语、汉语、尼泊尔语,少数年轻人还会印度语。因为人民币与尼泊尔卢比的汇率是 1∶10，相比国内物价，尼泊尔商品就显得物美价廉，所以樟木夏尔巴人日常所需的米面、副食品、洗涤用品、饮料、调料等物资都是从尼泊尔进口的，甚至电话卡也用尼泊尔的。在教育方面，经济条件较好的樟木夏尔巴人喜欢把孩子送到加德满都亲戚家学习英语，然后再接回国内上学。樟木夏尔巴人生病时也选择去加德满都治疗，帮村的次仁强旦 2001 年修房时身体被钢筋插穿，被尼泊尔的救护车拉到加德满都，完成治疗后，在其加德满都的表姐家住了 5 个多月，现在身体恢复得很好。尼泊尔医生精湛的医术和热情的态度、低廉的治疗成本、熟悉的语言环境是促使樟木夏尔巴人赴尼泊尔就医的主要原因。

（三）夏尔巴人的婚姻状况

本地族内婚是樟木夏尔巴人最传统、也是比例最高的婚姻形态，可以分为村落内通婚和村落间通婚两类，以后者更为普遍。当前夏尔巴人在本村寻找结婚对象已十分困难，因为夏尔巴人严格禁止同家族通婚，即“色拉嘎、格尔策、色尔巴、翁巴、加巴”五个家族内严禁通婚，而同一村落内的村民彼此间几乎都是同家族亲戚，村落间通婚便成为小地域内夏尔巴人家族间通婚的有效方式。过去夏尔巴人曾禁止与其他民族通婚，但在 20 世纪 50 年代以后，特别是改革开放以来，夏尔巴人的外婚禁忌被逐渐打破。当前樟木夏尔巴人通婚范围较之以往已有扩大，在保持与本地夏尔巴人通婚传统的同时，与尼泊尔夏尔巴人及西藏藏族通婚的比例都在逐步提高。

樟木夏尔巴人与尼泊尔夏尔巴人的通婚很早就已存在，但与过去相比，当前跨境通婚中以尼泊尔的夏尔巴女性嫁给樟木夏尔巴男性的居多，而过去樟木夏尔巴女性嫁给尼泊尔夏尔巴男性、双方男性相互入赘的现象近些年来已越来越少。出现这种变化的原因主要是两国边境地区经济发展和边民生活水平差异增大所致。20 世纪 50 年代以前，中尼边境樟木段的经济发展水平不相上下，边民生活水平也基本一致，当时双方边民的通婚并未有“一边倒”的现象。但自从 20 世纪 60 年代樟木口岸建成，特别是改革开放以后，樟木经济发生了翻天覆地的变化，社会环境的安定、物质的丰富及夏尔巴人生活水平的日渐提高极大地吸引着边境线以南的尼泊尔边民，尼泊尔夏尔巴女性希望借与中方边民通婚的方式改善自己和家人的生存状况。按照夏尔巴人的传统婚姻习俗，男方要花费约 3 万—5 万元购置彩礼、置办婚礼，在这样的情况下，尼泊尔男子要借助跨境通婚提高生活水平几乎是不可能的。从调查访谈来看，有些尼泊尔女性为了嫁到生活环境更好的中国，在男方不给聘礼、不举办婚礼的情况下都愿意跟着男方来到樟木生活。目前，尼泊尔女性嫁到樟木后，最大的问题是没有户口。2003 年，聂拉木县政府曾集中给 25 名嫁到樟木的尼泊尔女性落实了户口，之后嫁过来的 70 多名尼泊尔女性的户口一直没有解决，但她们生下的孩子可以跟随父亲落户。

樟木夏尔巴人族际通婚的对象主要是拉萨及日喀则地区的藏族。樟木夏尔巴商人在商业活动中经常与拉萨藏族商人打交道，拉萨藏族商人也会到樟木从事商贸活动，这些活动促进了樟木夏尔巴人与拉萨藏族人之间的频繁交往，成就了樟木夏尔巴人与拉萨藏族的通婚。樟木夏尔巴人也存在个别与汉族人通婚的情况，调查得知樟木镇帮村有两例与汉族人通婚的情况，皆是夏尔巴女性嫁给汉族男性，其他三个村落中未见有夏尔巴人与汉族人通婚的情况。

二、樟木夏尔巴受灾群众安置情况

4·25地震造成樟木镇27人死亡，上百人受伤，雪布岗村山上的24户土木结构的房屋全部倒塌，山下水泥结构的房屋有6户倒塌，其余房屋出现倾斜和裂缝；立新村村庄主体位于山腰及山脚下，房屋被落石砸坏的很多，受灾较重;帮村有18户房屋倒塌，其余房屋多出现裂缝，成了危房;樟木村房屋基本上都是钢筋水泥结构，只有14户土木结构的老房屋倒塌。迪斯岗村房屋多为水泥结构，倒塌的较少，大多出现裂缝。地震发生后，外地商人全部离开了樟木镇，45名尼籍人员也返回了尼泊尔。

日喀则市委、市政府于4月28日晚确定樟木镇受灾群众安置区设在日喀则工业园，4月29日凌晨开始安置区的场地平整、帐篷搭建工作，4月30日迎来樟木镇首批群众入住。5月25日开始实施封闭化管理，5月30日实现规范化、常态化管理。除了少数富裕户自行搬到拉萨、日喀则等地居住外，绝大多数樟木镇夏尔巴人则在政府的统一组织下，来到了日喀则工业园的受灾群众安置区，仍然按照4个行政村的划分聚居在一起。

日喀则工业园受灾群众安置区占地1000余亩、平整场地600亩，有帐篷1243顶，划分为3个居住区和1个行政办公区，居住着500余户、2000余人，僧尼45人，尼泊尔籍人员93人。樟木受灾群众到达日喀则工业园受灾群众安置区后，居住在帐篷里，由聂拉木县常务副书记都冰带领日喀则工业园安置区临时管委会的工作人员进行统一管理。在日喀则市委、市政府的大力支持下，安置区开设了受灾群众食堂，免费给受灾群众供应三餐。增设了从安置区到日喀则市区的公交线路。从5月份开始，日喀则工业园安置区临时管委会先后组织254名受灾群众参加了首期驾校培训，开展了两期岗位对接，分别实现327人、192人稳定就业。6月5日完成樟木商城一期 97 个摊位的建设工作，6 月 25 日樟木商城正式营业，为具有经商基础的夏尔巴受灾群众提供了便利条件。

为确保受灾群众顺利过冬，日喀则市委、市政府又在桑珠孜区新建安置房，10 月 20 日，樟木镇 464 户、2000 余名受灾群众和 170 名干部职工已全部搬入 770 套新安置房，解决了樟木夏尔巴受灾群众的过冬安置问题。

三、樟木夏尔巴受灾群众安置中的问题

虽然政府做了大量工作，但樟木夏尔巴受灾群众到达日喀则工业园安置区后还是出现了很多不适应当地生活的情况，主要表现在：

（一）受灾群众生活上不适应，情绪上有波动

首先是气候上不适应，4 月 29 日，立新村和雪布岗村的夏尔巴受灾群众从樟木搬到拉孜县安置点后，受灾群众高原反应严重。另外，拉孜县安置点风沙大，有时吃饭时饭和菜里都会吹进沙子。立新村和雪布岗村受灾群众推选出了两名代表前往拉孜县政府反映情况，希望搬到海拔较低的地方，得到当地政府的许诺。5 月 15 日，725 名夏尔巴受灾群众在拉孜县安置点住了 15 天之后，被集体转移到日喀则工业园安置区生活。夏尔巴人生活的樟木镇海拔只有 2400 米，气候湿润，而日喀则工业园受灾群众安置区的海拔为 3800 米，山风大，气候干燥，紫外线强烈，帐篷里白天热，晚上冷，樟木受灾群众到达安置区后大多出现了脱皮、口唇开裂等症状。

其次是饮食上不适应，夏尔巴人的传统饮食以牛肉、羊肉为主，较少吃鸡肉，不吃猪肉和鱼肉，工业园受灾群众安置区食堂供应的肉食以冷冻储备猪肉为主，鸡肉和鱼肉为辅，牛羊肉较少，虽然食堂每餐供应三菜一汤，但很多受灾群众吃不惯猪肉。

（二）受灾群众生产生活上的后顾之忧比较突出

樟木夏尔巴受灾群众搬到日喀则工业园受灾群众安置区后，人们普遍

反映无事可干，思乡心切。经调查，樟木镇共有 44 家牧户，其中又以立新村和雪布岗村最多，主要饲养黄牛、犏牛和牦牛等大型牲畜，最大的牧户拥有约 70 头牛，最少的牧户拥有 4 头牛，都集中在立新村后山上放牧，目前，这些牲畜无人照看。从事牧业生产的受灾群众特别担心牲畜丢失。此外，夏尔巴受灾群众认为应该根据各村的受灾情况采取不同的安置措施，樟木村和部分立新村受灾群众认为自家的房屋受灾不严重，政府应该允许他们返回家园，而让房屋倒塌、无家可归的受灾群众留在日喀则工业园受灾群众安置区，这样既能减轻政府的负担，又能看家护院。

（三）受灾群众现金收入断绝，生活压力大

樟木镇立新村、雪布岗村和樟木村的夏尔巴老人多喜欢放牧，而且畜牧产品价格较高，依靠出售牛奶、酥油和小牛，这些放牧的老人可以获得可观的经济收入。帮村的夏尔巴人老年人和妇女则通过经营蔬菜大棚赚取现金，收入也比较稳定。

如前所述，因为樟木镇是西藏自治区重要的陆路通商口岸，边境贸易和旅游业比较发达，2014 年，樟木口岸进出口货物 14.11 万吨，货物总值 20.67 亿美元，这为樟木镇夏尔巴人带来了商机，将自家房屋改建和扩建成仓库和宾馆后出租是樟木村和立新村夏尔巴人现金收入的主要来源。客观地说，夏尔巴人在樟木时赚钱相对容易。搬到日喀则工业园受灾群众安置区以后，受灾群众的经济收入大为减少，生活压力比以往有所增加。

（四）夏尔巴受灾群众与日喀则市民关系紧张，无法融入都市生活

因为没有工作，樟木受灾群众的精神面貌普遍较差，有时会发生与日喀则当地人打架斗殴的情况，因为生活习惯、卫生习惯的不同，也与日喀则市民发生矛盾，以至于有个别日喀则市的出租车司机不愿意拉从市区返回安置区的樟木受灾群众。受灾群众安置区社会治安状况不好。虽然日喀则市委、市政府开辟樟木商城，供夏尔巴受灾群众免费使用，但因为樟木口岸关闭，商城开张一周后就出现货源不足的情况，有经济基础的商人转

到亚东口岸进货，还有一些商人则在拉萨进货，商品出现了良莠不齐、以次充好的现象，影响了樟木商城的口碑，销售额从开张初期的每日 5000 元下降到现在的几十元，顾客日渐减少。

四、对策

（一）应该尊重夏尔巴人的饮食习惯，改善食堂伙食

我们认为，夏尔巴人喜欢食用牛肉和羊肉的习惯由来已久，不可能在短期内改变，虽然出于防火目的，灾民安置区不允许受灾群众自己生火做饭，但现在搬入安置房以后，食堂应该充分考虑到夏尔巴人的饮食习惯，增加牛肉和羊肉的比重，允许夏尔巴受灾群众在厨房里自己开火做饭，这样既可以减少政府的负担，又能够满足夏尔巴受灾群众的饮食需求。

（二）开拓渠道，增加公益性岗位数量，使夏尔巴受灾群众的生活得到保障

在日喀则市委、市政府的支持下，现在夏尔巴受灾群众中的年轻人能够获得超市、饭店中的工作，最棘手的问题是 50 岁左右的中年人很难找到一份合适的工作。他们希望有事可干。我们调查得知，这些中年人在樟木生活时一般从事农牧业、竹编业等夏尔巴传统生计方式，在农业生产、放牧、手工制作等方面有一定的经验，可以对他们进行必要的业务培训，在环卫队、养殖场、蔬菜大棚、手工合作社中为他们寻找能够胜任的工作，增加他们的经济收入，缓解来自家庭的消费压力，渡过难关。

（三）加强对夏尔巴受灾群众的管理和引导，使其养成良好的生活习惯，尽快融入都市生活

夏尔巴受灾群众在工业园受灾群众安置区生活时，公共场地较多，生活空间较大，现在夏尔巴受灾群众集中搬进安置房以后，居住在空间相对封闭狭小的单元楼中，由于政府是根据每家每户的人口数量来分配

住房的，所以几家人合住一套房的情况很多，使夏尔巴人内部出现矛盾和纠纷的概率增大。另外，从远离日喀则市区的工业园受灾群众安置区搬到市区后，夏尔巴受灾群众与日喀则市民来往的概率增大，发生矛盾的可能性也相对增加，这对夏尔巴受灾群众来说是一个不小的考验，应该引导夏尔巴受灾群众尽快适应都市生活，养成良好的卫生习惯，进而与日喀则市民和睦相处。

（四）增强樟木灾区的防盗力量，尽早启动樟木灾后重建，使夏尔巴受灾群众安心

樟木受灾群众整体撤离后，边防部队在樟木镇留驻了一些战士，采取定期巡逻的办法保护受灾群众的固定资产安全，但 18 名战士的数量远远达不到防盗要求。应该从受灾群众中选拔政治素质过硬、身强力壮的联防队员返回樟木镇，与边防战士一起维护樟木受灾群众的房屋财产安全，增强防盗能力。现在的真实情况是樟木夏尔巴受灾群众都想返回家乡，用他们的话说："我们人在日喀则，心却留在了樟木。"一些受灾群众认为樟木的雨季结束后，他们就会不顾政府的阻拦，返回樟木，最起码要去看看房屋和牲畜才能安心。目前，政府初步确定要在樟木原址重建，但至少还需要 3—5 年的时间，这段时间是夏尔巴受灾群众最难熬的。政府应该向夏尔巴受灾群众及时通报情况，使其了解重建进度，才能让受灾群众安心配合政府的灾后安置和重建工作。

总之，三十多年来，夏尔巴人利用樟木镇作为国家级陆路通商口岸的便利条件，充分发挥自己的语言和地缘优势，为西藏的经济社会发展作出了独特贡献。现在的受灾群众安置工作虽然取得了阶段性的成果，但在夏尔巴受灾群众中仍然存在如安置区临时管委会工作人员所说的"杂音"，在今后的灾后重建过程中，政府应该正视和分析这些"杂音"，充分考虑夏尔巴受灾群众的诉求，将樟木镇重建为边贸城市，使夏尔巴人能够按照以往的生存轨迹继续生活下去。

西藏六支著名藏戏队生存困境及其对策调研报告

李宜　辛雷乾　岳瑾[※]

一、本次调研的目的

本次调研的目的是对西藏自治区具有几百年历史及国家级藏戏流派传承人的6支著名的民间藏戏队的生存现状做客观实际的考察，并对其生存困境提出应对措施。

藏戏是藏民族悠久历史、传统文化的结晶。主要流行于我国西藏、青海、四川、甘肃及国外印度、不丹、尼泊尔等藏民族居住区域。藏戏的面具、舞蹈、服饰和唱腔独具藏民族特色，被夏衍赞誉为“雪山上的红牡丹”。研究藏戏是我们进一步了解藏民族的思想感情、审美趣味、宗教信仰和风俗习惯的一把钥匙，有利于增强中华民族的凝聚力，维护祖国统一和民族团结，促进藏区经济发展和社会进步。

西藏藏戏是藏戏的母体剧种，它对青海、四川和甘肃等地藏戏的产生和发展影响深远。西藏藏戏在600多年的发展演变过程中产生了白面具和蓝面具两大剧种，由于这两大剧种“各戏班所处地区的自然条件、社会习俗、民间艺术传统等不尽相同，各戏班世代相传的戏师均有各自的特长，因此

※ 李宜，西藏民族大学副教授；辛雷乾，西藏民族大学讲师；岳瑾，咸阳师范学院设计学院讲师。

形成了以戏班为中心，不同唱腔和表演风格的艺术流派”[①]。白面具的扎西宾顿、扎西雪巴以及蓝面具中的迥巴、江嘎尔、湘巴和觉木隆这6支著名藏戏班分别代表了6个不同的藏戏流派，几百年来，在藏区一直受到广泛的尊重和欢迎。西藏和平解放前，这些戏班每年雪顿节期间都到罗布林卡向达赖喇嘛及其僧俗官员、广大民众献演藏戏。“文化大革命”期间，各藏戏班被迫停演20多年。1980年后，扎西宾顿、扎西雪巴、迥巴、江嘎尔、湘巴和觉木隆这六大著名戏班重建藏戏队，恢复藏戏演出。

近年来，随着西藏经济的发展和社会生产、生活方式的不断变化，特别是现代娱乐方式的冲击，各藏戏队的生存空间受到很大挤压，面临传承危机。2006年，藏戏入选首批国家级“非物质文化遗产名录”，2009年藏戏又成功入选联合国“非物质文化遗产代表作名录”，国家和西藏各级政府部门虽然逐年加大资金对6支藏戏队进行全面抢救和保护，其生存状况改善较大，但目前仍然存在一些问题，值得深入调查和探讨。

迄今为止，笔者发现尚未有专人或专门机构对西藏的扎西宾顿、扎西雪巴、迥巴、江嘎尔、湘巴和觉木隆这6支藏戏队目前的状况进行全面调查和研究。为弥补此方面研究缺失，2013年8月，笔者一行三人进藏到6支藏戏队所在的拉萨市堆龙德庆县、山南的乃东县和琼结县，以及日喀则地区的昂仁、南木林等县对其面临问题进行了深入细致的实地考察。通过拍摄、录制各藏戏队代表剧目并访问国家级流派传承人，取得了许多珍贵的第一手资料。本调研报告采用实际调研资料、文献资料和人物访谈互相佐证的“三重证据法”，力求对这6支藏戏队目前的生存现状做客观实际的探讨，并在此基础上提出相应的对策。

二、六支著名藏戏队现状

笔者依据对扎西宾顿、扎西雪巴、迥巴、江嘎尔、湘巴和觉木隆这6

① 刘志群主编:《中国戏曲志·西藏卷》，文化艺术出版社，1993年，第57页。

支藏戏队田野调查的现状分别简述如下。

山南地区琼结县的扎西宾顿巴戏班是白面具藏戏宾顿巴派的代表，大约成立于15世纪，至今已有600多年历史。民间传说扎西宾顿是戏神汤东杰布在山南组织能歌善舞的“七姐妹”（一说七兄妹）为建造铁索桥进行募捐演出而创立的第一个戏班，因此藏戏被称为“阿吉拉姆”（仙女大姐）。“因五世达赖的家乡在琼结，又因为扎西宾顿巴是最古老的戏班，所以雪顿节藏戏班表演时，他总被排在第一个领头演出《诺桑王子》的开场仪式。”[①]1980年后，扎西宾顿派组建扎西宾顿藏戏队，现有演员20人，主要来自琼结县宾顿巴村。其中65岁的嘎玛次仁和45岁的白梅是扎西宾顿派国家级传承人。

15世纪成立的扎西雪巴派是白面具藏戏中表演艺术发展较为成熟的流派。后因为扎西雪巴表演艺术发展较快，在哲蚌寺、布达拉宫和罗布林卡表演“谐波”时，扎西雪巴第一个表演，每年雪顿节汇演的最后一天，扎西雪巴主要演出《诺桑法王》正戏片段和白面具藏戏的开场仪式“甲鲁温巴”及结束仪式“扎西”，表示雪顿节主要活动圆满结束，进行欢庆祝福，祈赐吉祥！扎西雪巴藏戏队有演员22人，主要来自山南地区乃东县昌珠镇扎西曲登村。扎西雪巴队有国家级流派传承人两个，分别是37岁的次仁旺堆和39岁的尼玛次仁。

这两个古老的戏班一直采用广场演出形态，主要在雪顿节、望果节、藏历年和寺院节日佛事活动期间演出传统藏戏《诺桑法王》。两个戏队至今仍保持自娱自乐、不收戏金的演出传统。他们在传统演出时间之外，还常参加元旦、国庆节、雅砻文化节等新节日的演出，每年演出大约15场。

日喀则地区的迥巴、江嘎尔和湘巴藏戏队代表了蓝面具藏戏中的迥巴、江嘎尔、湘巴流派。迥巴是汤东杰布15世纪中叶在自己家乡西藏昂仁县建立的第一个蓝面具戏班，刚开始每年到日喀则给班禅献演藏戏，19世纪

① 李悦：《中国最古老的少数民族戏曲剧种——西藏藏戏》，《艺术评论》2008年第6期。

末到拉萨参加雪顿节，演出《顿月顿珠》受到十三世达赖喇嘛的奖赏。“戏班也成为‘尖赛拉姆’，意即达赖喇嘛宠幸的藏戏班。戏师所戴温巴面具上有用金子制成的日月徽饰,作为特殊标志”[①]。现有演员 25 人,主要来自昂仁县日吾齐乡，63 岁的朗杰次仁是该流派国家级传承人。

江嘎尔戏班大约成立于 18 世纪，江嘎尔戏班参加拉萨雪顿节时，每年轮换演出《诺桑法王》《朗萨雯蚌》和《文成公主》这三个剧目。该戏班曾多次到印度和锡金演出。现有演员 27 名，主要来自仁布县江嘎尔村，国家级流派传承人拉多老师已经 84 岁高龄。

湘巴在 18 世纪末成立，到拉萨参加雪顿节献演的规定剧目是《文成公主》和《智美更登》，现有演员 33 人，来自日喀则地区南木林县多确乡，次仁多吉为该流派国家级传承人，今年 63 岁。

这 3 个戏班过去演出时间主要是雪顿节和寺院节日佛事活动，现除传统演出时间之外，还要参加元旦、国庆节、珠峰文化节等新节日的演出，每年大约演出 20 场。

拉萨的觉木隆藏戏是目前藏区最有影响、传播最广的蓝面具藏戏流派，它成立于 19 世纪末。觉木隆戏班是唯一带有官办色彩的戏班，由西藏地方政府布达拉宫内务机构“孜恰列空”管理，演员没有薪俸，每年只能在雪顿节献演时得到一些赏银和粮食。在雪顿节期间演出的剧目主要有《卓娃桑姆》《苏吉尼玛》和《白玛文巴》。觉木隆戏班首开女演员饰演女角色的先例，唱腔新颖丰富、韵调婉转动听、表演技艺高超、以善演世俗戏而著称。1959 年原藏区最有影响的觉木隆戏班的 40 多位老艺人成立了由拉萨市人民政府直接领导的藏剧队。1960 年，藏剧队归西藏歌舞团。1962 年，西藏歌舞团撤制，分别成立西藏歌舞团、西藏藏剧团和西藏话剧团。自治区藏剧团藏戏表演家 74 岁的大次旦多吉是觉木隆派国家级藏戏传承人。2001 年堆龙德庆县乃琼镇的琼达重组觉木隆藏戏队，现有演员 33 人，

① 刘志群主编：《中国戏曲志・西藏卷》，文化艺术出版社，1993 年，第 225 页。

68 岁的旦达为国家级流派传承人。演出时间主要在元旦、国庆节、雪顿节、望果节、寺院节日佛事活动、藏历新年等，一年演出 60 多场，每场演出收取 3000 元左右戏金，演出剧目主要有《卓娃桑姆》《苏吉尼玛》《白玛文巴》和《智美更登》。

三、六支藏戏队生存困境

笔者一行 3 人在田野调查时发现扎西宾顿、扎西雪巴、迥巴、江嘎尔、湘巴和觉木隆这 6 支藏戏队的生存现状令人担忧，现依据调研资料对其生存困境总结如下：

1. 服饰面具比较陈旧，没有专人统一管理

过去藏戏演出时“白天在户外所定的广场，或在野外草地上开演，这就是戏园了”①。相比而言，6 支藏戏队演出空间没有变化，至今仍保持广场演出形态。场地布置非常简单，一般在场地中间供奉戏神汤东杰布塑像或悬挂汤东杰布唐卡画像，画像下设有藏桌。藏桌上面放有象征五谷丰登、牛羊兴旺的切玛（吉祥斗）、净水、青稞酒、酥油花等供品。一般戏剧可以通过布景、灯光等不同手段来装饰舞台达到一定的演出效果，而藏戏只能依靠色彩鲜艳的藏戏服装和制作精致的藏戏面具吸引观众，为其广场表演增色。笔者田野调查时发现这些藏戏队现有的服饰和面具都比较陈旧。笔者去山南地区琼结县和乃东县调研时得知扎西宾顿和扎西雪巴的演出服饰已使用 3 年多，甲鲁等服饰有些褪色。其他 4 支蓝面具藏戏队的服饰大多使用 4 年以上，服装被过度使用，比较破旧。没有足够资金一次性全部替换，有的藏戏队在开场戏中 7 个温巴的服装就有新旧不同色彩；有的戏队因无钱购买新的戏靴，演员只好穿黑色皮靴上场演出，这些情况直接影响藏戏的演出效果。觉木隆藏戏艺术团团长琼达告诉笔者：“为节省服饰方面的开支，戏队常常自己动手做一些简单的服装和道具，制作程序复杂

① [日]青木文教著，唐开斌译：《西藏游记》，商务印书馆，1931 年，第 212 页。

的温巴面具等只能去市场购买。由于原材料和手工费上涨很快，现在买一个质量较好的温巴面具就要 1000 元左右。因此，戏队每年更新服装、面具和道具等最少需要 1 万元以上。”[①] 戴面具表演是藏戏独具的艺术特色之一，制作精致、古朴怪诞、形式多样的面具使藏戏演出更富神秘色彩，如果剧目中人物和动物面具使用时间较长，色彩黯淡褪色，减弱了对观众视觉上的强烈冲击，演出效果就会大打折扣。

“藏戏的服饰，在过去不像其他戏剧那样有设立行头衣箱的习惯”[②]。各藏戏队现在也没有设置专业人员来统一管理服饰，扎西雪巴藏戏队的服饰由演员自己保管，笔者在采访国家级传承人次仁旺堆并为其拍照时发现，他把自己演出的服饰、面具全放在一个较大的旅行提包中，方便携带，但不利于服饰保存。扎西宾顿派国家级传承人白梅告诉笔者：“我们的服饰原来由琼结县文化广播电视局统一保管，每次演出前派人去取服饰，用完后再送回县城，非常麻烦。2011 年底，我们的服饰存放到新建的扎西宾顿藏戏艺术传承基地，现在使用起来比较方便”[③]。2010 年 8 月，笔者第一次采访觉木隆藏戏艺术团，当时他们的服装和道具等堆放在琼达团长家里，房间小，服饰多，特别拥挤。2013 年 8 月 9 日再去时，这些服饰已经存放进建成不久的觉木隆藏戏展演传承中心。由于没有专业管理人员，这些服饰、道具不是分门别类地悬挂保存，而是杂乱无章地随意堆放，如果临时取用某些服饰，需要花费较长时间到处翻找，不利于服饰保管。

2. 排练演出机会较少，表演水平有待提高

俗话说“台上一分钟，台下十年功”，藏戏专业演员的培养一般需要四五年时间，因为藏戏演员在唱功、舞蹈等方面都要求有扎实的基本功，往往需要从小培养。这些藏戏队都属于民间业余性质，演员大多为本村农

① 采访对象：琼达，觉木隆藏戏团团长，采访时间：2011 年 7 月 29 日，2013 年 8 月 9 日，地点：琼达团长家。

② 李云、周泉根：《藏戏》，浙江人民出版社，2005 年，第 111 页。

③ 采访对象：白梅，扎西宾顿藏戏队戏师，扎西宾顿派国家级传承人，采访时间：2013 年 8 月 14 日，地点：白梅家。

民，平时在家忙于农活，闲时迫于生活压力，纷纷出外打工。在藏历新年、雪顿节、望果节、寺院佛事活动等节日演出前几天集中排练。雪顿节、望果节期间，农活较忙，大约排练 5 天。冬天是农闲时间，一般在藏历新年前 10 天左右开始排练，此时天气寒冷，又没有固定的室内排练场地，条件非常艰苦。每个藏戏队一年平均排练时间只有 20 多天。各藏戏队受传统习惯影响，演员都是不脱离生产，不以此为谋生手段的本村农民，资源受限制，功底较差又缺乏系统的排练，表演水平提高较慢。

藏戏传统演出时间主要在雪顿节、望果节和寺院节日佛事活动期间，一年中演出场次只有 10 次左右。尤以雪顿节演出为盛，由于“开演的日期，一年内不满一旬，所以使几万人都狂奔观剧”①。600 多年来，雪顿节已经成为一个规模宏大、剧种流派纷呈、独具民族特色的藏戏艺术展演节，也被称为“藏戏节”。在传统演出时间之外，这些藏戏队现在也常参加一些新建节日文化活动，觉木隆藏戏队在拉萨附近，每年演出机会较多，大约 60 多场，其他 5 支藏戏队一年演出大约 20 场。这些业余演员因为排练时间较短，再加上每年演出场次较少，导致演员基本功较差，表演水平有待提高。2013 年雪顿节期间，笔者在罗布林卡和龙王潭观看藏戏演出时，饰演拉姆的女演员在旋转时差点摔倒，引起观众哄堂大笑。有些青年男演员则必须取下温巴面具才能做“打蹦子”这个基本动作，直接影响藏戏表演的精彩程度。相比而言，觉木隆藏戏队一年演出机会较多，演员注意面部表情的传情达意和彼此间的场上交流，表演水平较高。

3. 流派传承人年岁较高，某些技艺已经失传

2008 年 2 月文化部公布第二批国家级非物质文化遗产传承人，西藏自治区的嘎玛次仁、白梅、尼玛次仁、次仁旺堆、朗杰次仁、拉多、次仁多吉、旦达和大次旦多吉等 9 人分别被授予藏戏扎西宾顿、扎西雪巴、迥巴、江嘎尔、湘巴和觉木隆 6 个流派国家级传承人称号。其中扎西宾顿、扎西

① [日] 青木文教著，唐开斌译：《西藏游记》，商务印书馆，1931 年，第 213 页。

雪巴和觉木隆每个藏戏队有国家级传承人 2 人，其他 3 个藏戏队各有国家级传承人 1 人，他们分别是藏戏不同流派独特艺术的拥有者和传承者。

这 6 支藏戏队中的 9 位国家级藏戏传承人中，80 岁以上的有 1 人；70—79 岁的有 1 人；60—69 岁的有 4 人，60 岁以上的流派传承人占到 67%，主要涉及蓝面具藏戏中的迥巴、江嘎尔、湘巴和觉木隆藏戏队。2013 年日喀则珠峰文化节藏戏表演中，笔者看到江嘎尔派传承人 84 岁高龄的拉多老师、63 岁的迥巴派承传人朗杰次仁和 63 岁的湘巴派传承人次仁多吉老师全都亲自登台演出，甚至还担当说“雄”的重任。藏戏和我国其他戏曲不同，每出藏戏剧目演出时间很长，英国外交家查理·贝尔在《西藏志》中记述他 1921 年在拉萨观看藏戏演出时写道：“剧本殊长，每出约自上午十时开始，于九小时后演毕，其时天犹未晚。此尚系缩短者，如全演之，每出须时数日。”[①] 由上可知，过去传统藏戏每出剧目演出时间短约 9 小时，长可延续好几天。现在每出剧目演出一般缩短到 7 小时左右，即使这样，60 多岁各流派传承人的身体状况还是难以承受登台演出一整天这样高强度的工作量。

藏戏的传承方式主要是言传身授、口耳相传，随着藏戏老艺人的相继离世，一些表演难度较大、短时间内不易掌握的传统技艺已经失传。迥巴是戏神汤东杰布创立的第一个蓝面具藏戏班，开场戏中穿插演出“温巴”被砸的“波多夏”情节是其流派艺术特色之一。演出时，一个温巴躺在地上，身上压着石条，其他两个温巴用铁锤砸碎石条，而石条下的人安然无恙，类似于今天的杂技表演。可惜现在已经没有机会欣赏到这种原汁原味的迥巴派传统表演艺术。探其原因，昂仁县广电局旦巴告诉笔者：“掌握‘波多夏’的老艺人在‘文化大革命’中去世，此种技艺当时没有传给后人，现在已经失传。”如果现在不注重保护年岁较高的流派传承人，其说雄、唱腔等许多传统技艺无人继承，就会像迥巴派中“波多夏”杂技表演一样，

① [英] 查理·贝尔著，董之学、傅勤家译：《西藏志》，商务印书馆，1936 年，第 207 页。

出现“人亡艺失”现象，给世人留下无尽的遗憾。

4. 戏师传授剧目单一，戏剧内容缺乏创新

按照藏戏传统，各藏戏队的戏师是藏戏班的灵魂人物，集编剧、导演和老师于一身，主要承担剧本的二次创作、指导排练工作和培养自己接班人的重任，受到演员的广泛尊重，往往成为管理戏班一切事务的班主。平时排练时，戏师给每个演员分配角色并口传身授他们唱腔和表演动作；场上演出时，戏师根据演出时间长短随时调整剧情详略部分。戏师的表演水平直接影响到该戏班水平的高低。在西藏地方政府时期，每年雪顿节前“孜恰列空”官员审查各流派演出剧目时，如果违反规定，该戏班的戏师首先要遭到鞭笞。

笔者在调研中发现除觉木隆藏戏队外，各国家级流派传承人基本担任本戏队戏师一职，教授其他演员唱腔和动作。目前，这些藏戏队所演剧目一直延续几百年来雪顿节规定演出剧目习俗，以“八大传统藏戏”为主。扎西宾顿和扎西雪巴两个白面具藏戏队流派传承人告知笔者，他们主要传授《诺桑王子》片段或整本；江嘎尔藏戏队中的戏师 84 岁高龄的拉多老师告诉笔者:“我们按照雪顿传统主要演出《诺桑王子》《朗萨雯蚌》和《文成公主》这三个剧目，其他剧目不演。”[①] 同样，蓝面具中的迥巴、湘巴和觉木隆三个戏队戏师也依照过去雪顿节所规定各戏班表演剧目，教授“八大传统藏戏”中的两个或三个剧目。各藏戏队流派传承人遵循雪顿节演出传统，仅传授“八大传统藏戏”中的两三出剧目，目前尚未有一个流派传承人能指导本藏戏队演出“八大传统藏戏”中所有剧目。

艺术的生命力在于创新，各藏戏队每年重复演出已经流传了几百年的“八大传统藏戏”中的两三出剧目，所演剧目较为单一。究其原因，笔者认为除传统演出习俗之外，与各藏戏队戏师文化程度较低有一定关系。笔者在调研中发现觉木隆藏戏队的戏师年龄在 30 岁左右，中学毕业。扎西

① 采访对象：拉多老师，江嘎尔藏戏队戏师，江嘎尔派国家级传承人，采访时间：2013 年 8 月 24 日，地点：拉多家。

宾顿、扎西雪巴、迥巴、江嘎尔和湘巴戏师都是该流派传承人，白梅、次仁旺堆和尼玛次仁 40 岁左右，只有中学文化程度；其他 60 岁以上的戏师，年龄较大，基本是不识字的文盲。戏师文化程度较低，无法用文字记录所演剧目的内容和自己的表演经验，只能依靠口传身授的方式来传承藏戏表演技艺，根据现实生活创作新剧目也就无从谈起。戏剧内容以宣传“轮回转世”“因果报应”等佛教思想为主，缺乏反映现实的新剧目，容易产生审美疲劳，无法吸引住更多的年轻观众，长此以往，藏戏传承链将会面临中断危机。

四、六大著名藏戏队走出困境对策

作为中国非物质文化遗产的一个重要类别，藏戏属于传统表演艺术类非物质文化遗产，它以非物质形态存在，是一种与民众生活密切相关、世代相承的传统文化表现形式。非物质文化遗产的基本特点是传承，藏戏六大流派传承戏队的生存现状使我们意识到其表演艺术传承面临危机。如果现在不注重抢救和保护，将来可能成为一个逐渐被新一代人遗忘的“文物”。为了避免此种情况发生，笔者认为可以采取以下应对措施。

1. 藏戏队转变思想观念，谋求自身发展

2006 年藏戏入选国家级“非物质文化遗产保护名录”后，国家和西藏自治区各级政府部门每年均投入一定资金保护藏戏。笔者在调研中发现扎西宾顿、扎西雪巴、迥巴、江嘎尔和湘巴藏戏队主要依靠此经费维持现状。觉木隆除国家拨款之外还有一定的戏金收入。据笔者了解，从 2009 年起国家和西藏自治区文化厅给 6 支藏戏队每年下拨一定经费用于服装更新和误工补助：2009 年下拨 4 万元；2010 年下拨 7 万元；2011 和 2012 年给这 6 支藏戏队分别下拨 8 万元。国家和西藏自治区文化厅逐年加大的专项资金投入大大改善了这些藏戏队的现状，对各流派藏戏的传承和保护起到了很大作用。

但是国家下拨这些资金尚不能完全满足这 6 支民间藏戏队每年正常运转所需一切费用。藏戏队每年支出费主要包括两大部分：一方面，更新演

出服饰、面具和道具需要 2 万元左右；另一方面，藏戏队支付演员排练和演出的误工补助大约 8 万元。这些藏戏队演员主要来源于当地农民，排练时每人一天平均拿到 50 元左右的误工补助。正式演出时，每人一天补助约 80 元。每个戏队每年排练和演出费用至少在 8 万元以上。近年来，农民外出打工一天收入在 80—100 元，各个藏戏队排练和演出补贴等于或略高于外出打工的收入，演员才愿意留出更多时间在家参加排练提高表演水平。因此每支藏戏队一年费用支出最低在 10 万元以上。

笔者认为各个藏戏队要改变目前资金缺乏现状，不能完全依靠国家和各级政府部门拨款，存有“等、靠、要”思想，应该转变思想观念，谋求自身发展，必须改变藏戏班非商业演出习俗，收取一定戏金。 6 支藏戏队中，觉木隆每场演出收取 3000 元左右戏金。其他 5 支藏戏班遵循藏戏自娱自乐、非商业性演出传统。邀请方为藏戏队提供食宿，偶尔给 500 元左右汽油费或一些酥油、青稞等实物。这些相对于藏戏队每年高达 10 万元以上的支出费用只是杯水车薪，无法解决燃眉之急。其他几支藏戏队要转变观念，学习觉木隆戏队的经营模式，改变义务演出习俗，收取一定戏金，从 1000 元开始起步，逐渐增加，提高藏戏队收入，缓解资金严重缺乏困难。

2. 依托西藏旅游业，建立藏戏文化园

近年来，西藏旅游业发展很快，每年来西藏旅游观光的中外游客人数不断增加。据西藏自治区统计局、国家统计局西藏调查总队发布数据显示，2011 年西藏旅游业接待中外游客 869.76 万人次，总收入达 97.06 亿人民币。新华网拉萨 2013 年 1 月 10 日报道，2012 年西藏旅游业接待中外游客 1058.4 万人次，旅游总收入 126.47 亿元，分别比 2011 年增长 21.7% 和 30.3%。这些数字充分显示两年来到西藏旅游的中外游客人数飞速增长。藏戏和旅游业联姻，依托蒸蒸日上的西藏旅游业，建立藏戏文化生态园，增加商业演出机会，对目前面临生存困境的民间藏戏队无疑是一条切实可行之路。

第一，西藏自治区文化厅可以在旅游胜地——拉萨，建立藏戏文化园。每天邀请各流派传统藏戏队演出不同剧目，为中外游客呈现不同表演风格的藏戏大餐，既弘扬了藏族文化，又增加了各藏戏队的收入。改变传统藏戏演出季节性较强的特点后，使中外游客在雪顿节之外，一年四季都有机会观赏到藏戏各流派的精彩表演。

第二，利用山南和日喀则地区丰富的旅游资源，在当地建立藏戏流派文化园。这些地方的文化和旅游管理部门互相合作，在风景优美、游客众多的旅游场所建立各流派文化园，为藏戏队提供演出场所。旅游季节，每天按时为游客表演其最擅长的经典剧目，既增加了当地旅游业的收入，又提高了演员的表演水平。例如江嘎尔藏戏队所在的日喀则地区仁布县，东距拉萨 170 公里，西离日喀则 110 公里，又紧邻 318 国道。仁布县充分利用这得天独厚的地理位置，以现有的江嘎尔藏戏队为基础，把江嘎尔藏戏从江嘎尔山沟里搬出来，并成立专业的江嘎尔藏戏演出团体，在拉萨到日喀则黄金旅游线上定点进行演出，使之成为给中外游客展现藏民族文化特色的新亮点。不仅增加了江嘎尔藏戏队的收入，提高了演员表演水平，而且促进了当地旅游业的发展。

第三，保持传统藏戏原生态的演出形态。“原生态保护是人类口头与非物质遗产保护的基本原则之一，它是指以维护人类口头与非物质遗产的原型为准则，依托文化母体，注重文化生态，主张在原文化生态环境中进行保护的一种创新机制。藏戏作为人类口头与非物质遗产，产生于特定的民族文化环境中，如果离开了孕育它的特有文化氛围，也就失去了其根基和个性。”[①] 广场演出和戴面具表演是藏戏不同于汉族戏曲的独特品性，因此，藏戏文化园的演出要保持传统藏戏原生态的广场演出形态，可在草坪、空地上划出表演场地，演员和观众同处一空间，有利于场上和场下的交流。同时在表演场地旁边竖起电子屏幕，用藏文、汉文和英文同时显示演员的唱词等表演内容，以便观众更好地了解剧情。

第四，保留观众休闲娱乐化的观赏方式。藏戏文化园保留观众四面围

① 蒋英：《保存民族的历史文化记忆——从藏戏申遗的优势及原则谈起》，《四川戏剧》2009 年第 4 期。

坐、休闲娱乐式的传统观赏藏戏方式，免费为其提供酥油茶、青稞酒及藏式点心，让游客在口渴、饥饿时，可以顺手拿起身边的青稞酒、酥油茶、藏式点心随时喝茶饮酒、品尝小点心。使游客放松心情、释放压力，在获得藏族文化陶冶、艺术感染的同时，完全融入传统藏戏的观赏方式中，加深对藏文化的切身感受。

3. 保护流派传承人，发展藏戏艺术

各藏戏队的流派“传承人是非物质文化遗产的重要承载者和传递者，他们以超人的才智、灵性，贮存着、掌握着、承载着非物质文化遗产相关类别的文化传统和精湛技艺，他们既是非物质文化遗产活的宝库，又是非物质文化遗产代代相传的‘接力赛’中处在当代起跑点上的‘执棒者’和代表者。”[①] 因此，藏戏要全面发展，必须加强对藏戏流派传承人的保护和培养工作。

其一，设立藏戏传承人专项资金改善流派传承人生活状况。

从 2009 年开始，国家每年给国家级传承人特殊补助 1000 元，这对 9 名藏戏流派传承人生存状况的改善有所帮助。但是笔者认为，西藏自治区政府部门应设立专项资金，提高每年补助金额，彻底解决国家级藏戏流派传承人的基本生活问题，使其不需要出外打工来维持日常生活。这些传承人有固定的经济来源，才能把自己所有的时间和精力用在非物质文化遗产——藏戏的传承工作上，使藏戏艺术不断流、不消亡并世代相传。

其二，建立较完善的藏戏流派传承人医疗保障制度。

藏戏要全面传承下去，必须依靠各流派传承人，“由于人是非物质文化遗产保护的核心载体，所以，任何关于非物质文化遗产的理念和实施手段，如果离开了对人的关注与重视，就是舍本逐末”[②]。而身体健康是藏戏各流派传承人完成传承任务的基础。西藏自治区可采取地方政府补贴的方式，给予藏戏各流派传承人医疗方面的特别关照。每年定期对国家级传承

① 刘锡城：《传承与传承人论》，《河南教育学院学报（哲学社会科学版）》2006 年第 5 期。
② 许林田：《传承人：非物质文化遗产保护的核心载体》，《浙江工艺美术》2006 年第 4 期。

人免费进行身体检查，在门诊看病方面提供特殊照顾，同时提高其住院费用报销比例并使之制度化。完善的医疗保障制度可以使这些藏戏流派传承人拥有健康的身体，确保藏戏艺术薪火相传、生生不息。

其三，尽快为年龄较大流派传承人建立档案和数据库。

目前迥巴、江嘎尔、湘巴和觉木隆流派传承人都在60岁以上，年龄较大，大多是文盲，文化程度较低，无法用文字记录自己所演剧目的内容和表演经验使之保存并流传下来。西藏自治区各级文化管理部门应尽快组织人员全面记录60岁以上流派传承人掌握的藏戏技艺和知识并为之建立档案，充分运用文字、录音、录像、数字化多媒体等各种方式，访问和记录其家世背景、学艺历程、技艺特长，摄录其演出影像，对他们拥有的藏戏艺术进行真实、系统和全面的记录、抢救和保护，建立档案和数据库，为藏戏的研究、传承、发展和弘扬留下珍贵的文献资料和音像资料。

其四，全面提高年轻流派传承人的戏剧理论水平。

杰出的非物质文化遗产传承人应具备继承传统和文化创新的能力。年轻的藏戏流派传承人应该在继承前人所传授知识和技能的基础上，加上自己的聪明才智有所创新。笔者认为，各藏戏队中流派传承人文化水平较低是影响其创新能力的主要因素。在西藏国家级藏戏传承人中，白梅、尼玛次仁和次仁旺堆年龄在40岁左右，中学毕业；其他60岁以上流派传承人都是文盲。对此，西藏自治区文化厅可以组织藏戏传承人研讨进修班，或分批选派较年轻的传承人到国内著名高校进行戏剧编剧、导演和表演等专业知识培训，提高他们的戏剧理论水平，使其在继承本流派艺术特色的基础上，大胆地进行创新活动，丰富藏戏表演艺术。同时也培养他们的创作能力，使其可以根据生活编创一些贴近现实生活、反映社会新变化的经典新剧目，吸引更多年轻观众，进一步发展、繁荣藏戏艺术。

其五，加快制定和实施培养新流派传承人计划。

在西藏自治区现有的9名国家级藏戏流派传承人中，60岁以上的有6人，占到总数的67%，主要涉及蓝面具藏戏的各个流派。可见，培养藏戏新的流派传承人的工作已经迫在眉睫。西藏自治区相关部门应选派文化程度较高、热爱藏戏、有发展潜力的优秀人员跟随年龄较大传承人学习技艺，并给这些跟随流派传承人学习的人员提供较为丰厚的待遇，保证其衣食无忧，使其有足够时间和精力钻研所学内容，尽快掌握各流派传统艺术，以防“人死艺亡”的悲剧再次上演。此外，西藏自治区各级文化部门应尽快制定和实施藏戏新流派传承人培养计划，加快实施自治区、地区和县级三个不同层次传承人的申报工作，吸收更多的中青年优秀演员加入传承人行列，充分发挥他们的积极性和创新才能，为藏戏的传承、保护、延续和发展提供源源不断的后备力量。

本调研报告主要针对西藏自治区具有国家级藏戏流派传承人的 6 支著名藏戏队而言，只有这些藏戏队的生存困境得到解决，西藏藏戏才能得到全面的保护和发展。藏戏研究专家刘志群先生曾多次对我们说：“藏戏剧种、流派众多，藏戏的每个流派都有极富艺术特色的剧目和独特的演出技艺，对各个流派都要继承，这样才是全面的藏戏。”[①] 笔者希望本调研报告中提出的问题及其对策能为各级政府部门在制定和出台有关保护、传承西藏藏戏的文件政策时提供咨询和借鉴作用。

① 采访对象：刘志群，藏戏研究专家，采访时间：2011 年 8 月 6 日，2013 年 8 月 10 日，地点：拉萨刘志群家。

西藏高等教育满意度调研报告※

刘凯 张传庆※

教育评估是现代教育活动过程的一个重要环节，在教育活动中起着导向、改进、鉴定、激励等作用，它是教育管理和决策走向科学化、民主化和现代化的标志之一。《国家中长期教育改革和发展规划纲要（2010—2020）》提出“开展由政府、学校、家长及社会各方面参与的教育质量评价活动”。高等教育服务质量的本质是提供的教育服务能够满足社会和个体的需求，这客观上要求高校不仅要了解大学生和教师的需求，还要重视学生家长、用人单位等高等教育间接参与者满意度状况。

本调查是以西藏高校学生、家长、教师和用人单位为评价主体，针对西藏高等教育满意度状况进行的一次全面调查，也是国内首次从多元主体的角度对区域高等教育满意度进行的调查，是对高等教育评估多元化的一次重要探索。本调查旨在全面掌握西藏高等教育满意度状况，为政府有关部门和高校提升西藏高等教育办学水平提供决策依据。

一、调查概况

本调查选择西藏全区所有高校作为调查对象，包括：西藏大学（含

※ 本报告系教育部人文社科规划项目“西藏高等教育满意度指数模型研究”（编号：11YJA880064）的研究成果。

※ 刘凯，西藏民族大学副校长，教授；张传庆，西藏民族大学副教授，博士。

西藏大学农牧学院）、西藏民族学院[①]、西藏藏医学院、西藏职业技术学院、拉萨师范高等专科学校和西藏警官高等专科学校。首先整理高等教育满意度文献，然后采用深度访谈和开放式问卷对西藏高校学生、家长、教师和用人单位进行调研，收集西藏高等教育满意度相关信息，并参考美国Noel-Levitz公司开发的大学顾客满意度量表，整理编制成问卷，通过问卷预试，形成西藏高校学生、家长、教师和用人单位满意度4份正式问卷（见附录）。问卷采用Likert 9点等级量表记分，分数用1-9表示："1"表示"完全不肯定"，"2"表示"大部分不肯定"，"3"表示"部分肯定"，"4"表示"有一点不肯定"，"5"表示"不确定"，"6"表示"有一点肯定"，"7"表示"部分肯定"，"8"表示"大部分肯定"，"9"表示"完全肯定"。

学生和家长调研采用配对样本方式和整群抽样方法，问卷发放数量依据西藏各高校学生规模、专业分布、民族和性别比例等因素确定；教师调研采用简单随机抽样方式，问卷发放数量依据西藏各高校师资规模和结构、民族比例等因素确定；用人单位调查问卷发放范围涉及西藏大多数行业。各评价主体问卷有效率均在95%以上，样本见表1。

表1　样本所属学校分布

院校	学生		家长		教师		用人单位	
	数量	比例（%）	数量	比例（%）	数量	比例（%）	数量	比例（%）
西藏大学	148	25.3	148	25.3	70	22.8	112	19.7
西藏民族学院	158	27.1	158	27.1	78	25.4	106	18.6
西藏藏医学院	20	3.4	20	3.4	30	9.8	70	12.3
西藏大学农牧学院	87	14.9	87	14.9	37	12.1	71	12.5
西藏职业技术学院	81	13.9	81	13.9	42	13.7	67	11.8

① 西藏民族学院于2015年6月30日正式更名为西藏民族大学。本调研报告完成于更名之前，故正文仍沿用西藏民族学院名称。

续表

院校	学生		家长		教师		用人单位	
	数量	比例（%）	数量	比例（%）	数量	比例（%）	数量	比例（%）
拉萨师范高等专科学校	50	8.6	50	8.6	30	9.8	66	11.6
西藏警官高等专科学校	40	6.8	40	6.8	20	6.5	77	13.5
总计	584	100	584	100	307	100	569	100

二、调查结果与统计分析

采用软件 SPSS19.0 对获取的西藏高等教育满意度问卷数据进行频率统计分析，以问卷获得题项数据的均值和频率为依据，调查分析西藏高等教育不同主体满意度状况。

（一）西藏高校学生满意度状况

1. 西藏高校学生样本特征

针对西藏高校学生人口统计学因素采用描述统计频率分析，样本特征见表 2。

表 2　西藏高校学生满意度问卷样本特征 (N=584)

人口统计学变量	类别	人数	百分比（%）	人口统计学变量	类别	人数	百分比（%）
民族	藏	310	53.1	性 别	男	217	37.2
	汉	261	44.7		女	367	62.8
	其他	13	2.2	学生干部	是	305	52.2
政治面貌	团员	488	83.6		否	279	47.8
	党员	59	10.1	高考生源	区内	369	63.2
	其他	37	6.3		区外	215	36.8

续表

人口统计学变量	类别	人数	百分比（%）	人口统计学变量	类别	人数	百分比（%）
教育程度	专 科	210	36	内地班	是	192	32.9
	本科一年级	57	9.8	参加活动	经常	234	40.1
	本科二年级	112	19.2		一般	266	45.5
	本科三年级	111	19		不经常	76	13
	本科四年级	94	16.1		从来没有	8	1.4

2. 西藏高校学生满意度状况分析

学生满意度评价项目包括自我发展、校园服务、文娱体育、校园环境、学习服务资源、师资力量、教学质量等方面，共 28 个题项，题项均值见表 3。

表 3　西藏高校学生满意度各题项均值

题项	社会实践	就业服务	心理辅导	文娱活动	体育设施	校园文化	学术氛围	网络服务	伙食多样	伙食价格	住宿条件	治安状况	医疗服务	地理位置
均值	5.00	5.45	5.43	5.73	5.58	5.44	5.37	4.68	5.18	5.35	5.01	6.27	5.56	6.39
题项	环境优美	阅读环境	藏书丰富	自习室	教学设施	实验设备	学术水平高	学历高	授课态度	授课方式	学到知识	课程安排	管理制度	总体满意
均值	5.70	6.24	5.92	5.71	5.49	5.39	5.96	6.06	6.23	5.84	5.73	5.74	5.91	5.62

（1）自我发展满意度。满意度均值 4.53，其中，社会实践和心理辅导满意度较低，且不同学校间的差异性较大。

（2）文娱体育满意度。满意度均值 5.06，选择“完全肯定”的接近 30%，而不同民族学生满意度差异较大，藏族学生满意度更高，见表 4 和表 5。

表 4　学校文娱活动

选项	民族			合计
	藏	汉	其他	
1	28	39	1	68
2	6	21	2	29
3	5	16	1	22
4	9	16	0	25
5	99	67	2	168
6	19	19	4	42
7	16	23	0	39
8	17	14	0	31
9	111	46	3	160
合计	310	261	13	584

表 5　学校体育设施

选项	民族			合计
	藏	汉	其他	
1	32	32	2	66
2	6	13	1	20
3	3	15	1	19
4	8	32	2	42
5	113	81	3	197
6	18	18	1	37
7	15	20	1	36
8	17	16	0	33
9	98	34	2	134
合计	310	261	13	584

（3）校园服务满意度。满意度均值 3.93，其中，学校网络服务质量均值低于 5，选择“完全不肯定”到“不确定”项的累积达到 70% 以上；学校治安状况均值高达 6.27，选择“完全肯定”超过了 30%，学校管理制度均值接近 6；伙食、住宿、校园文化等生活条件满意度较高；学校学术氛围均值较高，但极端化现象明显，选择“完全不肯定”“不确定”“完全肯定”几乎各占 20%，区外生源学生的学术氛围满意度明显低于区内学生，见表 6。

表 6　学校学术氛围

选项	报考生源		合计
	区内	区外	
1	39	44	83
2	5	16	21
3	20	18	38
4	13	19	32
5	135	49	184
6	14	14	28
7	17	13	30
8	22	19	41
9	104	23	127
合计	369	215	584

（4）校园环境满意度。满意度均值 5.35，对学校所处地理位置满意度均值高达 6.39，选择“完全肯定”的达到了 23%，且各学校无显著差异。

（5）学习服务资源。满意度均值 4.71，图书馆阅读藏书、自习室和教学实验设施等接近 6，图书馆阅读环境高达 6.24，选择“完全肯定”项的达到了 32.5%。

（6）师资力量。满意度均值 5.62，教师学术水平和学历层次均值达到

6左右，两个题项的“完全肯定”选择均接近30%，但各学校差异较大，见表7和表8，专科学校学生对师资力量满意度高于本科学校学生。

表7　教师学术水平

选项	学校							合计
	藏大	民院	农牧学院	藏医学院	师专	职院	警校	
1	13	15	13	0	3	3	0	47
2	5	3	1	0	0	1	0	10
3	13	9	3	0	0	1	0	26
4	12	8	4	0	1	0	0	25
5	54	38	50	3	31	24	0	200
6	24	14	2	2	0	2	0	44
7	10	21	2	3	1	4	0	41
8	6	14	2	4	0	0	8	34
9	11	36	10	8	14	46	32	157
合计	148	158	87	20	50	81	40	584

表8　教师学历层次高

选项	学校							合计
	藏大	民院	农牧学院	藏医学院	师专	职院	警校	
1	13	12	11	0	2	5	0	43
2	1	3	1	0	0	1	0	6
3	12	10	6	0	0	1	0	29
4	9	5	5	0	6	0	0	25
5	54	39	44	3	23	23	0	186
6	26	18	4	1	1	4	0	54

续表

选项	学校							合计
	藏大	民院	农牧学院	藏医学院	师专	职院	警校	
7	11	27	1	4	1	2	0	46
8	5	15	4	3	1	0	8	36
9	17	29	11	9	16	45	32	159
合计	148	158	87	20	50	81	40	584

（7）教学质量。满意度均值 4.90，教师授课态度和授课方式均值都在 6 左右，教师授课态度选择“完全肯定”项的几乎达到 30%。但学生在学到知识和课程安排满意度均较低，选择“完全不肯定”到“不确定”的累积接近 60%，藏族学生对教学质量满意度在各个方面均高于汉族学生。

（8）学生整体满意度。满意度均值 5.62，选择“完全不肯定”到“不确定”项累积占 63.2%。结合样本特征分析，西藏高校学生满意度受参加活动频率、政治面貌、教育程度、报考生源和性别等因素影响较小，而受学校、民族和是否为学生干部等因素影响较大。

（二）西藏高校学生家长满意度状况

1. 西藏高校学生家长样本特征

针对西藏高校学生家长人口统计学因素采用描述统计频率分析，样本特征见表 9。

表 9　西藏高校学生家长满意度问卷样本特征（N=584）

人口统计学变量	类别	人数	百分比（%）	人口统计学变量	类别	人数	百分比（%）
与学生关系	父母	376	64.4	学历	初中以下	235	40.2
	（外）祖父母	34	5.8		高中或中专	14	26.4
	兄弟姐妹	127	21.7		大专	76	13
	其他亲属	47	8		本科以上	119	20.4
居住地	区内农牧区	198	33.9	联系频率	一天多次	51	8.7
	区内城镇	156	26.7		一天一次	66	11.3
	区外农村	144	24.7		一个星期两三次	234	40.1
	区外城镇	86	14.7		一星期一次	193	33
看望孩子	是	327	56.0		一月一次	28	4.8
	否	257	44.0		其他	12	2.1
学费来源	家庭收入	380	65.1	收入水平（元）	2000 以下	236	40.4
	助学金	75	12.8		2001-5000	187	32
	奖学金	73	12.5		5001-10000	109	18.7
	兼职收入	42	7.2		10000 以上	52	8.9
	其他	14	2.4				

2. 西藏高校学生家长满意度状况分析

学生家长满意度评价项目包括以学生为中心、校园生活、教学效能、校园支持服务、学业效果、安全和保障、校园氛围等方面，共 34 个题项，题项均值见表 10。

表 10　西藏高校学生家长满意度各题项均值

题项	帮助孩子	平易近人	公平对待	课外帮助	体验增长	参与组织	获得信息	文娱需要	体育需要	纪律严格	提供课程	课程价值	学历高	学术水平高	教学优秀	图书充分	宿舍舒适
均值	5.81	6.06	5.91	6.00	6.40	6.18	6.09	5.94	6.13	6.56	6.81	6.71	6.52	6.40	6.35	6.21	5.75
题项	实验足够	伙食需要	医疗服务	心理辅导	保持联系	设定目标	就业需求	就业服务	社会实践	职业道路	校园安全	迅速反应	校园良好	良好声誉	关系和谐	表达渠道	总体满意
均值	5.79	5.85	5.84	5.84	5.86	6.08	6.11	6.10	6.19	6.29	6.75	6.49	6.78	6.48	6.66	5.95	6.12

（1）以学生为中心。满意度均值 5.15，满意度较高，尤其对教师关心、帮助和公平对待孩子方面高，均值都在 6 左右，各题项的“完全肯定”选择均接近 30%。

（2）校园生活。满意度均值 5.06，对孩子体验知识增长、容易参与校园组织和获得校园信息等校园生活满意度较高，除学校文娱活动外均值均超过 6，选择“完全肯定”的均超过了 30%。

（3）教学效能。满意度均值 5.46，所有题项满意度均值都超过 6.35，而学校提供课程均值高达 6.81，选择“完全肯定”的高达 20%，区内学生家长对教师学术和学历满意度明显高于区外学生家长，见表 11 和表 12。

表 11　孩子所学专业教师学历层次

选项	居住地				合计
	区内农牧区	区内城镇	区外农村	区外城镇	
1	14	8	13	8	43
2	1	1	2	1	5
3	2	3	3	3	11
4	6	2	6	5	19
5	63	51	34	19	167
6	5	14	16	4	39

续表

选项	居住地				合计
	区内农牧区	区内城镇	区外农村	区外城镇	
7	9	5	14	8	36
8	13	14	14	12	53
9	85	58	42	26	211
合计	198	156	144	86	584

表 12　孩子所学专业教师学术水平

选项	居住地				合计
	区内农牧区	区内城镇	区外农村	区外城镇	
1	8	10	14	7	39
2	1	0	1	2	4
3	1	2	3	5	11
4	7	12	14	7	40
5	75	50	30	17	172
6	7	4	17	6	34
7	11	7	13	9	40
8	11	13	14	6	44
9	77	58	38	27	200
合计	198	156	144	86	584

（4）校园支持服务。满意度均值 4.78，对宿舍条件、伙食、医疗服务、心理辅导服务、与家长保持联系等校园支持服务满意度较低，仅对图书馆资源和服务值达到 6.21，虽然选择“完全肯定”的均接近 30%，但学生家长对大多数服务内容满意度不高。

（5）学业效果。满意度均值 5.29，各题项均值均超过 6，选择“完全肯定”的均超过 30%，为孩子选择职业道路做好充分准备满意度选项高达 35.3%。

（6）安全和保障。满意度均值 5.96，校园安全可靠和安全稳定情况均值都超过 6.7，选择“完全肯定”的占 40% 多，是学生家长满意度最高的方面。

（7）校园氛围。满意度均值 5.41，学校在社会上声誉和民族关系和谐均值在 6.5 左右，选择“完全肯定”均占到了 37% 以上；而孩子抱怨表达渠道均值不足 6。

（8）学生家长整体满意度。学生家长满意度较高，从“完全不肯定”到“有一点不肯定”的选项累积不到 15%，和学生满意度相比，学生家长满意度整体偏高。

（三）西藏高校教师满意度状况

1. 西藏高校教师样本特征

针对西藏高校教师人口统计学因素采用描述统计频率分析，样本特征见表 13。

表 13　西藏高校教师满意度问卷样本特征 (N=307)

人口统计学变量	类别	人数	百分比（%）	人口统计学变量	类别	人数	百分比（%）
民族	藏	116	37.8	年龄	30 岁以下	135	44
	汉	185	60.3		31-40 岁	123	40.1
	其他	6	2		41-50 岁	48	15.6
岗位类型	行政人员	68	22.1		51-60 岁	1	0.3
	专职教师	192	62.5	职务	科员	79	25.7
	双肩挑	47	15.3		科级	65	21.2
教育程度	专科以下	27	8.8		处级	27	8.8

续表

人口统计学变量	类别	人数	百分比（%）	人口统计学变量	类别	人数	百分比（%）
	本科	151	49.2		厅级	2	0.7
	硕士	118	38.4		无	134	43.6
	博士	11	3.6	工作时间	3 年以下	102	33.2
职称	正高	11	3.6		4-10 年	106	34.5
	副高	82	26.7		11-20 年	73	23.8
	中级	102	33.2		21 年以上	26	8.5
	初级	80	26.1	性别	男	131	42.7
	无	32	10.4		女	176	57.3

2. 西藏高校教师满意度状况分析

教师满意度评价项目包括校园环境、工作环境、工作关系、领导能力、专业发展与报酬、教学办公条件、工作激励和校园服务等方面，共 32 个题项，题项均值见表 14。

表 14　西藏高校教师满意度各题项均值

题项	地理位置	环境优美	人文环境	工作作风	课程安排	管理制度	办公条件	教学环境	教学设施	实验设备	领导关系	同事关系	学生关系	领导态度	学校政策	决策力
均值	6.68	6.98	6.25	6.19	6.14	6.19	5.79	6.20	6.11	5.94	6.66	7.33	7.33	6.70	6.15	6.42
题项	岗位稳定	职务晋升	职称晋升	教师待遇	报酬正比	科研平台	外出进修	学历提高	工作赞扬	成就感	住房条件	后勤服务	医疗服务	网络服务	图书资源	总体满意
均值	7.00	6.41	6.53	5.75	5.86	6.04	5.95	6.16	6.17	6.35	5.15	5.24	5.59	5.70	5.79	6.27

（1）校园环境。满意度均值 5.68，两个题项满意度均值都接近 7，“不确定”到“完全肯定”的均累积达到 80%，不同学校在地理位置方面满意度并无明显差异，见表 15，藏族教师对地理位置满意度要高于汉族教师。

表 15　学校所处地理位置

选项	学校							合计
	藏大	民院	农牧学院	藏医学院	师专	职院	警校	
1	0	1	3	2	0	1	0	7
2	0	2	5	0	1	4	0	12
3	3	4	4	0	1	0	1	13
4	1	0	3	0	0	4	12	20
5	10	10	8	5	7	9	3	52
6	4	12	2	3	4	4	0	29
7	13	5	4	1	3	3	0	29
8	9	17	3	4	3	4	0	40
9	30	27	5	15	11	13	4	105
合计	70	78	37	30	30	42	20	307

（2）工作环境。满意度均值 5.41，所有题项满意度均值都高于 6.1，但各题项选择“不确定”到“部分肯定”的累积接近占到了 50%，其中，专职教师对学校人文环境满意度明显高于行政人员，见表 16。

表 16　学校人文环境

选项	职务					合计
		科员	科级	处级	厅级	
1	5	3	2	1	0	11
2	2	2	1	1	0	6
3	8	5	6	2	1	22
4	6	6	1	1	0	14
5	26	16	22	7	1	72

续表

选项	职务					合计
		科员	科级	处级	厅级	
6	15	15	7	1	0	38
7	18	15	3	4	0	40
8	12	7	5	6	0	30
9	42	10	18	4	0	74
合计	134	79	65	27	2	307

（3）工作关系。满意度均值6.27，与同事关系和学生关系均值都是7.33，而与领导关系要低于与同事和学生关系。与学生关系方面，专职教师满意度明显高于双肩挑教师，双肩挑教师明显高于行政人员，见表17。

表17　与学生关系

选项	岗位类型			合计
	行政人员	专任教师	双肩挑	
1	0	2	1	3
2	1	3	0	4
3	0	3	0	3
4	5	3	0	8
5	13	29	7	49
6	6	10	3	19
7	12	22	10	44
8	9	41	13	63
9	22	79	13	114
合计	68	192	47	307

（4）领导能力。满意度均值 5.75，各题项满意均值都高于 6，领导对待教师态度题项选择“小部分肯定”到“完全肯定”占 70%，但各高校差异性较大，见表 18、表 19 和表 20。

表 18　领导对待教师态度

选项	学校							合计
	藏大	民院	农牧学院	藏医学院	师专	职院	警校	
1	2	3	1	4	2	2	0	14
2	0	0	0	0	0	3	0	3
3	0	2	2	0	0	3	0	7
4	3	2	0	0	1	1	0	7
5	14	9	9	2	11	15	0	60
6	7	13	4	4	3	7	0	38
7	12	12	10	2	4	5	0	45
8	8	21	8	4	8	2	0	51
9	24	16	3	14	1	4	20	82
合计	70	78	37	30	30	42	20	307

表 19　学校政策付诸实现程度

选项	学校							合计
	藏大	民院	农牧学院	藏医学院	师专	职院	警校	
1	1	8	0	3	2	4	0	18
2	1	2	1	0	1	3	0	8
3	2	5	3	0	1	5	0	16
4	3	5	5	2	1	1	0	17
5	18	16	7	4	12	9	0	66

续表

选项	学校							合计
	藏大	民院	农牧学院	藏医学院	师专	职院	警校	
6	6	12	6	3	6	8	0	41
7	10	7	5	6	3	4	0	35
8	8	14	7	2	2	3	0	36
9	21	9	3	10	2	5	20	70
合计	70	78	37	30	30	42	20	307

表 20　校领导班子决策胜任力

选项	学校							合计
	藏大	民院	农牧学院	藏医学院	师专	职院	警校	
1	0	2	0	2	1	5	0	10
2	2	3	2	0	1	3	0	11
3	1	5	1	1	0	3	0	11
4	5	2	2	0	5	4	0	18
5	10	14	4	2	9	12	0	51
6	14	9	9	3	7	9	0	51
7	9	16	9	6	5	2	0	47
8	5	14	4	1	2	1	0	27
9	24	13	6	15	0	3	20	81
合计	70	78	37	30	30	42	20	307

（5）专业发展与报酬。满意度均值 5.29，各题项均值都在 7 左右。而教师待遇和报酬与所做工作量成正比的均值不到 6，整体偏低；专职教师对工作岗位稳定性满意度明显高于行政人员和双肩挑教师，见表 21；在职务晋升和职称晋升方面，藏族教师满意度明显高于汉族教师，见表 22、表

23；教师待遇和报酬方面，各高校差异性较大，专职教师满意度明显高于行政人员和双肩挑教师。

表 21　教师工作岗位稳定性

选项	岗位类型			合计
	行政人员	专任教师	双肩挑	
1	2	3	2	7
2	1	2	2	5
3	5	5	0	10
4	1	4	1	6
5	13	28	7	48
6	7	16	10	33
7	9	25	8	42
8	13	34	11	58
9	17	75	6	98
合计	68	192	47	307

表 22　职务晋升机会

选项	民族			合计
	汉	藏	其他民族	
1	5	6	0	11
2	13	0	0	13
3	9	0	0	9
4	9	3	1	13
5	38	31	1	70
6	18	12	0	30

续表

选项	民族			合计
	汉	藏	其他民族	
7	29	12	2	43
8	27	11	2	40
9	37	41	0	78
合计	185	116	6	307

表 23　职称晋升机会

选项	民族			合计
	汉	藏	其他民族	
1	3	7	1	11
2	7	2	0	9
3	7	1	0	8
4	10	3	0	13
5	44	27	1	72
6	18	8	0	26
7	27	15	2	44
8	28	11	2	41
9	41	42	0	83
合计	185	116	6	307

（6）工作激励。满意度均值 5.23，各题项均值都在 6 左右，从“完全不肯定”到“完全肯定”频率呈现均匀分布现象。科研平台方面，各校教师差异性较大，见表 24，且高级职称教师满意度明显高于初、中级职称教师，见表 25，高学历教师科研平台满意度相对较高，见表 26；藏族教师学历提高机会满意度高于汉族教师，见表 27。

表 24　学校提供科研平台

选项	学校							合计
	藏大	民院	农牧学院	藏医学院	师专	职院	警校	
1	2	4	1	1	2	5	0	15
2	0	4	2	0	2	4	0	12
3	4	3	4	0	1	3	0	15
4	2	8	6	1	4	4	0	25
5	12	14	13	10	12	8	0	69
6	7	19	4	2	4	11	0	47
7	4	7	3	3	3	1	0	21
8	12	11	3	3	2	1	0	32
9	27	8	1	10	0	5	20	71
合计	70	78	37	30	30	42	20	307

表 25　学校提供科研平台

选项	职称					合计
	0	正高	副高	中级	初级	
1	0	1	6	6	2	15
2	1	0	1	5	5	12
3	2	0	5	4	4	15
4	2	0	7	10	6	25
5	11	2	8	29	19	69
6	2	4	7	16	18	47
7	2	2	4	8	5	21
8	2	0	13	9	8	32
9	10	2	31	15	13	71
合计	32	11	82	102	80	307

表 26　学校提供科研平台

选项	教育程度				合计
	专科及以下	本科	硕士	博士	
1	1	7	5	2	15
2	2	5	5	0	12
3	3	5	7	0	15
4	2	13	9	1	25
5	4	39	23	3	69
6	7	20	19	1	47
7	1	13	5	2	21
8	2	12	17	1	32
9	5	37	28	1	71
合计	27	151	118	11	307

表 27　教师外出学历提高机会

选项	民族			合计
	汉	藏	其他民族	
1	7	8	0	15
2	9	3	0	12
3	14	5	0	19
4	8	2	0	10
5	36	26	2	64
6	29	13	1	43
7	25	13	3	41
8	25	11	0	36
9	32	35	0	67
合计	185	116	6	307

（7）校园服务。满意度均值 4.43，各题项均值都低于 6，住房方面选择“完全不肯定”占 22.1%，后勤服务方面选择“完全不肯定”占 15.3%，医疗服务、网络服务、图书资源等方面选择“完全不肯定”到“不确定”累积占 50%，且各年龄段教师对住房满意度均较低，见表 28。

表 28　教师住房条件

选项	年龄				合计
	30 以下	31–40 岁	41–50 岁	51–60 岁	
1	30	27	11	0	68
2	7	7	0	0	14
3	8	8	5	0	21
4	7	3	5	0	15
5	28	11	7	0	46
6	11	5	8	0	24
7	10	14	2	1	27
8	12	11	5	0	28
9	22	37	5	0	64
合计	135	123	48	1	307

（8）教师整体满意度。西藏高校教师整体满意度均值 6.27，从“有一点肯定”到“完全肯定”累积占到了 60% 多；同时，各高校的满意度水平差异性较大，见表 29；藏族教师满意度高于汉族教师，见表 30。

表 29　教师总体满意度

选项	学校							合计
	藏大	民院	农牧学院	藏医学院	师专	职院	警校	
1	0	0	1	1	2	3	0	7
2	2	4	1	0	1	3	0	11
3	1	3	1	0	1	4	0	10
4	3	6	6	1	3	1	0	20
5	15	19	8	8	9	11	1	71
6	8	13	12	2	9	7	0	51
7	6	15	5	5	2	5	0	38
8	12	12	2	3	1	3	0	33
9	23	6	1	10	2	5	19	66
合计	70	78	37	30	30	42	20	307

表 30　教师总体满意度

选项	民族			合计
	汉	藏	其他民族	
1	2	4	1	7
2	9	2	0	11
3	7	3	0	10
4	17	3	0	20
5	43	27	1	71
6	37	12	2	51
7	23	14	1	38
8	20	12	1	33
9	27	39	0	66
合计	185	116	6	307

（四）西藏高校毕业生用人单位满意度状况

1. 西藏高校毕业生用人单位样本特征

针对西藏高校毕业生用人单位人口统计学因素采用描述统计频率分析，样本特征见表 31。

表 31　西藏高校毕业生用人单位满意度问卷样本特征（N=569）

人口统计学变量	类别	人数	百分比（%）	人口统计学变量	类别	人数	百分比（%）
熟悉程度	极其熟悉	66	11.6	单位规模	10 人以下	43	7.6
	非常熟悉	132	23.2		11–100 人	186	32.7
	有些熟悉	185	32.5		101–500 人	212	37.3
	不怎么熟悉	110	19.3		501–1000 人	72	12.7
	一点都不熟悉	76	13.4		1001 人以上	55	9.7
毕业生数量	没有	153	26.9	职位	本单位领导	105	18.5
	1 人	102	17.9		部门领导	67	11.8
	2–5 人	179	31.5		人事管理者	181	31.8
	5 人以上	2	0.4		其他	216	38.0
接触毕业生频率	每天	141	24.8	单位性质	政府机关	200	35.1
	每星期	63	11.1		事业单位	199	35.0
	每月	108	19.0		企业	77	13.5
	每年	257	45.2		其他	93	16.3

2. 西藏高校毕业生用人单位满意度状况分析

西藏高校毕业生用人单位满意度评价项目包括毕业生知识、理解力、心理素质、工作态度、基本工作能力、组织协调能力、实践能力、创新能力等内容，共 34 个题项，题项均值见表 32。

表 32　西藏高校毕业生用人单位满意度各题项均值

题项	工作知识	专门知识	广泛知识	民族文化	理解信息	外部环境	内部环境	专业理解	灵活性	创造力	移情	可靠性	自律性	工作态度	学习意愿	把握方向	责任感
均值	6.80	6.82	6.79	6.70	6.88	6.73	6.86	6.95	6.85	6.78	6.76	6.98	6.99	7.00	6.93	7.00	7.02
题项	沟通能力	倾听能力	计算能力	阅读能力	领导力	人际关系	服务能力	组织管理	谈判能力	实践能力	电脑应用	设备技术	写作能力	批判能力	遇到问题	创新方式	总体满意
均值	6.96	6.91	6.89	6.94	6.85	6.91	6.91	6.62	6.69	6.85	6.94	6.86	6.79	6.73	6.75	6.74	6.84

（1）毕业生知识和理解力。满意度均值分别是 6.21 和 6.26，各题项均值接近 7，选择“有一点肯定”到“完全肯定”累积均占 70% 左右。

（2）毕业生心理素质。满意度均值 6.18，各题项均值较高，但存在一些差异性，可靠性、自律性满意度高于灵活性、创造力、移情。

（3）毕业生工作态度。满意度均值 6.48，除对毕业生学习意愿均值不到 7 之外，其他方面均超过 7，尤其对毕业生工作责任感选择“完全肯定”的超过了 30%。

（4）毕业生基本工作能力。满意度均值 6.38，各题项均值都接近 7，但相比而言，对毕业生语言沟通能力满意度较低。

（5）毕业生组织协调能力。满意度均值 6.05，各方面均值都在 6.9 左右，人际关系处理能力和服务能力满意度较高，选择“有一点肯定”到“完全肯定”的累积占 70% 多，组织管理能力和谈判能力满意度相对较低，选择“有一点肯定”到“完全肯定”的累积占不到 70%，选择“不确定”占到了 25%。

（6）毕业生实践能力。满意度均值 6.35，各题项均值都在 7 以下，写作能力满意度相比更低，选择“完全不肯定”到“不确定”的累积率比其他三个题项高 4%。

（7）毕业生创新能力。满意度均值 6.08，满意度一般，各题项均值仅在 6.7 左右。

三、提升西藏高等教育满意度的对策

结合西藏高校学生、家长、教师和用人单位满意度状况，主要针对调查反映的问题与不足，提出以下对策。

（一）提升西藏高校学生满意度对策

1. 构建完善的西藏高校就业服务体系

中央和西藏各地政府、高校、用人单位和就业市场应建立起密切联系，齐抓共管，发挥协同效应，确立“营销”就业服务理念，构建高校创新创业教育体系，以西藏人力资源市场需求为导向，培养和拓宽西藏大学生就业市场，推动各种人才市场的相互贯通和信息共享，尤其要加强就业信息网络建设，为学生就业提供信息保障，形成全社会关心支持创新创业教育和学生创新创业的良好生态环境。

2. 加强区内学生和区外学生学习生活的融合

由于地域环境、民族文化等因素影响，区内和区外学生在学习、生活等方面存在较大差异，各有其自身的优势和不足。西藏高校要不断加强民族团结教育，强化区内外学生学习、生活方面的相互融合，激励相互学习，促使学生充分发挥自身优势对周围同学潜移默化的感染，以达到区内外学生共同进步、共同提高和民族团结和谐的目标。

3. 切实落实管理和服务并重策略

针对西藏生源的特征，西藏高校要牢固确立“以生为本”的思想，明确高校各部门、全体教职员工的一切工作都是为学生全面发展服务。实施人性化管理，在为学生提供良好服务的前提下加强学生管理，赋予大学生多方面的人文关怀。作为与达赖分裂集团斗争的重要阵地，西藏高校在做好维护校园稳定和保证学生安全工作的前提下，要提倡民主、平等、法治管理意识，尊重学生的人格和权利，实行纪律约束与自我管理相结合，严格要求与宽容教育相结合，形成民主、平等、和谐的氛围。

（二）提升西藏高校学生家长满意度的对策

1. 拓宽多元化学生抱怨情绪表达渠道

西藏高校要正确对待学生抱怨情绪，通过拓宽表达渠道，引导学生合理宣泄情绪。通过召开征求学生意见和建议座谈会、开设领导邮箱等形式，为学生提供发表意见的机会和平台，提升学生与学校的沟通及对学校的认同感；深入推进大学生心理健康教育，开展丰富多样的大学生心理保健活动，培养学生自我心理调适能力；利用社会实践提高学生的适应能力，增强学生心理承受能力，培养他们的吃苦耐劳精神和坚忍不拔的意志力。

2. 完善与学生家长沟通交流机制

针对西藏地区海拔较高、地广人稀、交通不便、学生回家频率较低等问题，西藏高校要建立与学生家长沟通交流机制，通过电话、网络等渠道及时通报学生情况，就有关问题征求家长意见和看法，定期召开家长座谈会，定期进行学生家庭状况调研，了解家长对学校的要求和期望，构建学校、社会、家长三方育人的格局。

（三）提升西藏高校教师满意度的对策

1. 完善和创新西藏高校教师激励机制

西藏高校教师激励应以教师需求为导向，完善和创新教师激励机制。提高教师薪酬整体水平，在基本工资保持稳定增长的基础上逐步增加绩效工资的比重；满足不同年龄阶段教师的需求，充分发挥所有教师的工作积极性和工作潜力，在科研、评优、后勤服务等方面采取相应的灵活政策，尤其要做好高层次人才以及学科带头人、骨干教师的工作；积极为青年教师提供有利于发展与提高、能够吸引其为之奋斗的事业平台和成长空间，建构和完善青年教师培养体系。

2. 强化领导干部的服务意识

西藏高校各级领导要充分认识高素质的教职工队伍是学校的立校之本，进一步强化服务意识，建立和谐的干群关系。建立领导干部联系基础、联系职工的长效机制，搭建干部、职工的交流平台；虚心听取职工对学校发展的意见，积极发挥职工的聪明才智；认真倾听教职工的呼声，努力为职工排忧解难；重视做好职工的后勤服务保障工作，使后勤由管理向服务转移，不断提高后勤服务水平。

（四）提升西藏高校毕业生用人单位满意度的对策

1. 强化“老西藏精神”，对大学生进行教育

西藏高校应把“老西藏精神”教育融入课堂教学、校园文化建设、社会生活实践，培养他们吃苦耐劳的精神和坚忍不拔的意志力，培育大学生的社会主义核心价值观，引导学生将其内化为自身素质，以便走上工作岗位更好地为西藏经济社会跨越式发展贡献力量。

2. 强化西藏高校学生的写作能力和语言沟通能力

针对西藏高校大学生写作能力薄弱、语言沟通能力不强的情况，以及毕业生用人单位对写作能力和语言沟通能力需求期望较高的现实，西藏高校应强化大学生写作能力和语言沟通能力的培养，应从课程设置、课程教学、社会实践、写作水平等级考试制等路径，提升西藏高校大学生的写作能力和语言沟通能力。

3. 提高西藏高校大学生的情商和逆商

针对西藏高校部分学生抗挫能力不强、交往能力低下等情商较弱的情况，西藏高校应整合教师、家长、学生干部、社会力量等教育资源，开展心理素质教育和德育教育，从积极培养和提高学生适应性品格、自我控制能力、人际交往能力和自我教育能力等方面提高西藏高校学生情商和逆商水平，增强学生心理承受能力和抗挫能力，促进大学生健康成长。

4. 强化西藏高校大学生创新和实践能力的培养

针对西藏高校大学生创造力和创新能力偏弱的现实，西藏高校要采取有效措施提高学生的创新和实践能力。要创新人才培养模式，促进学科交叉，优化教学内容，推进启发式、讨论式、问题式和研究式等教学方法；构建创新实践教学体系，推进产学研结合，为大学生提供产学研实践创新平台；建立既能讲授专业理论课、又能指导实践教学的“双师型”教师队

伍；强化创新创业实践，鼓励各高校充分利用各种资源建设大学科技园、大学生创业园、创业孵化基地和小微企业创业基地，作为创业教育实践平台，建好一批大学生校外实践教育基地、创业示范基地、科技创业实习基地；加强大学生实践活动的管理和指导，鼓励大学生自主开展课外实践活动。

西藏农牧区基层医疗机构现状及其对全科医生素质需求调研报告

袁东亚　贺拥军　赵亚莉　戎浩　张金静※

一、背景和目的

1. 调研背景

全科医生的概念于1953年由英国全科医学院首次提出①，全科医生是综合程度较高的医学人才，主要在基层承担预防保健、常见病多发病诊疗和转诊、患者康复和慢性病管理、健康管理等一体化服务，被称为居民健康的“守门人”②。2011年7月《国务院关于建立全科医生制度的指导意见》发布，并提出了建立全科医生制度的总体目标，即：到2020年，在我国初步建立起充满生机和活力的全科医生制度，基本形成统一规范的全科医生培养模式和“首诊在基层”的服务模式，全科医生与城乡居民基本建立比较稳定的服务关系，基本实现城乡每万名居民有2—3名合格的全科医生，

※ 袁东亚，西藏民族大学副校长，教授；贺拥军，西藏民族大学医学部副主任，副教授；赵亚莉，西藏民族大学医学部党委副书记，讲师；戎浩，西藏民族大学讲师；张金静，西藏民族大学讲师。

① Ann Leck, Ian Leck, What is a good GP? [J] British Medical Journal, 1987. 294 (6568), 351-352.

② 中华人民共和国发展和改革委员会：《关于印发以全科医生为重点的基层医疗卫生队伍建设规划的通知》[EB/OL].(2010-03-05) [2013-11-01]. http://www.sdpc.gov.cn/shfz/yywstzgg/ygzc/t20100430_359849.htm.

全科医生服务水平全面提高，基本适应人民群众基本医疗卫生服务需求[①]。

然而，相对于基层卫生服务制度的不断完善和需求的不断提高，西藏地区的全科医生医疗卫生队伍建设却明显滞后，已成为制约地区医疗卫生事业发展的“瓶颈”。西藏地区的预防保健工作任务繁重，2011 年地区的肺结核死亡率和病死率分别为 1.00/10 万和 0.81%，围产儿的死亡率为 20.27‰，均居全国首位。与此同时，西藏基层医疗资源严重不足。西藏的基层卫生服务机构共有 5913 家，约占全国总数的 0.64%；基层医疗机构人员数为 12145 人，仅为全国的 0.36%[②]。由于海拔高、地广人稀、农牧民居住分散，西藏全科医生的工作半径很大，所面对的挑战也更为复杂，许多基础卫生设施建设更是滞后于全国其他地区[③④]。此外，文化差异、低社会信任度状态、职业发展路径不清晰及工资待遇较低均导致西藏地区全科医师的培养后继乏人。

因此，了解西藏农牧区基层医疗机构的基本情况，探讨培养西藏全科医生切实可行的途径，已成为提高农牧区人民生活质量，满足牧区人民卫生需求，缓解西藏地区基层卫生服务压力所必须面对且亟待解决的重要议题。

根据教育部、卫生部发布的《关于批准第一批卓越医生教育培养计划项目试点高校的通知》（教高函〔2012〕20 号），西藏民族大学医学院和西藏大学医学院承担了西藏农牧区订单定向临床医学专业实用性人才培养模式改革试点项目，以期培养面向西藏农牧区、服务基层的“靠得住、用得上、下得去、留得住”的实用型全科医生。

2. 调研目的

本次调研的目的是了解西藏农牧区基层医疗机构（县、乡、村级医院

---

① 国务院：《国务院关于建立全科医生制度的指导意见》，国发〔2006〕2 号，2011 年。

② 中华人民共和国卫生部：《2012 年中国卫生统计年鉴》，http：//www. mob.gov.cn / news / sub—index.aspx ? tp—class ：C3.

③ 中华人民共和国卫生部：《全国卫生工作会议文件汇编》，人民卫生出版社，1997 年，第 2-5 页。

④ 张赛、冯时、金光辉等：《慢性乙型肝炎患者社区管理现状及其对策的定性研究》，《中国全科医学》2012 年第 7 期。

和卫生服务中心）现状，了解其对全科医生素质的需求情况，探索其中存在的问题，并提出相应培养对策，为进一步改革并优化西藏全科医生培养方案提供科学依据。

二、调研方法

1. 调研设计

本调研采用量性与质性调研相结合的方式实施。

2. 量性调研

（1）调研内容

了解西藏农牧区基层医疗机构的现状。即调查西藏农牧区基层医疗机构基本情况、人力资源现状及业务开展状况。

（2）调研对象

西藏自治区日喀则、山南、林芝、那曲以及拉萨市的县、乡级基层医疗卫生机构的全科医生。纳入标准：1）持有执业（助理）医师资格证；2）在县乡级基层医疗机构工作时限≥ 2 年;3）具有较好的汉语听说读写能力。排除标准：1）专科医生；2）援藏医师。

（3）调研工具

在查阅文献的基础上,采用自行设计的《西藏农牧区基层医疗机构（县乡村）状况调查表》（见附件一）对调查对象进行标准化问卷调查。问卷包括医疗机构基本情况、业务开展情况和医务人员工作情况三个部分，共 23 个条目。

问卷设计时采用了 Delphi 法进行专家咨询。并通过预实验认为问卷的信、效度均较好。问卷的 Cronbach ‘sα 系数为 0.79；内容效度为 0.82。

（4）资料收集

采用问卷调查法收集资料，于 2013 年 7 月 20 日至 8 月 6 日实施。采用解释、发放问卷、填写问卷和回收问卷四个步骤。

（5）资料分析

在录入计算机前进行编码，课题组人员审核后由不同的专业人员进行双份平行录入到 EpiData3.2 软件建立的数据库，并进行双份数据库核对、改错。资料分析使用 SPSS18.0 软件。计量资料用均数 ± 标准差描述，计数资料用率和构成比描述。

（6）质量控制

（a）研究现场及对象：由研究人员严格按照纳入与排除标准，按分层随机抽样的方法抽取研究对象。

（b）研究人员：本项目的研究人员主要为西藏民族大学的全科医学教授和专家。项目组制订了详细的工作计划，对所有参与研究的人员事先进行培训，使每个参与研究的人员明确本项目的意义、目的、研究内容和研究方法。

（c）调查问卷：在调查前对调查问卷进行反复讨论，并请同行专家提出修改意见，在调查进行预试验，并进行了修改和完善。

（d）资料收集和整理：调查问卷现场填写，现场回收，整理后贴签交资料管理员。数据双份平行录入，并进行双份数据库核对和改错。

3. 质性调研

（1）调研内容

探索西藏农牧区基层医疗机构对全科医生应具备的知识、技能和能力等基本素质的需求情况。

（2）调研对象

西藏自治区日喀则、山南、林芝以及拉萨市的县、乡级卫生局长、医院院长、卫生服务中心主任和全科医生。

样本量的确定依据信息饱和原则，即当所收集资料的内容重复出现，增加新的研究对象也不能收集到新的有意义的信息时，便停止招募新的研究对象。最终对 13 名医务人员进行了个人深入访谈。

调研采用目的性抽样的方法选取研究对象。研究最需要具有丰富全科医生经历的人员，因此选择有 3 年及以上相关工作经验的人员。同时考虑不同职务的医务人员。

（3）调研工具

在质性研究中，研究者即为研究工具。此外，调研者还使用了访谈提纲（见附件二）。访谈提纲以“您希望通过我校培养的学生到您单位工作时，具备哪些工作能力？”为主要问题展开，在此基础上分解出 7 项小的问题。

（4）资料收集

本研究采用个人深入访谈法收集资料，于 2013 年 7 月 20 日至 8 月 6 日实施。按双方认识、确定访谈时间和地点、进行访谈和访谈后回访的步骤进行。

（5）资料分析

采用了主题框架法对资料进行分析。该方法包括两个阶段、5 个步骤。第一个阶段是整理资料，包括 3 个步骤，即熟悉资料、形成分析框架、编码。第二个阶段是解释资料，包括分类和解释。

（6）质量控制

调查过程中对资料的可信性、可依赖性、一致性和可转移性均进行了质量控制，以保证资料的质量。

三、调研结果

1. 调查对象基本情况

研究共访谈 13 人。他们从事西藏农牧区全科医生工作年限在 3—23 年之间；其中，男性 9 名，女性 4 名；年龄跨度在 26—45 岁之间；本科毕业者 9 名，大专毕业者 4 名；具有高级职称的访谈对象 7 名，中级 5 名，初级 1 名。县卫生局局长、负责人各 1 名，县/乡医院或卫生服务中心的院长/主任或副院长 7 人，县/乡医院或卫生服务中心全科医生 4 名。每个受访者的详细资料见表 1。

表 1　受访人员的一般资料

受访者编号	性别	年龄	受教育程度	职称	职务	从事全科医生工作年限
1	男	42 岁	本科	高级	县卫生局局长	18 年
2	男	28 岁	本科	初级	县卫生局主任	5 年
3	女	45 岁	大专	高级	县医院院长	23 年
4	男	40 岁	本科	高级	乡医院院长	18 年
5	男	26 岁	本科	中级	县卫生服务中心主任	3 年
6	女	34 岁	本科	高级	乡医院副院长	13 年
7	女	36 岁	大专	高级	县医院副院长	14 年
8	男	36 岁	大专	中级	县医院副院长	12 年
9	男	32 岁	大专	中级	县医院副院长	8 年
10	女	35 岁	本科	中级	县医院全科医生	10 年
11	男	37 岁	本科	高级	县医院全科医生	10 年
12	男	36 岁	本科	中级	县医院全科医生	10 年
13	男	43 岁	本科	高级	乡医院全科医生	22 年

* 为尊重受访者隐私，受访者均用代码表示。

2. 西藏农牧区基层医疗机构现状

共发放问卷 414 份，回收 403 份，回收率为 97.3%；其中有效问卷为 366 份，有效率为 90.8%。

（1）西藏农牧区基层医疗机构的基本情况

158 所西藏基层医疗机构参与了本次调查。其医疗机构类型及医疗设备基本情况如下：

（a）医疗机构类型

西医医疗机构最多，西医和藏医结合的医疗机构次之，详见表 2。仅 84 所（53.2%）医疗机构同时有急诊、门诊和住院部。

（b）医疗设备情况

各医疗机构的设备总值在 1 万—3000 万元之间，平均值为 298.9 万元。最大医疗设备有 X 射线光机、B 型超声多普勒仪、彩色超声多普勒仪、CT、多功能麻醉机、制氧机、心电图机、腹腔镜，价值在 0.3 万—320 万元之间。

表 2　西藏基层医疗机构类型

医疗机构类型	数量	构成比
西医医疗机构	68	43.0%
西医与藏医结合医疗机构	48	30.4%
其他类型	42	26.6%

（2）西藏农牧区基层医疗机构的人力资源现状

（a）全科医生数量

参与调查的基层医疗机构的职工人数为 17.0±19.2，55.8% 的医疗机构的总职工数不足 20 人。其中，54.3% 的医疗机构中全科医生人数不足 10 人，仅有 44.2% 的医疗机构的专业技术人员比例超过国家规定的 70%。

个人深入访谈中，13 名访谈对象均反映其所在单位急需全科医生，但目前全科医生人数不足。且因基层待遇差、工作条件和生活条件艰苦，工作任务繁重，导致大量分配到基层的全科医学人才流失。

（b）全科医生职称构成情况

158 所基层医疗单位中专业技术人员共计 193 人，且各医疗机构中主任医师、副主任医师和主治医师人数偏少，其构成情况见表 3。

表 3　西藏农牧区基层医疗机构专技人员职称构成情况

职称	人数	均数 ± 标准差	构成比
主任医师	12	1.8 ± 2.7	6.2%
副主任医师	20	2.8 ± 4.0	10.4%
主治医师	36	5.5 ± 7.9	18.7%

（c）全科医生学历构成情况

78.8% 的医疗机构有专科生，78.3% 有本科生，16.0% 的医疗机构中有研究生学历医务工作者。

（3）西藏农牧区基层医疗机构的业务开展状况

（a）常见病、多发病及其诊治情况

97.8% 的医疗机构的病例来源于其所在地。其常见的疾病或本地高发疾病为上呼吸道感染、高原性高血压、肺结核、高原性心脏病等。在常见病例处理方面，50% 以上医院可良好处理，但能够较好处理高原性高血压、肺结核、高原性心脏病的医疗机构不足 40%。详见表 4。

此外，部分医院会遇到肺心病、冠心病、糖尿病、脑梗死、脑外伤、妊高症、尿石症、骨折和疟疾等病例。

表 4　西藏农牧区基层医疗机构常见病、多发病及其诊治情况 n(%)

病种	常见此病机构	能良好诊治机构
上呼吸道感染	119（75.8）	117（75.0）
外伤	118（74.7）	62（39.0）
高原性高血压	116（74.8）	62（40.8）
腹泻	111（72.5）	107（69.5）
慢性胃炎	110（70.35）	89（57.8）
胆囊炎	107（67.7）	83（53.2）

续表

病种	常见此病机构	能良好诊治机构
阑尾炎	104（65.8）	95（60.9）
孕妇生产	104（65.8）	87（56.1）
肺结核	88（55.7）	58（38.4）
高原性心脏病	87（55.1）	35（23.2）

（b）计划生育开展情况

81.4% 的医院对所辖地区孕妇进行产前检查。报告在产前检查中遇到高危孕妇的医疗机构数量及比例见表 5。

表 5　遇高危孕妇的西藏农牧区基层医疗机构情况

病种	医疗机构数（n）	比例（%）
宫内窘迫症	37	26.4
妊娠高血压症	91	62.8

仅有 57.2% 的医院对孕妇接生。报告在孕妇分娩过程中遇到意外情况的医疗机构数量及比例见表 6。

表 6　遇常见分娩意外的西藏农牧区基层医疗机构情况

病种	医疗机构数（n）	比例（%）
难产	97	63.4
产后大出血	53	35.3

多数医院在遇到分娩中的意外情况后，选择将患者转至上级医院接受治疗；少数医院可自行处理，主要采取剖宫术、产后大出血的相关急救措施等方法。

（c）计划免疫开展情况

91.7% 的基层医疗机构开展了计划免疫，但除 90% 的医疗机构开展乙肝计划免疫外，其余常见疫苗计划免疫开展情况不佳。详见表 7。

（d）转诊情况

在处理不好时，绝大多数医院（96.8%）会明确告诉家属病情，并要求病人转院治疗。

（e）“六位一体”功能执行情况

融预防、医疗、保健、康复、健康教育和计划生育技术服务等“六位一体”的基层卫生服务功能执行较好。详见表 8。

表 7　西藏农牧区基层医疗机构计划免疫开展情况

疫苗种类	医疗机构数（n）	比例（%）
乙肝	139	90.3
肺结核	113	73.4
麻疹	112	72.7
脊髓灰质炎	95	62.5
百白破	84	55.6

表 8　西藏农牧区基层医疗机构“六位一体”功能执行情况

按“六位一体”观念诊治病人	人数（n）	比例（%）
完全能	20	14.85
多数能	90	67.33
有些能	16	11.88
基本不能	7	4.95
完全不能	2	0.99
总	135	100

3. 西藏农牧区基层医疗机构对全科医生基本素质的需求情况

（1）全面的专业知识

当问及哪些专业知识对于在西藏农牧区工作的全科医生而言尤其重要时，13 名受访者均指出，全科医生知识体系重点在于“全”，因此，专业知识不一定精，但一定要全面，以实现“六位一体”的全科医学功能，并真正起到“守门人”作用。特别是眼耳鼻喉疾病、皮肤性病等以往被视为小科室疾病的病种，在全科医生面前与内外妇儿等同等重要，也要扎实掌握。

“基础、临床、全科、预防、人文所有部分都很重要，在基层工作一定要建立全科医学思维模式，要多学一些知识，面儿要宽，不然就起不到筛查疾病的作用了。”（1 号，男，42 岁，从事全科医生工作 18 年）

“你能做手术老百姓不一定相信你，可是他眼睛上长个肿块、皮肤感觉不舒服，你给他药，把他治好了，他就特别佩服你。”（11 号，男，36 岁，从事全科医生工作 10 年）

（2）扎实的专业基础理论和技能

13 名受访者中，有 7 名指出扎实的专业基础理论知识和专业技能，对于全科医生而言非常重要。在基层医疗单位中仪器设备使用率较低，因此全科医生扎实的专业基础理论和专业技能在诊治疾病中起着重要作用。

“基层医生的专业知识必须扎实，绝对不能有偏差！”（10 号，男，32 岁，从事全科医生工作 8 年）

“基础一定要扎实，有的刚来工作的学生，来个病人不会问诊、不会查体，在基层根本没法工作，我们又没有大医院那么多仪器。”（9 号，女，35 岁，从事全科医生工作 10 年）

（3）到岗即可独当一面的能力

绝大多数受访者指出，基于基层工作任务繁重的特点，全科医学毕业生到基层医疗单位工作后，要立即独当一面，处理常见病、多发病。

“我们这里医生少，不像大医院，刚工作还有人带，没有！分个人，来了就要能独立上班。”（7 号，女，36 岁，从事全科医生工作 14 年）

“一定要在实习的时候好好学，一毕业就能直接工作。”（6号，女，34岁，从事全科医生工作13年）

（4）强烈的人文情怀和良好的沟通交流能力

所有受访者均指出，强烈的人文情怀和良好的沟通交流能力是当好全科医生的前提。全科在诊疗过程中，如果态度和蔼、耐心做好解释工作，就能取得病人的配合。对待其他医务人员同样如此。但此项能力可在日后工作中不断学习、锻炼，在校学习期间知道即可。

“来我们这里看病的，都是小病，所以和病人的沟通交流，还有对病人的关怀更重要。我特别希望来一些懂心理学的医生，了解病人，交流好了，病人以后还会来。”（5号，男，26岁，从事全科医生工作3年）

“沟通交流、关怀很重要，但学生不一定具备，这个以后可以锻炼，在学校的时候让学生知道就行了。”（4号，男，40岁，从事全科医生工作18年）

（5）执着的自主学习精神和自我发展能力

部分受访者反映，因为全科医生的工作相对独立，服务的人群范围受限，容易导致知识陈旧或技术的不适当运用。因此，全科医生要具备执着的自主学习精神和较强的自我发展能力。

“今年参加工作的学生们，喜欢玩手机、电脑，我跟着屁股后面，让学，都不自觉，时间久了，我们也都不想说了。其实，这样会限制他们的发展。”（13号，男，43岁，从事全科医生工作22年）

（6）其他素质

少部分受访者指出，良好的计算机操作能力和医疗文书的书写能力也是全科医生应具备的素质。

4. 存在的问题

（1）西藏农牧区基层医疗机构中存在的问题

（a）全科医生数量不足

调查结果显示，目前西藏基层医疗机构全科医学人才不足，目前超过一半的西藏基层医疗机构中专业技术人员比例不能达到卫生部《综合医院组织编制原则试行草案》中 70%—72% 的要求。虽然基层医疗机构近年来对高素质人才的需求不断增加，且经过多年的转岗培训培养了一批全科医生，但由于基层医疗机构待遇差，医疗条件差，生活艰苦，同时工作任务繁重，少有人愿意长期扎根基层；同时，基层医疗机构缺乏有力的政策支撑，许多医务人员不能安心做好本职工作，一旦掌握了较为丰富的临床经验便辞职到条件更好的地方去发展，导致全科医学人才流失。

（b）全科医生业务水平有限

仅有一半的西藏基层医疗机构能较好处理常见病、多发病，多数医疗机构不能处理严重影响病人健康的疾病，需转至上级医院。目前西藏基层医疗单位的全科医生从总体上看素质偏低，学历结构主要是中专、大专和少量本科，职称结构以初级职称为主，年龄结构以中年为主，所学专业基本上为医疗或护理两类，医疗服务模式侧重于疾病的诊治，无论从知识结构、技术水平和服务模式都不能很好地适应基层医疗卫生服务发展和卫生改革的需要，不能适应人民群众日益增长的卫生服务需求。

（2）全科医生培养中存在的问题

（a）课程设置有待完善

西藏基层医疗卫生机构对全科医生知识体系需求的重点在于“全面、广泛”。且全科医生的培养宗旨在于突出基层医疗卫生服务能力以及运用全科医学理念为患者服务①。然而按照目前临床医学教育模式设置的知识体系在一定程度上忽视了这一点，与西藏基层医疗卫生服务所需要的知识能力素质脱节，以至于全科医生以前所学医学及相关知识在基层医疗单位应用时出现了不相符合的现象。因此，目前课程体系需基于全科医师执业实践中的知识能力需求，结合全科医师培养的实际，着眼于全科医师综合素质和职业特殊素质的需要，适当调整课程及课时，以进一步完善。

① 饶昕：《四川大学华西医院全科医师培养现状及探索》，《华西医学》2012 年第 11 期。

（b）实践学时分配与实际需求不匹配

实践分见习和实习两部分，但均强调传统的内、外、妇、儿等大科室。以上 4 科占去了一半的实习或见习时间，但神经科、精神病科、急诊、理疗、检验科室、传染病、加强病房、营养科、康复科、老年病房、口腔科、耳鼻喉科、眼科、皮肤科以及心理咨询室等科室实习或见习时间较少，甚至缺失，导致学生对此类科室疾病不了解或没有见过。然而，当全科医生在离开学校在医疗第一线工作时，应具备足够广泛的知识和相当深度的基础知识，防止误诊和漏诊。但他们很少有时间和机会重新返回医院各专科轮转学习。因此，目前全科医生实践学时与实际需求不匹配，无法满足全科医生临床工作需求，需要调整。

（c）实习基地建设有待加强和拓展

西藏基层医疗机构需要全科医学毕业生到岗即可胜任工作，能够处理常见病、多发病。据了解，目前全区仅在拉萨和昌都建立了全科医生的转岗培训机构，而具有培养能力的医学高等院校全区仅有三所，而且全部承担免费定向订单农村医疗人才培养任务，除西藏民族大学有直属的附属医院外，其余两所均无直属的附属医院。虽然西藏大学和西藏民族大学分别在拉萨、成都以及拉萨市二级甲等及以上医院建立实习医院和部分的社区卫生服务中心见习基地，但是，一方面，此类医院只能满足学生临床各专科实习需求，见到常见病、多发病机会相对而言较少，且目前的实习医院和社区卫生服务中心所见的常见病、多发病与西藏基层医疗机构的实际情况有所不同；同时基层医疗机构应具备的预防、保健、健康教育和计划生育等功能在以上医院不能很好体现。另一方面，承担全科医生实习基地带教任务的教师，多为综合性医院的专科医生或经过转岗培训的社区卫生服务中心的全科医生。他们多数未受过正规、系统的全科医学教育，未形成全科医学思维模式。因此，在带教中难免会出现偏差。以上两方面因素导致全科医学生在目前的实习实践基地完成实习后，可能仍无法独立胜任工作。所以，西藏农牧区全科医生实习基地在地域和性质上仍有待加强和拓展。

（d）人文素质的重视程度不足

目前，针对全科医生开设的人文课程仅有医学心理学，人际沟通与礼仪、医学伦理学等人文课程开设较少。但医学的服务对象是人，医学的宗旨是治病救人，增进人们的健康，因此，一个好的全科医生不但要具备丰富的专业知识，同时也要具备综合的人文素质。人文知识能提高全科医生综合运用专业知识的能力，形象思维创新的能力，以及多向思维抗风险能力，准确把握病人的心理、生理的一系列变化，从而更好地为社区居民服务。因此，应重视全科医生人文素质的培养。

5. 对策

（1）提供全科医生发展的政策环境，稳定全科医生队伍

新医改方案明确提出政府负责举办的基层医疗服务机构“按国家规定核定的基本建设、设备购置、人员经费和公共卫生服务的人员经费”都需要政府的投入。建议西藏自治区政府在明确基层医疗机构的功能后，有针对性地加大对基层医院的投入，适当提高医务人员待遇，切实解决医务人员的后顾之忧，增强医务人员的职业自豪感，保证他们能将全部精力用在对群众的服务上。同时加大医院硬件投入，切实改善群众就医条件和就医环境，以降低医务人员的职业风险，稳定全科医生队伍。

（2）构建符合五年制全科医学本科要求的课程设置体系

全科医学专业教育的课程设置应在重视系统性、理论性的同时，注重实用性。应根据全科医学原则和社区健康问题的范围、类型及特征，把基础、临床医学与生物、心理、社会医学知识有机结合起来，从而形成独特的全科医学知识体系。

建议基于全科医师工作任务与职业能力，构建符合五年制全科医学本科要求的课程设置体系，使基础课程与专业课程有机融合，专业课程与全科医师职业岗位密切结合。全科医学专业方向的课程体系要能够充分体现出全科医学和全科医生的专业特点，新的课程体系，应围绕全科医学理念，突出全科医学特点，培养具有自己特殊的素质、价值观、知识结构与技能的全科医学人才。同时应体现当代医学教育的最新理念，进一步强化现代

医学模式（生物—心理—社会医学模式）意识，综合生物医学、行为科学和社会科学，设置人文社会科学、理科基础、基础医学、临床医学理论与实践、预防医学与行为医学、地域性课程六大模块。在适当增加临床学科知识，减少基础学科学时的同时，面向西藏基层实际建议开设藏医学概论等结合西藏实际的课程。并加强学习全科医学和人文社科知识，以增强学生的全科医学思维模式，初步培养良好的人文关怀能力。

同时，加强对学生的入学教育，开展针对性的专业思想教育工作，使学生能够深刻地认识当前情况下加强基层卫生事业的重要性，从思想深处树立为广大人民群众身体健康服务的意识。

（3）重新合理分配实践学时

目前，全科医生培养实行的是“3.5+1.5”的模式，即在校学习三年半，毕业实习一年半，其中 48 周为临床医学专业实习，20 周为预防医学及社区卫生服务实习。建议在校学习三年半时间内的社区卫生服务站见习部分和毕业实习部分，增加急诊、理疗、检验科室、传染病、加强病房、营养科、康复科、老年病房、口腔科、耳鼻喉科、眼科、皮肤科、健康教育以及心理咨询等各 8 学时，适当减少内外妇儿科的见习时间。以使全科医学学生在综合医院完成临床课或轮转期间，应尽可能多地见一些病种，尽可能熟练地掌握常见病的诊治技能，知识面更广泛。

（4）构建全科临床实用技能教学平台，提高学生实用技能水平

强化临床实用技能教学平台是提高全科医学学生实用技能水平的重要环节。实践能力要求可归结为临床基本思维和基本技能、全科医学的思维和诊疗策略以及“六位一体”的社区卫生服务能力。建议承担全科医生培养任务的自治区医学高等院校在现有临床医学技能实训中心建设的基础上，同步引进国际或国内领先的全科临床技能教程，结合区内具有丰富临床经验的师资力量，构建高端全科临床技能教学平台。同时，通过情景模拟训练、结合讨论式教学、案例问题引导教学等现代教学模式，为学生全科实用技能水平的提高创造良好的条件。

（5）拓展实习基地，促进全科医学生技能全面提高

实习基地的建设直接影响到全科医学教育的质量，是全科医生培养目标落到实处的根本保证。但必须指出的是，这些实习基地不同于临床医学教学实习基地，它是以社区基本诊疗、护理、营养、康复技术、公共卫生、健康教育为主要内容的实习场所。因此，高等医学院校应有选择地对一些条件较好的社区，建立起符合现代全科医学人才培养的实习基地，规范基地的教学管理，优化教学条件。除现有医院和社区卫生服务中心外，可将疾病预防控制中心、西藏各地区的地区级或县级医院、诊所、大厂矿、学校和机关的医疗机构纳入实习基地中，使学生对我国的医疗卫生体系有一个比较全面的感性认识，并广泛掌握常见病、多发病的诊疗。特别是在疾病预防控制中心加强预防医学的训练，学习计划免疫，地方病、流行病、传染病和职业病的预防、诊治和报告制度，为今后独立工作打下基础。

（6）加强全科医生师资队伍建设

建设一支高素质的师资队伍，是培养全科医学人才的根本保证。首先应当按照卫生部《全科医学师资培训实施意见（试行）》的要求，加强、规范全科医学师资队伍建设。师资队伍建设可采用教学医院专科团队与社区医院全科团队整合的方式进行。选聘具有高素质的临床医生、公共卫生和流行病学等方面的教师参与全科医生培养，这些经验丰富、理论基础扎实的高校教师可以讲授全科医学基础理论和最新发展动态，丰富学生的全科医学知识和树立全科医学理念。同时，还可吸纳具有实战经验的优秀一线临床和社区全科医疗专家开展实践带教工作，传授演示带教方式、技能和经验。以临床诊疗、社区综合服务、教学能力兼备为目标，在社区实习基地建立一支相对稳定的兼职师资队伍。

建议定期将接受过全科医学知识和技能培训、有 2 年以上社区工作经验的具有中级及以上专业技术职务的人员作为社区实习的带教骨干师资来培养，对其进行全科医学培训，让其掌握全科医学的理论和方法，能用系统整体论的方法组织临床专科教学，使医学学生形成系统整体论的全科思

维模式。同时，可选派优秀的全科医学人员通过到国内相关单位进修或出国留学、进修，学习先进的全科医学知识，为高素质的全科医生人才发展更好地培养高水平的师资。

6. 结论

西藏农牧区基层医疗机构中存在全科医生数量不足和业务水平有限的问题，目前针对西藏农牧区全科医生的培养中，存在课程体系不完善、实践学时分配与实际需求不匹配、实习基地建设有待加强和拓展、人文素质的重视程度不足四个方面的问题。建议提供全科医生发展政策环境，稳定全科医生队伍；构建符合五年制全科医学本科要求的课程设置体系；重新合理分配实践学时；构建全科临床实用技能教学平台，提高学生实用技能水平；拓展实习基地，促进全科医学学生全面提高；并加强全科医生师资队伍建设。

拉萨市学前教师在职培训状况调查报告

张怡 ※

西藏自治区"十二五"规划中提出，"积极推进学前双语教育。推进城镇学前三年、农牧区学前两年双语教育，学前教育毛入园率达到 60%。农牧区学前双语教育实行免费政策"①。围绕这一目标，党委政府高度重视学前教育事业的发展，"到 2015 年，西藏各级各类学校基本建设将达到国家标准，所有城镇学前 3 年幼儿入园率将达到 95%，农牧区学前 2 年双语教育普及率将达到 85%。"②。2015 年，"十二五"规划进入完成倒计时，"十三五"将迎来开局之年，在促进西藏基础教育均衡发展，大力推进西藏学前教育发展的大背景下，西藏幼儿园的规模迅速扩大，从和平解放前的 1 个幼儿班发展到今天（截至 2013 年底），全区建设了 613 所幼儿园，在数量上可以说创下了西藏和平解放以来的历史新高。

在追求西藏学前教育事业发展规模与速度中，量的突增势必需要质的适应，质量与规模形成平衡态才能实现可持续的发展力。这样的发展力，其核心离不开适应当下西藏学前教育发展形势的师资队伍。西藏现有

※ 张怡，西藏民族大学教育学院讲师，博士生。

① 西藏自治区人民政府编：《西藏自治区"十二五"国民经济和社会发展规划纲要》，《西藏人民日报（汉文版）》，2011 年 2 月 10 日。

② 人民网：《西藏学前教育入园率达五成》，《人民日报（海外版）》，2014 年 5 月 28 日。

学前教师，从2001年的283人增加到2015年的4158人[①]，幼儿在园数也从2000年的4491人，增加到2014年的87951人[②]，师生比为1:21。其中，幼儿园优质资源最为集中的拉萨市，2014年，在园幼儿为24337人，在编学前教师共有260人，据调查，接受过学前教育的专业教师不到70人，仅占教师的26%。学前教育师生比为1∶4，值得注意的是，拉萨市主要通过上级分配、支教、转岗和从社会聘用教辅人员的方式不断补充学前教师队伍。由此，就全区而言，学前教师质量不容乐观，以拉萨市为代表的优质学前教师资源的质量有待提升，学前教师队伍质量将成为未来西藏幼儿教育事业可持续发展的瓶颈性制约因素。

基于此，近年来针对西藏学前教师的国家培训与省级培训，通过对在编骨干教师与园长、在职教师、转岗教师以及农牧区教师等多种类型的培训，有效地促进了西藏学前教师队伍整体水平的提升，特别是对西藏农牧区教师队伍的成长起到了积极引导的作用。但是，由于西藏特殊的经济社会发展历史与现实，使得西藏学前教师队伍在结构和发展水平上，较全国其他地区仍有距离，以拉萨市为主的中心城市在发展水平上体现得尤其明显。

要解决当前西藏学前教育的可持续发展问题，西藏学前教师质量的跨越式发展是关键要素之一。对于拉萨市而言，拥有一支适应拉萨市学前教育事业发展，同时引领西藏学前教育整体发展的教师队伍，其意义至关重要。由此，深入了解西藏学前教师以及队伍建设的现状，深入思考如何优化教师结构，如何从培训入手，将已有教师队伍进行优化提升，对未来教师队伍进行合理布局，培育卓越的教师团队，打造在全自治区有影响力的学前教师团队，都是摆在我们面前的重要研究课题。

---

① 此数据来源于教育厅公布的文献，参见2013年西藏自治区教育事业统计资源；另参见西藏自治区教育科学研究所《西藏教育成就举世瞩目 国民素质显著提升：自治区成立50周年西藏教育改革发展成就综述》，《西藏教育》2015年第8期。

② 中国统计网：《西藏国民经济和社会发展统计公报》，中国统计网，http://www.tjcn.org。

一、调查现状

拉萨市作为西藏的首府城市，在城市的地位与功能上都扮演着极为重要的角色，从城市的地位上讲，拉萨是西藏传统的经济、政治和文化中心，在整个西藏地区乃至西部地区都具有中心城市的地位，从城市发展功能而言，拉萨市作为优质资源集中之地，代表着西藏现代化发展的水平，起着引领性的作用。

教育事业发展作为经济社会发展事业中的重要组成部分，拉萨市的教育发展充分说明了教育是城市发展水平的重要指标之一。就拉萨而言，优质的学前教育资源受到城市发展水平的影响，自动流动集中于拉萨，受到幼儿入园率、社会对优质教育的需求的影响，大量的公办示范园集中于拉萨，大量高学历的学前教师也集中于拉萨。可以说，拉萨是西藏学前教育事业发展水平的重要体现，拉萨市学前教师队伍质量，对西藏学前教师整体质量而言也具有一定的代表性。

与此同时，针对西藏学前教师整体质量问题的探究，其根本要将学前教师的培养问题视为两个大的阶段，即职前和在职，就西藏学前教育发展的现实情况而言，西藏学前教师队伍具有缺编教师多，非专业背景教师多，同时，西藏学前师范生培养起步晚，培养力量薄弱的特点。笔者认为将教师的在职状态视为质量提升的黄金期，将现有教师在职培训问题作为切入点极其重要。

基于此，本调查选取拉萨市为样本区域，自制《拉萨市学前教师在职培训现状调查问卷》，调查内容包括教师的基本信息，参与培训的原因，培训的频率、内容、形式及对培训效果的评价 6 个方面。研究的主要问题是拉萨市学前教师在职培训的现状及存在问题，反映一线学前教师的专业发展状况，同时对政策及教育实践提供指引。采用随机分层抽样的方法对拉萨市 5 所幼儿园进行调查，涵盖公办、民办，市区、县幼儿园等类型，共发放问卷 100 份，回收 77 份，排除 3 份无效问卷，问卷有效率达 74%。同时对该 5 所幼儿园的 10 名教师进行访谈，对问卷结果进行补充。

1. 教师参与培训的积极性较高且大多出于内部动机

从教师专业化发展来看，教师的职业生涯分为职前与职后两个部分。特别是职后教师专业化对教育发展至关重要。传统教师发展观认为，教师入职后无需要再学习，这样的不可持续发展观导致教师队伍的观念旧陈。就西藏而言，受到特殊地理环境和人文环境的影响，对在职教师培训的意识更不强烈，大量的教师入职之后几乎没有外出培训或者交流培训，在拉萨市每年参加培训的人次也是屈指可数。近年来，随着国家培训与省级培训计划的实施，特别是教育援藏力度和校本意识的增强，拉萨市的在职学前教师培训逐渐受到重视并得到认真落实。

在本次调查中发现，拉萨市学前教师普遍乐于参加在职培训，47% 的教师参与培训是因为“培训的内容是我需要的”，23% 的教师是因为“培训教师是专家，培训内容精彩”，可见，七成教师参与培训是出于自身专业成长的需求和向专家学习的内在愿望。有 20% 的教师是出于“领导要求”参加培训，有 10% 的教师参加培训是因为“有外出的机会”等客观原因。从整体上看，多数教师参加培训是主动的、积极的。这说明近年来国家和西藏自治区对学前教育的重视客观上提高了一线学前教师的工作积极性和学习的愿望，他们希望通过在职培训来提高自己的专业水平，以满足不断提升的工作需求，同时，教师们希望借助培训提高技能技巧和业务水平，以便尽快将培训所学应用于教育实践，解决实际问题。

2. 教师普遍认可培训效果

在现代教师职业的发展观中，将教师这一职业视为生命形态发展，正所谓职业生涯。以教育为业，与其他职业不同之处在于教育是面对人的生命实践，其目的是追求生命存在的最优化，从而教师职业本身也是追求教书育人的最优化。教师主动成长的重要动力就是要增强教师自身工作的成就感，由此，在职培训的质量主要看培训的针对性。

就本次调查结果而言，近九成的教师认为培训对自己的工作有帮助，对自己的职业成长有益处，对目前各类教育培训的效果给予了充分肯定。在与几位一线教师的访谈中，我们了解到，随着对口支援西藏工作力度不断增大，拉萨市得到内地一些省份的支持，特别是北京与江苏两个教育强省市的教育支援，拉萨市许多公办幼儿园的骨干教师，有了更多的机会与内地发达的园所交流，分享到优质的教育资源，充分吸收了先进教育理念，积极带动教育实践的提升。有的教师表示培训使自己更加理解孩子，获得了与孩子沟通的技巧与经验，组织活动时成就感增强。有的老师反映通过培训学习了区角游戏的创设方法，实践运用起来比以前更加得心应手，提升了教学技能技巧。

3. 培训内容较为丰富

在国家培训计划与省级培训计划的实施过程，在职教师培训具有一定的特殊性。在培训的整体定位上是希望激发和帮助在职教师在教育教学理念进行更新。但是，在职教师自身从自我实践形成的习惯会对新理念产生抗阻，特别是在西藏尤其明显。其原因是原有的在职培训过多的理论灌输，与教学实践结合较弱，无法吸引那些具有一线教学经验的教师。由此，针对在职培训的课程内容就显得十分重要。

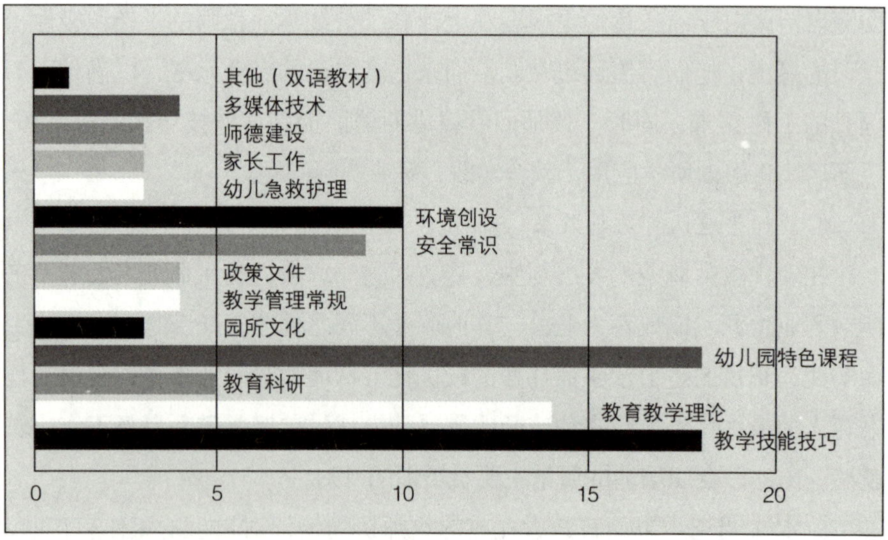

图 1　拉萨市学前教师在职培训内容调查表

如图 1 所示，目前拉萨市学前教师接受的培训内容多样，涵盖多个方面，如教学技能技巧、幼儿园特色课程、教育教学理论、幼儿园环境创设、安全常识、园所文化、多媒体技术、家长工作、师德建设、幼儿急救护理等，有的老师还接受过“幼儿双语教材”培训。访谈中多数老师认为上述所有内容中对自己最有帮助的是教学技能技巧、幼儿园特色课程和环境创设，这反映出教师基于教育实践的朴素要求，希望通过培训获得实用的、可操作性强的技巧和方法，而对于师德建设、教育理念等“软实力”的提升则缺乏关注。

二、存在问题及成因

1. 从整体上看，教师参与培训频率偏低，未能满足专业成长需求

表 1　学前教育教师参与培训频率

频率	经常（每周数次）	时常（每周一次）	偶尔（每学期几次）	极少（每年一次）
百分比（%）	3	16	38	43

如表 1 所示，从整体上看，极少参与培训的教师占近半数比例，这些教师每年仅能参加一次培训甚至更少，近八成的教师偶尔或极少参加培训。其主要原因为：一是培训资源分配不均。按照园所性质来看，享受培训资源较多的是公办园的教师，而民办园教师的培训机会较少。二是园所内部缺乏制度规范。近一半的教师认为自己所在园未设立明确的培训制度，23% 的教师认为所在园培训制度不明确。由此，导致部分教师无法享受到培训的资源。三是地理条件等外部客观环境的影响，一些区县和村里的幼儿园由于地处偏远，交通不便利，客观上导致了教师无法经常外出接受培训。

2. 从类型上看，培训主体较为单一，未充分利用资源

表 2　学前教育培训主体类型

类型	上级教育部门组织的培训	园本培训	园外机构组织的培训	其他
百分比（%）	46	42	12	0

从表 2 可以看出，拉萨市学前教师参与的培训类型多为上级教育部门组织和园本培训两种形式，通过其他途径获取培训资源的较少。主要是因为园所缺乏与其他教育机构的联系，诸如高校、社会教育培训机构、区内外科研机构、儿童医院、出版社等，没有广泛地将其纳入培训资源，因而获取培训信息较少，培训主体较为单一。

3. 从形式上看，培训方法缺乏灵活性与多样性

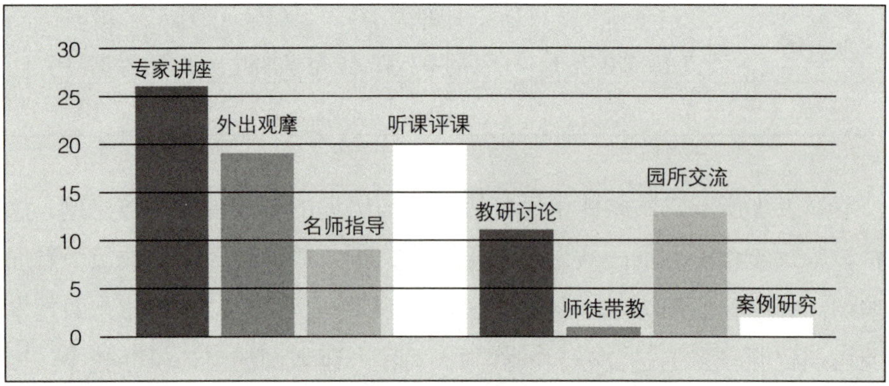

图 2　拉萨市学前教师在职培训形式调查表

图 2 表明，目前拉萨市学前教师参与的培训形式以专家讲座、听课评课、外出观摩为最多，师徒带教、案例研究、名师具体指导较少，其中师徒带教最少，仅占 1%。这主要是因为专家讲座和外出观摩等培训形式组织起来较为便利，访谈中教师们也表示实地去幼儿园观摩的收获最大，因为外出参观可以具体地看到其他园所的教学条件、课程安排、环境创设等，

能够较综合地学习和吸收有利经验。而案例研究和名师具体指导实施起来对教师要求较高，且缺乏便利的条件，因而使用得较少。

三、反思与展望

1. 从灌输到对话：更新教师培训的理念

教师培训的理念决定了教师培训的质量与水平。在传统教师培训中，培训只限于教学知识的学习，通过大量的专家讲座，以达到理念自上而下的传播。同时，现场观摩教学式的学习，通过真实教学现场对培训者进行示范式的影响。此类培训在以往培训中的确起到了示范引领作用。但是，在我国幼儿教育改革的大背景下，强调提升教师专业自主权，教师自身成为研究者，那么，培训的过程便不能再单纯依靠对教师进行专家式洗脑，或者对示范教学的模仿，而是要体现培训的私人订制。让培训形成“体验式”和“对话式”。在理念上，从给予培训者新理念，提升到让培训者总结新理念。培训从被动接受训练走向主动构建思想，从而实现自我引领，专业提升。

首先，树立“体验式”的培训理念。通过调查，以往在拉萨市开展的培训工作中主要以邀请专家开展讲座，以定期送教师到内地幼儿教育发达地区开展交流学习。此举对引导教师形成新理念确有作用，但是，传统的培训有标准化的教学示范，却没有问题性的教学反思；重普遍的教师行动，而忽略了教师个体特殊的教育行为。可能会造成两种情况：一种是形式化的听报告走过场；一种是一味追求对某种教育理论的精确领会。二者都会造就教师依赖于标准化的、程序性的东西，拿来就能用，最终会导致教师只会照做、跟做，丧失了自我反思能力和专业自主性。因此，培训者要更新理念，培训如何从教师自身的水平出发，如何从教师的“体验式”的学习开始，加强教师的个体参与性，通过教师体验学习，反省自身教育行为，发现教育问题从而改善教育实践，让教师能够在日常教育行动中开展反思性实践，以自我个性化教学研究方式，才能构建以教师自身发展为本的素养提升。

其次，树立“对话式”的培训理念。在访谈中发现，拉萨市学前教师的传统培训中，多以专家讲座、实地观摩的方式开展培训，培训者通过聆听专家对新教育理念的讲授，完成自我理念的更新。但是事实上并没有达到自我更新的目的。面对专家讲座，大多数教师只是完成了形式上的知识接收，有一小部分教师有所收获，更多的受训教师对于专家所提出的新理念无法理解。即使受训教师向专家进行提问式的交流也无法真正达到目的。因此，笔者认为“对话式”培训应当实现真正的“对话”。应当从教师们的实践出发，对症下药。西方当代社会学家鲍曼把“观光者”和“流浪者”隐喻为后现代性的两种人格类型。二者都是背着行囊旅行在途的人，却是两类不同的人，心情是完全不同的。观光者因为厌倦了家而出发，流浪者因为失去了家而出发。观光者的旅行是一种自由的选择，而流浪者的旅行则是一种被迫的无奈。借这一隐喻，可将培训专家比喻为“观光者”，而接受培训的教师则是“流浪者”，往往都是被动的、被迫的。对话式的培训就是要使教师从“流浪者”成为“观光者”，成为具有专业自主权和自信的主动者。通过对话，教师可以提出自己在实践中有着深切感受的实际问题或困惑，而专家可以针对性地应用理论来解释问题、剖析问题原因，从而实现培训者与教师的双向互动。对于教师而言，能够通过理论清晰地解释自身教育行为和困惑，清晰地明了原因，从而便于找准对策，理论得以提升；对于专家而言，也获得了一个体察教育实践活动背景，在特定的教育情境中提出理论和反思理论、验证理论的机会。这样一个磨合的过程，专家与教师都是主动的，二者均实现了理论与实践的具体实际的链接。这样就可以避免培训仅是专家“一言堂”，而教师被动接受却又无法得益的局面。

2. 从失衡到协调：建立完善明确的培训制度

制度是培训质量与水平的外在保障。建立适合于拉萨市学前教师培训的制度，有助于拉萨市学前教师队伍的整体优化。目前培训制度缺失的现实造成了培训的整体落后，在调查中，笔者发现，这种制度性缺失的根本表现是培训资源分配不均的问题。

拉萨市在西藏地区的发展中居于优先地位。作为西藏自治区的首府城市，拉萨市在教育资源和对外交流方面，都具有天然的优势。可是，在现实发展中，笔者发现拉萨市幼儿园的发展在公办与民办、市区与城镇之间都存在着资源分配不均衡的问题。并且，笔者深刻地认识到，这种资源分配不均衡是造成教师整体发展不良、教师培训水平滞后的原因之一。

因为要提升教师培训质量，一方面，从自治区的宏观管理层面，要规范培训资源分配制度，完善学前教师培训管理办法，明确培训资金分配、主体、园所比例等问题。要将民办园纳入培训管理体制，从经费、资源上向民办园所倾斜，公办、民办相互协调。笔者建议在每一个地区（或市）设立几所中心园，通过对中心园进行培训，再由中心园向周围的公办、民办园所进行辐射式指导和培训，这种推进式的培训模式有利于节省资金，还可推动园所交流。另一方面，在园所内部，要制定教师培训管理条例，明确培训资格、条件、频率以及奖惩和交流制度等等，形成惯例，并保证条例的执行公正、公开、透明，接受教师监督，以实现公平。

3. 从局部到整体：建立可持续的培训模式

由于西藏特殊的区情和地理条件，教师们在时间与精力上无法得到持续有效的培训，基层幼儿园受到当地发展的限制，无法开展园本培训。由此，在拉萨市形成可持续培训的模式显得极为关键，决定着拉萨市幼教队伍的可持续发展，特别是教师整体的发展力。

拉萨市作为都市为主的地区，经济、政治和文化都处于中心地位，可是由于西藏整体的区域位置与发展局限，使得教育事业发展与我国内地其他地区相比较为缓慢。特别是近年来国家培训和自治区级培训的过程中，教师对培训意义不明确，一部分教师对培训持不够重视。同时，在培训过程中，培训教师出现了消极懈怠的情绪。加之，西藏教师受到环境的影响，与内地交流教学经验受到极大的局限。这些问题的出现并不是国家培训与区级培训的组织者的问题，也不是受训教师自身的问题。其根本制约因素是培训对教师的影响不能可持续。针对这样的情况，笔者认为，建立一个可持续的培训模式是十分重要的，教育本身就是需要长期坚持的事业，在教师的培训中也同样。打造一支有发展力的教师团队需要长期的影响。

因此，笔者提出建立以“高校专家—优秀教师—培训教师”三位一体的园本培训模式，通过让高校的学前教育专家与优秀教师跟培训教师结对子，以幼儿园为中心，开展教师团队的培育，特别是先从骨干教师入手进行园本培育。在此过程中，形成一条培训链，通过教师的团队成长，带动其他教师的成长，在集体成长中实现个体成长，同时也不脱离教师的现实实践环境。

与此同时，建立培训追踪模式是解决教师培训低效的另一条出路。受培教师通过国家培训与区级培训后，积极建立培训机构与受培者的长期关系，将培训视为一个相互促进的机制，而不是一次短暂的训练。此举目的在于避免培训模式的僵化，培训内容的固化。长期的回访更促进了培训的有的放矢。

在此基础上，还可以建立拉萨市幼儿园培训的园间交流。民办与公办的幼儿园交流培训，城镇与市区的幼儿园交流培训，各取所长，优势互补，相互支持，以形成相互促进的机制，带动整体水平的提升。

西藏高校辅导员的社会支持与心理健康状况调查报告※

张传庆※

一、导言

辅导员是高校教师队伍的重要组成部分，是处在高等教育第一线的教育工作者，是高校教师队伍中的特殊群体，与大学生接触最多、联系最为密切，是大学生日常教育和管理工作的组织者、实施者和指导者，是高等学校开展大学生思想政治教育工作的骨干力量，是大学生健康成长的指导者和引路人。因此，辅导员的自身素质直接影响大学生的健康成长与全面发展。而辅导员的自身素质又以心理素质为基础和核心，他们的心理素质状况又直接关系到大学生思想政治教育的效果，影响着高等学校学生工作的成效和长期稳定。所以，对高等学校辅导员的心理健康问题进行深入探讨，全方位提高他们的思想道德水平、职业素养和工作能力，是进一步深化大学生思想政治教育工作，促进大学生健康成长、顺利完成学业的根本要求，是推进高校内涵发展的重要举措。

为贯彻落实习近平总书记的“治国必治边、治边先稳藏”的重要战略

※ 本报告系西藏高校思想政治工作研究课题“西藏高校辅导员的社会支持与心理健康状况的调查研究”（编号：SZY201409）的研究成果。

※ 张传庆，西藏民族大学管理学院副教授，博士。

思想和“努力实现西藏持续稳定、长期稳定、全面稳定”重要指示精神，其中最重要的一个举措就是西藏地区发展的人才培养工作，而西藏高校辅导员在为西藏培养“靠得住、用得上、下得去、留得住”高素质人才工作中发挥着重要作用。因此，西藏高校辅导员心理健康与否，必将直接影响其学生管理行为，关系到西藏高校和谐校园的建设，进而影响到西藏高校人才培养的整个过程和最终效果，关系到西藏地区跨越式发展和长治久安的实现。所以，调研和掌握西藏高校辅导员心理健康现状，提升西藏高校辅导员心理健康水平，是锻炼造就西藏高校高素质辅导员队伍的必然要求，也是维护西藏高校改革发展与稳定的重要组织保证和长效机制。

二、调查概况

根据西藏高校数量较少的实际情况，本调研报告从西藏 6 所高校中选择了 3 所高校 [西藏大学（包括西藏林芝农牧学院）、西藏民族大学、拉萨师范高等专科学校] 在岗的一线辅导员，就社会支持和心理健康状况进行调查，以获取西藏高校辅导员在心理健康和社会支持等方面的第一手数据。本报告采取现场发放和快递邮寄回收问卷调查方式，共收回调查问卷 123 份，有效问卷 115 份，有效率为 93.5%。样本特征具体如下：性别方面，男辅导员 56 人，占 48.7%，女辅导员 59 人，占 51.3%；民族方面，藏族辅导员 39 人，占 33.9%，汉族辅导员 66 人，占 57.4%，其他少数民族辅导员 10 人，占 8.7%；家乡所在地方面，区内辅导员 38 人，占 33%，区外辅导员 77 人，占 67%；婚姻状况，未婚辅导员 47 人，占 40.9%，已婚辅导员 68 人，占 59.1%;文化程度方面，专科及以下辅导员 5 人，占 4.3%，本科辅导员 87 人，占 75.7%，硕士及以上辅导员 23 人，占 20%；经济状况方面，较好的 17 人，占 14.8%，一般的 75 人，占 65.2%，较差的 23 人，占 20%；职称方面，初级的 73 人，占 63.5%，中级的 36 人，占 31.3%，副高级的 6 人，占 5.2%。

变量量表的选择。（1）辅导员社会支持问卷。本报告选用肖水源等人编制的《社会支持评定量表》测量西藏高校辅导员社会支持水平，该量表由 10 个题项组成，包含主观支持、客观支持和对支持的利用度三个维度。本报告中该量表的内部一致性信度系数为 0.809，且具有较高的结构效度，解释总方差为 71.59%。(2) 辅导员心理健康问卷。本报告采用症状自评量表 (SCL-90) 对西藏高校辅导员的心理健康水平进行测量。该量表由 L.R.Derogatis 1975 年编制，共有 90 个条目，每个项目有 5 个选项，从“从无”“轻度”“中度”“偏重”“严重”分别以 0、1、2、3、4 记分，共包括躯体化、焦虑、强迫症状、抑郁、人际关系敏感、精神病性、偏执、敌对、恐怖和其他等 10 个维度，得分越低，心理健康水平越高。本报告中该量表的一致性信度系数为 0.982，说明该量表具有很高的信度，解释总方差为 80.066%，说明问卷能较好地解释心理健康变量。

三、调查结果与统计分析

本调研报告借助 SPSS19.0 和 LISRE8.8 统计软件，运用频数分析、独立样本 T 检验、单因素方差分析、相关分析、回归分析、因子分析等方法对调查所得资料进行统计分析。

（一）西藏高校辅导员社会支持状况

1. 西藏高校辅导员社会支持整体现状

通过对社会支持测量数据进行单样本 T 检验 (如表 1) 可以看出，西藏高校辅导员的社会支持状况总体不佳，均低于 3。社会支持的整体均值低于 2，支持利用度也低于 2，客观支持和主观支持高于 2，说明对西藏高校辅导员社会支持的力度有待加强。

表 1　西藏高校辅导员社会支持因子均值比较（N=115）

因子	均值	标准偏差	T 值
客观支持	2.1213	0.84566	26.900***
主观支持	2.0623	0.53217	41.557***
支持利用度	1.9647	0.50866	41.421***
社会支持	1.5545	0.41271	40.393***

注：*** 表示 P 在 0.001 水平（双侧）上显著相关，** 表示 P 在 0.01 水平（双侧）上显著相关，* 表示 P 在 0.05 水平（双侧）上显著相关，下同。

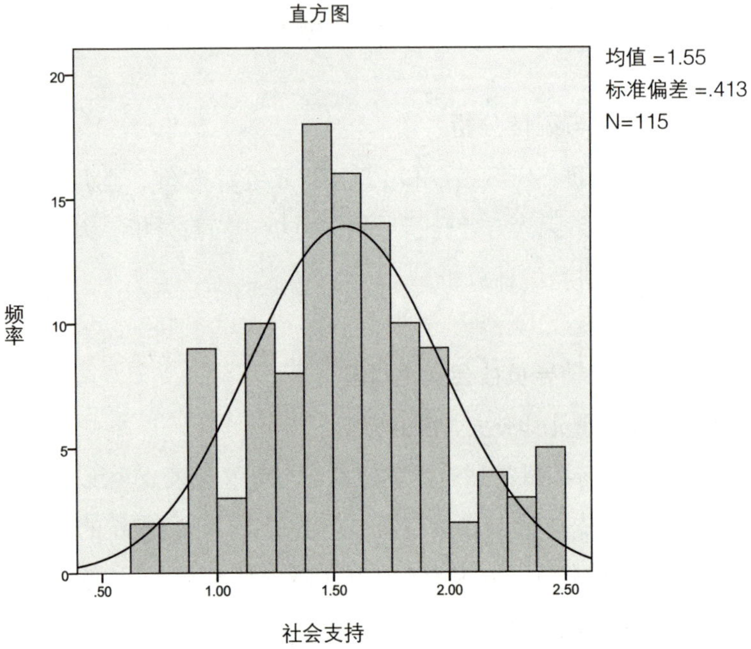

图 1　社会支持频数分布

从图 1 社会支持的频数分布来看，得分居中的辅导员较多，得分偏离中值越多，人数就越少。得分在 1.4 分左右和 1.5 分左右的辅导员较多，基本呈正态分布。

2. 人口变量对西藏高校辅导员社会支持的影响

（1）不同性别西藏高校辅导员的社会支持差异性比较

将“性别”作为分组变量，将“社会支持”“主观支持”“客观支持”以及“支持的利用度”四个变量作为检验变量，进行独立样本 T 检验，结果见表 2。西藏高校男性辅导员的社会支持均值低于女性（ $P>0.05$ ），即不同性别的西藏高校辅导员在社会支持上的差异是不显著性的。从社会支持的三个维度来看，西藏高校女性辅导员在客观支持和支持利用度两个维度上均值都高于男性辅导员，说明西藏高校女性辅导员获得的主观支持和客观支持均多于男性，在主观支持维度上，男性与女性辅导员均值基本相同。客观支持与主观支持的 P 值均大于 0.05，说明西藏高校辅导员的客观支持与主观支持在性别方面也无显著性差异。在支持的利用度上，西藏高校女性辅导员均值显著高于男性 ($P<0.05$)，说明在现实生活中西藏高校女性辅导员在遇到困难时倾向于向社会支持网络中的他人诉说并主动寻求帮助与支持，她们对社会支持的利用度要明显高于男性，而男性更多的是倾向于依靠自己解决困难。

表 2　西藏高校辅导员社会支持的性别差异比较

因子	性别	人数	均值	标准偏差	t 值	P
客观支持	男	56	2.0725	0.82489	−0.602	0.548
	女	59	2.1677	0.86941		
主观支持	男	56	2.0730	0.49892	0.21	0.834
	女	59	2.0521	0.56602		
支持利用度	男	56	1.8416	0.43911	−2.591*	0.011
	女	59	2.0816	0.54514		
社会支持	男	56	1.5157	0.37309	−0.984	0.327
	女	59	1.5914	0.44716		

（2）不同民族西藏高校辅导员的社会支持差异性比较

以“民族”为自变量，以“社会支持总分”“主观支持”“客观支持”以及“支持的利用度”为因变量，进行单因素方差分析，见表3。分析结果显示：西藏高校其他少数民族辅导员的社会支持、客观支持、主观支持、支持利用度均值明显高于藏族和汉族辅导员，汉族辅导员客观支持、主观支持和社会支持的均值都最低，藏族辅导员的支持利用度均值最低，说明西藏高校其他少数民族辅导员所获得社会支持力度最大，这也许是因为西藏高校辅导员以藏族和汉族为主，其他少数民族辅导员人数较少，其他少数民族辅导员更受关注与照顾，同时，藏民族辅导员在交流表达方面更羞涩和内向，对于外界社会支持的反应和利用较少。西藏高校辅导员的社会支持、客观支持、主观支持、支持利用度在藏族、汉族与其他少数民族之间的 P 值均小于 0.05，说明不同民族的西藏高校辅导员社会支持差异显著。

表 3　西藏高校辅导员社会支持的民族差异比较

因子	民族	人数	均值	标准偏差	F 值	P
客观支持	藏族	39	2.2878	0.92815	6.585**	0.002
	汉族	66	1.9183	0.69433		
	其他少数民族	10	2.8124	0.99313		
主观支持	藏族	39	2.1234	0.56563	4.838**	0.010
	汉族	66	1.9625	0.50721		
	其他少数民族	10	2.4823	0.30528		
支持利用度	藏族	39	1.8408	0.52436	3.826*	0.025
	汉族	66	1.9841	0.48706		
	其他少数民族	10	2.3201	0.43989		
社会支持	藏族	39	1.5964	0.45826	6.658**	0.002
	汉族	66	1.4705	0.34886		
	其他少数民族	10	1.9456	0.40325		

（3）不同婚姻状况西藏高校辅导员的社会支持差异性比较

以“婚姻状况”为自变量,以“社会支持总分”“主观支持”“客观支持”以及“支持的利用度”为因变量，进行单因素方差分析，见表4。结果显示：西藏高校辅导员只存在“未婚”与“已婚”两种状况。西藏高校已婚辅导员的社会支持、客观支持、主观支持和支持利用度均值都高于未婚辅导员，这是因为已婚辅导员建立了家庭，拥有更多的社会关系和更广的交际圈子，更有可能获得更多客观的、可见的支持，也容易对所得到的社会支持形成一种良好的情绪情感体验和较高的满意度。但社会支持、主观支持和支持利用度的P值均大于0.05，说明这三个变量在婚姻状况方面无显著差异。只有西藏高校未婚和已婚辅导员在客观支持方面的P值小于0.05，说明存在显著的差异性，这是因为已婚与未婚辅导员由于家庭关系稳定程度和社交圈子范围的不同，在紧急情况和困境下，已婚辅导员所获得的客观支持要多于未婚辅导员。

表4　西藏高校辅导员社会支持的婚姻状况差异比较

因子	婚姻状况	人数	均值	标准偏差	F值	P
客观支持	未婚	47	1.9170	0.77892	4.795*	0.031
	已婚	68	2.2626	0.86644		
主观支持	未婚	47	2.0031	0.55118	0.983	0.324
	已婚	68	2.1032	0.51878		
支持利用度	未婚	47	1.9162	0.56559	0.720	0.398
	已婚	68	1.9982	0.46671		
社会支持	未婚	47	1.4652	0.39981	3.819	0.053
	已婚	68	1.6163	0.41304		

（4）不同经济状况西藏高校辅导员的社会支持差异性比较

以“经济状况”为因子，以“社会支持总分”“主观支持”“客观支持”

以及“支持的利用度”为因变量，进行单因素方差分析，分析结果见表 5，表明西藏高校经济状况较好的辅导员的社会支持、客观支持、主观支持的均值都高于经济状况一般和经济状况较差的辅导员，因为良好的经济状况有助于辅导员获取更多或更广范围的社会支持，但在支持利用度上，正好相反，经济状况较差的辅导员的均值最高，其次是经济状况一般的辅导员，最低是经济状况较好的辅导员，这是由于经济状况较差的辅导员获取的社会支持较少，但会珍惜获取的少量社会支持，充分利用和好好把握这些社会支持，帮助自己走出困境，从而支持利用度较高，这一点符合现实情况。社会支持及其三个维度在经济状况方面的 P 值均大于 0.05，说明西藏高校辅导员的社会支持在经济状况方面无显著差异。

表 5　西藏高校辅导员社会支持的经济状况差异比较

因子	经济状况	人数	均值	标准偏差	F 值	P
客观支持	较好	17	2.4041	0.76573	2.371	0.098
	一般	75	2.1455	0.80548		
	较差	23	1.8333	0.97285		
主观支持	较好	17	2.2399	0.38848	2.083	0.129
	一般	75	2.0721	0.52586		
	较差	23	1.8989	0.61237		
支持利用度	较好	17	1.9307	0.44794	0.191	0.826
	一般	75	1.9862	0.52345		
	较差	23	1.9999	0.51825		
社会支持	较好	17	1.6787	0.32608	2.164	0.120
	一般	75	1.5690	0.40443		
	较差	23	1.4155	0.47148		

（5）西藏高校辅导员社会支持在家乡所在地上的差异分析

将“家乡所在地”作为分组变量，将“社会支持”“主观支持”“客观支持”以及“支持的利用度”四个变量作为检验变量，进行独立样本 T 检验，见表 6。结果表明：家乡在区内的西藏高校辅导员的客观支持、主观支持和社会支持的均值都高于家乡在区外的辅导员，这是因为西藏高校大多在区内，家乡所在地在区内的辅导员离家更近，能更容易和更便捷地获得家庭方面的社会支持和帮助，而家乡所在地在区外的西藏高校辅导员的支持利用度均值高于家乡在区内的辅导员，说明虽然区外辅导员获取的支持和帮助较少，但能充分利用这些支持和帮助，对支持的利用度较高。西藏高校辅导员的主观支持、支持利用度、社会支持在家乡所在地方面的 P 值均大于 0.05，表明无显著差异。而西藏高校辅导员客观支持在家乡所在地方面的 P 值小于 0.05，说明家乡在区内和区外的辅导获得客观支持的差异是显著的，这是因为家乡所在地在区内的西藏高校辅导员在遇到急难情况时，由于离家较近，能更容易获得家庭、父母或亲朋好友的及时帮助，而家乡所在地在区外的西藏高校辅导员，由于离家较远，且西藏高原与内地之间交通不便，沟通不畅，不能及时获取家庭或父母方面的支持，在这方面明显弱于家乡所在地在区内的辅导员。

表 6　西藏高校辅导员社会支持的家乡所在地差异比较

因子	家乡所在地	人数	均值	标准偏差	t 值	P
客观支持	区内	38	2.3592	0.86494	2.153	0.033
	区外	77	2.0039	0.81622		
主观支持	区内	38	2.1412	0.51831	1.119	0.266
	区外	77	2.0233	0.53793		
支持利用度	区内	38	1.9528	0.54311	−0.176	0.86
	区外	77	1.9706	0.49436		
社会支持	区内	38	1.6467	0.43979	1.696	0.093
	区外	77	1.5091	0.39369		

对不同学历、工作年限、职称的西藏高校辅导员的社会支持进行单因素方差分析，结果表明均没有显著差异。

（二）西藏高校辅导员心理健康状况

1. 西藏高校辅导员心理健康整体现状

通过对心理健康测量数据进行单样本 T 检验，见表 7。结果表明：心理健康及其各因子的均值都低于 1，即处于轻度状态。具体而言，心理健康整体均值低 1，且主要集中于 0.5 以下，见图 2，说明西藏高校辅导员的心理健康状态整体较好，人际关系敏感、精神病性、偏执、恐怖等因子均值也低于 0.5，但躯体化、焦虑、强迫症、抑郁、敌对、其他等因子均值高于 0.5，说明西藏高校辅导员的心理健康存在一定的问题。

表 7　西藏高校辅导员心理健康因子的均值比较（N=115）

因子	均值	标准偏差	T 值
躯体化	0.515	0.422	13.078***
焦虑	0.508	0.442	12.336***
强迫症	0.661	0.466	15.190***
抑郁	0.547	0.45	13.039***
人际关系敏感	0.48	0.391	13.078***
精神病性	0.412	0.382	11.572***
偏执	0.445	0.389	12.269***
敌对	0.586	0.501	12.544***
恐怖	0.336	0.358	10.061***
其他	0.543	0.454	12.835***
心理健康	0.45	0.341	14.168***

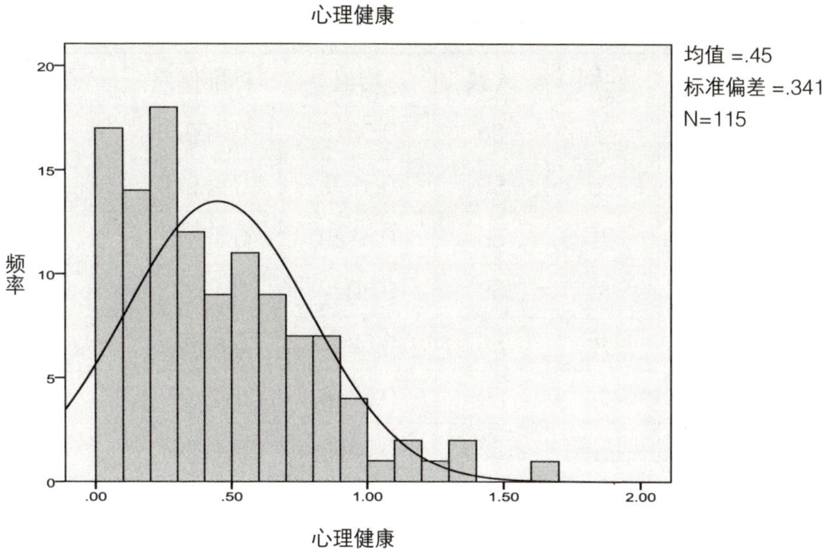

图 2　西藏高校辅导员心理健康正态分布

2. 人口变量对西藏高校辅导员心理健康的影响

（1）不同性别西藏高校辅导员的社会支持差异性比较

将“性别”作为分组变量，将心理健康总均分以及 10 个因子作为检验变量，进行独立样本 T 检验，见表 8。结果表明：西藏高校男性辅导员心理健康、躯体化、焦虑、人际关系敏感、精神病性、偏执、敌对、恐怖与其他等维度的均值都明显高于女性辅导员，但女性辅导员强迫症和抑郁症维度均值高于男性辅导员，且这些因子在性别方面均不显著（$P>0.05$）。这说明西藏高校女性辅导员的心理健康整体状况要好于男性辅导员，男性辅导员只有在焦虑和强迫症方面好于女性辅导员。

表 8　西藏高校辅导员心理健康的性别差异比较

因子	性别	人数	均值	标准偏差	T 值
躯体化	男	56	0.5310	0.40646	0.399
	女	59	0.4995	0.43940	
焦虑	男	56	0.5129	0.46421	0.105
	女	59	0.5042	0.42382	
强迫症	男	56	0.6247	0.45982	−0.803
	女	59	0.6946	0.47387	
抑郁	男	56	0.5355	0.44364	−0.27
	女	59	0.5583	0.45957	
人际关系敏感	男	55	0.5349	0.42194	1.465
	女	59	0.4279	0.35666	
精神病性	男	56	0.4599	0.40945	1.309
	女	59	0.3669	0.35139	
偏执	男	56	0.4999	0.39014	1.492
	女	59	0.3923	0.38329	
敌对	男	56	0.6183	0.51123	0.67
	女	59	0.5556	0.49371	
恐怖	男	56	0.3723	0.38674	1.052
	女	59	0.3021	0.32900	
其他	男	56	0.5886	0.50319	1.042
	女	59	0.5003	0.40134	
心理健康	男	56	0.4708	0.35235	0.641
	女	59	0.4300	0.33068	

（2）不同婚姻状况西藏高校辅导员的心理健康差异性比较

将“婚姻状况”作为分组变量，将心理健康以及10个因子作为检验变量，进行独立样本T检验，结果见表9。表明西藏高校已婚辅导员的心理及其10个维度的均值都高于未婚辅导员，说明辅导员结婚成家后，自己的时间和空间都明显减少，除了工作外，处理家庭事务要占用许多时间和精力，尤其是女性辅导员，日常生活除了工作外还要花大量的时间和精力去照料孩子和做家务，这无疑加重了他们的身心负担，面临更多的家庭和工作压力，导致心理健康状态都差于未婚辅导员。心理健康及躯体化、焦虑、抑郁、强迫症、抑郁、其他、精神病性、偏执、敌对、人际关系敏感10个维度在婚姻状况方面的P值大于0.05，表明无显著差异，仅在恐惧方面P值小于0.05，说明西藏高校已婚和未婚辅导员在恐惧方面存在显著差异。

表9　西藏高校辅导员心理健康的婚姻状况差异比较

因子	婚姻状况	N	均值	标准偏差	T值
躯体化	已婚	47	0.5271	0.41987	0.26
	未婚	68	0.5063	0.42657	
焦虑	已婚	47	0.5930	0.48041	1.72
	未婚	68	0.4500	0.40680	
强迫症	已婚	47	0.7322	0.48952	1.374
	未婚	68	0.6111	0.44659	
抑郁	已婚	47	0.6062	0.48977	1.171
	未婚	68	0.5064	0.41929	
人际关系敏感	已婚	47	0.5473	0.45811	1.475
	未婚	67	0.4320	0.33247	
精神病性	已婚	47	0.4830	0.42682	1.667
	未婚	68	0.3632	0.34234	

续表

偏执	已婚	47	0.5263	0.47875	1.748
	未婚	68	0.3883	0.30302	
敌对	已婚	47	0.6844	0.55865	1.695
	未婚	68	0.5182	0.44891	
恐怖	已婚	47	0.4318	0.39839	2.324*
	未婚	68	0.2703	0.31434	
其他	已婚	47	0.6101	0.50426	1.316
	未婚	68	0.4972	0.41324	
心理健康	已婚	47	0.5132	0.38343	1.671
	未婚	68	0.4061	0.30264	

（3）不同经济状况西藏高校辅导员心理健康差异性比较

以“经济状况”为自变量，将心理健康以及 10 个因子作为因变量，进行单因素方差分析，见表 10。结果显示：西藏高校经济状况较差的辅导员在心理健康以及 10 个因子均值明显高于经济状况较好和一般的辅导员，且西藏高校辅导员心理健康、焦虑、强迫症、抑郁、人际关系敏感、精神病性、偏执、敌对和其他等维度在经济状况方面 P 小于 0.05，存在显著差异，仅躯体化和恐怖维度的 P 值大于 0.05，无显著差异，说明经济状况好坏在很大程度上影响着西藏高校辅导员的心理健康状况。

表 10　西藏高校辅导员心理健康的经济状况差异比较

因子	经济状况	N	均值	标准偏差	T 值	P
躯体化	较好	17	0.4583	0.38462	2.693	0.072
	一般	75	0.4725	0.40060		
	较差	23	0.6946	0.48330		

续表 1

因子	经济状况	N	均值	标准偏差	T 值	P
焦虑	较好	17	0.4940	0.45704	4.913**	0.009
	一般	75	0.4361	0.39418		
	较差	23	0.7552	0.50612		
强迫症	较好	17	0.5164	0.45834	5.625**	0.005
	一般	75	0.6095	0.42739		
	较差	23	0.9336	0.50687		
抑郁	较好	17	0.4325	0.37484	5.627**	0.005
	一般	75	0.4911	0.43624		
	较差	23	0.8149	0.45977		
人际关系敏感	较好	17	0.4526	0.38706	3.826*	0.025
	一般	75	0.4248	0.37616		
	较差	23	0.6754	0.39737		
精神病性	较好	17	0.3772	0.32557	7.202***	0.001
	一般	75	0.3417	0.32544		
	较差	23	0.6677	0.48630		
偏执	较好	17	0.5258	0.47017	4.597*	0.012
	一般	75	0.3700	0.34263		
	较差	23	0.6284	0.40977		
敌对	较好	17	0.5429	0.51001	3.473*	0.034
	一般	75	0.5221	0.45588		
	较差	23	0.8268	0.58047		
恐怖	较好	17	0.3772	0.34708	0.805	0.450
	一般	75	0.3058	0.33839		
	较差	23	0.4053	0.42840		

续表 2

因子	经济状况	N	均值	标准偏差	T 值	P
其他	较好	17	0.5122	0.39591	5.018**	0.008
	一般	75	0.4713	0.39331		
	较差	23	0.8010	0.58796		
心理健康	较好	17	0.4184	0.33679	5.094**	0.008
	一般	75	0.3972	0.30996		
	较差	23	0.6451	0.38090		

（4）不同家乡所在地西藏高校辅导员的心理健康差异性比较

将“家乡所在地”作为分组变量，将心理健康总均分以及 10 个因子作为检验变量，进行独立样本 T 检验，研究结果见表 11，显示家乡所在地在区内的西藏高校辅导员心理健康及 10 个维度的均值都低于家乡在区外的辅导员，说明家乡所在地在区内的辅导员心理健康明显好于家乡在区外的辅导员，这是因为家乡在区内的辅导员离家较近，平时工作、生活与父母、亲朋好友接触见面的机会较多，能够经常进行情感交流，而家乡在区外的辅导员由于离家较远，交通不便等因素，与家人接触较少。且西藏高校辅导员在强迫症和抑郁方面由于家乡所在地不同 P 值小于 0.05，说明存在显著差异，而心理健康和其他维度在家乡所在地方面无显著差异。

表 11　西藏高校辅导员心理健康的家乡所在地差异比较

因子	家乡所在地	人数	均值	标准偏差	T 值	P
躯体化	区内	38	0.4587	0.31258	−1.141	0.257
	区外	77	0.5425	0.46622		
焦虑	区内	38	0.4237	0.37170	−1.57	0.12
	区外	77	0.5503	0.46950		

续表

因子	家乡所在地	人数	均值	标准偏差	T 值	P
强迫症	区内	38	0.5350	0.34856	−2.324*	0.022
	区外	77	0.7226	0.50528		
抑郁	区内	38	0.4192	0.36609	−2.178*	0.031
	区外	77	0.6104	0.47573		
人际关系敏感	区内	38	0.4079	0.36616	−1.386	0.168
	区外	76	0.5153	0.40107		
精神病性	区内	38	0.3359	0.30103	−1.679	0.133
	区外	77	0.4498	0.41276		
偏执	区内	38	0.4328	0.43870	−0.23	0.818
	区外	77	0.4506	0.36446		
敌对	区内	38	0.5481	0.48760	−0.57	0.57
	区外	77	0.6049	0.50972		
恐怖	区内	38	0.3218	0.33248	−0.302	0.763
	区外	77	0.3434	0.37248		
其他	区内	38	0.4729	0.36455	−1.292	0.199
	区外	77	0.5781	0.49062		
心理健康	区内	38	0.3889	0.29089	−1.354	0.178
	区外	77	0.4800	0.36049		

以“民族”“文化程度”“工作年限”与“职称”等分别作为因子，将心理健康以及 10 个因子作为因变量,进行单因素方差分析。研究结果显示:民族、文化程度、工作年限与职称等人口变量在西藏高校辅导员心理健康及其维度方面均无显著差异。

三、提升西藏高校辅导员心理健康的对策

西藏高校辅导员心理健康水平的提升是一项复杂的系统工程，既需要整个社会和西藏高校为其个人发展提供良好的外部条件，也需要自身的理性认知，合理调适，积极应对和解决面临的困难和问题。因此，需要构建西藏高校辅导员心理健康提升的社会支持系统，需要西藏高校辅导员利益相关者从客观和主观的支持，以及辅导员个体对社会支持的利用程度入手。

（一）客观与主观支持提供层面的对策

1. 积极构建有利于西藏高校辅导员发展的平台

一是要积极创造西藏高校辅导员和谐的工作环境。西藏高等教育主管部门与各高校应采取各种综合措施，通过开展各种趣味竞赛、文娱活动、户外旅游、拓展训练等团体活动的方式，积极构建和谐的工作环境和塑造友好、亲切的工作氛围，丰富辅导员业余文化生活，增进他们与同事、学生的情感交流与互动，从而增强其在西藏高校工作与生活中的认同感与归属感，从而有利于西藏高校辅导员保持良好的工作状态。

二是要建立有效的西藏高校辅导员激励保障机制。西藏高校应结合西藏地区物价消费水平高和高海拔环境等不利因素，适当提高工资待遇水平，建立工资正常增长长效机制，改善辅导员，尤其是年轻辅导员的经济状况，帮助辅导员缓解各种经济压力，有效激发辅导员工作积极性；加大西藏高校辅导员岗位津贴的发放，设立并加大优秀辅导员奖励基金制度，设立并加大思想政治教育的优秀科研成果奖，加大辅导员队伍的职称评审力度，较之专业教师结合实际情况并适当放低辅导员队伍职称评审的条件，从而保证西藏高校辅导员发展空间，确保西藏高校辅导人员队伍的长期稳定和良性发展。

三是要构建合理的西藏高校辅导员培养制度体系。加大西藏高校辅导员队伍的整体培训力度，有计划、分层次地提高辅导员队伍的政治素质和业务素质，在西藏高校辅导员业务学习、业务培训、定期转岗等方面构建一整套培养制度体系，建立科学合理的辅导员流动机制和发展规划，将辅导员培训纳入学校师资培训计划和人才培养计划，享受专任教师培养同等

待遇，给辅导员提供各种施展才华和体验成功的机会。构建灵活的辅导员流动机制，做好辅导员的岗位轮换、晋升等工作，及时选拔一些德才兼备的辅导员到领导岗位或设立相关级别的非领导职务，通过短期培训、学历提高、对口援助、挂职锻炼等形式提供外出进修学习锻炼的机会，在适当的时候使辅导员能顺利地转岗并得到较好的发展，从根本上打消辅导员群体对发展空间的担忧。

2. 高度重视西藏高校辅导员的心理健康教育

一是西藏高校要充分利用各种传媒向辅导员普及心理健康知识，可采用广播、校园网、校报等校内传媒形式，创办辅导员工作论坛，为辅导员创造一个真正属于自己的、良好的学习与交流平台，拓宽他们情感交流、舒缓心理压力的管道。二是要把心理辅导作为西藏高校辅导员继续教育的一项重要内容。西藏高校应将心理健康教育的内容补充到辅导员的在职培训中去，通过在职培训使辅导员正确认识和悦纳自己，理性地认知和化解冲突，科学地应对工作压力和外部环境的挑战，不断提高自身心理健康水平。三是积极开展西藏高校辅导员心理咨询工作。西藏高校要建立健全辅导员心理干预机制和心理健康教育机制，并进行心理状况定期检查和心理素质测查，让辅导员了解自己的心理健康状况。

3. 创造良好的心理环境氛围

西藏高校要建立和健全辅导员管理和奖励的各种相关的规章制度，综合运用物质与精神奖励手段，以调动辅导员的工作积极性，增强他们的荣誉感、自豪感。西藏教育行政部门和各高校领导，尤其是主管学生管理工作的领导，如学校分管学生工作的领导、学生工作处领导、二级院系主管学生管理工作的书记（副书记），还有经常与辅导员接触的家人和亲朋好友等，注重感情投资，构建与辅导员友好、和谐的人际关系，营造一种互相尊重、平等相待的宽松的心理氛围与和谐的人际环境，以降低辅导员的工作压力，排除他们的心理症结，使他们对所在高校能有一种归属感，心情舒畅地投入到学生管理工作中。此外，由于大多数汉族辅导员的父母多在区外，离家较远，为保证汉族辅导员长期在区内高校工作，应研究建立相应的优惠政策，如加大区内汉族辅导员的探亲次数、出台父母来区内探亲办法等，从一定程度上缓解汉族辅导员的思乡之情，为其与父母的沟通交流提供更多的机会。

4. 提升对辅导员工作的认同感

西藏高校辅导员的所有利益相关群体，包括领导、同事、家人与亲朋好友都要充分认识西藏高校辅导员在思想政治教育和校园和谐稳定工作中所发挥的重要作用，认识到这个职业在西藏高校的价值，提升对西藏高校辅导员工作的认同感，关心这一职业群体，让辅导员体验到这一工作在周围人中的认可度，体验到被周围人理解、支持和尊重的幸福感，从而提升西藏高校辅导员的自我价值感，保持良好的心态，自信地投入到工作中。

（二）西藏高校辅导员个体利用社会支持层面的对策

1. 要保持良好的人际关系

由于西藏高校大多数辅导员的家乡都在区外，离家较远，与父母、亲朋好友等接触机会较少，这就要求西藏高校辅导员在工作中更应置身于良好的人际关系网络中，积极主动地获得来自周围同事和朋友的关心、帮助、信赖和理解，从而有利于较快地适应西藏特殊区情的物质和精神环境，有助于减弱辅导员个体不愉快的情绪情感体验，舒缓心理紧张与压力。因此，西藏高校辅导员应针对自身的工作环境，积极地构建与维系一个涵盖家人关系、朋友关系、同事关系以及师生关系的良好人际关系网络，并借此来保持自身良好的情绪体验和有效应对各种心理压力。

2. 要增强心理保健康意识

西藏高校辅导员应主动学习和掌握心理健康的标准和心理保健知识，学会一些自我调控手段和方法，从而掌握自身的心理特点、水平和规律，形成良好的心理反应能力和适宜的宣泄方式，在实际学生管理工作中能够针对不同的问题采取不同的策略，调整自己的心态，学会理性地思维，科学地调适，积极地应对，而且在特定情况下还应积极主动地寻求专业心理咨询服务，尤其是充分利用自己所在学校的心理咨询工作室资源，心理专家诊断甚至治疗能有效地帮助辅导员个体解决心理问题，使其尽快恢复心理健康。最后，在自然条件较差和缺氧的西藏高原工作，每位辅导员也应探索适合自己身体机能的锻炼活动，保证自己具有良好的体魄，这也是西藏高校辅导员保持良好心理健康水平的重要前提。

3. 要树立终身学习的观念

首先，要始终坚持学习“四观”“两论”等政治理论知识。从全面贯彻习总书记“治国必治边、治边先稳藏”的重大战略思想的高度看，西藏高校承担维护稳定的使命任务越来越重大，而西藏高校辅导作为教育学生思想政治教育的主要工作力量，必须通过多种形式和方式坚持学习“四观”“两论”等政治理论知识，坚定自己的政治立场，直接关系到西藏边疆建设人才的培养质量，是为西藏培养“靠得住、用得上、下得去、留得住”的又红又专高素质人才的根本保证。其次，学习教育学、心理学相关知识。西藏高校辅导员通过学习教育学、心理学等相关知识，加强个性修养，提高他们的心理承受能力，努力增强自身个性中的积极因素，克服消极因素，增强理智感和自制力，能够及时调节生活和工作中出现的不良情绪，经常保持乐观自信的健康情绪，这样才能保持良好的心理健康状态投入工作和生活中。第三，加强业务学习，提高完成工作的能力。西藏高校辅导员应根据个体专业和业务情况，主动加强对辅导员岗位专业知识与专业技能的培养和训练，提高个体的技能水平，不断提升从事大学生思想政治与学生管理工作任务的能力，不断提升自己的自我效能感，从而保证西藏高校辅导员个体能以良好的心理健康状态完成各项工作。

4. 学会充分利用周围人提供的社会支持

西藏高校辅导员应认识到自己职业与角色的特殊性，认识到自己工作的艰辛性和复杂性，明确很多时候单凭自己一人的努力和付出不能解决所有问题，这就要求西藏高校辅导员在自身遇到困难和挫折时，不仅要通过自身主观努力应对困难，也应学会充分利用周围人提供的社会支持，学会通过各种合法、合理途径来主动寻求周围人的社会支持，帮助辅导员个体解决心理问题，使自己尽快恢复心理健康，以更好地做好辅导员本职工作。

对口支援西藏高等教育调查研究

陈鹏辉 ※

一、引言

教育援藏工作是党中央、国务院发展西藏教育事业的一项重要决策，是加快西藏社会主义现代化建设步伐的重要措施。由于历史原因等多重因素，目前西藏仅有西藏大学、西藏民族大学、西藏藏医学院、西藏警官高等专科学校、西藏拉萨师范高等专科学校和西藏职业技术学院6所高校，且在办学层次、办学条件、办学实力、学科建设、师资水平、人才培养、科研产出与服务地方经济社会发展能力等方面与东部地区高校相比存在较大差距。对口支援西藏高等教育工作开展十多年来，取得了哪些主要成效、进一步做好此项工作存在哪些深层次的问题，应如何加强，本文在调研的基础上对以上问题进行了扼要分析。

二、实施步骤与取得成效

教育对口支援，是国家启动的在发达地区和不发达地区有关机构和学校之间建立稳定的伙伴关系，引进发达地区的物质和智力资源，促进不发

※ 陈鹏辉，现为《西藏民族大学学报》编辑部编辑，博士生。

达或欠发达地区教育发展的一种援助式发展模式[①]。对口支援西藏高等教育是高等教育战线落实党中央西藏工作的重要举措，是新时期发扬社会主义团结协作传统的具体体现，是构建中国特色高等教育体系以及创建一流大学整体规划的重要构成。

（一）实施步骤

教育援藏是中央全国援藏重要战略决策的重要组成部分，是从根本上解决西藏发展和稳定问题，全面建设“团结、富裕、文明、和谐”的社会主义新西藏的重要政治举措，是实施“科教兴藏”的重大措施。和平解放以来，党中央始终心系西藏、重视西藏、支持西藏。1980 年至今，中央相继召开六次西藏工作座谈会，专门安排部署支持西藏工作，制定了一系列支持西藏经济社会发展的特殊优惠政策，建立起了经济援藏、干部援藏、人才援藏、科技援藏相结合的工作机制，为推动西藏科学发展提供了强大动力。国务院和教育部于 1987 年和 1993 年，先后两次召开的全国教育支援西藏工作会议，动员和组织发达省市对西藏教育事业给予援助和支持。各有关省、直辖市认真贯彻党和国家关于大力加强教育援藏工作、促进西藏全面发展的有关精神和要求，把教育援藏作为一项政治任务认真加以落实。2001 年，为落实中央第四次西藏工作座谈会及《中共中央、国务院关于做好新世纪初西藏稳定工作的意见》（中发〔2001〕11 号）等文件精神，教育部组织召开全国教育支援西藏工作会议，明确了教育支援西藏的方针、主要任务和实施方案。

1. 对口支援西藏高等教育的启动

对口支援西藏高校是国家“对口支援西部地区高等学校计划”的重要组成。发展不协调是我国教育特别是高等教育的主要问题之一，教育对口支援是促进教育协调发展的重要措施。教育援藏工作是党中央、国务院发

① 李延成：《对口支援：对帮助不发达地区发展教育的政策与制度安排》，《教育发展研究》2002 年第 10 期。

展西藏教育事业的一项重要战略决策，国家对发展西藏教育高度重视，多次召开专门会议研究部署教育援藏工作，有效协调各方面力量。早在 20 世纪 50 年代到 70 年代，国家就开始有针对性地组织面向边疆欠发达地区的教育对口支援。1974 年，国家安排内地六省、市对口支援西藏的八所中学和一所师范学校[①]。1987 年，第二次援藏会议专门集中研究了西藏的智力开发问题。这次会议要求继续坚持中央确定的“全国支援西藏”方针，进一步搞好智力援藏工作。重点是要帮助西藏发展教育事业和培养各种人才。1992 年 3 月，第四次全国民族教育工作会议确定了对民族贫困地区实施教育对口支援工作，同年 10 月，国家教委下发了《关于对全国 143 个少数民族贫困县实施教育扶贫的意见》，1993 年，国家教委召开“全国教育对口支援协作工作会议”，具体部署和明确了教育对口支援的目的、任务、实施方式及内容。中央做出实施西部大开发战略决策以后，在认真总结教育对口支援经验的基础之上，2000 年，中共中央、国务院办公厅联合下发了《关于推动东西部地区学校对口支援工作的通知》，决定启动实施“东部地区学校对口支援西部贫困地区学校工程”。为积极发展西部地区高等教育，教育部决定在“十五”期间，实施“对口支援西部地区高等学校计划”，2001 年 6 月 13 日，教育部正式下发《教育部关于实施“对口支援西部地区高等学校计划”通知》（教高〔2001〕2 号），列出了支援高校和受援高校的名单，明确了支援工作的内容和目标，规定了支援工作的方式和经费来源等问题。“对口支援西部地区高等学校计划”启动后，在教育部的统一组织协调下，内地各承担对口支援任务的著名高校开始实施支援西部地区高等学校，《教育部关于实施“对口支援西部地区高等学校计划”通知》（教高〔2001〕2 号）中把西藏大学列为支援对象，对口支援西藏高等教育正式启动。

① 刘英杰主编：《中国教育大事典》（下卷），浙江教育出版社，1993 年，第 74 页。

2. 对口支援西藏高等教育的推进

2002 年 4 月，教育部下发《教育部办公厅关于做好全国教育支援西藏工作会议筹备工作的意见》（教民函〔2002〕6 号）中，首次明确把“组织内地部属高校对口支援西藏高校”作为教育支援西藏的主要任务之一；同年 7 月，教育部下发《教育部办公厅关于做好全国教育支援西藏工作会议筹备工作的补充意见》（教民函〔2002〕7 号），在（教高〔2001〕2 号）文件基础之上，增加西藏民族大学、西藏藏医学院为对口支援对象，明确提出由西南交通大学、四川大学、西南财经大学、北京师范大学、南京大学对口支援西藏大学；由复旦大学、华东师范大学、厦门大学、天津大学、中山大学对口支援西藏民族大学；由北京中医药大学、上海中医药大学、成都中医药大学、天津大学、中国药科大学、广州中医药大学对口支援西藏藏医学院，并且明确了主要支援任务和具体内容。2002 年 10 月，教育部在北京召开全国第三次教育援藏工作会议，时任教育部部长陈至立在讲话中要求，加强内地高校对口支援西藏自治区高等学校，从 2003—2007 年，西南交通大学等 20 所内地高校对口支援西藏大学等 3 所高校[①]。此次会议明确在 5 所重点大学对口支援西藏民族大学的基础上，高等教育出版社、中央教育科学研究所等 11 个教育部直属单位同时对口支援西藏 3 所高校。2004 年，国务院办公厅转发教育部等部门《关于进一步做好教育援藏工作意见的通知》（国办发〔2004〕6 号），再次明确提出“内地高等学校对口支援西藏高等学校”，并提出从 2004—2007 年，采取内地多所高等学校和科研院所对口支援西藏一所大学的办法，由西南交通大学等 23 所内地高等学校和中国林业科学研究院对口支援西藏大学等 3 所西藏高校。承担支援任务的高等学校和科研院所要重点支持受援学院（系）的学科建设、教师队伍建设、教学科研和管理工作以及援助教学设备，改善办学条件，使受援学校的院（系）综合办学条件基本达到教育部规定的有关标准。

① 陈至立：《进一步做好新世纪初全国教育支援西藏工作，努力实现西藏教育事业跨越式发展》，《中国民族教育》2003 年第 1 期。

3. 对口支援西藏高等学校工作的加强

为在新形势下进一步加强全国教育援藏工作，加快西藏全面建设小康社会步伐，共同把西藏建设成为文明、富裕、和谐的新西藏，2007 年 1 月，教育部召开全国教育援藏工作会议后，印发《教育部、中共中央统战部、国家民族事务委员会关于进一步加强教育对口支援西藏工作的意见》（教民〔2006〕8 号）文件，文件明确提出：“十一五”期间，继续组织实施内地高等学校对口支援西藏高等学校的工作。采取内地多所高等学校对口支援西藏一所高等学校的方式，加大对西藏高等学校的支援力度。由内地 35 所高等学校分别对口支援西藏大学、西藏民族大学、西藏藏医学院、西藏警官高等专科学校、西藏拉萨师范高等专科学校和西藏职业技术学院。在原来基础之上，除了增加西藏警官高等专科学校、西藏拉萨师范高等专科学校和西藏职业技术学院 3 所受援学校之外，还确定在原来 5 所高校的基础上，增加中国人民大学、北京外国语大学、西安交通大学和东南大学 4 所高校对口支援西藏民族大学；在原来 5 所高校的基础上，增加吉林大学、清华大学、浙江大学、西南大学、北京林业大学、南京农业大学、中国农业大学和河海大学 8 所高校对口支援西藏大学；对西藏藏医学院的支援调整为由北京中医药大学和江西中医学院对口支援。文件明确由中国政法大学、西南政法大学、中国人民公安大学、中国刑事警察学院对口支援西藏警官高等专科学校；由华中师范大学、华北师范大学、苏州大学、南京师范大学对口支援西藏拉萨师范高等专科学校；由西北农林科技大学、深圳大学、深圳职业技术学院对口支援西藏职业技术学院。

至此，教育对口支援西藏高校任务覆盖西藏所有高校。为认真推进教育对口援藏高等教育工作，西藏自治区党委、政府和西藏教育厅非常重视教育受援工作，组织召开 6 所高校和直属单位协调会议，认真研究，提出了援助项目建议和受援工作实施方案及保障措施，拟定了协议书。对口支援省市、高校和有关单位高度重视，认真贯彻落实会议精神，主动与受援地区、院校和单位联系，共同研究制定方案，积极提出意见建议，争取做好工作。教育部专门在拉萨组织召开全国教育对口支援西藏工作部署会议，会议举行了支援省市、院校和教育部所属单位代表与受援方代表的协议签字仪式。

2007年，教育部下发《教育部、财政部关于实施高等学校本科教学质量与教学改革工程的意见》（教高〔2007〕1号），在高校推进“质量工程”项目建设。2008年，教育部专门下发《关于做好质量工程对口支援西部地区高等学校教师进修和干部学习锻炼的指导意见》，以“质量工程”为抓手加强对口支援。

4. 对口支援西藏高等学校新模式的确立

2009年，中央第五次西藏工作座谈会召开之后，为全面落实座谈会和《国家中长期教育改革和发展规划纲要（2010—2020年）》精神，加快推进西藏高等教育发展，全面提高西藏高等教育质量，实现西藏跨越式发展和长治久安提供智力支持和人才保证，2011年6月，教育部下发《关于对口支援西藏自治区高等学校工作的通知》（教高函〔2011〕16号），决定继续全面对口支援西藏高等学校，提升西藏高等学校的师资队伍水平、人才培养质量、科研服务能力和学校管理水平，标志着新一轮对口支援西藏高校工作正式启动。对口支援西藏高等教育十多年来，西藏6所高校获得了长足发展，在新的发展基础之上，教育部根据新形势的需要，将“多对一”对口支援模式调整为“团队对口支援”模式。

（二）主要措施与成效

团队对口支援模式确立以来，支援受援双方签订《对口支援协议》，明确支援具体任务，且每年召开例会，协调具体任务的落实。取得的主要成效有：

1. 支援高校通过各种途径提高了受援高校师资水平

师资队伍是高校内涵发展的重要基础和先决条件。受援十多年来，对口支援高校通过招收西藏高校教师攻读硕士研究生、博士研究生，以及接受教师进修学习等多种形式，极大地改善了西藏高校师资队伍的整体学历结构，为西藏高校今后发展奠定了坚实的人才基础。

2. 支受援高校联合培养本科生促进了受援高校人才培养质量的提高

人才培养质量的提高是高校办学的永恒主题。受援以来，各对口支援高校通过援助实验设备、捐赠图书、选派教师授课，以及开展学术交流等形式有效促进了西藏高校自身人才培养质量的提高。同时，各对口支援高校分别与西藏高校采取联合培养本科生的形式，为西藏高校各族学生创造到名校学习的机会。此外，各对口支援高校与西藏高校建立校际图书馆之间的数字资源共享平台等。这些工作的开展，一定程度提高了西藏高校的办学条件，开阔了教师和学生的视野，切实提高了人才培养质量。

3. 支援高校促进了受援高校的学科建设

学科建设是高校内涵发展的龙头。对口支援高校帮助西藏高校制定学科发展规划，积极指导硕士学位点和博士学位点申报工作，紧密结合西藏经济社会跨越式发展需要，合作开展具有民族特色的科研合作和学术研讨等，西藏高校的学科建设呈现出前所未有的活力。

4. 支援高校促进了受援高校管理水平的提高

建立现代大学制度，提高管理水平是高校内涵发展的一项重要任务，是对口支援的重要目标。对口支援工作伊始，西藏高校就十分重视教学、科研、行政管理干部管理理念和管理水平的提升，通过选派中青年干部到各对口支援高校挂职锻炼，学习取经；同时，各对口支援高校先后选送管理干部到西藏高校挂职，直接参与教学单位的管理工作，把先进的教学科研管理经验直接送到教育教学一线。这些举措，极大地促进了西藏高校管理队伍水平的提高。

三、存在问题与对策建议

1. 对口支援西藏高等教育与区域协调发展结合

教育是经济社会发展的基础，教育的协调发展促进经济社会的协调发展。随着对口支援西藏高等教育的深入实施，人们对教育对口支援促进区域间高等教育协调发展的作用的认识也在不断深入。《高校对口支援与协

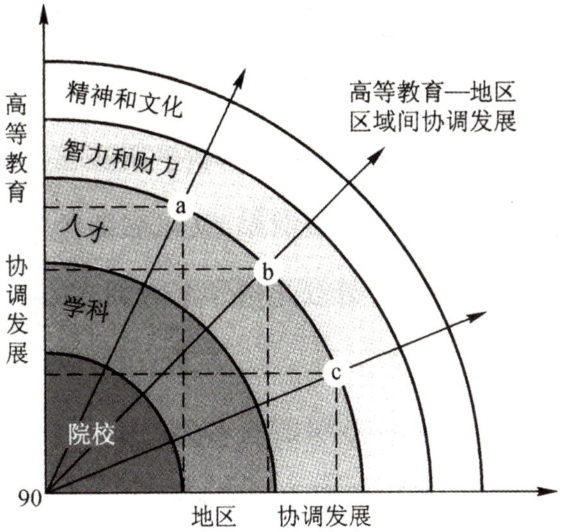

图 1　本研究的主题框架

调发展》[①] 一书构建了一个二维坐标平面图（图 1），以此来探索高校对口支援对区域间高等教育协调发展的贡献。该图纵轴表示“高等教育”发展，横轴表示高等教育所在“地区”的发展，纵横两轴围成的平面表示“高等教育与所在地区”的共同发展，以此实现的区域间协调发展。纵横两轴之间的扇形平面表示对口支援的模式特点，即以院校建设基础上的学科发展和人才队伍建设，为高校及所在地区输入本地化开发所需的智力和财力资源，实现更高、更广泛意义上精神和文化层面的发展，从而在院校、学科、人才、智力、财力和文化各层面，全方位合力发展受援高校、受援高校所在的区域高等教育和西部地区整体发展，促进全国整体高等教育和经济社会的协调发展。该书进一步构建了“大学—地区的协调发展机制”的理论模型（图 2）和“高校—对口支援—区域协调发展模型”（图 3）。图 2 中，三组横向箭头表示大学贡献地区发展的内容，表现为以知识为基础的“学

① 岑章志、李超等著：《高校对口支援与协调发展》，高等教育出版社，2010 年。

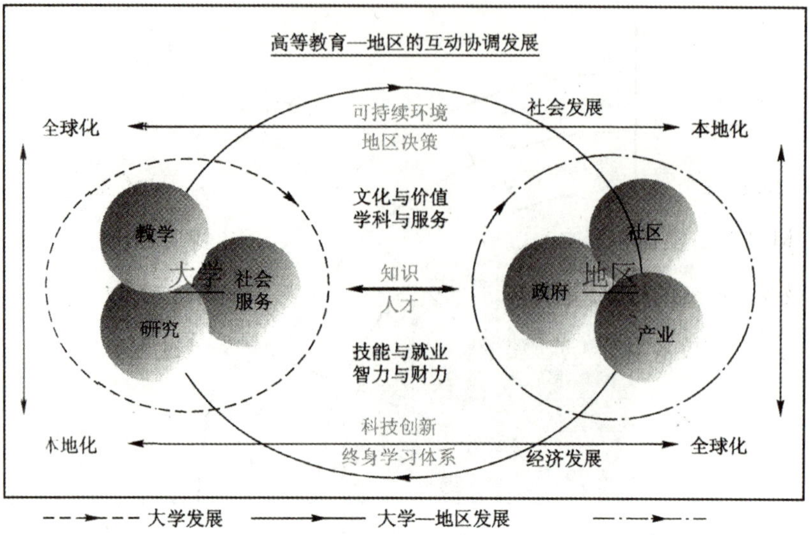

图 2　大学—地区的协调发展机制

科”建设和知识“服务”，以及更高层次的“文化和价值”塑造，同时也是地区发展的需求。“知识”的创造与传播和“人才”的培养是核心意义上的大学贡献，也是高校对口支援工作的核心内容。图中“全球化”和“本地化”体现了大学和地区共同所处的宏观环境，大学贡献地区发展的过程，是大学在地区层面上应对多种空间机遇与挑战的实现过程。图中包围大学的圆圈表示大学的发展，包围地区的圆圈表示地区的发展动力，连接大学和地区的大圆圈覆盖大学对地区的各类贡献，即地区发展的各类需求，表示全部构成因素之间的有机互动与整合才能实现大学—地区的共同发展，从而实现高等教育—地区的区域间协调发展。图 3 认为，为了进一步推动区域间高等教育协调发展，东西部高校对口支援必须做好点—线—面三个层面的工作，并且保证三个层面工作之间的相互配合与支持：重点建设，对口连线、面内整合，以线推动点面，实现网络状交互协调基础上的点线面共同发展。

在对口支援中，西藏高校的受援工作实际遵循了图 2 的分析，突出体现为对西藏经济社会发展的服务性，比如注重与各对口支援高校通过联合攻关、科研合作等方式，共同开展关于西藏重大历史、现实问题等研究，为西藏的经济发展和长治久安提供服务。教育是经济社会发展的基础，教育的协调发展促进经济社会的协调发展，高等教育是教育的龙头，进一步做好对口支援西藏高等教育工作应统筹好经济社会的协调发展。

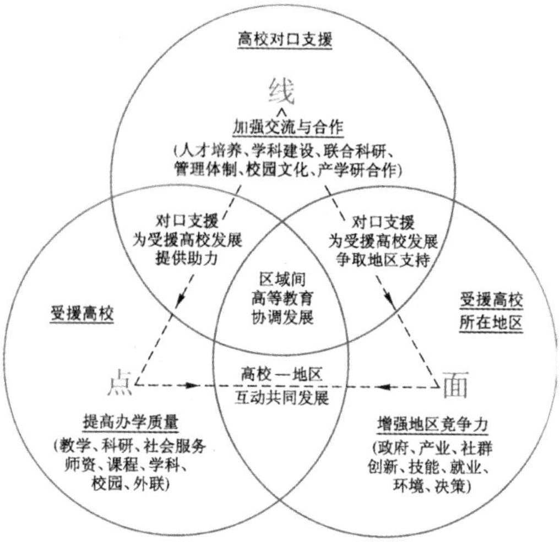

图 3　高校—对口支援—区域协调发展模型

2. 对口支援西藏高等教育须形成长效发展机能

实施有效的国内援助意味着保障社会稳定和经济协调发展，关系到民族关系的和谐和国家安全[①]。学者们在“援助”相关研究中提出了现代化理论 (Theory of Modernization)、扩散理论 (Theory of Diffusion)、依赖理论 (Theory of Dependency) 等，这为理性认识对口支援提供理论支撑，但无论何种理论视角，对口支援应该始终坚持具体国情以及西藏特殊区情。援藏工作伊始，就有“输血”与“造血”的辩论，由于西藏特殊的区情，西藏自身发展机能很脆弱，“输血”必须着眼长远，大力扶助西藏经济社会发展中的基础设施建设，帮助西藏社会提升自身的长效发展机制和持久

① 靳薇：《西藏援助与发展》，西藏人民出版社，2010 年，第 223 页。

发展机能，以此才能实现向“造血”的转变。靳薇教授在《西藏援助与发展》一书中提出：“目前，西藏是否已经依靠中央政府和内地省市的援助形成了自我发展的能力，而且能实现可持续发展？”这一问题，最后的结论是“启动西藏自我发展动力的目标尚未实现”。

对口支援西藏高等教育实施以来，始终坚持以“四个显著提升”为着力点（即显著提升师资队伍建设、显著提升人才培养质量、显著提升学科建设、显著提升管理水平）。“四个显著提升”是高校综合实力的具体体现，“对口支援西部地区高等学校计划”的目的就是要缩小西部地区高校与内地著名高校之间的差距，西藏高校在教育对口支援中紧紧围绕“四个显著提升”，正是抓住了自身“造血功能”的生长点，有益于可持续发展，抓住了缩小与著名高校之间差距的要害。然而，正如《西藏援助与发展》一书的结论，西藏高校受援以来自我发展动力的目标尚未实现。在加快推进西藏全面小康社会建设中，西藏高校作为教育受援方，必须牢牢抓住自身“造血功能”生长点、缩小与著名高校之间的差距这一要害，这样才能走出“援助依赖”。

3. 对口支援西藏高等教育与“四个认同”结合

对口支援西藏高等教育的最终受益者是西藏各族青年学生，在深入开展对口支援工作中，对青年学生的“四个认同”（对祖国、中华民族、中华文化、中国特色社会主义道路的认同）教育要及时跟进。援藏以来，一些藏族群众对援藏存在一种“文化的误读”，即把援助带来的“现代化”误认为“汉化”。靳薇教授对西藏援助项目做的调查结果显示，不同的民族、职业、文化程度、年龄层，不同的地区，对援藏项目社会效益和经济效益的评价，及对将来的期望各有侧重，表现出多样化的态度倾向。在对“援助项目作用”的评价中，从两个主要民族看，藏族认为“作用巨大”的占 44.23%，认为“作用一般”的占 48.31%；汉族认为“作用巨大”的占 70.69%，认为“作用一般”的占 27.59%；从职业角度看，农牧民认为“作用巨大”的占 41.35%，认为“作用一般”的占 50.67%；总体来看，认为“作用巨大”的占 45.11%，认为“作用一般”的占 47.63%。民族的心理感受和民族关系方面，问卷调查显示，西藏的两个主要民族的人群，藏族和汉族在对援藏项目的认知、项目的社会效益评价、项目作用的评价等几个方面存在差异。总体来看，汉族人群的认知程度较高，对项目的社会效益和作用的评价均高于藏族，也就是说西藏的汉族人群对援藏项目的心理感受好于藏族人群[①]。总体来看，调查对象对援藏项目与自己生活的相关度评价较低。认为与自己生活关系密切的只占 42.65%；而 51.63% 的人认为与自己关系不大；认为与自己无关的占 5.15%。[②]

西藏处于反分裂斗争的前沿，同时，藏传佛教文化有着广泛的影响，面对这样特殊的区情，教育“援藏”工作中“四个认同”教育必须及时跟进，以教育援藏成果为内容，通过形式多样的教育形式，使西藏各族群众深刻感受到党中央和全国人民的关怀，认识到党中央始终心系西藏、重视西藏、支持西藏，全国人民始终无私支援西藏，与西藏同命运、共呼吸，是西藏发展的坚强后盾和有力支撑。通过“四个认同”教育更加拉近民族情感、促进民族融合、推动民族团结、增强民族认同，进而加强西藏各族群众对中国统一多民族国家的认同，增强对伟大祖国的自豪感、自信心，凝聚建设社会主义新西藏的强大精神力量，从精神文化层面高度警惕西方反华势力和达赖分裂集团的文化渗透，提升意识形态领域的战斗力，筑牢意识形态领域反渗透的铜墙铁壁。

① 靳薇：《西藏援助项目的社会评价与期望》，《民族研究》2000 年第 1 期。
② 靳薇：《援藏项目效益调查报告》，《中国藏学》2000 年第 3 期。

图书在版编目(CIP)数据

西藏经济社会发展 . 2015 / 刘凯主编 . —北京：中国藏学出版社，2020. 7
ISBN 978-7-5211-0228-4

Ⅰ . ①西… Ⅱ . ①刘… Ⅲ . ①区域经济发展 – 研究报告 – 西藏 – 2015 ②社会发展 – 研究报告 – 西藏 – 2015 Ⅳ . ① F127.75

中国版本图书馆 CIP 数据核字（2020）第 111398 号

西藏经济社会发展 2015　　主编 刘凯　副主编 陈敦山

责任编辑　杜冰梅
封面设计　海龙视觉
出版发行　中国藏学出版社
印　　刷　廊坊市佳艺印务有限公司
版　　次　2020 年 7 月第 1 版第 1 次印刷
开　　本　787 毫米 ×1092 毫米　1/16
印　　张　25.25
字　　数　387 千字
书　　号　ISBN 978-7-5211-0228-4 / F · 47
定　　价　68.00 元

图书如有印装质量问题　请与本社发行部联系
E-mail: dfhw64892902@126.com 电话: 010-64892902